严格依据教育部、国家语言文字工作委员会
印发的《普通话水平测试大纲》编写

普通话水平测试
专用教材

普通话水平测试研究组
普通话培训研究中心 编

北京理工大学出版社
BEIJING INSTITUTE OF TECHNOLOGY PRESS

图书在版编目（ＣＩＰ）数据

普通话水平测试专用教材／普通话水平测试研究组,普通话培训研究中心编.
－－北京：北京理工大学出版社，2024.1

ISBN 978－7－5763－3517－0

Ⅰ．①普…　Ⅱ．①普…②普…　Ⅲ．①普通话－水平考试－教材

Ⅳ．①H102

中国版本图书馆 CIP 数据核字（2024）第 015236 号

责任编辑：王梦春		**文案编辑**：辛丽莉	
责任校对：刘亚男		**责任印制**：李志强	

出版发行／	北京理工大学出版社有限责任公司
社　　址／	北京市丰台区四合庄路 6 号
邮　　编／	100070
电　　话／	(010) 68944451（大众售后服务热线）
	(010) 68912824（大众售后服务热线）
网　　址／	http：www.bitpress.com.cn

版 印 次／	2024 年 1 月第 1 版第 1 次印刷
印　　刷／	三河市文阁印刷有限公司
开　　本／	787mm×1092mm　1/16
印　　张／	18
字　　数／	459 千字
定　　价／	48.00 元

前　言

　　语言是人类最重要的沟通工具和信息载体之一。在中国特色社会主义现代化建设的历史进程中,大力推广、积极普及全国通用普通话,有利于消除语言隔阂,促进社会交往,对社会主义政治、经济、文化建设和社会发展具有重要意义。

　　普通话水平测试是普通话推广工作的重要组成部分,是一项国家级考试。播音员、教师、师范类院校学生、国家机关工作人员,旅游、商业、交通、银行、电信等窗口行业服务人员,等等,都应该参加测试并达到相应等级。

　　现代汉语方言,可以分为 7 大方言区,即:北方方言区、吴方言区、湘方言区、赣方言区、闽方言区、粤方言区、客家方言区。方言之间的差异主要表现在语音上,词汇、语法方面差异则比较小。方言在读音上与普通话有着一定差别,掌握普通话具有一定难度,参加普通话水平测试更需要专业指导并勤加练习。为了帮助大家快速提高普通话水平,掌握测试内容,我们特别编写了《普通话水平测试专用教材》。

　　本书严格依据教育部、国家语言文字工作委员会印发的《普通话水平测试大纲》和《普通话水平测试实施纲要》(2021 年版)编录而成。书中的"声母表""韵母表""轻声词语表""儿化词语表""普通话常见量词名词搭配"、50 篇朗读作品和 50 个命题说话,均选自《普通话水平测试实施纲要》(2021 年版)。

　　在内容编排上,本书具有很强的实用性。从普通话学习及测试实际出发,讲解了普通话推广的相关政策、法规,测试大纲、测试流程,评分等级标准;图文并茂地演示了计算机辅助普通话水平智能测试系统操作流程;讲解了普通话语音知识,包括:汉语拼音方案,声母、声母的分类、声母发音分析及声母的辨正对比练习,韵母、韵母的分类、韵母发音分析及韵母的辨正对比练习;分析讲解了声调、音变、音节、语调;分析讲解了"朗读"测试的要求、测试前的准备、测试中的应试技巧及测试要求的 50 篇朗读作品并加注拼音;分析讲解了"命题说话"测试的基本要求、应试技巧、话题分类总结。同时,书中还收录了 4 套普通话水平测试试卷及配套音频。另外,为了方便读者的学习使用,书中的所有音频内容都可以通过扫描二维码的方式获取。音频内容涵盖了从拼音例字到短文朗读的各个章节,并由专业播音导师朗读,指导性强。因此可以说,此书在手,测试无忧。相信本书的出版,一定能给广大参加普通话水平测试的人员和各行各业参加普通话学习的人员提供很好的帮助。愿本书能够成为大家的良师益友!

　　本书在编写和修订过程中得到了各大中专院校、各普通话水平测试站老师们的大力协助,在此一并表示衷心的感谢。同时,由于我们水平有限,对于疏失谬误之处,欢迎广大读者给予批评指正!

编　者

目　　录

第五部分　国家普通话水平测试试卷

第一部分

关于普通话水平测试

普通话水平测试简介

国家推广全国通用的普通话。普通话是以汉语文授课的各级各类学校的教学语言,是以汉语传送的各级广播电台、电视台的规范语言,是汉语电影、电视剧、话剧必须使用的规范语言,是我国党政机关、团体、企事业单位干部在公务活动中必须使用的工作语言,是不同方言区以及国内不同民族之间人们的通用语言。

掌握和使用一定水平的普通话,是进行现代化建设的各行各业人员,特别是教师、播音员、节目主持人、演员、国家机关工作人员等专业人员必备的职业素质。因此,有必要在一定范围内对某些岗位的人员进行普通话水平测试,并逐步实行持等级证书上岗制度。

普通话水平测试是推广普通话工作的重要组成部分,是使推广普通话工作逐步走向科学化、规范化、制度化的重要举措。推广普通话、促进语言规范化,是汉语发展的总趋势。普通话水平测试工作的健康开展必将对社会的语言生活产生深远的影响。

普通话水平测试不是普通话系统知识的考试,不是文化水平的考核,也不是口才的评估,而是应试人运用普通话所达到的标准流利程度的检测和评定。

为了便于操作和突出口头检测的特点,测试一律采用口试。

普通话水平测试工作按照国家语言文字工作委员会组织审定的《普通话水平测试大纲》统一测试内容和要求。

等级测试须有三名测试员协同工作(分别打分,综合评议)方为有效。评定意见不一致时,以多数人的意见为准。人员不足时,可用加强上级复审的办法过渡。

未进入规定等级或要求晋升等级的人员,需在前次测试 3 个月之后方能再次提出受试申请。

普通话水平测试大纲

(教育部　国家语委发教语用〔2003〕2 号文件)

根据教育部、国家语言文字工作委员会发布的《普通话水平测试管理规定》《普通话水平测试等级标准》,制定本大纲。

(一)测试的名称、性质、方式

本测试定名为"普通话水平测试"(PUTONGHUA SHUIPING CESHI,缩写为PSC)。

普通话水平测试测查应试人的普通话规范程度、熟练程度,认定其普通话水平等级,属于标准参照性考试。本大纲规定测试的内容、范围、题型及评分系统。

普通话水平测试以口试方式进行。

(二)测试内容和范围

普通话水平测试的内容包括普通话语音、词汇和语法。

普通话水平测试的范围是国家测试机构编制的《普通话水平测试用普通话词语表》《普通话水平测试用普通话与方言词语对照表》《普通话水平测试用普通话与方言常见语法差异对照表》《普通话水平测试用朗读作品》《普通话水平测试用话题》。

(三)试卷构成和评分

试卷包括 4 个组成部分,满分为 100 分。

1. 读单音节字词(100 个音节,不含轻声、儿化音节),限时 3.5 分钟,共 10 分。

(1)目的:测查应试人声母、韵母、声调读音的标准程度。

(2)要求:

①100 个音节中,70%选自《普通话水平测试用普通话词语表》"表一",30%选自"表二"。

②100 个音节中,每个声母出现次数一般不少于 3 次,每个韵母出现次数一般不少于 2 次,4 个声调出现次数大致均衡。

③音节的排列要避免同一测试要素连续出现。

(3)评分(见样卷):

麻	缺	杨	致	捷	谬	尊	凑	刚	炖
临	窘	滑	力	琼	拨	蜷	撞	否	酿
貂	聂	塔	撤	伤	嘴	牢	北	枫	垦
镰	御	稿	四	钧	鼓	掠	甩	呈	准
菊	摊	刑	臼	群	拴	此	让	才	棒
随	鼎	尼	险	抛	残	究	盘	孟	皮
俯	跟	膜	肾	宾	点	烘	阔	挖	火
虫	内	揉	暖	迟	耳	冤	晓	特	芯
舌	恩	并	矮	瓮	瞎	快	枉	桌	悔
松	灶	村	哑	换	冬	辱	扑	仄	前

①语音错误,每个音节扣 0.1 分。读错字音_____个,共扣_____分。

②语音缺陷,每个音节扣 0.05 分。读音有缺陷的字_____个,共扣_____分。

③超时 1 分钟以内,扣 0.5 分;超时 1 分钟以上(含 1 分钟),扣 1 分。扣_____分。

读单音节字词项共扣_____分。

2. 读多音节词语(100 个音节),限时 2.5 分钟,共 20 分。

(1)目的:测查应试人声母、韵母、声调和变调、轻声、儿化读音的标准程度。

(2)要求:

①词语的 70%选自《普通话水平测试用普通话词语表》"表一",30%选自"表二"。

②声母、韵母、声调出现的次数与读单音节字词的要求相同。

③上声与上声相连的词语不少于 3 个,上声与非上声相连的词语不少于 4 个,轻声不少于 3 个,儿化不少于 4 个(应为不同的儿化韵母)。

④词语的排列要避免同一测试要素连续出现。

（3）评分（见样卷）：

旋律	行当	文明	半道儿	作品	共同	从中
土匪	而且	虐待	日益	单纯	饭盒儿	牛仔裤
民政	雄伟	运用	轻蔑	打杂儿	家眷	赞美
奥妙	海关	另外	男女	热闹	开创	转变
夸张	人影儿	其次	搜刮	悄声	迅速	方法
首饰	坚决	破坏	天鹅	佛像	所有	珍贵
恰好	拖拉机	框子	测量	投票	川流不息	

①语音错误,每个音节扣 0.2 分。读错字音＿＿＿＿＿个,共扣＿＿＿＿＿分。

②语音缺陷,每个音节扣 0.1 分。读音有缺陷的字＿＿＿＿＿个,共扣＿＿＿＿＿分。

③超时 1 分钟以内,扣 0.5 分;超时 1 分钟以上(含 1 分钟),扣 1 分。扣＿＿＿＿＿分。

读多音节词语项共扣＿＿＿＿＿分。

3. 朗读短文(1 篇,400 个音节),限时 4 分钟,共 30 分。

（1）目的:测查应试人使用普通话朗读书面作品的水平。在测查声母、韵母、声调读音标准程度的同时,重点测查连读音变、停连、语调以及流畅程度。

（2）要求:

①短文从《普通话水平测试用朗读作品》中选取。

②评分以朗读作品的前 400 个音节(不含标点符号和括注的音节)为限。

（3）评分（见样卷）：

不管我的梦想能否成为事实,说出来总是好玩儿的:

春天,我将要住在杭州。二十年前,旧历的二月初,在西湖我看见了嫩柳与菜花,碧浪与翠竹。由我看到的那点儿春光,已经可以断定,杭州的春天必定会教人整天生活在诗与图画之中。所以,春天我的家应当是在杭州。

夏天,我想青城山应当算作最理想的地方。在那里,我虽然只住过十天,可是它的幽静已拴住了我的心灵。在我所看见过的山水中,只有这里没有使我失望。到处都是绿,目之所及,那片淡而光润的绿色都在轻轻地颤动,仿佛要流入空中与心中似的。这个绿色会像音乐,涤清了心中的万虑。

秋天一定要住北平。天堂是什么样子,我不知道,但是从我的生活经验去判断,北平之秋便是天堂。论天气,不冷不热。论吃的,苹果、梨、柿子、枣儿、葡萄,每样都有若干种。论花草,菊花种类之多,花式之奇,可以甲天下。西山有红叶可见,北海可以划船——虽然荷花已残,荷叶可还有一片清香。衣食住行,在北平的秋天,是没有一项不使人满意的。

冬天,我还没有打好主意,成都或者相当地合适,虽然并不怎样和暖,可是为了水仙,素心腊梅,各色的茶花,仿佛就受一点儿寒//冷,也颇值得去了。昆明的花也多,而且天气比成都好,可是旧书铺与精美而便宜的小吃远不及成都那么多。好吧,就暂这么规定:冬天不住成都便住昆明吧。

①每错 1 个音节,扣 0.1 分;漏读或增读 1 个音节,扣 0.1 分。共扣＿＿＿＿＿分。

②声母或韵母的系统性语音缺陷,视程度扣 0.5 分、1 分。扣＿＿＿＿＿分。

③语调偏误,视程度扣 0.5 分、1 分、2 分。扣＿＿＿＿＿分。

④停连不当,视程度扣 0.5 分、1 分、2 分。扣＿＿＿＿＿分。

⑤朗读不流畅(包括回读),视程度扣 0.5 分、1 分、2 分。扣_____分。

⑥超时扣 1 分。扣_____分。

朗读短文项共扣_____分。

4.命题说话,限时 3 分钟,共 40 分。

(1)目的:测查应试人在无文字凭借的情况下说普通话的水平,重点测查语音标准程度、词汇语法规范程度和自然流畅程度。

(2)要求:

①说话话题从《普通话水平测试用话题》中选取,由应试人从给定的两个话题中选定一个话题,连续说一段话。

②应试人单向说话。如发现应试人有明显背稿、离题、说话难以继续等表现时,主试人应及时提示或引导。

(3)评分(见样卷):

①科技发展与社会生活

②我了解的地域文化(或风俗)

● 语音标准程度,共 25 分。分六档:

一档:语音标准,或极少有失误。扣 0 分、1 分、2 分。

二档:语音错误在 10 次以下,有方音但不明显。扣 3 分、4 分。

三档:语音错误在 10 次以下,但方音比较明显;或语音错误在 10~15 次之间,有方音但不明显。扣 5 分、6 分。

四档:语音错误在 10~15 次之间,方音比较明显。扣 7 分、8 分。

五档:语音错误超过 15 次,方音明显。扣 9 分、10 分、11 分。

六档:语音错误多,方音重。扣 12 分、13 分、14 分。

● 词汇语法规范程度,共 10 分。分三档:

一档:词汇、语法规范。扣 0 分。

二档:词汇、语法偶有不规范的情况。扣 1 分、2 分。

三档:词汇、语法屡有不规范的情况。扣 3 分、4 分。

● 自然流畅程度,共 5 分。分三档:

一档:语言自然流畅。扣 0 分。

二档:语言基本流畅,口语化较差,有背稿子的表现。扣 0.5 分、1 分。

三档:语言不连贯,语调生硬。扣 2 分、3 分。

说话不足 3 分钟,酌情扣分:缺时 1 分钟以内(含 1 分钟),扣 1 分、2 分、3 分;缺时 1 分钟以上,扣 4 分、5 分、6 分;说话不满 30 秒(含 30 秒),本测试项成绩计为 0 分。

命题说话项共扣_____分。

(四)应试人普通话水平等级的确定

国家语言文字工作部门发布的《普通话水平测试等级标准》是确定应试人普通话水平等级的依据。测试机构根据应试人的测试成绩确定其普通话水平等级,由省、自治区、直辖市以上语言文字工作部门颁发相应的普通话水平测试等级证书。

普通话水平划分为三个级别,每个级别内划分两个等次。其中:

97 分及其以上,为一级甲等;

92 分及其以上但不足 97 分,为一级乙等;

87 分及其以上但不足 92 分,为二级甲等;

80 分及其以上但不足 87 分,为二级乙等;

70 分及其以上但不足 80 分,为三级甲等;

60 分及其以上但不足 70 分,为三级乙等。

普通话水平测试样卷

(一)读单音节字词(100 个音节,共 10 分,限时 3.5 分钟)

郝	缺	瓷	酸	捺	虞	坑	概	选	仕
耳	滕	苍	粉	遍	垮	谈	热	品	能
掳	赛	虫	搲	房	拐	凑	铡	永	踞
黑	弱	修	鼎	裹	端	准	腭	龚	抿
群	搜	船	笔	渍	蛙	绫	诏	奎	绢
拈	甩	碟	郡	皇	嫩	翁	帛	家	狭
略	雅	票	乳	颇	外	嗓	臻	雪	迸
沏	魂	幂	脑	宽	甜	寡	鬃	窦	姬
坐	柔	秒	杯	冷	安	腿	尊	凡	柯
存	瞥	水	酿	爽	眸	药	产	绛	迟

覆盖声母情况:

b:5 次,p:4 次,m:4 次,f:3 次,d:5 次,t:4 次,n:5 次,l:4 次,g:5 次,k:5 次,h:4 次,j:6 次,q:4 次,x:4 次,zh:4 次,ch:4 次,sh:4 次,r:4 次,z:4 次,c:4 次,s:4 次,零声母:7 次。

总计:100 次。未出现声母:0。

覆盖韵母情况:

a:4 次,e:3 次,-i(前):1 次,-i(后):2 次,ai:3 次,ei:1 次,ao:4 次,ou:5 次,an:5 次,en:3 次,ang:3 次,eng:4 次,i:5 次,ia:1 次,ie:2 次,iao:2 次,iou:2 次,ian:3 次,in:2 次,iang:2 次,ing:2 次,u:3 次,ua:2 次,uo/o:4 次,uai:2 次,uei:3 次,uan:6 次,uen:4 次,uang:2 次,ong:4 次,ueng:1 次,ü:2 次,üe:3 次,üan:0 次,ün:2 次,iong:1 次,er:1 次。

总计:100 次。未出现韵母:üan。

覆盖声调情况:

阴平:24 次;阳平:24 次;上声:27 次;去声:25 次。

总计:100 次。

(二)读多音节词语(100 个音节,共 20 分,限时 2.5 分钟)

把握	风格	越野	森林	飞快	春节
子孙	扭转	音像	昆仑	老伴儿	花生
诺言	旅游	奔跑	恰当	摧残	整理

空中	石榴	地铁	下旬	圆场	欢呼
绝活儿	审美	赞扬	穷苦	露馅儿	关怀
矮小	包袱	温差	窘迫	发财	组装
拳头	日程	玩耍	沉思	儿女	荧光屏
创制	模特儿	曲调	仍然	奥运会	名列前茅

覆盖声母情况：

b:4次,p:4次,m:6次,f:5次,d:2次,t:7次,n:1次,l:7次,g:7次,k:2次,h:7次,j:5次,q:4次,x:10次,zh:5次,ch:6次,sh:3次,r:1次,z:1次,c:2次,s:2次,零声母:7次。

总计:100次。未出现声母:0。

覆盖韵母情况：

a:3次,e:3次,-i(前):3次,-i(后):2次,ai:2次,ei:2次,ao:5次,ou:3次,an:6次,en:6次,ang:3次,eng:4次,i:6次,ia:2次,ie:3次,iao:2次,iou:2次,ian:2次,in:2次,iang:1次,ing:3次,u:4次,ua:2次,uo/o:5次,uai:2次,uei:2次,uan:3次,uen:4次,uang:3次,ong:2次,ü:3次,üe:2次,üan:2次,ün:2次,iong:2次,er:1次。

总计:100次。未出现韵母:0。

其中儿化韵母4个:-ànr(老伴儿),-uór(绝活儿),-iànr(露馅儿),-èr(模特儿)。

覆盖声调情况：

阴平:23次;阳平:30次;上声:22次;去声:22次;轻声:3次。

其中上声和上声相连的词语5条:越野、扭转、整理、审美、矮小。

轻声词语3条:石榴、包袱、拳头。

总计:100次。

(三)朗读短文:请朗读作品1号《北京的春节》(400个音节,共30分,限时4分钟)

(四)命题说话:请按照话题"我的一天"或"家乡(或熟悉的地方)"说一段话(共40分,限时3分钟)

普通话水平测试等级标准(试行)

(国家语言文字工作委员会1997年12月5日颁布,国语〔1997〕64号)

一 级

甲等 朗读和自由交谈时,语音标准,词汇、语法正确无误,语调自然,表达流畅。测试总失分率在3%以内。

乙等 朗读和自由交谈时,语音标准,词汇、语法正确无误,语调自然,表达流畅。偶然有字音、字调失误。测试总失分率在8%以内。

二 级

甲等 朗读和自由交谈时,声韵调发音基本标准,语调自然,表达流畅。少数难点音(平翘舌音、前后鼻尾音、边鼻音等)有时出现失误。词汇、语法极少有误。测试总失分率在13%以内。

乙等 朗读和自由交谈时,个别调值不准,声韵母发音有不到位现象。难点音(平翘舌音、前后鼻尾音、边鼻音、fu-hu、z-zh-j、送气不送气、i-ü不分、保留浊塞音和浊塞擦音、丢介音、复韵母单音化等)失误较多。方言语调不明显。有使用方言词、方言语法的情况。测试总失分率在20%以内。

三 级

甲等 朗读和自由交谈时,声韵调发音失误较多,难点音超出常见范围,声调调值多不准。方言语调较明显。词汇、语法有失误。测试总失分率在30%以内。

乙等 朗读和自由交谈时,声韵调发音失误多,方音特征突出。方言语调明显。词汇、语法失误较多。外地人听其谈话有听不懂情况。测试总失分率在40%以内。

有关行业人员普通话合格标准

根据各行业的规定,有关从业人员的普通话水平达标要求如下:

中小学及幼儿园、校外教育单位的教师,普通话水平不低于二级,其中语文教师不低于二级甲等,普通话语音教师不低于一级。

高等学校的教师,普通话水平不低于三级甲等,其中现代汉语教师不低于二级甲等,普通话语音教师不低于一级。

对外汉语教学教师,普通话水平不低于二级甲等。

报考中小学、幼儿园教师资格的人员,普通话水平不低于二级。

师范类专业以及各级职业学校的与口语表达密切相关专业的学生,普通话水平不低于二级。

国家公务员,普通话水平不低于三级甲等。

国家级、省级广播电台和电视台的播音员或节目主持人,普通话水平应达到一级甲等;其他广播电台、电视台的播音员或节目主持人的普通话达标要求按国家广播电视总局的规定执行。

话剧、电影、电视剧、广播剧等表演或配音演员,播音、主持专业和影视表演专业的教师或学生,普通话水平不低于一级。

公共服务行业的特定岗位人员(如广播员、解说员、话务员等),普通话水平不低于二级甲等。

普通话水平应达标人员的年龄上限以有关行业的文件为准。

普通话水平测试规程

为有效保障普通话水平测试实施,保证普通话水平测试的公正性、科学性、权威性和严肃性,依据《普通话水平测试管理规定》(教育部令第51号),制定本规程。

第一章 统筹管理

第一条 国务院语言文字工作部门设立或指定的国家测试机构负责全国测试工作的组织实施和质量监管。

省级语言文字工作部门设立或指定的省级测试机构负责本行政区域内测试工作的组织实施和质量监管。

第二条 省级测试机构应于每年10月底前明确本行政区域内下一年度测试计划总量及实

施安排。

省级测试机构应按季度或月份制订测试计划安排,并于测试开始报名前10个工作日向社会公布。

第三条 省级测试机构应于每年1月底前向国家测试机构和省级语言文字工作部门报送上一年度测试工作总结。国家测试机构应于每年2月底前向国务院语言文字工作部门报送全国测试工作情况。

第二章 测试站点

第四条 省级测试机构在省级语言文字工作部门领导下负责设置测试站点。测试站点的设立要充分考虑社会需求,合理布局,满足实施测试所需人员、场地及设施设备等条件。测试站点建设要求由国家测试机构另行制定。

测试站点不得设立在社会培训机构、中介机构或其他营利性机构或组织。

第五条 省级测试机构应将测试站点设置情况报省级语言文字工作部门,并报国家测试机构备案。本规程发布后新设立或撤销的测试站点,须在设立或撤销的1个月内报国家测试机构备案。

第六条 在国务院语言文字工作部门的指导下,国家测试机构可根据工作需要设立测试站点。

第七条 测试站点设立和撤销信息应及时向社会公开。

第三章 考场设置

第八条 测试站点负责安排考场,考场应配备管理人员、测试员、技术人员以及其他考务人员。

第九条 考场应设有候测室和测试室,总体要求布局合理、整洁肃静、标识清晰,严格落实防疫、防传染病要求,做好通风消毒等预防性工作,加强考点卫生安全保障。

候测室供应试人报到、采集信息、等候测试。候测室需张贴或播放应试须知、测试流程等。

测试室每个机位应为封闭的独立空间,每次只允许1人应试;暂时不具备条件需利用教室或其他共用空间开展测试的,各测试机位间隔应不少于1.8米。

第十条 普通话水平测试采用计算机辅助测试(简称机辅测试)。用于测试的计算机应安装全国统一的测试系统,并配备话筒、耳机、摄像头等必要的设施设备。

经国家测试机构同意,特殊情况下可采用人工测试并配备相应设施设备。

第四章 报名办法

第十一条 参加测试的人员通过官方平台在线报名。测试站点暂时无法提供网上报名服务的,报名人员可持有效身份证件原件在测试站点现场报名。

第十二条 非首次报名参加测试人员,须在最近一次测试成绩发布之后方可再次报名。

第五章 测试试卷

第十三条 测试试卷由国家测试机构统一编制和提供,各级测试机构和测试站点不得擅自更改、调换试卷内容。

第十四条 测试试卷由测试系统随机分配,应避免短期内集中重复使用。

第十五条 测试试卷仅限测试时使用,属于工作秘密,测试站点须按照国家有关工作秘密相关要求做好试卷保管工作,任何人不得泄露或外传。

第六章 测试流程

第十六条 应试人应持准考证和有效身份证件原件按时到指定考场报到。迟到 30 分钟以上者,原则上应取消当次测试资格。

第十七条 测试站点应认真核对确认应试人报名信息。因应试人个人原因导致信息不一致的,取消当次测试资格。

第十八条 应试人报到后应服从现场考务人员安排。进入测试室时,不得携带手机等各类具有无线通讯、拍摄、录音、查询等功能的设备,不得携带任何参考资料。

第十九条 测试过程应全程录像。暂不具备条件的,应采集应试人在测试开始、测试进行、测试结束等不同时段的照片或视频,并保存不少于 3 个月。

第二十条 测试结束后,经考务人员确认无异常情况,应试人方可离开。

第七章 成绩评定

第二十一条 测试成绩评定的基本依据是《普通话水平测试大纲》和《计算机辅助普通话水平测试评分试行办法》。

第二十二条 "读单音节字词""读多音节词语""朗读短文"测试项由测试系统评分。

"选择判断"和"命题说话",由 2 位测试员评分;或报国家测试机构同意后试行测试系统加 1 位测试员评分。

测试最终成绩保留小数点后 1 位小数。

第二十三条 测试成绩由省级测试机构或国家测试机构认定发布。

测试成绩在一级乙等及以下的,由省级测试机构认定,具体实施办法由国家测试机构另行规定。

测试成绩达到一级甲等的,由省级测试机构复审后提交国家测试机构认定。

未经认定的成绩不得对外发布。

第二十四条 一级乙等及以下的成绩认定原则上在当次测试结束后 30 个工作日内完成。一级甲等的成绩认定顺延 15 个工作日。

第二十五条 应试人对测试成绩有异议的,可以在测试成绩发布后 15 个工作日内向其参加测试的站点提出复核申请。具体按照《普通话水平测试成绩申请复核暂行办法》执行。

第八章 等级证书

第二十六条 等级证书的管理按照《普通话水平测试等级证书管理办法》执行。

第二十七条 符合更补证书条件的,按以下程序办理证书更补:

(一)应试人向其参加测试的站点提交书面申请以及本人有效身份证复印件、等级证书原件或国家政务服务平台的查询结果等相关材料。

(二)省级语言文字工作部门或省级测试机构每月底审核汇总更补申请,加盖公章后提交国家测试机构。国家测试机构自受理之日起 15 个工作日内予以更补。

(三)纸质证书更补时效为自成绩发布之日起 1 年内,逾期不予受理。

第二十八条 应试人应及时领取纸质证书。自成绩发布之日起 1 年后未领取的纸质证书,由测试机构按照内部资料予以清理销毁。

第九章　数据档案

第二十九条　测试数据档案包括测试数据和工作档案。

第三十条　测试数据包括报名信息、成绩信息、测试录音、测试试卷、现场采集的应试人照片等电子档案。测试数据通过测试系统归档，长期保存。调取和使用已归档保存的测试数据，需经省级测试机构或国家测试机构同意。

第三十一条　数据档案管理者及使用人员应采取数据分类、重要数据备份和加密等措施，维护数据档案的完整性、保密性和可用性，防止数据档案泄露或者被盗窃、篡改。

第三十二条　测试工作档案包括测试计划和工作总结、考场现场情况记录、证书签收单据、成绩复核资料等，由各级测试机构和测试站点自行妥善保管，不得擅自公开或外传。

第十章　监督检查

第三十三条　国家测试机构对各级测试机构和测试站点进行业务指导、监督、检查。省级测试机构对省级以下测试机构和测试站点进行管理、监督、检查。

第三十四条　监督检查的范围主要包括计划完成情况、测试实施流程、试卷管理、成绩评定、证书管理、数据档案管理等。监督检查可采用现场视导、查阅资料、测试录音复审、测试数据分析等方式。

第十一章　违规处理

第三十五条　未按要求开展工作的测试机构和测试工作人员，按照《普通话水平测试管理规定》（教育部令第51号）有关规定处理。省级测试机构须在处理完成后10个工作日内将相关情况报省级语言文字工作部门，并报国家测试机构备案。

第三十六条　受到警告处理的测试站点，应在1个月内完成整改，经主管的语言文字工作部门验收合格后可撤销警告。再次受到警告处理的，暂停测试资格。

第三十七条　受到暂停测试资格处理的测试站点，应在3个月内完成整改，经主管的语言文字工作部门验收合格后方可重新开展测试。再次受到暂停测试资格处理的，永久取消其测试资格。

第三十八条　非不可抗拒的因素连续2年不开展测试业务的测试站点由省级测试机构予以撤销。

第三十九条　测试现场发现替考、违规携带设备、扰乱考场秩序等行为的，取消应试人当次测试资格。公布成绩后被认定为替考的，取消其当次测试成绩，已发放的证书予以作废，并记入全国普通话水平测试违纪人员档案，视情况通报应试人就读学校或所在单位。

第十二章　附则

第四十条　省级测试机构可根据实际情况在省级语言文字工作部门指导下制定实施细则，并报国家测试机构备案。

第四十一条　视障、听障人员参加测试的，按照专门办法组织实施。

第四十二条　如遇特殊情况，确有必要对常规测试流程做出适当调整的，由省级语言文字工作部门报国务院语言文字工作部门批准后实施。

第四十三条　本规程自2023年4月1日起施行。2003年印发的《普通话水平测试规程》和2008年印发的《计算机辅助普通话水平测试操作规程（试行）》同时废止。

普通话水平测试管理规定

第一条　为规范普通话水平测试管理,促进国家通用语言文字的推广普及和应用,根据《中华人民共和国国家通用语言文字法》,制定本规定。

第二条　普通话水平测试(以下简称测试)是考查应试人运用国家通用语言的规范、熟练程度的专业测评。

第三条　国务院语言文字工作部门主管全国的测试工作,制定测试政策和规划,发布测试等级标准和测试大纲,制定测试规程,实施证书管理。

省、自治区、直辖市人民政府语言文字工作部门主管本行政区域内的测试工作。

第四条　国务院语言文字工作部门设立或者指定国家测试机构,负责全国测试工作的组织实施、质量监管和测试工作队伍建设,开展科学研究、信息化建设等,对地方测试机构进行业务指导、监督、检查。

第五条　省级语言文字工作部门可根据需要设立或者指定省级及以下测试机构。省级测试机构在省级语言文字工作部门领导下,负责本行政区域内测试工作的组织实施、质量监管,设置测试站点,开展科学研究和测试工作队伍建设,对省级以下测试机构和测试站点进行管理、监督、检查。

第六条　各级测试机构和测试站点依据测试规程组织开展测试工作,根据需要合理配备测试员和考务人员。

测试员和考务人员应当遵守测试工作纪律,按照测试机构和测试站点的组织和安排完成测试任务,保证测试质量。

第七条　测试机构和测试站点要为测试员和考务人员开展测试提供必要的条件,合理支付其因测试工作产生的通信、交通、食宿、劳务等费用。

第八条　测试机构和测试站点应当健全财务管理制度,按照标准收取测试费用。

第九条　测试员分为省级测试员和国家级测试员,具体条件和产生办法由国家测试机构另行规定。

第十条　以普通话为工作语言的下列人员,在取得相应职业资格或者从事相应岗位工作前,应当根据法律规定或者职业准入条件的要求接受测试:

(一)教师;

(二)广播电台、电视台的播音员、节目主持人;

(三)影视话剧演员;

(四)国家机关工作人员;

(五)行业主管部门规定的其他应该接受测试的人员。

第十一条　师范类专业、播音与主持艺术专业、影视话剧表演专业以及其他与口语表达密切相关专业的学生应当接受测试。

高等学校、职业学校应当为本校师生接受测试提供支持和便利。

第十二条　社会其他人员可自愿申请参加测试。

在境内学习、工作或生活3个月及以上的港澳台人员和外籍人员可自愿申请参加测试。

第十三条　应试人可根据实际需要,就近就便选择测试机构报名参加测试。

视障、听障人员申请参加测试的,省级测试机构应积极组织测试,并为其提供必要的便利。视障、听障人员测试办法由国务院语言文字工作部门另行制定。

第十四条 普通话水平等级分为三级,每级分为甲、乙两等。一级甲等须经国家测试机构认定,一级乙等及以下由省级测试机构认定。

应试人测试成绩达到等级标准,由国家测试机构颁发相应的普通话水平测试等级证书。

普通话水平测试等级证书全国通用。

第十五条 普通话水平测试等级证书分为纸质证书和电子证书,二者具有同等效力。纸质证书由国务院语言文字工作部门统一印制,电子证书执行《国家政务服务平台标准》中关于普通话水平测试等级证书电子证照的行业标准。

纸质证书遗失的,不予补发,可以通过国家政务服务平台查询测试成绩,查询结果与证书具有同等效力。

第十六条 应试人对测试成绩有异议的,可以在测试成绩发布后 15 个工作日内向原测试机构提出复核申请。

测试机构接到申请后,应当在 15 个工作日内作出是否受理的决定。如受理,须在受理后 15 个工作日内作出复核决定。

具体受理条件和复核办法由国家测试机构制定。

第十七条 测试机构徇私舞弊或者疏于管理,造成测试秩序混乱、作弊情况严重的,由主管的语言文字工作部门给予警告、暂停测试资格直至撤销测试机构的处理,并由主管部门依法依规对直接负责的主管人员或者其他直接责任人员给予处分;构成犯罪的,依法追究刑事责任。

第十八条 测试工作人员徇私舞弊、违反测试规定的,可以暂停其参与测试工作或者取消测试工作资格,并通报其所在单位予以处理;构成犯罪的,依法追究刑事责任。

第十九条 应试人在测试期间作弊或者实施其他严重违反考场纪律行为的,组织测试的测试机构或者测试站点应当取消其考试资格或者考试成绩,并报送国家测试机构记入全国普通话水平测试违纪人员档案。测试机构认为有必要的,还可以通报应试人就读学校或者所在单位。

第二十条 本规定自 2022 年 1 月 1 日起施行。2003 年 5 月 21 日发布的《普通话水平测试管理规定》(教育部令第 16 号)同时废止。

计算机辅助普通话水平测试指南

一、什么是计算机辅助普通话水平测试

计算机辅助普通话水平测试(以下简称"机辅测试")是通过计算机语音识别系统,部分代替人工评测,对普通话水平测试中应试人朗读的第一项"读单音节字词"、第二项"读多音节词语"和第三项"朗读短文"的语音标准程度进行辨识和评测。不同于测试员与应试人面对面的人工测试方式,它采用应试人直接面对计算机这种测试方式,其中第一项至第三项测试由计算机评分,最后一项测试由管理人员把应试人说话录音分配给测试员,测试员不面对应试人直接评分。

二、机辅测试流程和注意事项

机辅测试过程由候测(信息采集)、正式测试两个主要环节组成。应试人在参加测试的过程

中须注意以下步骤和细节：

（一）信息采集

应试人在测试当天需携带身份证、准考证，进行信息采集。

第一步：身份信息验证

将身份证贴到终端设备相应位置上进行身份信息验证。

第二步：照片采集

应试人在管理人员指定位置采集照片。

第三步：系统抽签

系统随机自动分配机器号给应试人，应试人需记住自己的考试机号。

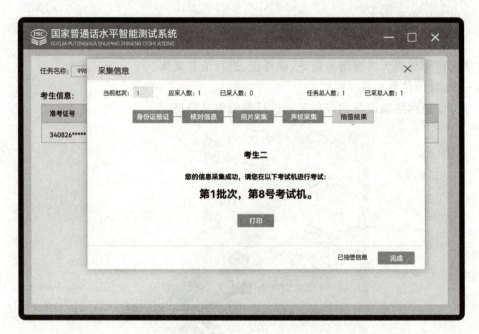

(二)正式测试

第一步:人脸验证登录

应试人进入对应的测试机房后。坐好并正对摄像头,系统将通过人脸识别的方式进行登录。

第二步:核对信息

人脸识别验证通过后,电脑界面上会显示应试人的个人信息,应试人认真核对,确认无误后单击"确定"按钮进入下一环节。如果信息错误,请告知老师。

第三步:佩戴耳机

按照屏幕上的提示戴上耳机,并将麦克风调整到距嘴边 2~3 厘米,等待考场指令准备试音。

第四步:试音

进入试音页面后,应试人会听到系统的提示语"现在开始试音",听到提示语"嘟"声后朗读文本框中的个人信息。提示语结束后,以适中的音量和语速朗读文本框中的试音文字。

若试音失败,页面会弹出提示框,请单击"确认"按钮重新试音。若试音成功,页面同样会弹出提示框"试音成功,请等待考场指令!"

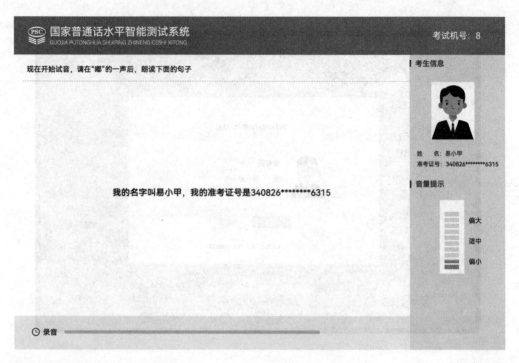

第五步：正式测试

系统进入第一题提示"第一题，读单音节字词，限时 3.5 分钟，请横向朗读"应试人听到"嘟"声后，朗读试卷内容。

第 1 题　读单音节字词

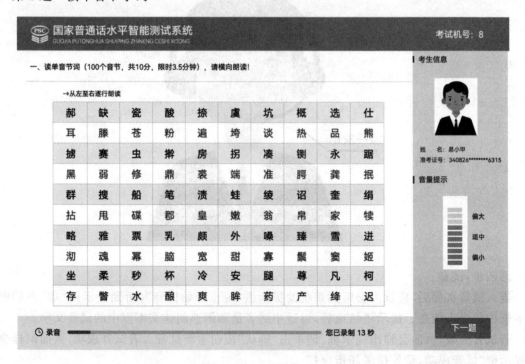

第 2 题　读多音节词语

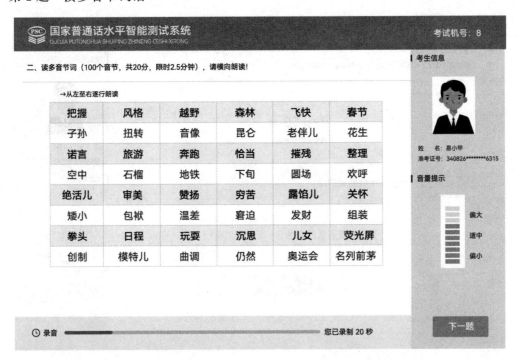

注意：应试人务必横向、逐字、逐行朗读，注意语音清晰，防止增字、漏字。

第 3 题　朗读短文

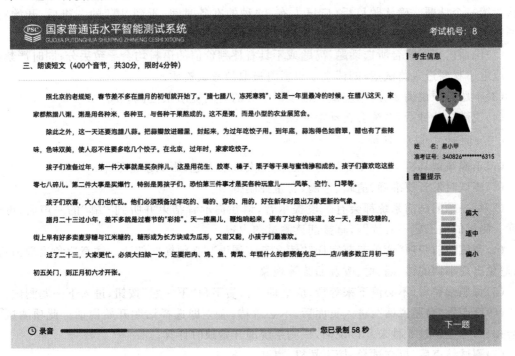

注意：朗读时保持音量稳定，音量大小与试音音量一致，音量过低会导致评测失败。

第 4 题　命题说话

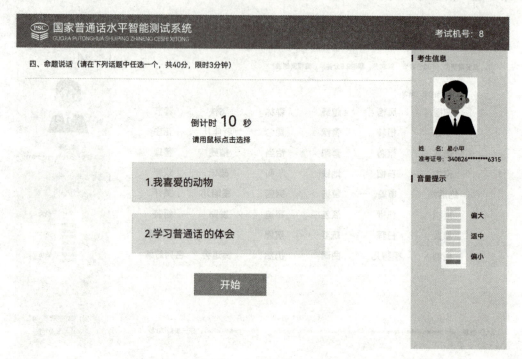

注意：

(1)应试人按照电脑页面提示,在倒计时 10 秒内使用鼠标点击选择说话的题目,否则系统默认为第一个话题。确认题目后,应试人有 30 秒的准备时间,听到"嘟"的一声后,开始答题。答题时请先读出你所选择的题目。

(2)说话内容需符合所选话题,离题或不具有评判价值的语料均会导致丢分;同时严禁携带文字或电子材料进入测试室,朗读文字材料将被取消考试资质。

(3)本题必须说满 3 分钟,应试人按主屏下方的时间提示条把握时间。

(4)说满 3 分钟后,系统会自动提交试卷。

(三)测试中应注意的事项

(1)正确佩戴耳机,避免麦克风与嘴唇离得太远或太近,影响录音效果。

(2)测试时发音要准确、清晰、饱满,音量控制得当。

(3)每一题测试前系统都会有一段提示音,请在提示音结束并听到"嘟"的一声后,再开始朗读。测试的前三题不必读题,直接朗读测试的内容。

(4)测试的前两项"读单音节字词""读多音节词语",必须横向朗读。注意避免出现漏行、错行;避免出现字词的错、漏、增、改及回读等现象。

(5)每题读完后,不必停下来等待,应立即点击右下角"下一题"按钮,进入下一题测试。

(6)第四题"命题说话":进入页面后,不必等待,应立即选择话题开始说话。此项测试有缺时会扣分,考生超过 6 秒未开口说话,机测系统即开始缺时计算。

(7)测试结束后,提交试卷,摘下耳机,离开考场。

第二部分

普通话语音知识

普通话是现代汉民族的共同语,是现代汉语的标准语,也是当代我国各民族之间进行交流的工具。普通话是全国通用的语言,也是中华人民共和国的国家官方语言。

1955 年召开的全国文字改革会议和现代汉语规范问题学术会议,对普通话的含义作出了明确界定:以北京语音为标准音,以北方方言为基础方言,以典范的现代白话文著作为语法规范的现代标准汉语。

以北京语音为标准音

普通话以北京语音作为标准音,是历史发展的结果。自金、元、明、清以来,北京一直作为我国政治、经济和文化的中心。但是以北京语音作为标准音并不是以某一个北京人或某一些北京人的口语发音作为标准音,而是以北京音系的语音系统作为标准音。北京语音系统中有 22 个声母、39 个韵母和 4 个声调,除此以外,北京语音中还有变调、轻声、儿化等现象,这些都属于北京语音系统的范围。

以北方方言为基础方言

普通话在词汇方面以北方方言作为基础方言,充分考虑了北方方言词汇使用人口众多和分布广泛的情况。在我国七大方言中,说北方方言的人占汉族人数的 70%,其覆盖区域也很广,占汉语地区的 3/4,北方方言内部比较一致。另外普通话还从其他非基础方言里吸收了许多有特殊表现力的方言词来丰富自己的词库,继承了古代汉语中许多仍然有生命力的古词语,借用了一些交际必需的外来词,这都使得普通话的词汇更加丰富。

以典范的现代白话文著作为语法规范

普通话的语法是以经过提炼加工的书面语,即典范的现代白话文著作为语法规范。“典范的”是指典型的可以作为范本的,“现代”划定了时间范围,“白话文”是针对文言文而言的。普通话要遵循白话文的语法规范,这符合推广、普及普通话的要求。

总之,普通话作为现代汉语标准语,是一种服务于全国的通用语,是现阶段汉民族语言统一的基础。普通话是语音、词汇和语法的统一体,我们在学习普通话时,要把它作为一个整体来把握,任何一个方面都不可缺少。

汉语拼音方案

(1957 年 11 月 1 日国务院全体会议第 60 次会议通过)

(1958 年 2 月 11 日第一届全国人民代表大会第五次会议批准)

一、字母表

字母	Aa	Bb	Cc	Dd	Ee	Ff	Gg
名称	ㄚ	ㄅㄝ	ㄘㄝ	ㄉㄝ	ㄜ	ㄝㄈ	ㄍㄝ

Hh	Ii	Jj	Kk	Ll	Mm	Nn
ㄏㄚ	ㄧ	ㄐㄧㄝ	ㄎㄝ	ㄝㄌ	ㄝㄇ	ㄋㄝ

Oo	Pp	Qq	Rr	Ss	Tt
ㄛ	ㄆㄝ	ㄑㄧㄡ	ㄚㄦ	ㄝㄙ	ㄊㄝ

Uu	Vv	Ww	Xx	Yy	Zz
ㄨ	ㄇㄝ	ㄨㄚ	ㄒㄧ	ㄧㄚ	ㄗㄝ

注:v 只用来拼写外来语、少数民族语言和方言。
字母的手写体依照拉丁字母的一般书写习惯。

二、声母表

b	p	m	f	d	t	n	l
ㄅ玻	ㄆ坡	ㄇ摸	ㄈ佛	ㄉ得	ㄊ特	ㄋ讷	ㄌ勒

g	k	h		j	q	x
ㄍ哥	ㄎ科	ㄏ喝		ㄐ基	ㄑ欺	ㄒ希

zh	ch	sh	r	z	c	s
ㄓ知	ㄔ蚩	ㄕ诗	ㄖ日	ㄗ资	ㄘ雌	ㄙ思

在给汉字注音的时候,为了使拼式简短,zh ch sh 可以省作 ẑ ĉ ŝ。

三、韵母表

	i ㄧ 衣	u ㄨ 乌	ü ㄩ 迂
a ㄚ 啊	ia ㄧㄚ 呀	ua ㄨㄚ 蛙	
o ㄛ 喔		uo ㄨㄛ 窝	
e ㄜ 鹅	ie ㄧㄝ 耶		üe ㄩㄝ 约
ai ㄞ 哀		uai ㄨㄞ 歪	
ei ㄟ 欸		uei ㄨㄟ 威	
ao ㄠ 熬	iao ㄧㄠ 腰		
ou ㄡ 欧	iou ㄧㄡ 忧		
an ㄢ 安	ian ㄧㄢ 烟	uan ㄨㄢ 弯	üan ㄩㄢ 冤
en ㄣ 恩	in ㄧㄣ 因	uen ㄨㄣ 温	ün ㄩㄣ 晕
ang ㄤ 昂	iang ㄧㄤ 央	uang ㄨㄤ 汪	
eng ㄥ 亨的韵母	ing ㄧㄥ 英	ueng ㄨㄥ 翁	
ong (ㄨㄥ) 轰的韵母	iong ㄩㄥ 雍		

(1)"知、蚩、诗、日、资、雌、思"等七个音节的韵母用 i,即:"知、蚩、诗、日、资、雌、思"等字拼作 zhi,chi,shi,ri,zi,ci,si。

(2)韵母儿写成 er,用作韵尾的时候写成 r。
例如:"儿童"拼作 ertong,"花儿"拼作 huar。

(3)韵母ㄝ单用的时候写成 ê。

(4)i 行的韵母,前面没有声母的时候,写成 yi(衣),ya(呀),ye(耶),yao(腰),you(忧),yan(烟),yin(因),yang(央),ying(英),yong(雍)。

u 行的韵母,前面没有声母的时候,写成 wu(乌),wa(蛙),wo(窝),wai(歪),wei(威),wan(弯),wen(温),wang(汪),weng(翁)。

ü 行的韵母,前面没有声母的时候,写成 yu(迂),yue(约),yuan(冤),yun(晕);ü 上两点省略。

ü 行的韵母跟声母 j,q,x 拼的时候,写成 ju(居),qu(区),xu(虚),ü 上两点也省略;但是跟声母 n,l 拼的时候,仍然写成 nü(女),lü(吕)。

(5)iou,uei,uen 前面加声母的时候,写成 iu,ui,un,例如:niu(牛),gui(归),lun(论)。

(6)在给汉字注音的时候,为了使拼式简短,ng 可以省作 ŋ。

四、声调符号

阴平	阳平	上声	去声
ˉ	ˊ	ˇ	ˋ

声调符号标在音节的主要母音上。轻声不标。
例如:

妈 mā	麻 má	马 mǎ	骂 mà	吗 ma
(阴平)	(阳平)	(上声)	(去声)	(轻声)

五、隔音符号

a,o,e 开头的音节连接在其他音节后面的时候,如果音节的界限发生混淆,用隔音符号(')隔开,例如:pi'ao(皮袄)。

第一单元　声母

一、什么是声母

声母是音节开头的部分,普通话有 22 个声母,其中 21 个辅音声母、1 个零声母。辅音发音时,气流通过口腔或鼻腔时要受到阻碍,通过克服阻碍而发出声音。其特点是时程短、音势弱,容易受到干扰,易产生吃字现象,从而影响语音的清晰度。声母的发音部位是否准确,是语流中字音是否清晰并具有一定亮度的关键。

扫码听范读

普通话声母表

b	巴 步 别	p	怕 盘 扑	m	门 谋 木	f	飞 付 浮		
d	低 大 夺	t	太 同 突	n	南 牛 怒			l	来 吕 路
g	哥 甘 共	k	枯 开 狂			h	海 寒 很		
j	即 结 净	q	齐 求 轻			x	西 袖 形		
zh	知 照 铡	ch	茶 产 唇			sh	诗 手 生	r	日 锐 荣
z	资 走 坐	c	慈 蚕 存			s	丝 散 颂		

零声母:安 言 忘 云

二、声母的分类

(一)按发音部位分类

普通话的辅音声母可以按发音部位分为三大类,细分为七个部位:

1. 唇音

以下唇为主动器官,普通话又细分为两个发音部位:

双唇音:上唇和下唇闭合构成阻碍。普通话有 3 个:b、p、m。

唇齿音(也叫"齿唇音"):下唇和上齿靠拢构成阻碍。普通话只有 1 个:f。

2. 舌尖音

以舌尖为主动器官,普通话又细分为三个发音部位:

舌尖前音(也叫平舌音):舌尖向上门齿背接触或接近构成阻碍。普通话有 3 个:z、c、s。

舌尖中音:舌尖和上齿龈(即上牙床)接触构成阻碍。普通话有 4 个:d、t、n、l。

舌尖后音(也叫翘舌音):舌尖向硬腭的最前端接触或接近构成阻碍。普通话有 4 个:zh、ch、sh、r。

3. 舌面音

以舌面为主动器官,普通话又细分为两个发音部位:

舌面前音:舌面前部向硬腭前部接触或接近构成阻碍。普通话有 3 个:j、q、x。

舌面后音(也叫"舌根音"):舌面后部向硬腭和软腭的交界处接触或接近构成阻碍。普通话有3个:g、k、h。

(二)按发音方法分类

声母由辅音构成。辅音是气流呼出时,在口腔某个部位遇到程度不同的阻碍构成的。我们把起始阶段叫"成阻",持续阶段叫"持阻",阻碍解除的阶段叫"除阻"。

普通话辅音声母的发音方法有以下六种:

1. 塞音

成阻时发音部位完全形成闭塞;持阻时气流积蓄在阻碍的部位之后;除阻时受阻部位突然解除阻塞,使积蓄的气流透出,爆发破裂成声。普通话有6个塞音:b、p、d、t、g、k。

2. 擦音

成阻时发音部位之间接近,形成适度的间隙;持阻时,气流从窄缝中间摩擦成声;除阻时发音结束。普通话有5个擦音:f、h、x、sh、s。

3. 塞擦音

以"塞音"开始,以"擦音"结束。由于塞擦音的"塞"和"擦"是同部位的,"塞音"的除阻阶段和"擦音"的成阻阶段融为一体,两者结合得很紧密。普通话有6个塞擦音:j、q、zh、ch、z、c。

4. 近音

普通话只有一个近音:r。成阻阶段发音器官接近,口腔通道变窄,留有比擦音大又比高元音小的缝隙,未达到形成湍流的程度,气流通过时只产生轻微的摩擦。

5. 鼻音

成阻时发音部位完全闭塞,封闭口腔通路;持阻时,软腭下垂,打开鼻腔通路,声带振动,气流到达口腔和鼻腔,气流在口腔受到阻碍,由鼻腔透出成声;除阻时口腔阻碍解除。鼻音是鼻腔和口腔的双重共鸣形成的。鼻腔是不可调节的发音器官。不同音质的鼻音是由于发音时在口腔的不同部位阻塞,造成不同的口腔共鸣状态而形成的。普通话有2个鼻音声母:m、n。

6. 边音

普通话只有一个舌尖中的边音:l。舌尖和上齿龈(上牙床)稍后的部位接触,使口腔中间的通道阻塞;持阻时声带振动,气流从舌头两边与两颊内侧形成的空隙通过,透出成声;除阻时发音结束。

(三)塞音和塞擦音按气流的强弱可分为送气音和不送气音

1. 送气音

发音时气流送出比较快和明显,由于除阻后声门大开,流速较快,在声门以及声门以上的某个狭窄部位造成摩擦,形成送气音。普通话有6个送气音:p、t、k、q、ch、c。

2. 不送气音

发音时呼出的气流较弱,没有送气音特征,又同送气音形成对立的音。普通话有6个不送气音:b、d、g、j、zh、z。

（四）按声带是否振动分为清音和浊音

清音：b、p、f、d、t、g、k、h、j、q、x、zh、ch、sh、z、c、s。

浊音：m、n、l、r。

普通话声母发音总表

发音部位 发音方法			唇　音		舌尖 前音	舌尖 中音	舌尖 后音	舌面 前音	舌面 后音
			双唇音	唇齿音					
			上唇 下唇	上唇 下唇	舌尖 上齿背	舌尖 上齿龈	舌尖 硬腭前	舌面前 硬腭前	舌面后 软腭
塞音	清音	不送气音	b			d			g
		送气音	p			t			k
擦音	清音			f	s		sh	x	h
近音	浊音						r		
塞擦音	清音	不送气音			z		zh	j	
		送气音			c		ch	q	
鼻音	浊音		m			n			
边音	浊音					l			

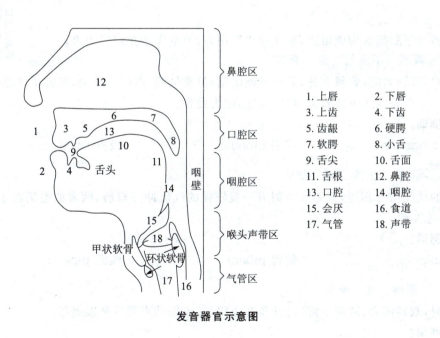

1. 上唇　　2. 下唇
3. 上齿　　4. 下齿
5. 齿龈　　6. 硬腭
7. 软腭　　8. 小舌
9. 舌尖　　10. 舌面
11. 舌根　　12. 鼻腔
13. 口腔　　14. 咽腔
15. 会厌　　16. 食道
17. 气管　　18. 声带

发音器官示意图

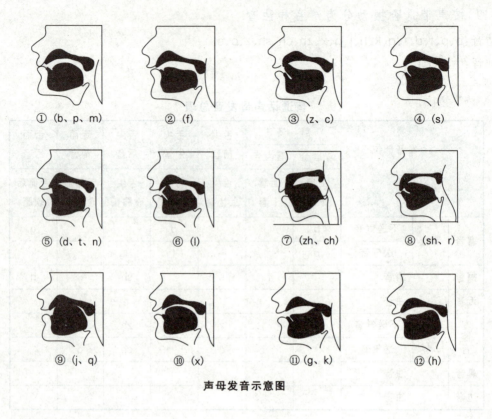

① (b、p、m)	② (f)	③ (z、c)	④ (s)
⑤ (d、t、n)	⑥ (l)	⑦ (zh、ch)	⑧ (sh、r)
⑨ (j、q)	⑩ (x)	⑪ (g、k)	⑫ (h)

声母发音示意图

三、声母发音分析

(一)双唇音

由上唇和下唇接触构成阻碍,要注意双唇用力,力量集中在双唇中央。

扫码听范读

b [p] 双唇 不送气 清 塞音

发音时,双唇紧闭,软腭上升,鼻腔通路闭塞,阻塞气流,声带不颤动,气流从口腔冲破阻碍,爆发成声。主要是双唇中部着力,集中蓄气,用力发音。

发音例词:

冰棒 bīngbàng　　　　　辨别 biànbié　　　　　板报 bǎnbào

p [pʰ] 双唇 送气 清 塞音

发音的状况与 b 相近,只是发 p 时有一股较强的气流冲开双唇,两者的差别在于 b 为不送气音,p 为送气音。

发音例词:

批评 pīpíng　　　　　偏僻 piānpì　　　　　匹配 pǐpèi

m [m] 双唇 浊 鼻音

发音时,双唇闭合,软腭下降,打开鼻腔通路,气流振动声带从鼻腔通过。

发音例词:

美妙 měimiào　　　　　眉目 méimù　　　　　牧民 mùmín

◆绕口令◆

【八百标兵】

八百标兵奔北坡,炮兵并排北边跑。炮兵怕把标兵碰,标兵怕碰炮兵炮。

【白庙和白猫】

白庙外蹲一只白猫,白庙里有一顶白帽。白庙外的白猫看见了白帽,叼着白庙里的白帽跑出了白庙。

【一座棚】

一座棚傍峭壁旁,峰边喷泻瀑布长,不怕暴雨飘泼冰雹落,不怕寒风扑面雪飘扬,并排分班翻山爬坡把宝找,聚宝盆里松柏飘香百宝藏,背宝奔跑报矿炮劈火,篇篇捷报飞伴金凤凰。

(二)唇齿音

由下唇和上齿接触构成阻碍。

f [f] 唇齿　清　擦音

发音时,下唇接近上齿,形成窄缝,软腭上升,堵塞鼻腔通路,气流从唇齿间摩擦出来,声带不振动。

发音例词:

芬芳 fēnfāng　　　　方法 fāngfǎ　　　　发奋 fāfèn

◆绕口令◆

【画凤凰】

粉红墙上画凤凰,凤凰画在粉红墙。红凤凰,粉凤凰,红粉凤凰,花凤凰。红凤凰,黄凤凰,红粉凤凰,粉红凤凰,花粉花凤凰。

【粉红女发奋缝飞凤】

粉红女发奋缝飞凤,女粉红反缝方法繁。飞凤仿佛发放芬芳,方法非凡反复防范。反缝方法仿佛飞凤,反复翻缝飞凤奋飞。

(三)舌面前音

j [tɕ] 舌面前　不送气　清　塞擦音

发音时,舌面前部抵住硬腭前部,软腭上升,堵塞鼻腔通路,声带不振动,较弱的气流把阻碍冲开,形成窄缝,气流从窄缝中挤出,摩擦成声。

发音例词:

经济 jīngjì　　　　解决 jiějué　　　　拒绝 jùjué

q [tɕʰ] 舌面前　送气　清　塞擦音

发音状况与 j 相近,只是气流比 j 较强。

发音例词:

亲切 qīnqiè　　　　请求 qǐngqiú　　　　确切 quèqiè

x [ɕ] 舌面前　清　擦音

发音时,舌面前部接近硬腭前部,形成窄缝,软腭上升,堵塞鼻腔通路,声带不振动,气流从窄缝中挤出,摩擦成声。

发音例词:

学习 xuéxí　　　　详细 xiángxì　　　　相信 xiāngxìn

◆绕口令◆

【京剧与警句】

京剧叫京剧,警句叫警句。京剧不能叫警句,警句不能叫京剧。

【田建贤回家】

田建贤前天从前线回到家乡田家店,只见家乡变化万千,繁荣景象呈现在眼前。连绵不断的青山,一望无际的棉田,新房连成一片,高压电线通向天边。

【漆匠和锡匠】

七巷一个漆匠,西巷一个锡匠,七巷漆匠偷了西巷锡匠的锡,西巷锡匠拿了七巷漆匠的漆,七巷漆匠气西巷锡匠偷了漆,西巷锡匠讥七巷漆匠拿了锡。请问锡匠和漆匠,谁拿谁的锡?谁偷谁的漆?

(四)舌面后音

扫码听范读

g [k] 舌面后 不送气 清 塞音

发音时,舌面后部抬起抵住硬腭和软腭的交界处,形成阻塞,软腭上升,堵塞鼻腔通路,声带不振动,较弱的气流冲破舌面后部的阻碍,爆发成声。

发音例词:

公共 gōnggòng　　　　　改革 gǎigé　　　　　骨骼 gǔgé

k [kʰ] 舌面后 送气 清 塞音

发音的状况与 g 相近,只是呼出的气流比 g 较强。

发音例词:

可靠 kěkào　　　　　宽阔 kuānkuò　　　　　困苦 kùnkǔ

h [x] 舌面后 清 擦音

发音时,舌面后部隆起接近硬腭和软腭的交界处,形成间隙,软腭上升,堵塞鼻腔通路,声带不振动,气流从窄缝中摩擦出来。

发音例词:

呼唤 hūhuàn　　　　　缓和 huǎnhé　　　　　辉煌 huīhuáng

◆绕口令◆

【哥哥抓鸽】

哥哥过河捉个鸽,回家割鸽来请客。客人吃鸽称鸽肉,哥哥请客乐呵呵。

【哥挎瓜筐过宽沟】

哥挎瓜筐过宽沟,过沟筐漏瓜滚沟。隔沟够瓜瓜筐扣,瓜滚筐空哥怪沟。

【花换瓜】

小花和小华,一同种庄稼。小华种棉花,小花种西瓜。小华的棉花开了花,小花的西瓜结了瓜。小花找小华,商量瓜换花。小花用瓜换了花,小华用花换了瓜。

【老华工葛盖谷】

老华工葛盖谷,刚刚过了海关归国观光,来到了港口公社,观看故国港口风光。昔日港口空空旷旷,如今盖满楼阁,街道宽广。过去高官克扣港口渔工,鳏寡孤独尸骨抛山岗。如今只见桅杆高持帆,渔歌高亢唱海港。归国观光的葛盖谷无限感慨,感慨故国港口无限风光。

（五）舌尖前音

z〔ts〕　舌尖前　不送气　清　塞擦音

发音时，舌尖抵住上齿背或下齿背产生阻塞，形成窄缝，软腭上升，堵塞鼻腔通路，声带不振动，气流从窄缝中挤出，摩擦成声（也有用舌尖轻抵下齿背形成阻碍的情况）。

发音例词：

在座 zàizuò　　　　　　自尊 zìzūn　　　　　　走卒 zǒuzú

c〔tsʰ〕　舌尖前　送气　清　塞擦音

发音的状况与 z 基本相近，不同的是气流比 z 较强。

发音例词：

从此 cóngcǐ　　　　　　层次 céngcì　　　　　　粗糙 cūcāo

s〔s〕　舌尖前　清　擦音

发音时，舌尖接近上齿背，形成一道窄缝，同时软腭上升，堵塞鼻腔通路，声带不振动，气流从窄缝中挤出，摩擦成声（也有用舌尖轻抵下齿背形成缝隙的情况）。

发音例词：

思索 sīsuǒ　　　　　　色素 sèsù　　　　　　洒扫 sǎsǎo

◆绕口令◆

【做早操】

早晨早早起，早起做早操。人人做早操，做操身体好。

【司机买雌鸡】

司机买雌鸡，仔细看雌鸡，四只小雌鸡，叽叽好欢喜，司机笑嘻嘻。

【子词丝】

四十四个字和词，组成了一首子词丝的绕口词。桃子李子梨子栗子橘子柿子槟子榛子，栽满院子村子和寨子；刀子斧子锯子凿子锤子刨子尺子，做出桌子椅子和箱子；名词动词数词量词代词副词助词连词，造成语词诗词和唱词。蚕丝生丝热丝缫丝染丝晒丝纺丝织丝自制粗细丝人造丝。

（六）舌尖中音

舌尖抵住上齿龈构成阻碍。要注意部位准确，舌尖着力。

d〔tʰ〕　舌尖中　不送气　清　塞音

发音时，舌尖抵住上齿龈，形成阻塞，软腭上升，堵塞鼻腔通路，较弱的气流冲破舌尖的阻碍，迸裂而出，爆发成声。

发音例词：

单调 dāndiào　　　　　　到达 dàodá　　　　　　地点 dìdiǎn

t〔tʰ〕　舌尖中　送气　清　塞音

发音的状况与 d 相近，只是发 t 时气流较强。

发音例词：

妥帖 tuǒtiē　　　　　　谈吐 tántǔ　　　　　　团体 tuántǐ

n [n] 舌尖中　浊　鼻音

发音时,舌尖抵住上齿龈,形成阻塞,软腭下降,打开鼻腔通路,气流振动声带,从鼻腔透出成声。

发音例词:

南宁 nánníng　　　　　　能耐 néngnai　　　　　　泥泞 nínìng

l [l] 舌尖中　浊　边音

发音时,舌尖抵住上齿龈,形成阻塞,软腭上升,堵塞鼻腔通路,声带振动,气流到达口腔从舌头两边通过。

发音例词:

来历 láilì　　　　　　联络 liánluò　　　　　　理论 lǐlùn

◆绕口令◆

【打特盗】

调到敌岛打特盗,特盗太刁投短刀,挡推顶打短刀掉,踏盗得刀盗打倒。

【谭老汉买蛋和炭】

谭家谭老汉,挑担到蛋摊。买了半担蛋,挑担到炭摊。买了半担炭,满担是蛋炭。老汉忙回赶,回家炒蛋饭。进门跨门槛,脚下绊一绊。跌了谭老汉,破了半担蛋;翻了半担炭,脏了木门槛。老汉看一看,急得满头汗;连说怎么办,老汉怎吃蛋炒饭。

【五老六】

柳林镇有个六号楼,刘老六住在六号楼。有一天,来了牛老六,牵了六个猴;来了侯老六,拉了六头牛;来了仇老六,提了六篓油;来了尤老六,背了六匹绸。牛老六、侯老六、仇老六、尤老六,住上刘老六的六号楼。半夜里,牛抵猴,猴斗牛,撞到了仇老六的油,油坏了尤老六的绸。牛老六帮仇老六收起油,侯老六帮尤老六洗掉绸上油;拴好牛,看好猴,一同上楼去喝酒。

(七)舌尖后音

扫码听范读

zh [tʂ] 舌尖后　不送气　清　塞擦音

发音时,舌尖前部上翘,抵住硬腭前部,软腭上升,堵塞鼻腔通路,声带不振动。较弱的气流把阻碍冲开,形成一道窄缝,从窄缝中挤出,摩擦成声。

发音例词:

主张 zhǔzhāng　　　　　政治 zhèngzhì　　　　　挣扎 zhēngzhá

ch [tʂʰ] 舌尖后　送气　清　塞擦音

发音的状况与 zh 相近,只是气流比 zh 较强。

发音例词:

橱窗 chúchuāng　　　　　出差 chūchāi　　　　　拆穿 chāichuān

sh [ʂ]　舌尖后　清　擦音

发音时,舌尖上翘接近硬腭前部,形成窄缝,软腭上升,关闭鼻腔通路,于是气流从窄缝中挤出,摩擦成声。

发音例词:

事实 shìshí　　　　　闪烁 shǎnshuò　　　　　少数 shǎoshù

r [ʐ]　舌尖后　浊　近音

发音的状况与 sh 相近,不同的是发 r 时声带要振动,口腔通道缝隙比擦音大又比高元音小,除特别重读外,一般轻微摩擦。

发音例词:

柔软 róuruǎn　　　　　仍然 réngrán　　　　　软弱 ruǎnruò

◆ **绕口令** ◆

【大车拉小车】

大车拉小车,小车拉小石头,石头掉下来,砸了小脚指头。

【朱叔锄竹笋】

朱家一株竹,竹笋初长出,朱叔处处锄,锄出笋来煮,锄完不再出,朱叔没笋煮,竹株又干枯。

【施氏食狮史】

石室诗士施史,嗜狮,誓食十狮,氏时时适市,氏视十狮,恃矢势,使是十狮逝世,氏拾是十狮尸,适石室,石室湿,氏使侍拭石室,石室拭,氏始试食十狮尸,食时,始识十狮尸实是十石狮尸,试释是事实。

【天上有个日头】

天上有个日头,地下有块石头,嘴里有个舌头,手上有五个手指头。不管是天上的热日头、地下的硬石头、嘴里的软舌头、手上的手指头,还是热日头、硬石头、软舌头、手指头,反正都是练舌头。

(八)零声母

安 言 忘 云

普通话零声母可以分成两类:一类是开口呼零声母;一类是非开口呼零声母。

开口呼零声母音节,书面上不用汉语拼音字母表示,但当该音节处于其他音节后面时,在其左上方使用隔音符号"'"。

发音例词:

傲岸 ào'àn　　　　　偶尔 ǒu'ěr　　　　　恩爱 ēn'ài

非开口呼零声母,即除开口呼以外的齐齿呼、合口呼、撮口呼三种零声母自成音节的起始方式。

齐齿呼零声母音节汉语拼音用隔音字母 y 开头,由于起始部分没有辅音声母,实际发音带有轻微摩擦,是半元音 [j],半元音仍属于辅音类。

发音例词:

洋溢 yángyì　　　　　谣言 yáoyán　　　　　游泳 yóuyǒng

合口呼零声母音节汉语拼音用隔音字母 w 开头,实际发音带有轻微摩擦,是半元音 [w]或齿唇通音 [v]。

发音例词:

慰问 wèiwèn　　　　　外文 wàiwén　　　　　忘我 wàngwǒ

撮口呼零声母音节汉语拼音用隔音字母 y(yu)开头,实际发音带有轻微摩擦,是半元音 [ɥ]。

发音例词:

孕育 yùnyù　　　　　渊源 yuānyuán　　　　　元月 yuányuè

四、声母发音辨正

(一)f与h

1. 发音辨正

(1)发唇齿音f时,上齿与下唇内缘接近,摩擦成声。

(2)发舌面后音h时,舌头后缩,舌面后部抬起接近软腭,摩擦成声。

2. 发音辨正练习

字词辨正练习

发 fā	花 huā	翻 fān	欢 huān	方 fāng	慌 huāng
飞 fēi	灰 huī	冯 féng	横 héng	赴 fù	护 hù
斧 fǔ	虎 hǔ	房 fáng	黄 huáng	愤 fèn	恨 hèn
饭 fàn	汉 hàn	俯 fǔ	唬 hǔ	风 fēng	烘 hōng

扫码听范读

词语辨正练习

理发 lǐfà	理化 lǐhuà	发现 fāxiàn	花线 huāxiàn
舅父 jiùfù	救护 jiùhù	废话 fèihuà	会话 huìhuà
防虫 fángchóng	蝗虫 huángchóng	乏力 fálì	华丽 huálì
肥鸡 féijī	回击 huíjī	犯病 fànbìng	患病 huànbìng

◆ 绕口令 ◆

【理化和理发】

我们要学理化,他们要学理发,理化理发要分清,学会理化却不会理发,学会理发也不懂理化。

【买混纺】

武汉商场卖混纺,红混纺,黄混纺,粉混纺,粉红混纺,黄粉混纺,黄红混纺,红粉混纺,最销畅。

【粉红活佛龛】

会糊我的粉红活佛龛,来糊我的粉红活佛龛,不会糊我的粉红活佛龛,不要胡糊、乱糊,糊坏了我的粉红活佛龛。

【黄幌子和方幌子】

老方扛着个黄幌子,老黄扛着个方幌子。老方要拿老黄的方幌子,老黄要拿老方的黄幌子,老黄老方不相让,方幌子碰破了黄幌子,黄幌子碰破了方幌子。

f与h声旁代表字类推表

f声母代表字

发—fā 发 fà 发(头发) fèi 废　　　　　　反—fǎn 反返 fàn 饭贩

乏—fá 乏 fàn 泛　　　　　　　　　　　犯—fàn 犯范

伐—fá 伐阀筏　　　　　　　　　　　　方—fāng 方芳坊(牌坊) fáng 防妨房肪

法—fǎ 法砝　　　　　　　　　　　　　　　　　fǎng 仿访纺 fàng 放

番—fān 翻番藩幡蕃(bō 播)　　　　　　非—fēi 非菲(芳菲)啡扉绯蜚霏

凡—fān 帆 fán 凡矾　　　　　　　　　　　　　fěi 诽菲(菲薄)匪悱斐翡 fèi 痱

分—fēn 分(分配)芬吩纷酚氛　fén 汾　fěn 粉

　　fèn 分(分外)份忿

蜂—fēng 峰烽锋蜂　féng 逢缝(缝补)

　　fèng 缝(缝隙)

风—fēng 风枫疯　fěng 讽

奉—fèng 奉俸

夫—fū 夫肤　fú 芙扶

孚—fū 孵　fú 孚俘浮

甫—fū 敷　fǔ 甫辅脯　fù 傅缚

弗—fú 弗拂佛(仿佛)氟　fó 佛(佛教)　fèi 沸费

伏—fú 伏茯袱

福—fú 幅福辐蝠　fù 副富

付—fú 符　fǔ 府俯腑腐　fù 付附咐

父—fǔ 斧釜　fù 父

讣—fù 讣赴

复—fù 复腹馥覆

类推表外的字: fá 罚　fán 繁樊　fàn 梵　fēi 飞妃　féi 肥　fén 坟　fèn 奋愤粪　fēng 丰封　féng 冯　fǒu 否　fú 服　fù 负妇阜赋

h 声母代表字

禾—hé 禾和

红—hóng 红虹鸿　hòng 讧

洪—hōng 哄(闹哄哄)烘　hóng 洪　hǒng 哄(哄骗)

　　hòng 哄(起哄)

弘—hóng 弘泓

乎—hū 乎呼

忽—hū 忽惚唿　hú 囫　hù 笏

胡—hú 胡湖葫糊(糨糊)蝴瑚猢　hù 糊(糊弄)

狐—hú 弧狐

虎—hǔ 虎唬琥

户—hù 户护沪

化—huā 花哗(哗啦啦)　huá 华(中华)哗(喧哗)铧骅

　　huà 化桦华(姓)　huò 货

滑—huá 滑猾

怀—huái 怀　huài 坏

还—huán 还环　huái 怀　huài 坏

寰—huán 寰鬟圜

奂—huàn 奂涣换唤焕痪

荒—huāng 荒慌　huǎng 谎

皇—huáng 皇凰惶徨蝗隍

黄—huáng 黄潢磺簧

晃—huǎng 晃(晃眼)恍幌　huàng 晃(摇晃)

挥—huī 挥晖辉　hūn 荤　hún 浑　hùn 诨

灰—huī 灰咴诙恢

回—huí 回茴蛔洄　huái 徊

悔—huǐ 悔　huì 诲晦

惠—huì 惠蕙

会—huì 会荟绘烩

彗—huì 彗慧

昏—hūn 昏阍婚

混—hún 混(混小子)馄　hùn 混(混淆)

活—huó 活　huà 话

火—huǒ 火伙

或—huò 或惑

霍—huò 霍藿

类推表外的字: hōng 轰　hóng 宏　hú 壶　hù 互怙　huá 划(划算)　huà 划(规划)画　huái 淮槐踝　huān 欢　huán 桓　huǎn 缓　huàn 幻宦浣患豢　huāng 肓　huī 徽麾　huǐ 毁　huì 卉汇讳秽喙　hún 魂　hé 和(和气)　hè 和(应和)　huó 和(和面)　huò 和(和稀泥)　huō 豁(豁口)　huò 获祸豁(豁达)

(二)n 与 l

1. 发音辨正

(1)相同点:鼻音 n 与边音 l 都是舌尖中音,发音部位相同,发音时舌尖抵住上齿龈。

(2)不同点:鼻音 n 与边音 l 的发音方法不同。读 n 时舌尖及舌前部两侧先与口腔前上部完全闭合,然后慢慢离开,气流从鼻腔出来,音色比较沉闷;读 l 时舌尖接触上齿龈,气流从舌头两边透出,然后舌尖轻轻弹开,弹发成声,音色比较清脆。

2.发音辨正练习

字词辨正练习

扫码听范读

那 nà	辣 là	你 nǐ	里 lǐ	挠 náo	牢 láo
南 nán	蓝 lán	尿 niào	料 liào	念 niàn	恋 liàn
娘 niáng	凉 liáng	挪 nuó	罗 luó	暖 nuǎn	卵 luǎn
女 nǚ	吕 lǚ	奈 nài	赖 lài	浓 nóng	隆 lóng

词语辨正练习

逆流 nìliú　　　　耐劳 nàiláo　　　　脑力 nǎolì　　　　内陆 nèilù

努力 nǔlì　　　　女郎 nǚláng　　　　能量 néngliàng　　　年龄 niánlíng

暖流 nuǎnliú　　　鸟类 niǎolèi　　　　冷暖 lěngnuǎn　　　留念 liúniàn

流年 liúnián　　　烂泥 lànní　　　　利尿 lìniào　　　　遛鸟 liùniǎo

◆ **绕口令** ◆

【老农闹老龙】

老龙恼怒闹老农,老农恼怒闹老龙,农怒龙恼农更怒,龙恼农怒龙怕农。

【练投篮】

打南边来了两队篮球运动员,一队穿蓝球衣的男运动员,一队穿绿球衣的女运动员。男女运动员都来练投篮,不怕累,不怕难,努力练投篮。

【新郎和新娘】

新郎和新娘,柳林底下来乘凉。新娘问新郎:你是下湖去挖泥,还是下田去扶犁?新郎问新娘:你坐柳下把书念,还是下湖去采莲?新娘抿嘴乐:我采莲,你挖泥,我拉牛,你扶犁。挖完了泥,采完了莲,扶完犁,咱俩再来把书念。

n 与 l 声旁代表字类推表

n 声母代表字

那—nā 那(姓) nǎ 哪(哪怕)
　　nà 那(那么)娜(人名用字)
　　né 哪(哪吒) nuó 挪娜(婀娜)

乃—nǎi 乃奶

奈—nài 奈 nà 捺

脑—nǎo 脑恼

尼—ne 呢(语气助词) ní 尼泥(泥巴)呢(呢绒)
　　nì 昵泥(拘泥)

内—nèi 内 nà 呐纳钠

你—nǐ 你 nín 您

念—niàn 念 niǎn 捻

娘—niáng 娘 niàng 酿

聂—niè 聂镊

孽—niè 孽蘖

宁—níng 宁(宁静)狞拧(拧毛巾) nǐng 拧
　　nìng 泞宁(宁可)

扭—niǔ 扭纽钮 niū 妞

农—nóng 农浓脓

奴—nú 奴 nǔ 努 nù 怒

懦—nuò 懦糯

诺—nuò 诺 nì 匿

虐—nüè 虐疟

类推表外的字: ná 拿 nài 耐 nán 男难 náng 囊 nào 闹 něi 馁 nèn 嫩 néng 能 nǐ 拟 nì 溺逆腻 nián 年 niǎn 碾 niǎo 鸟 niào 尿 niè 镍 níng 凝 niú 牛 nòng 弄 nuǎn 暖

丨声母代表字

立—lā 拉(拉扯)垃啦 lá 拉(拉了个口子)
　　lǎ 拉(半拉) lì 立粒

喇—lǎ 喇 là 辣 lài 赖癞 lǎn 懒

洛—là 落(丢三落四) lào 络(络子)落(落枕)烙(烙饼)酪 lòu 露(露面) lù 路露(露水)赂 lüè 略
　　luò 骆络(联络)落(落实)洛烙(炮烙)

腊—là 腊蜡 liè 猎

来—lái 来莱

兰—lán 兰拦栏 làn 烂

蓝—lán 蓝篮 làn 滥

览—lǎn 览揽缆榄

郎—láng 郎(女郎)廊琅榔 lǎng 朗
　　làng 郎(屎壳郎)

劳—lāo 捞 láo 唠劳 lào 唠涝

老—lǎo 老姥

乐—lè 乐 lǐ 砾

了—le 了(去了) liáo 辽疗 liǎo 了(了解)

雷—léi 雷擂(擂钵) lěi 蕾 lèi 擂(擂台)

累—léi 累(累赘) lěi 累(累计)儡 lèi 累(劳累)
　　luó 骡螺

离—lí 离璃漓篱

里—lǐ 里理 lī 哩 lí 厘狸 liáng 量(测量)
　　liàng 量(产量)

利—lì 利俐莉 lí 梨犁黎

力—lì 力历荔雳励沥 lè 勒(勒索) lēi 勒(勒紧)
　　lèi 肋 liè 劣 lìng 另 lǔ 虏

列—lǐ 例 liē 咧(大大咧咧) liě 咧 liè 列烈裂

连—lián 连莲 liàn 链 liǎn 琏

廉—lián 廉镰

脸—liǎn 脸敛 liàn 殓

练—liàn 练炼

恋—liàn 恋 luán 娈孪栾

两—liǎng 两俩(伎俩) liǎ 俩(咱俩) liàng 辆

良—liáng 良粮 láng 狼
　　làng 浪(niáng 娘 niàng 酿)

凉—liáng 凉(凉爽)
　　liàng 亮凉(水太热,凉一凉)谅晾 lüè 掠

梁—liáng 梁粱

撩—liāo 撩(撩开) liáo 僚疗撩(撩拨)嘹燎(燎原)
　　liǎo 潦燎(火把头发燎了) liào 瞭镣

林—lín 林淋(淋巴)琳 lìn 淋(淋病)

磷—lín 磷鳞

凛—lín 凛廪懔(bǐng 禀)

凌—líng 凌陵菱棱 léng 棱(棱角)

令—lìng 令(命令) lěng 冷 līn 拎 lín 邻
　　líng 令(令狐)伶铃零龄玲翎
　　líng 令(量词)岭领(lián 怜)

留—liú 留榴馏(蒸馏)瘤 liū 溜(溜走)
　　liù 溜(檐溜)馏(馏馒头)

流—liú 流琉硫

柳—liǔ 柳 liáo 聊

六—liù 六 lù 六(六安)

龙—lóng 龙聋笼(鸟笼)咙胧 lǒng 拢垄笼(笼罩)

娄—lóu 娄偻(佝偻)楼髅 lǒu 搂(搂抱)
　　lǔ 偻(伛偻)屡缕

录—lù 录绿(绿林)碌(劳碌) liù 碌(碌碡)
　　lǜ 氯绿(绿化)

庐—lú 庐芦炉 lǘ 驴

卢—lú 卢颅

吕—lǚ 吕侣铝

虑—lǜ 虑滤

仑—lún 论(论语)轮仑伦抡(抡材)沦 lūn 抡(抡拳)
　　lùn 论(论文)

罗—luō 啰(啰唆) luó 罗萝锣箩逻

类推表外的字： láo 牢 lěi 垒 lèi 泪 léng 楞 lǐ 李礼 lì 隶 lián 联 liào 料 lín 临
lìn 吝赁 líng 灵 liú 刘 liǔ 绺 lòu 漏陋 lǔ 卤 lǚ 旅履 lǜ 率律 luǎn 卵 luàn 乱 luō 捋 luǒ 裸

(三)r 与 l

1.发音辨正

(1)发翘舌浊近音 r 时,舌尖翘起接近硬腭前部,形成一条缝隙,颤动声带,气流从缝隙中摩擦而出。

(2)发舌尖中浊边音 l 时,舌尖在上齿龈上轻轻弹一下,颤动声带,呼出气流。

这两个声母的主要区别:一是舌尖所接近或接触的部位不同;二是 r 是摩擦成声,l 是弹发成声。发音时应该仔细揣摩自己的发音部位和发音方法是不是合乎这两个要领。

2.发音辨正练习

字词辨正练习

让 ràng	浪 làng	柔 róu	楼 lóu	热 rè	乐 lè
乳 rǔ	鲁 lǔ	软 ruǎn	卵 luǎn	若 ruò	落 luò
溶 róng	龙 lóng	仍 réng	棱 léng	然 rán	蓝 lán
路 lù	入 rù	漏 lòu	肉 ròu	荣 róng	聋 lóng

扫码听范读

词语辨正练习

仍然 réngrán   柔软 róuruǎn   容忍 róngrěn   冉冉 rǎnrǎn

柔弱 róuruò   软弱 ruǎnruò   热量 rèliàng   染料 rǎnliào

扰乱 rǎoluàn   缭绕 liáorào   了然 liǎorán   猎人 lièrén

例如 lìrú   礼让 lǐràng   恋人 liànrén   连日 liánrì

r 声母声旁代表字类推表

然—rán 然燃
冉—rán 髯 rǎn 冉苒
嚷—rāng 嚷(嚷嚷) ráng 瓤
　　rǎng 嚷(叫嚷) 攘壤(土壤)
饶—ráo 饶桡娆 rào 绕(náo 挠铙锐)
人—rén 人 rèn 认
壬—rén 壬任(姓任) rěn 荏 rèn 任(任务)妊饪
刃—rěn 忍 rèn 刃纫韧仞
扔—rēng 扔 réng 仍
容—róng 容溶熔蓉榕

戎—róng 戎绒
荣—róng 荣嵘蝾
柔—róu 柔揉糅蹂
如—rú 如茹 rǔ 汝
儒—rú 儒嬬孺嚅濡
辱—rǔ 辱 rù 褥蓐
阮—ruǎn 阮朊
若—ruò 若偌(rě 惹)
闰—rùn 闰润

类推表外的字: rǎn 染 ràng 让 rǎo 扰 rè 热 rén 仁 rěn 稔 rì 日 róng 融茸 rǒng 冗 ròu 肉 rǔ 乳 rù 入 ruǎn 软 ruǐ 蕊 ruì 锐睿瑞枘 ruò 弱

(四)z、c、s 与 zh、ch、sh

1.发音辨正

(1)发平舌音 z、c、s 时,舌尖平伸,抵住或接近上齿背。

(2)发翘舌音 zh、ch、sh 时,舌头放松,舌尖轻巧地翘起来接触或靠近硬腭前部。

2.发音辨正练习

(1)z—zh

字词辨正练习

| 自 zì | 致 zhì | 最 zuì | 缀 zhuì | 增 zēng | 蒸 zhēng |
| 尊 zūn | 谆 zhūn | 赞 zàn | 占 zhàn | 中 zhōng | 宗 zōng |

扫码听范读

词语辨正练习

组织 zǔzhī	增长 zēngzhǎng	罪证 zuìzhèng	尊重 zūnzhòng
遵照 zūnzhào	著作 zhùzuò	正在 zhèngzài	指责 zhǐzé
治罪 zhìzuì	铸造 zhùzào	摘花 zhāihuā	栽花 zāihuā

◆绕口令◆

【招租】

早招租,再招租,总找周邹郑曾朱。

【撕字纸】

隔着窗户撕字纸,一次撕下横字纸,一次撕下竖字纸,是字纸撕字纸,不是字纸,不要胡乱撕一地纸。

【祖传中医】

祖父赵自忠,曾祖赵泽正,祖传中医治心脏病。祖父专治杂难症,曾祖扎针治脓肿。赵泽正传给赵自忠,十四套药书三套针筒,赵自忠学赵泽正,扎针拔罐儿再去肿。

(2)c—ch

字词辨正练习

| 才 cái | 豺 chái | 村 cūn | 春 chūn | 参 cān | 搀 chān |
| 崔 cuī | 吹 chuī | 窜 cuàn | 串 chuàn | 侧 cè | 彻 chè |

扫码听范读

词语辨正练习

操持 cāochí	残春 cánchūn	残喘 cánchuǎn	存储 cúnchǔ
辞呈 cíchéng	陈词 chéncí	筹措 chóucuò	除草 chúcǎo
储存 chǔcún	储藏 chǔcáng	层次 céngcì	程序 chéngxù

◆绕口令◆

【蚕和蝉】

爬来爬去是蚕,飞来飞去是蝉。蚕常在桑叶里藏,蝉藏在树林里唱。

【晒白菜】

大柴和小柴,比赛晒白菜,大柴晒大白菜,小柴晒小白菜。大柴晒了四十斤大白菜,小柴才晒十四斤小白菜。

【粗出气和出气粗】

粗出气种谷,出气粗喂猪。粗出气种的谷,谷穗长得长又粗。出气粗喂的猪,身子长得胖乎乎。出气粗的胖乎乎的大肥猪,偷吃了粗出气又长又粗的品种谷。粗出气用锄打出气粗胖乎乎的大肥猪,出气粗家胖乎乎的大肥猪,再也不吃粗出气家的又长又粗的品种谷。

（3）s—sh

字词辨正练习

素 sù	树 shù	桑 sāng	伤 shāng	嗓 sǎng	晌 shǎng
散 sǎn	闪 shǎn	搜 sōu	收 shōu	扫 sǎo	少 shǎo

扫码听范读

词语辨正练习

随时 suíshí	所属 suǒshǔ	扫视 sǎoshì	损伤 sǔnshāng
琐事 suǒshì	上诉 shàngsù	哨所 shàosuǒ	深思 shēnsī
失色 shīsè	收缩 shōusuō	丧失 sàngshī	上市 shàngshì

◆**绕口令**◆

【三山撑四水】

三山撑四水，四水绕三山，三山四水春常在，四水三山四时春。

【死鼠子】

纸里裹着细银丝，细银丝上扒着四千四百四十四个似死不死的小死鼠子。

【石狮寺前石狮子】

石狮寺前有四十四个石狮子，寺前的树上结了四十四个涩柿子，四十四个石狮子，不吃四十四个涩柿子，四十四个涩柿子，倒吃了四十四个石狮子。

【三月三】

三月三，阿三撑伞上深山。上山又下山，下山又上山，出了满身汗，湿透一身衫。上山走了四里四，下山跑了三里三，还剩一里金花闪，唱支山歌手摇扇，来了精神跑下山。

平舌音与翘舌音声旁代表字类推表

z 与 zh 声旁代表字类推表

z 声母代表字

匝—zā 匝咂 zá 砸

咋—zǎ 咋 zuó 昨 zuò 作柞

哉—zāi 哉栽 zǎi 载 zài 载(cái 栽)

宰—zǎi 宰 zǐ 滓

赞—zǎn 攒(积攒) zàn 赞

脏—zāng 脏(肮脏)赃 zàng 脏(内脏)

藏—zāng 藏 zàng 藏(宝藏)[cáng 藏(矿藏)]

澡—zǎo 澡藻 zào 燥躁噪

责—zé 责啧(zì 渍)(zhài 债)

泽—zé 泽择

曾—zēng 曾憎增 zèng 赠(cēng 噌 cèng 蹭)

子—zī 孜 zǐ 子仔籽 zì 字 zǎi 仔

资—zī 资姿咨 zì 恣

兹—zī 兹嗞滋孳(cí 慈磁鹚糍)

辎—zī 辎淄缁锱

紫—zī 龇 zǐ 紫 zì 眦

宗—zōng 宗综踪鬃 zòng 粽(cóng 淙琮)

奏—zòu 奏揍(còu 凑)

租—zū 租 zǔ 阻祖诅俎 zuǐ 咀

卒—zú 卒 zuì 醉(cù 猝 cuì 淬悴瘁粹翠 suì 碎)

纂—zuǎn 纂 zuàn 攥(cuàn 篡)

尊—zūn 尊遵樽鳟

左—zuǒ 左佐

坐—zuò 坐座

类推表外的字： zā 扎　zá 杂　zāi 灾　zài 在　zán 咱　zàn 暂　zàng 葬　záo 凿　zǎo 早枣蚤　zào 皂灶造　zé 则　zè 仄　zéi 贼　zěn 怎　zǐ 姊　zì 自　zǒng 总　zòng 纵　zōu 邹　zǒu 走　zú 足族　zuān 钻(钻空子)　zuàn 钻(钻井)　zuǐ 嘴　zuì 罪最　zuò 做

zh 声母代表字

乍—zhà 炸(炸弹)榨诈
　　zhǎi 窄　zhá 炸(炸酱面)(zǎ 咋 zuó 昨 zuò 作)

占—zhān 占(占卜)沾粘毡　zhàn 占(占领)站战
　　(shàn 苫)[zuàn 钻(钻井)]

詹—zhān 詹瞻(shàn 赡)

斩—zhǎn 斩崭(zàn 暂 cán 惭)

章—zhāng 章彰樟　zhàng 障

长—zhǎng 长涨　zhāng 张　zhàng 胀帐账

丈—zhàng 丈仗杖

召—zhāo 招昭　zhǎo 沼(sháo 韶)

折—zhé 折　zhé 哲　zhè 浙(shì 誓逝)

遮—zhē 遮　zhè 蔗

者—zhě 者　zhū 诸猪　zhǔ 煮
　　zhù 著(chǔ 储 shǔ 暑薯署 shē 奢)

贞—zhēn 贞侦帧

珍—zhēn 珍　zhěn 诊疹(chèn 趁)

真—zhēn 真　zhèn 镇(shèn 慎)

枕—zhěn 枕　zhèn 鸩(chén 忱 shěn 沈)

振—zhèn 振震(chén 晨 shēn 娠 shèn 赈)

正—zhēng 正(正月)征
　　zhèng 正症怔证政(chéng 惩)

之—zhī 之芝

支—zhī 支枝肢吱(chì 翅)

只—zhī 只(一只)织　zhí 职　zhǐ 只(只要)
　　zhì 帜识(标识)[shí 识(识别)]

知—zhī 知蜘　zhì 智

旨—zhī 脂　zhǐ 旨指

执—zhí 执　zhì 挚(shì 势)

直—zhí 直值殖　zhì 置

止—zhǐ 止趾址(chǐ 耻齿 chě 扯)

至—zhì 至致室　zhí 侄(shì 室)

中—zhōng 中忠钟衷　zhǒng 种(种子)肿
　　zhòng 仲种(种田)(chōng 冲)

州—zhōu 州洲(chóu 酬)

周—zhōu 周(chóu 绸稠)

朱—zhū 朱珠蛛株(shū 殊)

主—zhǔ 主　zhù 住注柱驻蛀

爪—zhuā 抓　zhuǎ 爪

专—zhuān 专砖　zhuǎn 转(转运)　zhuàn 传(传记)
　　转(转速)[chuán 传(传达)]

庄—zhuāng 庄桩(zāng 脏赃)

壮—zhuāng 装妆　zhuàng 壮状(zàng 奘)

撞—zhuàng 撞幢

佳—zhuī 锥椎　zhǔn 准(sǔn 榫 suī 睢)

卓—zhuō 桌　zhuó 卓　zhào 罩(chuò 绰)

啄—zhuó 啄琢

类推表外的字： zhā 渣　zhá 扎闸轧　zhǎ 眨　zhà 栅　zhāi 斋　zhái 宅　zhài 寨　zhǎn 展　zhàn 绽　zhǎng 掌　zhe 着(走着)　zháo 着(着急)　zhǎo 找　zhào 兆　zhé 辙辄　zhè 这　zhēn 针斟　zhèn 阵　zhèng 郑　zhī 汁　zhì 秩痔滞制　zhōng 终　zhòng 重　zhōu 舟粥　zhǒu 帚　zhòu 咒骤昼　zhú 竹竺逐　zhù 助祝铸筑　zhuài 拽　zhuàn 篆撰赚　zhuī 追　zhuì 缀赘　zhūn 谆　zhuō 捉　zhuó 着(着想)酌

c 与 ch 声旁代表字类推表

c 声母代表字

才—cái 才材财(chái 豺)

采—cǎi 采睬彩踩　cài 菜

参—cān 参(参加)　cǎn 惨
　　cēn 参(参差)[shēn 参(人参)]

仓—cāng 仓伧(伧俗)沧苍舱[伧又音 chen(寒伧)]

曹—cáo 曹漕嘈槽螬(zāo 遭糟)

侧—cè 侧测厕恻(zé 则)

曾—cēng 噌 céng 曾 cèng 蹭

此—cī 疵 cí 雌 cǐ 此

次—cí 茨瓷 cì 次

慈—cí 慈磁糍鹚

词—cí 词祠 cì 伺(伺候)

从—cōng 苁枞 cóng 从丛

匆—cōng 匆葱

粗—cū 粗 cú 徂殂

窜—cuān 蹿撺 cuàn 窜

崔—cuī 崔催摧 cuǐ 璀

萃—cuì 萃翠淬瘁粹啐悴 cù 猝

搓—cuō 搓磋蹉 cuó 嵯

措—cuò 措错

痤—cuó 痤矬 cuò 挫锉

寸—cūn 村 cǔn 忖 cùn 寸

类推表外的字: cā 擦 cāi 猜 cài 蔡 cān 餐 cán 蚕残 cán 惭 càn 灿 cāo 操糙 cǎo 草 cè 册策 cén 岑 céng 层 cī 差(参差) cí 辞 cì 刺赐 cōng 囱聪 cóng 淙 cù 促簇醋蹴 cuān 氽 cuán 攒 cún 存

ch 声母代表字

叉—chā 叉(叉子) chǎ 衩 chà 叉(劈叉)权

查—chā 喳 chá 查(检查)[zhā 查(姓)]

搀—chān 搀 chán 馋

产—chǎn 产铲

颤—chàn 颤(shàn 擅)

昌—chāng 昌猖菖阊娼鲳 chàng 唱倡

场—cháng 场(打场)肠 chǎng 场 chàng 畅

尝—cháng 尝偿

抄—chāo 抄钞吵(别瞎吵吵) chǎo 炒吵

朝—cháo 朝(朝代)潮嘲[zhāo 朝(朝气)]

车—chē 车(zhèn 阵)

撤—chè 撤澈(zhé 辙)

辰—chén 辰晨

　　chún 唇(zhèn 振震 shēn 娠 shèn 蜃)

乘—chéng 乘[shèng(千乘之国)剩]

呈—chéng 呈程 chěng 逞

成—chéng 成城诚盛(盛饭)(shèng 盛)

橙—chéng 橙澄

丞—chéng 承(zhēng 蒸 zhěng 拯)

池—chí 池驰弛(shī 施)

尺—chǐ 尺 chí 迟

斥—chì 斥 chāi 拆(sù 诉)

虫—chóng 虫 chù 触(zhú 烛 zhuó 浊)

筹—chóu 筹畴

愁—chóu 愁 chǒu 瞅

出—chū 出 chǔ 础(zhuō 拙 zhuó 茁)

刍—chú 刍雏(zhōu 诌 zhòu 皱绉)

厨—chú 厨橱

喘—chuǎn 喘 chuāi 揣(怀揣) chuǎi 揣(揣测)

吹—chuī 吹炊

垂—chuí 垂捶锤(shuì 睡)

春—chūn 春椿 chǔn 蠢

类推表外的字: chā 插差(差别) chá 察 chà 岔差(差劲)诧刹 chāi 差(出差) chán 缠蟾 chǎn 谄阐 chàn 忏 chāo 超 cháo 巢 chě 扯 chè 掣彻 chēn 嗔琛 chén 沉忱陈尘臣 chèn 趁 chéng 惩 chī 吃 chí 匙持 chǐ 侈耻 chì 赤翅炽 chōng 冲(冲锋)充 chóng 重 chǒng 宠 chòng 冲(冲床) chōu 抽 chóu 酬仇(复仇) chū 初 chú 锄除蹰 chǔ 储楚处(处理) chù 处(处长)蓄 chuān 穿 chuàn 串 chuáng 床幢 chuǎng 闯 chuō 戳 chuò 绰

s 与 sh 声旁代表字类推表

s 声母代表字

散—sā 撒(撒手)　sǎ 撒(撒播)　sǎn 馓散(散文)
　　sàn 散(散步)

思—sāi 腮鳃　sī 思偲

桑—sāng 桑　sǎng 嗓搡

叟—sǎo 嫂　sōu 溲搜嗖馊飕螋艘
　　sǒu 叟(shòu 瘦)

司—sī 司　sì 伺(伺机)饲

斯—sī 斯厮撕嘶澌

四—sì 四泗驷

隋—suí 隋随　suǐ 髓

遂—suí 遂(半身不遂)　suì 遂(毛遂自荐)隧燧邃

孙—sūn 孙荪狲

锁—suǒ 锁琐唢

梭—suō 梭唆

类推表外的字： sǎ 洒　sà 飒萨　sān 三　sǎn 伞　sāng 丧(丧事)　sàng 丧(丧失)　sāo 臊(腥臊)　sǎo 扫
sào 臊(害臊)　sè 涩色　sēn 森　sēng 僧　sī 丝私　sǐ 死　sì 似肆　sōng 松嵩　sòng 送颂诵宋　sǒu 擞薮
sū 苏稣　sú 俗　sù 肃素诉塑　suī 尿虽睢　suí 绥　suì 岁穗祟碎　sǔn 损笋榫　suō 蓑娑挲缩　suǒ 所索

sh 声母代表字

衫—shān 衫杉(杉树)　shā 杉(杉木)

删—shān 删珊(cè 册)

单—shàn 单(姓)(chán 蝉　chǎn 阐)

善—shàn 善鳝

尚—shàng 尚　shǎng 赏　shang 裳

稍—shāo 稍捎梢　shào 哨

勺—sháo 勺芍(zhuó 酌灼)

少—shǎo 少(shā 沙纱砂)

舌—shé 舌　shě 舍(舍命)　shè 舍　shì 适　shá 啥

申—shēn 申伸呻绅　shén 神　shěn 审婶

生—shēng 牲笙甥　shèng 胜

师—shī 师狮　shāi 筛(sī 蛳)

诗—shī 诗　shì 恃侍(zhì 峙痔　chí 持)(sì 寺)

失—shī 失(zhì 秩)

十—shí 十什(zhēn 针　zhī 汁)

史—shǐ 史驶

市—shì 市柿

式—shì 式试拭

寿—shòu 寿(chóu 畴筹　zhù 铸)

受—shòu 受授

叔—shū 叔淑

疏—shū 疏蔬梳

暑—shǔ 暑署薯曙

属—shǔ 属(zhǔ 嘱)

刷—shuā 刷　shuàn 涮

率—shuài 率(表率)蟀　shuāi 摔

栓—shuān 栓拴

说—shuō 说(说服)　shuì 税说(游说)

类推表外的字： shā 煞　shǎ 傻　shà 厦霎　shǎn 闪陕　shāng 伤　shàng 上　shāo 烧　shé 蛇　shè 摄设
社赦　shēn 身深　shěn 沈　shèn 慎　shēng 声升　shéng 绳　shèng 盛圣　shī 失施虱湿　shí 拾实　shǐ 始
矢　shì 事势室似(似的)　shōu 收　shǒu 手守首　shòu 售兽瘦　shū 书枢输　shú 赎　shǔ 蜀鼠数(数一数二)
shù 数(数字)墅树竖戍恕束漱庶　shuǎ 耍　shuāi 衰　shuǎi 甩　shuǎng 爽　shuǐ 水　shuì 睡　shùn 顺
shuò 朔烁

(五)不送气音 b、d、g、j、zh、z 与送气音 p、t、k、q、ch、c

1. 发音辨正

(1)发不送气音 b、d、g、j、zh、z 时呼出的气流较弱。

(2)发送气音 p、t、k、q、ch、c 时呼出的气流较强。

2. 发音辨正练习

(1)b—p

字词辨正练习

拔 bá	爬 pá	败 bài	派 pài	伴 bàn	叛 pàn
倍 bèi	配 pèi	避 bì	僻 pì	标 biāo	漂 piāo

词语辨正练习

逼迫 bīpò	摆谱儿 bǎipǔr	被迫 bèipò	半票 bànpiào
拍板 pāibǎn	旁边 pángbiān	排比 páibǐ	判别 pànbié
补充 bǔchōng	普通 pǔtōng	背后 bèihòu	配合 pèihé

(2)d—t

字词辨正练习

蛋 dàn	炭 tàn	稻 dào	套 tào	笛 dí	提 tí
毒 dú	涂 tú	夺 duó	砣 tuó	朵 duǒ	妥 tuǒ

词语辨正练习

顶替 dǐngtì	地毯 dìtǎn	动弹 dòngtan	灯塔 dēngtǎ
坦荡 tǎndàng	态度 tàidù	糖弹 tángdàn	特点 tèdiǎn
独立 dúlì	图利 túlì	端正 duānzhèng	团员 tuányuán

(3)g—k

字词辨正练习

规 guī	亏 kuī	柜 guì	匮 kuì	公 gōng	空 kōng
怪 guài	快 kuài	姑 gū	哭 kū	个 gè	客 kè

词语辨正练习

功课 gōngkè	孤苦 gūkǔ	高亢 gāokàng	公开 gōngkāi
凯歌 kǎigē	看管 kānguǎn	考古 kǎogǔ	刻骨 kègǔ
工程 gōngchéng	空城 kōngchéng	改造 gǎizào	感慨 gǎnkǎi

(4)j—q

字词辨正练习

集 jí	齐 qí	歼 jiān	千 qiān	截 jié	茄 qié
近 jìn	沁 qìn	局 jú	渠 qú	教 jiào	悄 qiāo

词语辨正练习

机器 jīqì	佳期 jiāqī	嘉庆 Jiāqìng	坚强 jiānqiáng
千金 qiānjīn	曲剧 qǔjù	清剿 qīngjiǎo	群居 qúnjū
究竟 jiūjìng	秋天 qiūtiān	决定 juédìng	确立 quèlì

(5)zh—ch

字词辨正练习

铡 zhá	茶 chá	招 zhāo	超 chāo	植 zhí	迟 chí
轴 zhóu	稠 chóu	拽 zhuài	踹 chuài	出 chū	竹 zhú

扫码听范读

词语辨正练习

支持 zhīchí	展翅 zhǎnchì	战车 zhànchē	章程 zhāngchéng
插针 chāzhēn	查证 cházhèng	车站 chēzhàn	诚挚 chéngzhì
抽象 chōuxiàng	周围 zhōuwéi	除了 chúle	逐步 zhúbù

(6)z—c

字词辨正练习

字 zì	刺 cì	罪 zuì	脆 cuì	凿 záo	曹 cáo
坐 zuò	错 cuò	灾 zāi	猜 cāi	租 zū	粗 cū

扫码听范读

词语辨正练习

字词 zìcí	早操 zǎocāo	造次 zàocì	杂草 zácǎo
刺字 cìzì	才子 cáizǐ	参赞 cānzàn	操作 cāozuò
聪明 cōngmíng	综合 zōnghé	灿烂 cànlàn	暂时 zànshí

第二单元　韵母

一、什么是韵母

　　韵母是音节中声母后面的部分。零声母音节,全部由韵母构成。普通话韵母共有 39 个。韵母和元音不相等。普通话韵母主要由元音构成,完全由元音构成的韵母有 23 个,约占韵母的 59%,由元音加上辅音构成的韵母(鼻韵母)有 16 个,约占韵母的 41%。可见,在普通话韵母中,元音占有绝对的优势。元音发音比较响亮,与辅音声母相比,韵母没有呼读音。

扫码听范读

普通话韵母表

		i	闭地七益	u	布亩竹出	ü	女律局域
a	巴打铡法	ia	加佳瞎压	ua	瓜抓刷画		
e	哥社得合	ie	爹界别叶			üe	靴月略确
o	(波魄抹佛)			uo	多果若握		
ai	该太白麦			uai	怪坏帅外		
ei	杯飞黑贼			uei	对穗惠卫		
ao	包高茂勺	iao	标条交药				
ou	头周口肉	iou	牛秋九六				
an	半担甘暗	ian	边点减烟	uan	短川关碗	üan	捐全远

续表

en	本分枕根	in	林巾心因	uen	吞寸昏问	ün	军训孕
ang	当方港航	iang	良江向样	uang	壮窗荒王		
eng	蓬灯能庚	ing	冰丁京杏	ueng	翁		
				ong	东龙冲公	iong	兄永穷
ê	欸						
-i(前)	资此思						
-i(后)	支赤湿日						
er	耳二						

二、韵母的分类

(一)按结构特点分类

可分为单韵母、复韵母和鼻韵母三类。

1. 单韵母

共 10 个,即 a、o、e、ê、i、u、ü、-i(前)、-i(后)、er。

2. 复韵母

共 13 个,即 ai、ei、ao、ou、ia、ie、ua、uo、üe、iao、iou、uai、uei。

3. 鼻韵母

共 16 个,即 an、en、in、ün、ang、eng、ing、ong、ian、uan、üan、uen、iang、uang、ueng、iong。

(二)按韵母开头元音的发音口形分类

可分为开口呼、齐齿呼、合口呼、撮口呼四类,统称"四呼"。

1. 开口呼韵母

开口呼韵母指没有韵头 i、u、ü,韵腹也不是 i、u、ü 的韵母,共有 15 个。它们是 a、o、e、ai、ei、ao、ou、an、en、ang、eng、ê、-i(前)、-i(后)、er。

2. 齐齿呼韵母

齐齿呼韵母指韵头或韵腹是 i 的韵母,共有 9 个。它们是 i、ia、ie、iao、iou、ian、in、iang、ing。

3. 合口呼韵母

合口呼韵母指韵头或韵腹是 u 的韵母,共有 10 个。它们是 u、ua、uo、uai、uei、uan、uen、uang、ueng、ong。

4. 撮口呼韵母

撮口呼韵母指韵头或韵腹是 ü 的韵母,共有 5 个。它们是 ü、üe、üan、ün、iong。

普通话韵母分类总表

按结构分 ＼ 按四呼分	开口呼	齐齿呼	合口呼	撮口呼
	-i[ɿ] -i[ʅ]	i	u	ü
单韵母 (10)	a			
	o			
	e			
	ê			
	er			
复韵母 (13)	ai	ia	ua	üe
	ei	ie	uo	
	ao	iao	uai	
	ou	iou	uei	
鼻韵母 (16)	an	ian	uan	üan
	en		uen	
		in		ün
	ang	iang	uang	
	eng		ueng	
		ing	ong	iong

三、韵母发音分析

下面分单韵母、复韵母和鼻韵母三类说明普通话的发音。

（一）单韵母的发音

单韵母的发音特点是发音过程中舌位和唇形始终不变,发音时要保持固定的口形。

第1组:a

a[A]　舌面　央　低　不圆唇元音

口大开,舌尖微离下齿背,舌面中部微微隆起和硬腭后部相对。发音时,声带振动,软腭上升,关闭鼻腔通路。

扫码听范读

发音例词:

马达 mǎdá　　　沙发 shāfā　　　大麻 dàmá　　　发达 fādá

◆绕口令◆

【小华和胖娃】

小华和胖娃,两个种花又种瓜,小华会种花不会种瓜,胖娃会种瓜不会种花。

【娃娃插花穿花褂】

娃娃插花穿花褂,手拿仁果仁虾仁蛤蟆,八月爬山看爸爸。巴铺山高巴路滑,雨大风刮树枝扎。瓜哭虾跳蛤蟆叫,累死蛤蟆累瘪瓜。爸爸翻山修公路,路通山富家发达。娃捧仁虾见爸爸,礼轻情重爸爸夸。

第2组:o、e

o [o] 舌面 后 半高 圆唇元音

上下唇自然拢圆,舌体后缩,舌面后部隆起和软腭相对,舌位介于半高半低之间。发音时,声带振动,软腭上升,关闭鼻腔通路。

舌位比国际音标中的[o]略低一点,圆唇程度也比[u]略低。唇音声母之后的o,如"波 bō""婆 pó""默 mò""佛 fó"里的o,并非语言学意义上的单韵母,只是拼写形式与单韵母相同,实际读音与复韵母 uo 相同。

e [ɤ] 舌面 后 半高 不圆唇元音

口半闭,展唇,舌体后缩,舌面后部隆起和软腭相对,舌位比 o 略偏前,且有一个微小的下降动程。发音时,声带振动,软腭上升,关闭鼻腔通路。

发音例词:

哦 ò   折合 zhéhé   特赦 tèshè   苛刻 kēkè

◆绕口令◆

【墨与馍】

老伯伯卖墨,老婆婆卖馍,老婆婆卖馍买墨,老伯伯卖墨买馍。墨换馍老伯伯有馍,馍换墨老婆婆有墨。

【颠倒歌】

太阳从西往东落,听我唱个颠倒歌。天上打雷没有响,地下石头滚上坡;江里骆驼会下蛋,山里鲤鱼搭成窝;腊月苦热直流汗,六月暴冷打哆嗦;姐在房中头梳手,门外口袋把驴驮。

【鹅和河】

坡上立着一只鹅,坡下就是一条河。宽宽的河,肥肥的鹅,鹅要过河,河要渡鹅,不知是鹅过河,还是河渡鹅?

【黄贺和王克】

一班有个黄贺,二班有个王克。黄贺王克二人搞创作,黄贺搞木刻,王克写诗歌。黄贺帮助王克写诗歌,王克帮助黄贺搞木刻。由于二人搞协作,黄贺完成了木刻,王克写好了诗歌。

第3组:ê

ê [ɛ] 舌面 前 半低 不圆唇元音

口自然打开,展唇,舌尖抵住下齿背,使舌面前部隆起和硬腭相对。发音时,声带振动,软腭上升,关闭鼻腔通路。(韵母 ê 除语气词"欸"外单用的机会不多,只出现在复韵母 ie、üe 中。)

发音例词:

裂变 lièbiàn   解体 jiětǐ   绝技 juéjì   雪白 xuěbái

第4组:i、ü

i [i] 舌面 前 高 不圆唇元音

口微开,两唇呈扁平形,上下齿相对(齐齿),舌尖接触下齿背,使舌面前部隆起和硬腭前部相对。发音时,声带振动,软腭上升,关闭鼻腔通路。

ü [y] 舌面 前 高 圆唇元音

两唇拢圆,略向前突;舌尖抵住下齿背,使舌面前部隆起和硬腭前部相对。发音时,声带振动,软腭上升,关闭鼻腔通路。

发音例词:

比例 bǐlì	地皮 dìpí	契机 qìjī	气息 qìxī
序曲 xùqǔ	语句 yǔjù	区域 qūyù	聚居 jùjū

 ◆绕口令◆

【拖拉机】

一台拖拉机,拉着一张犁,拖拉机拉犁,犁翻地,翻地翻得深又细。拖拉机出的力,犁翻的地,你说是犁犁的地,还是拖拉机翻的地?

【李玉举】

郊区李玉举,家居拥军渠,娶女金云玉,生活如意又宽裕。玉举草场放群驴,云玉河里捕鲫鱼,远近约村民,逢年过节演大戏。玉举唱京剧,云玉唱昆曲;演出遇大雨,躲进屋里改豫剧。

【女小吕和女老李】

这天天下雨,体育局穿绿雨衣的女小吕,去找穿绿运动衣的女老李。穿绿雨衣的女小吕,没找到穿绿运动衣的女老李,穿绿运动衣的女老李,也没见着穿绿雨衣的女小吕。

第5组:u

u[u] 舌面 后 高 圆唇元音

两唇收拢成圆形,略向前突出;舌体后缩,舌面后部隆起和软腭相对。发音时,声带振动,软腭上升,关闭鼻腔通路。

发音例词:

部署 bùshǔ	幅度 fúdù	入股 rùgǔ	住户 zhùhù

◆绕口令◆

【苏胡子和胡胡子】

苏州有个苏胡子,湖州有个胡胡子。苏州的苏胡子,家里有个梳胡子的梳子;湖州的胡胡子,家里有个梳子梳胡子。

【破布补烂鼓】

屋里一个破烂鼓,扯点破布就来补。也不知是破布补烂鼓,还是破鼓补烂布。只见布补鼓、鼓补布、鼓补布、布补鼓,补来补去,布不成布,鼓不成鼓。

第6组:er

er[ɚ] 卷舌 央 中 不圆唇元音

口自然开启,舌位不前不后不高不低,舌前、中部上抬,舌尖向后卷,和硬腭前端相对。发音时,声带振动,软腭上升,关闭鼻腔通路。

发音例词:

然而 rán'ér	饵料 ěrliào	而后 érhòu	儿童 értóng

第7组:-i(前)、-i(后)

-i(前)[ɿ] 舌尖 前 高 不圆唇元音

口略开,展唇,舌尖和上齿背相对,保持适当距离。发音时,声带振动,软腭上升,气流经过时不发生摩擦,关闭鼻腔通路。这个韵母在普通话里只出现在 z、c、s 声母的后面。

-i(后)[ʅ] 舌尖 后 高 不圆唇元音

口略开,展唇,舌前端抬起和前硬腭相对。发音时,声带振动,软腭上升,气流经过时不发生摩擦,关闭鼻腔通路。这个韵母在普通话里只出现在 zh、ch、sh、r 声母的后面。

发音例词：

自私 zìsī	私自 sīzì	辞职 cízhí	姿势 zīshì
支持 zhīchí	试纸 shìzhǐ	时日 shírì	指使 zhǐshǐ

（二）复韵母的发音

复韵母的发音有两个特点：一是发音过程中舌位、唇形一直在变化，由一个元音的发音快速地向另一个元音的发音过渡；二是元音之间的发音有主次之分，主要元音清晰响亮，其他元音轻短或含混模糊。

第 1 组：ai、ei、ao、ou

前响复韵母发音时前头的元音清晰响亮，后头的元音含混模糊，前、后元音发音过渡自然。

ai［ai］

是前元音音素的复合，动程大。起点元音是比单元音 a［A］的舌位靠前的前低不圆唇元音［a］，可以简称它为"前 a"。发音时，舌尖抵住下齿背，使舌面前部隆起与硬腭相对。从"前 a"开始，舌位向 i 的方向滑动升高，大体停在次高元音［i］。

发音例词：

灾害 zāihài	爱戴 àidài	择菜 zháicài	拍卖 pāimài

◆绕口令◆

【小艾和小戴】

小艾和小戴，一起去买菜。小艾把十斤菜给小戴，小戴有比小艾多一倍的菜；小戴把一半菜给小艾，小艾的菜是小戴的三倍菜。请你想想猜猜，小艾小戴各买了几斤菜？

【白菜和海带】

买白菜，搭海带，不买海带就别买大白菜。买卖改，不搭卖，不买海带也能买到大白菜。

ei［ei］

是前元音音素的复合，动程较短。起点元音是前半高不圆唇元音 e［e］。发音时，舌尖抵住下齿背，使舌面前部（略后）隆起对着硬腭中部。从 e 开始，舌位升高，向 i 的方向往前往高滑动，大体停在次高元音［i］。

发音例词：

配备 pèibèi	非得 fēiděi	沸腾 fèiténg	内涵 nèihán

◆绕口令◆

【冬天雪花是宝贝】

北风吹，雪花飞，冬天雪花是宝贝。去给麦苗盖上被，明年麦子多几倍。

【大妹和小妹】

大妹和小妹，一起去收麦。大妹割大麦，小妹割小麦。大妹帮小妹挑小麦，小妹帮大妹挑大麦。大妹小妹收完麦，噼噼啪啪齐打麦。

ao［au］

是后元音音素的复合。起点元音比单元音 a［A］的舌位靠后，是个后低不圆唇元音［ɑ］，可简称为"后 a"。发音时，舌体后缩，使舌面后部隆起。从"后 a"开始，舌位向 u（汉语拼音写作-o，实际发音接近 u）的方向滑动升高。收尾的-u 舌位略低，为［u］。

发音例词：

报道 bàodào　　懊恼 àonǎo　　草帽 cǎomào　　逃跑 táopǎo

◆绕口令◆

【猫闹鸟】

东边庙里有个猫，西边树上有只鸟。不知猫闹树上鸟，还是鸟闹庙里猫？

【老老道小老道】

高高山上有座庙，庙里住着俩老道，一个年纪老，一个年纪少。庙前长着许多草，有时候老老道煎药，小老道采药；有时候小老道煎药，老老道采药。

ou [ou]

起点元音比单元音 o 的舌位略高、略前，接近央元音[o]，唇形略圆。发音时，从略带圆唇的央元音[o]开始，舌位向 u 的方向滑动。收尾的-u 接近[u]。这个复韵母动程很小。

发音例词：

抖擞 dǒusǒu　　守候 shǒuhòu　　叩头 kòutóu　　丑陋 chǒulòu

◆绕口令◆

【黄狗咬我手】

清早上街走，走到周家大门口，门里跳出大黄狗，朝我汪汪大声吼。我捡起砖头打黄狗，黄狗跳起来咬手。不知石头打没打着周家的狗，也不知周家的狗咬没咬着我手指头。

【彩楼、锦绣】

咱队有六十六条沟，沟沟都是大丰收。东山果园像彩楼，西山棉田似锦绣，北山有条红旗渠，滚滚青泉绕山走。过去瞧见这六十六条秃石沟，心里就难受；如今这六十六条彩楼、锦绣、万宝沟，瞧也瞧不够。

第 2 组：iao、iou、uai、uei

中响复韵母发音时前头的元音轻短，中间的元音清晰响亮，后头的元音含混模糊，前、中、后元音发音过渡自然。

iao [iau]

由前高元音 i 开始，舌位降至后低元音 a[a]，然后再向后次高圆唇元音 u[u] 的方向滑升。发音过程中，舌位先降后升；由前到后，曲折幅度大。唇形从中间的元音 a 逐渐圆唇。

发音例词：

渺小 miǎoxiǎo　　疗效 liáoxiào　　窈窕 yǎotiǎo　　巧妙 qiǎomiào

◆绕口令◆

【鸟看表】

水上漂着一只表，表上落着一只鸟。鸟看表，表瞪鸟，鸟不认识表，表也不认识鸟。

【巧巧和小小】

巧巧过桥找嫂嫂，小小过桥找姥姥。巧巧桥上碰着小小，小小让巧巧去找姥姥，巧巧让小小去找嫂嫂，小小、巧巧同去找姥姥、嫂嫂。

iou [iou]

由前高元音 i 开始,舌位降至后半高元音[o](略微靠前),然后再向后次高圆唇元音 u[u]的方向滑升。发音过程中,舌位先降后升,由前到后,曲折幅度较大。唇形从央(略后)元音[o]逐渐圆唇。

复合元音 iou 在阴平(第一声)和阳平(第二声)的音节里,中间的元音(韵腹)弱化,甚至接近消失,舌位动程主要表现为前后的滑动,成为[iu]。如:优[iu]、流[liu]、究[tɕiu]、求[tɕʰiu]。这是汉语拼音 iou 省写为 iu 的依据。这种音变是随着声调自然变化的,在语音训练中不必过于强调。

发音例词:

求救 qiújiù　　　　悠久 yōujiǔ　　　　优秀 yōuxiù　　　　流通 liútōng

◆绕口令◆

【一葫芦酒】

一葫芦酒,九两六;一葫芦油,六两九。六两九的油,要换九两六的酒;九两六的酒,不换六两九的油。

【豆和油】

东邻有囤豆,西邻有篓油;我家有只鸡,又有一条狗。鸡啄了豆囤,豆囤漏了豆,狗啃了油篓,油篓流了油。鸡不啄豆囤,豆囤不漏豆,狗不啃油篓,油篓不流油。

uɑi [uai]

由圆唇的后高元音 u 开始,舌位向前滑降到前低不圆唇元音 ɑ(即"前 ɑ"),然后再向前高不圆唇元音的方向滑升。舌位动程先降后升,由后到前,曲折幅度大。唇形从前元音 ɑ 逐渐展唇。

发音例词:

外婆 wàipó　　　　衰落 shuāiluò　　　　情怀 qínghuái　　　　作怪 zuòguài

◆绕口令◆

【槐树歪歪】

槐树歪歪,坐个乖乖。乖乖用手,摔了老酒。酒瓶摔坏,奶奶不怪。怀抱乖乖,出外买买。

【槐树槐】

槐树槐,槐树槐,槐树底下搭戏台。人家的姑娘都来了,我家的姑娘还没来。说着说着就来了,骑着驴,打着伞,歪着脑袋上戏台。

uei [uei]

由后高圆唇元音 u 开始,舌位向前向下滑到前半高不圆唇元音[e],然后再向前高不圆唇元音 i 的方向滑升。发音过程中,舌位先降后升,由后到前,曲折幅度较大。唇形从 e 逐渐展唇。uei 中的[e]读得比较短。

在音节中,韵母 uei 受声母和声调的影响,中间的元音弱化。大致有四种情况:

(1)在阴平(第一声)或阳平(第二声)的零声母音节里,韵母 uei 中间的元音音素弱化接近消失。例如:"微""围"的韵母弱化为[ui]。

(2)在声母为舌尖音 z、c、s、d、t、zh、ch、sh、r 的阴平(第一声)和阳平(第二声)的音节里,韵母 uei 中间的元音音素弱化接近消失。例如:"催""推""垂"的韵母弱化为[ui]。

(3)在舌尖音声母的上声(第三声)或去声(第四声)的音节里,韵母 uei 中间的元音音素只是弱化,但不会消失。例如:"嘴""腿""最""退"的韵母都弱化成[uᵉi]。

(4)在舌面后(舌根)音声母 g、k、h 的阴平或阳平音节里,韵母 uei 中间的 e 也只是弱化而不消失。例如:"规""葵"的韵母弱化成[uᵉi]。这种音变是随着声母和声调的条件变化的,语音训练中不必过于强调。

发音例词:

退回 tuìhuí　　　未遂 wèisuì　　　垂危 chuíwēi　　　摧毁 cuīhuǐ

◆**绕口令**◆

【嘴和腿】

嘴说腿,腿说嘴,嘴说腿爱跑腿,腿说嘴爱卖嘴。光动嘴不动腿,光动腿不动嘴,不如不长腿和嘴。

【谁胜谁】

梅小卫叫飞毛腿,卫小辉叫风难追。两人参加运动会,百米赛跑快如飞。飞毛腿追风难追,风难追追飞毛腿。梅小卫和卫小辉,最后不知谁胜谁。

第 3 组:ia、ua、ie、üe、uo

后响复韵母发音时前头的元音轻短,后头的元音清晰响亮,前、后元音发音过渡自然。

ia [iA]

起点元音是前高元音 i,由它开始,舌位滑向央低元音 a[A]止。i 的发音较短,a 的发音响而长。止点元音 a 位置确定。

发音例词:

夏天 xiàtiān　　　假象 jiǎxiàng　　　惊讶 jīngyà　　　关卡 guānqiǎ

◆**绕口令**◆

【鸭和霞】

天上飘着一片霞,水上漂着一群鸭。霞是五彩霞,鸭是麻花鸭。麻花鸭游进五彩霞,五彩霞网住麻花鸭。乐坏了鸭,拍碎了霞,分不清是鸭还是霞。

【贾家养虾】

贾家有女初出嫁,嫁到夏家学养虾。喂养的对虾个头儿大,卖到市场直加价。贾家爹爹会养鸭,鸭子虽肥伤庄稼。邻里吵架不融洽,贾家也学养对虾。小虾卡住鸭子牙,大鸭咬住了虾的夹。夏家公公劝,贾家爹爹压。大鸭不怕吓,小虾装得嗲,夏家、贾家没办法。

ua [uA]

起点元音是后高圆唇元音 u,由它开始,舌位滑向央低元音 a[A]止,唇形由最圆逐步展开到不圆。u 较短,a 响而长。

发音例词:

挂帅 guàshuài　　　华贵 huáguì　　　书画 shūhuà　　　印刷 yìnshuā

◆**绕口令**◆

【墙头儿有个瓜】

墙头儿上有个老南瓜,掉下来砸着胖娃娃。娃娃叫妈妈,妈妈抱娃娃,娃娃骂南瓜。

【画蛤蟆】

一个胖娃娃,画了三个大花活蛤蟆;三个胖娃娃,画不出一个大花活蛤蟆。画不出一个大花活蛤蟆的三个胖娃娃,真不如画了三个大花活蛤蟆的一个胖娃娃。

ie [iɛ]

起点元音是前高元音 i，由它开始，舌位滑向前半低元音[ɛ]止。i 较短，ê 响而长。止点元音 ê 位置确定。

发音例词：

贴切 tiēqiè　　　　结业 jiéyè　　　　接洽 jiēqià　　　　熄灭 xīmiè

◆绕口令◆

【捉蝴蝶】

杰杰和姐姐，花园里面捉蝴蝶。杰杰去捉花中蝶，姐姐去捉叶上蝶。

【谢老爹和薛大爹】

谢老爹在街上扫雪，薛大爹在屋里打铁。薛大爹见谢老爹在街上扫雪，就放下手里打着的铁到街上帮谢老爹扫雪。谢老爹扫完了雪，进屋去帮薛大爹打铁。二人同扫雪，二人同打铁。

üe [yɛ]

由前元音音素复合而成。起点元音是圆唇的前高元音 ü，由它开始，舌位下滑到前中元音[ɛ]，唇形由圆到不圆。ü 较短，ê 响而长。

发音例词：

攫取 juéqǔ　　　　乐章 yuèzhāng　　　　缔约 dìyuē　　　　的确 díquè

◆绕口令◆

【喜鹊】

一群灰喜鹊，一群黑喜鹊。灰喜鹊飞进黑喜鹊群，黑喜鹊群里有灰喜鹊。黑喜鹊飞进灰喜鹊群，灰喜鹊群里有黑喜鹊。

【瘸子和茄子】

打南边来个瘸子，担了一挑子茄子，手里拿着个碟子，地下钉着木头橛子。没留神那橛子绊倒了瘸子，弄撒了瘸子茄子，砸了瘸子碟子，瘸子猫腰拾茄子。

uo [uo]

由后圆唇元音音素复合而成。起点元音是后高元音 u，由它开始，舌位向下滑到后中元音 o[o]止。u 较短，o 响而长。发音过程中，保持圆唇，开头最圆，结尾圆唇度略减。

发音例词：

堕落 duòluò　　　　错过 cuòguò　　　　国货 guóhuò　　　　陀螺 tuóluó

◆绕口令◆

【菠萝和陀螺】

坡上长菠萝，坡下玩陀螺。坡上掉菠萝，菠萝砸陀螺。砸破陀螺补陀螺，顶破菠萝剥菠萝。

【骆驼之国】

骆驼之国骆驼多，骆驼多得数不过。出门骑骆驼，骆驼就是车。汽车遇骆驼，车让骆驼过。你想骑骆驼，请到"骆驼之国"：索马里、科威特，还有沙特阿拉伯。

（三）鼻韵母的发音

鼻韵母的发音有两个特点：一是发音时由元音向鼻辅音过渡，逐渐增加鼻音色彩，最后形成鼻辅音；二是鼻韵母的发音不是以鼻辅音为主，而是以元音为主。元音清晰响亮，鼻辅音重在做出发音状态，发音不太明显。

除了 ong 与 üan 外，其他前鼻音鼻韵母和后鼻音鼻韵母是一一对应的关系，即（an—ang、ian—iang、uan—uang、en—eng、uen—ueng、in—ing、ün—iong）。

1．前鼻音鼻韵母

第 1 组：an、en、in、ün

发音时，先发元音。发完元音后，软腭下降，逐渐增强鼻音色彩，舌尖迅速移到上齿龈，抵住上齿龈做出发 n 的状态即可。

an [an]

起点元音是前低不圆唇元音 a[a]，舌尖抵住下齿背，舌面前部隆起，舌位降到最低，软腭上升，关闭鼻腔通路。发"前 a"之后，软腭下降，打开鼻腔通路，同时舌面前部与硬腭前部闭合，使在口腔受到阻碍的气流从鼻腔里透出。口形开合度由大渐小，舌位动程较大。

发音例词：

斑斓 bānlán　　　黯然 ànrán　　　参展 cānzhǎn　　　贪婪 tānlán

◆绕口令◆

【盛饭】

红饭碗，黄饭碗，红饭碗盛满饭碗，黄饭碗盛饭半碗。黄饭碗添了半碗饭，红饭碗减了饭半碗，黄饭碗比红饭碗又多半碗饭。

【蓝布棉门帘】

出南门，往正南，有个面铺面冲南，门口挂着蓝布棉门帘。摘了它的蓝布棉门帘，面铺面冲南；给它挂上蓝布棉门帘，面铺还是面冲南。

en [ən]

起点元音是央元音 e[ə]，舌位居中（不高不低，不前不后），舌尖接触下齿背，舌面隆起部位受韵尾影响略靠前，软腭上升，关闭鼻腔通路。发央元音 e 之后，软腭下降，打开鼻腔通路，同时舌面前部与硬腭前部闭合，使在口腔受到阻碍的气流从鼻腔里透出。口形开合度由大渐小，舌位动程较小。

发音例词：

本分 běnfèn　　　粉尘 fěnchén　　　沉闷 chénmèn　　　恩人 ēnrén

◆绕口令◆

【小陈和小沈】

小陈去卖针，小沈去卖盆。俩人挑着担，一起出了门。小陈喊卖针，小沈喊卖盆。也不知是谁卖针，也不知是谁卖盆。

【盆和瓶】

这边一个人，挑了一挑瓶。那边一个人，担了一挑盆。瓶碰烂了盆，盆碰烂了瓶。卖瓶买盆来赔盆，卖盆买瓶来赔瓶。瓶不能赔盆，盆不能赔瓶。

in [in]

起点元音是前高不圆唇元音 i，舌尖抵住下齿背，软腭上升，关闭鼻腔通路。发舌位最高的前元音 i 之后，软腭下降，打开鼻腔通路，同时舌面前部与硬腭前部闭合，使在口腔受到阻碍的气流，从鼻腔透出。开口度始终很小，几乎没有变化，舌位动程很小。

发音例词：

濒临 bīnlín　　　殷勤 yīnqín　　　亲信 qīnxìn　　　拼音 pīnyīn

◆绕口令◆

【土变金】

你也勤来我也勤，生产同心土变金。工人农民亲兄弟，心心相印团结紧。

ün [yn]

起点元音是从前高圆唇元音 ü [y] 开始，发出 [y] 后，舌尖直接向上齿龈运动，舌前部与上齿龈部闭合，封闭口腔通路，同时软腭和小舌下降，打开鼻腔通路，气流从鼻腔通过。唇形从圆唇逐渐展开。注意：在 j、q、x 及零声母后汉语拼音写作 un，不要把此音读作 [un]。

发音例词：

军训 jūnxùn　　　均匀 jūnyún　　　围裙 wéiqún　　　俊美 jùnměi

◆绕口令◆

【白云和羊群】

蓝天上是片片白云，草原上银色的羊群。近处看，这是羊群，那是白云；远处看，分不清哪是白云，哪是羊群。

第 2 组：ian、uan、uen、üan

发音时，第一个元音轻而短，第二个元音清晰响亮。发完第二个元音后，软腭下降，逐渐增强鼻音色彩，舌尖迅速移到上齿龈，抵住上齿龈做出发 n 的状态即可。

ian [iɛn]

发音时，从前高元音 i 开始，舌位向前低元音 a（前 a）的方向滑降。舌位只降到前次低元音 [ɛ] 的位置就开始升高，直到舌面前部抵住硬腭前部形成鼻音 -n。

发音例词：

变迁 biànqiān　　　沿线 yánxiàn　　　简练 jiǎnliàn　　　惦念 diànniàn

◆绕口令◆

【大姐编辫】

大姐梳辫，两个人编。二姐编那半边，三姐编这半边；三姐编这半边，二姐编那半边。

【谁眼圆】

山前有个阎圆眼，山后有个阎眼圆；二人山前来比眼，不知是阎圆眼的眼圆，还是阎眼圆的眼圆。

uan [uan]

发音时，从圆唇的后高元音 u 开始，口形迅速由合口变为开口，舌位向前迅速滑降到不圆唇的前低元音（前 a）；然后舌位升高，直到舌面前部抵住硬腭前部形成鼻音 -n。

发音例词：

贯穿 guànchuān   婉转 wǎnzhuǎn   专款 zhuānkuǎn   换算 huànsuàn

◆绕口令◆

【苏州两判官】

苏州有个玄妙观,观里有两个判官。一个判官姓潘,一个判官姓管。是潘判官先去打管判官呢,还是管判官先去打潘判官呢?

【小范儿边编蒜辫儿边盘算儿】

小范儿编蒜辫儿,边编蒜辫儿边盘算儿。编半辫儿蒜,比编一辫儿蒜少半辫儿,编一辫儿蒜比编半辫儿蒜多半辫儿。小范儿边编蒜辫儿边盘算儿,编了一辫儿又一辫儿。

uen [uən]

发音时,从圆唇的后高元音 u 开始,向央元音 e[ə]滑降,然后舌位升高,直到舌面前部抵住硬腭前部形成鼻音-n。唇形由圆唇在向折点元音的滑动过程中逐渐展唇。

鼻韵母 uen 受声母和声调的影响,中间的元音(韵腹)弱化。它的音变条件与 uei 相同。

发音例词：

论文 lùnwén   混沌 hùndùn   温存 wēncún   温顺 wēnshùn

◆绕口令◆

【炖冻冬瓜】

冬瓜冻,冻冬瓜。炖冻冬瓜是炖冻冬瓜,不炖冻冬瓜不是炖冻冬瓜。炖冻冬瓜吃炖冻冬瓜,不炖冻冬瓜不吃炖冻冬瓜。

【初春时节访新村】

初春时节访新村,喜看新村处处春。村前整地做秧床,村后耕田锄草忙。出村来到耕山队,林木茂盛果实壮。农业政策威力大,建设新村处处春。

üan [yæn]

发音时,从圆唇的前高元音 ü 开始,向前低元音 a 的方向滑降。舌位只降到前次低元音[æ]略后就开始升高,直到舌面前部抵住硬腭前部形成鼻音-n。唇形由圆唇在向折点元音的滑动过程中逐渐展唇。

发音例词：

全权 quánquán   圆圈 yuánquān   渊源 yuānyuán   源泉 yuánquán

◆绕口令◆

【画圆圈】

圆圈圈,圈圆圈,圆圆娟娟画圆圈。娟娟画的圈连圈,圆圆画的圈套圈。娟娟圆圆比圆圈,看看谁的圆圈圆。

【男演员女演员】

男演员,女演员,同台演戏说方言。男演员说吴方言,女演员说闽南言。男演员演远东劲旅飞行员,女演员演鲁迅著作研究员。研究员、飞行员,吴语言、闽南言,你说男女演员演得全不全。

2.后鼻音鼻韵母

ng是舌面后、浊、鼻音。发音时,软腭下降,关闭口腔,打开鼻腔通道,舌面后部后缩,并抵住软腭,声带颤动。

第1组:ang、eng、ing、ong

发音时,先发元音,发元音后,软腭下降,逐渐增强鼻音色彩,舌面后部后缩,抵住软腭,最后做出发ng的状态即可。

ang [ɑŋ]

起点元音是后低不圆唇元音 a[ɑ],口最开,舌尖离开下齿背,舌体后缩,软腭上升,关闭鼻腔通路。发"后 ɑ"之后,软腭下降,打开鼻腔通路,同时舌面后部与软腭闭合,使在口腔受到阻碍的气流从鼻腔里透出。开口度由大渐小,舌位动程较大。

发音例词:

帮忙 bāngmáng　　上场 shàngchǎng　　账房 zhàngfáng　　螳螂 tángláng

◆绕口令◆

【帆布黄】

长江里帆船帆布黄,船舱里放着一张床。床上躺着两位老大娘,她俩亲亲热热拉家常。

【同乡不同行】

辛厂长,申厂长,同乡不同行。辛厂长声声讲生产,申厂长常常闹思想。辛厂长一心只想革新厂,申厂长满口只讲加薪饷。

eng [əŋ]

起点元音是后半高不圆唇元音 e[ə],口半闭,展唇,舌尖离开下齿背,舌体后缩,舌面后部隆起,比发单元音 e[ə]的舌位略低,软腭上升,关闭鼻腔通路。发 e 之后,软腭下降,打开鼻腔通路,同时舌面后部与软腭闭合,使在口腔受到阻碍的气流从鼻腔里透出。

发音例词:

萌生 méngshēng　　省城 shěngchéng　　整风 zhěngfēng　　更正 gēngzhèng

◆绕口令◆

【台灯和屏风】

郑政捧着盏台灯,彭澎扛着架屏风。彭澎让郑政扛屏风,郑政让彭澎捧台灯。

【放风筝】

刮着大风放风筝,风吹风筝挣断绳。风筝断绳风筝松,断绳风筝随风行。风不停,筝不停,风停风筝自不行。

ing [iŋ]

起点元音是前高不圆唇元音 i,舌尖接触下齿背,舌面前部隆起,软腭上升,关闭鼻腔通路。发 i 之后,软腭下降,打开鼻腔通路,同时舌面后部与软腭闭合,使在口腔受到阻碍的气流从鼻腔透出。口形没有明显变化。

发音例词:

冰晶 bīngjīng　　硬性 yìngxìng　　精明 jīngmíng　　评定 píngdìng

◆绕口令◆

【天上七颗星】

天上七颗星,树上七只鹰,梁上七个钉,台上七盏灯。拿扇扇了灯,用手拔了钉,举枪打了鹰,乌云盖了星。

【民兵排选标兵】

民兵排选标兵,六班的标兵,七班的标兵,八班的标兵,评比台前比输赢。标兵比标兵,全排选八名,选出前八名,一起上北京。

ong[ʊŋ]

起点元音是比后高圆唇元音 u 舌位略低的后次高圆唇元音[ʊ],舌尖离开下齿背,舌体后缩,舌面后部隆起,软腭上升,关闭鼻腔通路。发后次高圆唇元音[ʊ]之后,软腭下降,打开鼻腔通路,同时舌面后部与软腭闭合,使在口腔受到阻碍的气流从鼻腔里透出。唇形始终拢圆。

发音例词:

动工 dònggōng　　溶洞 róngdòng　　从容 cóngróng　　瞳孔 tóngkǒng

◆绕口令◆

【两个女孩都穿红】

昨日散步过桥东,看见两个女孩儿都穿红。一个叫红粉,一个叫粉红。两个女孩都摔倒,不知粉红扶红粉,还是红粉扶粉红。

【栽葱和栽松】

冲冲栽了十畦葱,松松栽了十棵松。冲冲说栽松不如栽葱,松松说栽葱不如栽松。是栽松不如栽葱,还是栽葱不如栽松?

第 2 组:iang、uang、ueng、iong

发音时,第一个元音轻而短,第二个元音清晰响亮。发完第二个元音后,软腭下降,逐渐增强鼻音色彩,舌面后部后缩,抵住软腭,最后做出发 ng 的状态即可。

iang[iɛŋ]

发音时,从前高元音 i 开始,舌位向后滑降到半低元音 a[ɛ],然后舌位升高,接续鼻音-ng。

发音例词:

踉跄 liàngqiàng　　像样 xiàngyàng　　想象 xiǎngxiàng　　响亮 xiǎngliàng

◆绕口令◆

【羊撞墙】

杨家养了一只羊,蒋家修了一道墙。杨家的羊撞倒了蒋家的墙,蒋家的墙压死了杨家的羊。杨家要蒋家赔杨家的羊,蒋家要杨家赔蒋家的墙。

【大和尚与小和尚】

大和尚常常上哪厢? 大和尚常常过长江。过长江为哪厢? 过长江看小和尚。大和尚原住襄阳家姓张,小和尚原住良乡本姓蒋。大和尚和小和尚,有事常商量。大和尚说小和尚强,小和尚说大和尚棒。小和尚煎汤,请大和尚尝,大和尚赏小和尚好檀香。

uang [uaŋ]

发音时,从圆唇的后高元音 u 开始,舌位滑降至后低元音 a[a],然后舌位升高,接续鼻音-ng。唇形从圆唇在向折点元音的滑动中逐渐展唇。

发音例词:

矿床 kuàngchuáng   往往 wǎngwǎng
装潢 zhuānghuáng   狂妄 kuángwàng

◆绕口令◆

【王庄和匡庄】

王庄卖筐,匡庄卖网。王庄卖筐不卖网,匡庄卖网不卖筐。你要买筐别去匡庄去王庄,你要买网别去王庄去匡庄。

ueng [ueŋ]

发音时,从圆唇的后高元音 u 开始,舌位滑降到后半高元音 e[ə](稍稍靠前略低)的位置,然后舌位升高,接续鼻音-ng。唇形从圆唇在向折点元音滑动过程中逐渐展唇。在普通话里,韵母 ueng 只有一种零声母的音节形式 weng。

发音例词:

翁 wēng   瓮 wèng   富翁 fùwēng   瓮城 wèngchéng

◆绕口令◆

【老翁和老翁】

老翁卖酒老翁买,老翁买酒老翁卖。老翁买酒老翁卖,老翁卖酒老翁买。

iong [yŋ]

发音时,先发前高圆唇元音[y],紧接着软腭逐渐下降,打开鼻腔通道,舌面后部向软腭移动闭合,气流从鼻腔流出。[yŋ]里的[y]和[ŋ]之间有一个过渡音[u],可以描写为[yuŋ]。传统汉语语音学把 iong 归属撮口呼。

发音例词:

炯炯 jiǒngjiǒng   汹涌 xiōngyǒng   贫穷 pínqióng   甬道 yǒngdào

四、韵母发音辨正

(一)单韵母辨正

1.i 与 ü

ü 与 i 的区别在于圆唇与不圆唇。在保持舌位不变的情况下,把嘴唇圆起来或是展开,就可以发出相应的 ü 与 i 的音来。

(1)i—ü

字词辨正练习

期 qī   屈 qū   你 nǐ   女 nǚ   椅 yǐ   雨 yǔ
李 lǐ   屡 lǚ   稀 xī   虚 xū   意 yì   育 yù

词语辨正练习

比翼 bǐyì	比喻 bǐyù	办理 bànlǐ	伴侣 bànlǚ
不及 bùjí	布局 bùjú	歧义 qíyì	区域 qūyù

(2)ie—üe

字词辨正练习

茄 qié	瘸 qué	节 jié	决 jué	歇 xiē	靴 xuē
鞋 xié	学 xué	页 yè	悦 yuè	裂 liè	确 què

词语辨正练习

蝎子 xiēzi	靴子 xuēzi	切实 qièshí	确实 quèshí
协会 xiéhuì	学会 xuéhuì	猎取 lièqǔ	掠取 lüèqǔ

(3)ian—üan

字词辨正练习

建 jiàn	倦 juàn	千 qiān	圈 quān	现 xiàn	炫 xuàn
眼 yǎn	远 yuǎn	浅 qiǎn	犬 quǎn	显 xiǎn	选 xuǎn

词语辨正练习

钱财 qiáncái	全才 quáncái	油盐 yóuyán	游园 yóuyuán
碱面 jiǎnmiàn	卷面 juànmiàn	前程 qiánchéng	全程 quánchéng

(4)in—ün

字词辨正练习

琴 qín	群 qún	因 yīn	晕 yūn	信 xìn	讯 xùn
引 yǐn	陨 yǔn	尽 jìn	郡 jùn	亲 qīn	困 qūn

词语辨正练习

餐巾 cānjīn	参军 cānjūn	心智 xīnzhì	熏制 xūnzhì
白银 báiyín	白云 báiyún	辛勤 xīnqín	新群 xīnqún

◆绕口令◆

【驴踢梨】
一头驴,驮筐梨,驴一跑,滚了梨。驴跑梨滚梨绊驴,梨绊驴蹄驴踢梨。

【吕里和李丽】
李丽栽了一园李,吕里栽了满园梨。李丽摘李送吕里,吕里摘梨送李丽。吕里向李丽学摘李,李丽向吕里学栽梨。吕里和李丽,互相来学习。

【小曲小菊去储蓄】
小曲小菊去储蓄。小菊存了两千一百七十一元一角七,小曲存一千七百一十七元七角一。储蓄员告诉小曲和小菊,七年后所得利息每人可买一台电视机。

2.u 与 ü

u 与 ü 的区别在于:ü 舌位在前,u 舌位在后。其次 ü 的圆唇与 u 的圆唇形状略有不同,u 最圆,ü 略扁;u 双唇向前突出,ü 双唇不太突出。

(1)u—ü

字词辨正练习

路 lù	率 lǜ	属 shǔ	许 xǔ	如 rú	鱼 yú
书 shū	虚 xū	出 chū	居 jū	煮 zhǔ	举 jǔ

词语辨正练习

树木 shùmù	畜牧 xùmù	技术 jìshù	继续 jìxù
记录 jìlù	纪律 jìlǜ	主义 zhǔyì	旅行 lǚxíng

(2)uan—üan

字词辨正练习

栓 shuān	轩 xuān	转 zhuǎn	犬 quǎn	环 huán	旋 xuán
关 guān	鹃 juān	软 ruǎn	选 xuǎn	弯 wān	卷 juǎn

词语辨正练习

划船 huáchuán	划拳 huáquán	栓子 shuānzi	圈子 quānzi
传说 chuánshuō	劝说 quànshuō	弯曲 wānqū	冤屈 yuānqū

(3)uen—ün

字词辨正练习

温 wēn	迅 xùn	吮 shǔn	陨 yǔn	盾 dùn	郡 jùn
春 chūn	均 jūn	文 wén	云 yún	仑 lún	群 qún

词语辨正练习

顺道 shùndào	训导 xùndǎo	温顺 wēnshùn	水纹 shuǐwén
滚轮 gǔnlún	混沌 hùndùn	熏晕 xūnyūn	军勋 jūnxūn

◆**绕口令**◆

【吴先生和余先生】

徐州吴先生骑驴去泸州,屡次遇见雨和雾。苏州余先生上路去徐州,五次买回布与醋。

【金锯锯金柱】

朱家有个金柱子,曲家有个金锯子。曲家的主人,拘住了朱家的举人,金锯子锯断了金柱子。

3.e 与 o

e 与 o 的发音情况大致相同,它们之间的主要区别在唇形:e 不圆唇,o 圆唇。

字词辨正练习

歌 gē	播 bō	阁 gé	婆 pó	科 kē	坡 pō
禾 hé	佛 fó	河 hé	摸 mō	格 gé	博 bó

词语辨正练习

合格 hégé	破格 pògé	特色 tèsè	叵测 pǒcè
大河 dàhé	大佛 dàfó	磕破 kēpò	磨破 mópò

◆绕口令◆

【大哥和二哥】

大哥有大锅，二哥有二锅。大哥要换二哥的二锅，二哥不换大哥的大锅。

【鹅过河】

哥哥弟弟坡前坐，坡上卧着一只鹅，坡下流着一条河。哥哥说：宽宽的河。弟弟说：白白的鹅。鹅要过河，河要渡鹅。不知是鹅过河，还是河渡鹅。

4.单元音 er

这是一个特殊的元音韵母，汉语拼音用两个字母来表示，实际上只是一个元音。它的音色同[ə]很接近，发[ə]时，嘴自然张开，不大不小，舌位自然放置，不前不后，唇形自然，这是一个最容易发的元音。发[ə]时的同时，舌尖向硬腭卷起，即可发出 er。如："儿 ér""耳 ěr""二 èr"。

i 与 ü 韵母声旁代表字类推表

i 韵母代表字类推表

几—jī 几(几率)机肌饥讥叽玑矶　jǐ 几(几何)

及—jí 圾芨　jí 及级极汲笈

疾—jí 疾蒺嫉

即—jī 唧　jí 即　jì 暨鲫既

己—jǐ 己　jì 记纪忌　qǐ 岂起杞

技—jī 屐　jì 技伎妓　qí 歧岐

冀—jì 冀骥　yì 翼

离—lí 离篱漓璃蓠

里—lǐ 厘狸　lǐ 里哩理鲤俚娌

立—lì 立粒茬笠　qì 泣　yì 翌

丽—lí 鹂鲡　lì 丽俪郦

厉—lì 厉励砺蛎

利—lí 梨犁黎　lì 利莉俐痢猁蜊

力—lì 力历沥枥雳

尼—nī 妮　ní 尼泥(泥土)呢(呢喃)怩　nǐ 旎
　　nì 昵伲泥(拘泥)

倪—ní 倪霓猊　nì 睨

妻—qī 妻凄萋

沏—qī 沏　qì 砌

齐—qí 齐脐蛴　jī 跻　jǐ 济(人才济济)挤
　　jì 剂荠济(救济)

其—qí 期欺　qí 其棋旗琪骐琪祺麒麟　jī 箕

奇—qí 奇骑崎　qǐ 绮　jī 畸犄　jì 寄　yī 漪

yǐ 椅倚猗

乞—qǐ 乞　qì 迄讫　yì 屹

西—xī 西牺茜栖

膝—xī 膝　qī 漆

析—xī 析晰淅蜥　yí 沂

奚—xī 奚溪蹊

息—xī 息熄螅　qì 憩

希—xī 希稀郗唏

喜—xī 嘻嬉僖熹　xǐ 喜

昔—xī 昔惜

衣—yī 衣依　yì 裔

夷—yí 夷姨胰咦痍荑

怡—yí 怡贻

乙—yǐ 乙　yì 亿艺忆吃　qì 气汽

以—yǐ 以苡

役—yì 役疫

意—yì 意臆薏噫癔

益—yì 益溢缢[shì 谥(谥号)]

义—yí 仪　yǐ 蚁　yì 义议

易—yì 易蜴　tī 踢剔　tì 惕

揖—yī 揖　jī 缉　jí 辑楫

译—yì 译绎驿[zé 择泽 duó 铎]

亦—yì 亦弈奕

类推表外的字： jī 激积鸡击羁姬　jí 吉棘集急亟籍　jǐ 给(给予)　jì 寂计季祭际继绩　qī 七　qí 祁睚芪
qǐ 启企　qì 弃契器　xī 熙兮夕犀　xí 席檄袭习　xǐ 洗徙玺　xì 戏系细隙　yī 医伊　yí 疑沂宜颐移遗彝
yǐ 矣　yì 弋抑诣逸肆熠异

ü韵母代表字类推表

居—jū 居裾据(拮据)　jù 锯剧据(根据)踞倨

且—jū 且(古助词)狙疽　jǔ 沮龃咀(咀嚼)　qū 蛆

菊—jū 鞠掬　jú 菊

句—jū 拘驹　jù 句　xù 煦

具—jù 具惧俱飓

巨—jǔ 矩　jù 巨距拒炬苣　qú 渠

屡—lǚ 屡缕褛偻(佝偻)

吕—lǚ 吕铝侣

虑—lǜ 虑滤

区—qū 区驱躯岖

曲—qū 曲(弯曲)蛐　qǔ 曲(歌曲)

瞿—qú 瞿衢癯

取—qǔ 取娶　qù 趣　jù 聚

虚—xū 虚嘘墟　qù 觑

胥—xū 胥　xù 婿

畜—xù 畜(畜牧)蓄

于—yū 迂吁(象声词)　yú 于盂竽　yǔ 宇　yù 芋
　　xū 吁(长吁短叹)

禺—yú 禺愚隅　yù 遇寓

於—yū 於(姓)淤瘀

余—yú 余　xú 徐　xù 叙

俞—yú 俞榆愉瑜揄逾渝　yù 愈喻谕

欲—yù 欲峪浴裕

予—yǔ 予　yù 预　xù 序

臾—yú 臾谀腴萸　yǔ 庾瘐

鱼—yú 鱼渔

与—yú 欤　yǔ 与(与其)屿　yù 与(参与)

语—yǔ 语圄

雨—yǔ 雨　xū 需

羽—yǔ 羽　xǔ 诩栩

禹—yǔ 禹　qǔ 龋

昱—yù 昱煜

玉—yù 玉钰

聿—yù 聿　lǜ 律

域—yù 域阈

类推表外的字： jū 车　jú 桔橘　jǔ 举　jù 遽　qū 屈　qù 去　xū 须　xǔ 许浒(浒墅关)　xù 旭恤绪续絮
xù 蓿(苜蓿)

(二)复韵母辨正

1. 单韵母与复韵母发音辨正

有些方言中常有把单韵母读成复韵母或把复韵母读成单韵母的错误。

单韵母的发音会受到唇形的圆展、舌位的高低前后、口腔开度的大小等因素的影响。复韵母要重点处理好韵头、韵腹、韵尾的关系，发音的过程要滑行到位，不要跳跃分割。在许多方言中容易出现单韵母复音化、复韵母单元音化、丢失韵头、归音不到位、口腔开度不够、唇形圆展不够等问题，这都会影响韵母的正确发音。

2. 发音辨正练习

(1) u—ou

字词辨正练习

| 堵 dǔ | 斗 dòu | 书 shū | 收 shōu | 组 zǔ | 走 zǒu |
| 路 lù | 漏 lòu | 苏 sū | 搜 sōu | 突 tū | 偷 tōu |

扫码听范读

词语辨正练习

小组 xiǎozǔ	小邹 xiǎozōu	毒针 dúzhēn	斗争 dòuzhēng
募化 mùhuà	谋划 móuhuà	大陆 dàlù	大楼 dàlóu

(2)i—ei

字词辨正练习

比 bǐ	北 běi	米 mǐ	美 měi	碧 bì	背 bēi
密 mì	妹 mèi	你 nǐ	馁 něi	皮 pí	培 péi

词语辨正练习

美丽 měilì	米粒 mǐlì	自闭 zìbì	自卑 zìbēi
寻觅 xúnmì	寻梅 xúnméi	皮肤 pífū	佩服 pèifú

(3)ü—ou

字词辨正练习

句 jù	楼 lóu	欲 yù	肉 ròu	去 qù	陋 lòu
于 yú	揉 róu	举 jǔ	丑 chǒu	女 nǚ	某 mǒu

词语辨正练习

蓄意 xùyì	授意 shòuyì	局势 júshì	楼市 lóushì
区长 qūzhǎng	首长 shǒuzhǎng	狱卒 yùzú	揉足 róuzú

(4)ü—iou

字词辨正练习

屈 qū	丘 qiū	巨 jù	舅 jiù	区 qū	邱 qiū
局 jú	九 jiǔ	渠 qú	球 qiú	驴 lú	刘 liú

词语辨正练习

序幕 xùmù	朽木 xiǔmù	屈才 qūcái	秀才 xiùcai
句子 jùzi	舅子 jiùzi	语言 yǔyán	油烟 yóuyān

(5)ü—ei

字词辨正练习

绿 lǜ	类 lèi	女 nǚ	内 nèi	铝 lǚ	泪 lèi
渠 qú	蕾 lěi	句 jù	被 bèi	给 gěi	贼 zéi

词语辨正练习

屡次 lǚcì	累次 lěicì	女人 nǚrén	内人 nèirén
趣味 qùwèi	美味 měiwèi	举例 jǔlì	费力 fèilì

(6)uo—o

字词辨正练习

拖 tuō	佛 fó	落 luò	末 mò	缩 suō	波 bō
做 zuò	迫 pò	左 zuǒ	跛 bǒ	阔 kuò	陌 mò

词语辨正练习

琢磨 zuómo	捉摸 zhuōmō	啰嗦 luōsuo	摸索 mōsuǒ
剥落 bōluò	剥夺 bōduó	薄弱 bóruò	破落 pòluò

(7)ai—e

字词辨正练习

拆 chāi	车 chē	斋 zhāi	折 zhé	该 gāi	歌 gē
埋 mái	么 me	菜 cài	册 cè	呆 dāi	的 de

词语辨正练习

木柴 mùchái	木车 mùchē	开拔 kāibá	磕巴 kēbā
比赛 bǐsài	闭塞 bìsè	才略 cáilüè	策略 cèlüè

(8)ai—a

字词辨正练习

买 mǎi	马 mǎ	猜 cāi	擦 cā	派 pài	怕 pà
灾 zāi	匝 zā	卖 mài	骂 mà	晒 shài	煞 shà

词语辨正练习

菜地 càidì	擦地 cādì	海拔 hǎibá	哈达 hǎdá
开始 kāishǐ	喀什 kāshí	摘要 zhāiyào	炸药 zhàyào

(9)ia—a

字词辨正练习

恰 qià	咖 kā	吓 xià	哈 hā	掐 qiā	旮 gā
夹 jiā	砸 zá	鸭 yā	洒 sǎ	虾 xiā	卡 kǎ

词语辨正练习

架子 jiàzi	叉子 chāzi	夏天 xiàtiān	沙田 shātián
恰似 qiàsì	杀死 shāsǐ	加法 jiāfǎ	沙发 shāfā

(10)iao—ao

字词辨正练习

桥 qiáo	潮 cháo	宵 xiāo	招 zhāo	巧 qiǎo	早 zǎo
妙 miào	貌 mào	笑 xiào	扫 sǎo	鸟 niǎo	闹 nào

词语辨正练习

缴费 jiǎofèi	稿费 gǎofèi	敲打 qiāodǎ	拷打 kǎodǎ
苗头 miáotou	矛头 máotóu	戏票 xìpiào	戏袍 xìpáo

(11)ian—an

字词辨正练习

前 qián	馋 chán	先 xiān	山 shān	骗 piàn	盼 pàn
面 miàn	慢 màn	边 biān	班 bān	连 lián	南 nán

词语辨正练习

仙人 xiānrén	山人 shānrén	线头 xiàntóu	汕头 shàntóu
免疫 miǎnyì	满意 mǎnyì	篇章 piānzhāng	盘账 pánzhàng

(12)uen—en

字词辨正练习

混 hùn	很 hěn	孙 sūn	森 sēn	吞 tūn	身 shēn
顺 shùn	甚 shèn	准 zhǔn	枕 zhěn	尊 zūn	怎 zěn

词语辨正练习

损人 sǔnrén	森林 sēnlín	吞吐 tūntǔ	身手 shēnshǒu
困乏 kùnfá	垦荒 kěnhuāng	遵守 zūnshǒu	怎样 zěnyàng

(13)uei—ei

字词辨正练习

鬼 guǐ	给 gěi	嘴 zuǐ	贼 zéi	腿 tuǐ	内 nèi
亏 kuī	陪 péi	随 suí	雷 léi	岁 suì	被 bèi

词语辨正练习

灰色 huīsè	黑色 hēisè	小嘴 xiǎozuǐ	小贼 xiǎozéi
兑换 duìhuàn	得亏 děikuī	配备 pèibèi	回归 huíguī

(三)鼻韵母辨正

1.an 与 ang

an 与 ang 在发音上有三点不同：

第一，韵腹 a 舌位前后不同，an 由"前 a"开始发音，ang 由"后 a"开始发音。

第二，舌位的滑动路线和终点位置不同，发 an，舌尖的活动是顶下齿背到抵上牙床(硬腭前部)，舌面稍升；发 ang，舌尖离开下齿背，舌头后缩，舌根抬起与软腭接触；发完 an 音时，舌前伸，发完 ang 音时，舌头后缩。

第三，收音时，比较二者口形，an 上下齿闭拢，ang 口微开。

字词辨正练习

满 mǎn	莽 mǎng	蓝 lán	狼 láng	寒 hán	航 háng
单 dān	当 dāng	闪 shǎn	赏 shǎng	赞 zàn	葬 zàng
叁 sān	桑 sāng	干 gān	刚 gāng	弯 wān	汪 wāng

词语辨正练习

烂漫 lànmàn	浪漫 làngmàn	心烦 xīnfán	新房 xīnfáng
赞颂 zànsòng	葬送 zàngsòng	胆量 dǎnliàng	当量 dāngliàng
扳手 bānshǒu	帮手 bāngshou	反问 fǎnwèn	访问 fǎngwèn

◆ **绕口令** ◆

【船和床】

对河过来一只船，这边漂去一张床，行到河中互相撞，不知床撞船，还是船撞床。

【扁担长板凳宽】

扁担长,板凳宽。板凳没有扁担长,扁担没有板凳宽。扁担要绑在板凳上,板凳偏不让扁担绑在板凳上。

2.en与eng

扫码听范读

en与eng发音上的差异也有三点不同:

第一,起点元音不同,en由央e[ə]舌位开始发音,eng由央e[ɤ](比[ə]稍后)开始发音。

第二,发en舌头前伸,发eng舌头后缩。

第三,发en音舌头位置变化不大,发完音上下齿也是闭拢的,而发eng音舌根上升,软腭下降,收音时口微开,上下齿不闭拢。

字词辨正练习

门 mén	蒙 měng	笨 bèn	蹦 bèng	身 shēn	声 shēng
真 zhēn	争 zhēng	痕 hén	横 héng	森 sēn	僧 sēng
岑 cén	层 céng	珍 zhēn	睁 zhēng	深 shēn	声 shēng

词语辨正练习

秋分 qiūfēn	秋风 qiūfēng	申明 shēnmíng	声明 shēngmíng
清真 qīngzhēn	清蒸 qīngzhēng	审视 shěnshì	省事 shěngshì
诊治 zhěnzhì	整治 zhěngzhì	吩咐 fēnfù	丰富 fēngfù

◆绕口令◆

【真冷】

冷,真冷,真正冷,冷冰冰,冰冷冷。人人都说冷,猛的一阵风,更冷。

【陈和程】

姓陈不能说成姓程,姓程也不能说成姓陈。禾木边是程,耳东边是陈,如果陈程不分,就会认错人。

【棚倒盆碎】

老彭捧着一个盆,路过老闻干活儿的棚。老闻的棚碰了老彭的盆,棚倒盆碎棚砸盆,盆碎棚倒盆撞棚。老彭要赔老闻的棚,老闻要赔老彭的盆。老闻陪着老彭去买盆,老彭陪着老闻来修棚。

3.in与ing

扫码听范读

in由i开始发音,上下齿始终不动,只是明显感觉到舌尖从下向上的动作,收音时舌尖抵住上牙床,不后缩。ing也是由i开始,然后舌尖离开下齿背,舌头后移,抵住软腭。发音时注意由i到n、ng舌位不要降低,不要发成ien、ieng。

字词辨正练习

宾 bīn	兵 bīng	贫 pín	平 píng	因 yīn	英 yīng
紧 jǐn	井 jǐng	拼 pīn	乒 pīng	信 xìn	姓 xìng
进 jìn	竟 jìng	贫 pín	凭 píng	彬 bīn	冰 bīng

词语辨正练习

人民 rénmín	人名 rénmíng	临时 línshí	零食 língshí
贫民 pínmín	平民 píngmín	亲生 qīnshēng	轻生 qīngshēng
不仅 bùjǐn	布景 bùjǐng	紧抱 jǐnbào	警报 jǐngbào

◆绕口令◆

【银星】

天上有银星,星旁有阴云,阴云要遮银星,银星躲过阴云,不让阴云遮银星。

【夫新的父亲】

夫新的父亲名叫福清,福清就是夫新的父亲。福清要夫新叫他父亲,福清不要夫新叫他福清。

【敬母亲】

生身亲母亲,谨请您就寝。请您心宁静,身心很要紧。新星伴月明,银光澄清清。尽是清静境,警铃不要惊。您醒我进来,进来敬母亲。

前鼻音与后鼻音声旁代表字类推表

an 与 ang 代表字类推表

an 韵母代表字

安—ān 安鞍氨　àn 案按

庵—ān 庵鹌　ǎn 俺

暗—àn 暗黯

般—bān 般搬瘢　pán 磐

扮—bàn 扮　bān 颁　pàn 盼

半—bàn 半伴拌绊　pàn 叛畔判

参—cān 参(参加)　cǎn 惨　sān 叁

搀—chān 搀　chán 谗馋

单—dān 单(单据)郸殚　dǎn 掸　dàn 弹(子弹)惮　chán 单(单于)婵禅蝉　tán 弹(弹簧)　shàn 单(姓单)

旦—dǎn 胆　dàn 旦但担　tǎn 坦袒

淡—dàn 淡氮啖　tán 谈痰　tǎn 毯

番—fān 番翻蕃　pān 潘　pán 蟠

凡—fān 帆　fán 凡矾

反—bān 扳　bǎn 板坂版版　fǎn 反返　fàn 贩饭

甘—gān 甘柑泔疳　hān 酣　hán 邯

敢—gǎn 敢橄　hān 憨　kàn 瞰阚

干—gān 干(干净)肝竿杆　gǎn 赶　gàn 干(干劲)　àn 岸　hān 鼾　hán 邗　hǎn 罕　hàn 旱焊捍悍汗　kān 刊

感—gǎn 感　hǎn 喊　hàn 撼

函—hán 函涵　hàn 菡

砍—kǎn 砍坎

兰—lán 兰拦栏　làn 烂

蓝—lán 蓝褴篮　làn 滥

阑—lán 阑澜斓

览—lǎn 览揽榄缆

瞒—mán 瞒　mǎn 满

曼—mán 馒鳗　màn 谩蔓漫蔓(蔓草)　wàn 蔓(瓜蔓)

难—nán 难　tān 滩摊瘫

南—nán 南楠　nǎn 蝻腩

攀—pān 攀　pàn 襻

冉—rán 蚺　rǎn 冉苒

然—rán 然燃

山—shān 山舢　shàn 汕疝疝

扇—shān 扇(扇动)煽　shàn 扇(扇子)

膻—shān 膻　shàn 擅　chàn 颤(颤抖)　tán 檀　zhàn 颤(颤栗)

珊—shān 珊珊删姗

潭—tán 潭谭　qín 覃(姓氏)

炭—tàn 炭碳

赞—zǎn 攒(积攒)　zàn 赞瓒　cuán 攒(人头攒动)

占—zhān 占(占卜)沾粘(粘贴)　zhàn 占(占领)站战　nián 粘[(黏合剂)"粘"同"黏"]

詹—zhān 詹瞻　shàn 赡　dàn 澹

斩—zhǎn 斩崭　cán 惭　zàn 暂　jiàn 渐

展—zhǎn 展辗(辗转)

类推表外的字：àn 暗　bàn 办瓣　cān 餐　cán 蚕　chán 缠　chǎn 谄　chàn 忏　dān 耽　dàn 诞蛋　fàn 犯范泛　gān 尴　gàn 赣　hán 寒含韩　hàn 汉　kàn 看　lán 婪岚　lǎn 懒　mán 蛮　nán 男　pán 盘　pàn 盼　rǎn 染　sān 三　sǎn 散(散文)伞　sàn 散(分散)　shān 衫杉　shǎn 闪陕　tān 贪　tán 坛　tǎn 忐　tàn 叹探　zán 咱　zhàn 湛蘸栈绽

ang 韵母代表字

邦—bāng 邦帮梆　bǎng 绑

仓—cāng 仓沧苍舱

昌—chāng 昌菖猖鲳　chàng 唱倡

长—cháng 长(长短)　chàng 怅　zhāng 张
　　zhǎng 长涨(高涨)
　　zhàng 帐胀账涨(涨红了脸)

场—cháng 场(场院)肠　chǎng 场(会场)
　　chàng 畅　dàng 荡　shāng 殇觞　tàng 烫

当—dāng 当裆　dǎng 挡(挡箭牌)
　　dàng 档挡(摒挡)

方—fāng 方芳　fáng 防妨房坊　fǎng 仿访纺
　　fàng 放

冈—gāng 冈纲钢刚　gǎng 岗

缸—gāng 缸肛扛(扛鼎)　gàng 杠
　　káng 扛(扛活)

康—kāng 康慷糠

亢—kàng 亢炕抗伉　āng 肮　háng 杭吭(引吭高
　　歌)航　hàng 沆

良—liáng 良粮　liàng 踉　lāng 啷　láng 狼郎廊榔
　　螂琅　lǎng 朗　làng 浪　niáng 娘

忙—máng 忙芒氓盲茫

莽—mǎng 莽蟒

旁—pāng 膀(膀肿)滂　páng 旁磅螃膀(膀胱)
　　bǎng 榜膀(臂膀)　bàng 傍谤磅镑

桑—sāng 桑　sǎng 嗓搡

上—shàng 上　ràng 让

尚—shǎng 赏　tǎng 躺　shàng 尚　shang 裳
　　cháng 常嫦　chǎng 敞　dǎng 党　táng 堂膛
　　螳　tǎng 淌倘躺　tàng 趟　zhǎng 掌

襄—xiāng 襄镶　rāng 嚷(嚷嚷)　ráng 瓤　rǎng 嚷
　　(叫嚷)壤攘

唐—táng 唐塘搪糖

庄—zhuāng 庄桩　zāng 赃脏(肮脏)
　　zàng 脏(内脏)

章—zhāng 章彰樟蟑　zhàng 障瘴嶂幛

丈—zhàng 丈杖仗

类推表外的字：áng 昂　àng 盎　bàng 棒蚌(河蚌)　chǎng 厂　gǎng 港　hāng 夯　háng 行(银行)　xíng 行(行为)　pāng 乓　páng 庞　pàng 胖　sāng 丧(丧事)　sàng 丧(丧失)　shāng 伤　xiàng 向　zàng 葬藏(西藏)　cáng 藏(矿藏)

en 与 eng 声旁代表字类推表

en 韵母代表字

本—bēn 奔　běn 本苯　bèn 笨

辰—chén 辰晨　shēn 娠　zhèn 震振赈

恩—ēn 恩　èn 摁

分—fēn 分纷芬吩氛酚　fén 汾　fěn 粉　fèn 忿份
　　pén 盆

沈—shěn 沈　chén 忱　zhěn 枕　zhèn 鸩

甚—shèn 甚葚　zhēn 斟

艮—gēn 根跟　gěn 艮　hén 痕　hěn 狠很　hèn 恨
　　kěn 恳垦

肯—kěn 肯啃

真—zhēn 真　zhěn 缜　zhèn 镇　chēn 嗔
　　shèn 慎

门—mēn 焖(焖热)焖　mén 门扪
　　mèn 闷(闷闷不乐)　men 们

贲—bēn 贲　pēn 喷　fèn 愤

人—rén 人　rèn 认

刃—rěn 忍　rèn 刃仞纫韧

壬—rén 壬任(姓任)　rèn 任(任务)妊

参—shēn 参(人参)　shèn 渗

申—shēn 申绅伸呻砷　shén 神　shěn 审婶
　　chēn 抻

珍—zhēn 珍　zhěn 疹诊　chèn 趁

贞—zhēn 贞侦桢祯

臻—zhēn 臻蓁榛

类推表外的字：chén 沉臣尘陈　chèn 衬称(相称)　fén 坟焚　fèn 粪　gèn 亘　nèn 嫩　rén 仁　sēn 森　shēn 身　shén 什　zěn 怎　zhèn 阵朕

eng 韵母代表字

曾—cēng 噌　céng 曾(曾经)　cèng 蹭
　　sēng 僧　zēng 增憎　zèng 赠

成—chéng 成城诚盛(盛饭)　shèng 盛(盛大)

呈—chéng 呈程　chěng 逞　zèng 锃

丞—chéng 丞　zhēng 蒸　zhěng 拯

乘—chéng 乘　shèng 乘(千乘之国)剩

登—dēng 登蹬　dèng 瞪澄(把水澄清)凳
　　chéng 澄(澄清事实)橙

风—fēng 风枫疯　fěng 讽　fèng 凤

丰—fēng 丰　bèng 蚌

奉—fèng 奉俸　pěng 捧(bàng 棒)

封—fēng 封葑

锋—fēng 锋烽蜂峰　féng 逢缝(缝纫)
　　fèng 缝(缝隙)　péng 蓬篷

更—gēng 更(更新)　gěng 埂梗哽
　　gèng 更(更加)(yìng 硬)

庚—gēng 庚赓

亨—hēng 亨哼　pēng 烹

坑—kēng 坑吭(吭声)

楞—léng 塄楞(楞角)　lèng 愣

蒙—mēng 蒙(蒙骗)　méng 蒙(蒙蔽)檬朦
　　měng 蒙(蒙古族)

萌—méng 萌盟

孟—měng 猛锰勐　mèng 孟

朋—péng 朋硼棚鹏　bēng 绷(绷带)崩嘣
　　běng 绷(绷着脸)　bèng 蹦绷(绷瓷)

砰—pēng 砰怦抨

彭—pēng 嘭　péng 彭澎膨

扔—rēng 扔　réng 仍

生—shēng 生笙牲甥　shèng 胜

誊—téng 誊腾滕藤

争—zhēng 争挣(挣扎)峥筝铮狰　zhèng 挣(挣钱)

正—zhēng 正(正月)征症(症结)　zhěng 整
　　zhèng 正(正确)政证怔症(症状)　chéng 惩

类推表外的字：béng 甭　bèng 迸泵　céng 层　chēng 撑瞠称(称赞)　chéng 承　chěng 骋　chèng 秤　dēng 灯　děng 等　dèng 邓　féng 冯　gēng 羹耕　gěng 耿　héng 恒横衡　kēng 铿　léng 棱　lěng 冷　néng 能　pèng 碰　shēng 声升　shéng 绳　shěng 省　shèng 圣　téng 疼　zhèng 郑

in 与 ing 声旁代表字类推表

in 韵母代表字

宾—bīn 宾滨缤傧槟(槟子)　bìn 殡鬓膑摈　pín 嫔　　　[bīng 槟(槟榔)]

今—jīn 今矜 qín 琴 yín 吟   侵—qīn 侵 qǐn 寝 jìn 浸

斤—jīn 斤 jìn 靳近 qín 芹 xīn 欣新昕(tīng 听)   禽—qín 禽擒噙

堇—jǐn 堇谨馑瑾 jìn 觐 qín 勤   心—xīn 心芯 qìn 沁(ruǐ 蕊)

尽—jǐn 尽(尽快) jìn 尽(尽力)烬   辛—xīn 辛莘(莘庄)锌新薪[shēn 莘(莘莘学子)]

禁—jīn 禁(不禁)襟 jìn 禁(禁止)   因—yīn 因茵姻洇

磷—lín 磷麟磷嶙鳞粼   弓—yǐn 引蚓

林—lín 林淋霖琳 bīn 彬   阴—yīn 阴 yìn 荫

凛—lǐn 凛廪懔(bǐng 禀)   银—yín 银垠龈

民—mín 民岷珉 mǐn 泯抿   隐—yǐn 隐瘾

频—pín 频颦 bīn 濒

类推表外的字：bīn 斌 jīn 津巾金筋 jǐn 锦仅 jìn 晋进 lín 临 lìn 吝 mǐn 皿敏闵 nín 您 pín 贫 pǐn 品 pìn 聘 qīn 亲钦 qín 秦 xīn 馨 xìn 信衅 yīn 音殷 yín 寅 yǐn 饮尹 yìn 印

ing 韵母代表字

兵—bīng 兵槟(槟榔) pīng 乒   陵—líng 陵菱凌绫

丙—bǐng 丙柄炳 bìng 病   名—míng 名茗铭 mǐng 酩

并—bǐng 饼屏(屏气) bìng 并摒   冥—míng 冥溟瞑暝暝

     píng 屏(屏风)瓶(pīn 拼姘)   平—píng 平苹评坪

丁—dīng 丁叮盯仃钉(钉子)疔 dǐng 顶酊   青—qīng 清清蜻 qíng 晴情氰 qǐng 请

     dìng 订钉(钉扣子) tīng 厅汀 tíng 亭   jīng 睛精菁睛 jìng 靖靓

宁—níng 宁(宁静)狞咛拧(拧毛巾)   磬—qìng 磬謦

     nǐng 拧(拧螺丝) nìng 宁(宁可)泞拧(脾气拧)   顷—qīng 倾 qǐng 顷

定—dìng 定锭腚(zhàn 绽)   亭—tíng 亭停婷葶

京—jīng 京鲸惊 jǐng 景憬 yǐng 影(qióng 琼)   廷—tíng 廷庭蜓霆 tǐng 挺铤艇

经—jīng 经茎 jǐng 颈 jìng 劲(刚劲)径胫   星—xīng 星腥猩惺 xǐng 醒

     qīng 轻氢[jìn 劲(使劲)]   形—xíng 形刑型邢 jīng 荆

井—jǐng 井阱   性—xìng 性姓

竟—jìng 竟镜境竞   幸—xìng 幸悻

敬—jìng 警 jìng 敬 qíng 擎   英—yīng 英瑛

令—líng 令(令狐)玲岭铃伶苓零羚龄囹聆翎   婴—yīng 婴樱缨鹦

     lǐng 领岭 lìng 令(līn 拎 lín 邻)   萤—yíng 莺 yíng 萤莹荧营萦萤荥

     盈—yíng 盈楹

类推表外的字：bīng 冰 bǐng 禀秉 dǐng 鼎 jīng 旌兢晶 líng 灵 lìng 另 míng 明鸣 mìng 命 níng 凝 píng 凭 qīng 卿 qìng 庆 tīng 听 xīng 兴(兴奋) xíng 行 xǐng 省(不省人事) xìng 杏兴(高兴) shěng 省(省会) yīng 应(应该)鹰 yíng 赢蝇迎 yǐng 颖 yìng 应(应考)硬映

第三单元 声调

一、什么是声调

在汉语里,音高的升降能够区别意义。这种能区别意义的音高升降叫作声调,又叫作字调。例如"马"(mǎ)和"骂"(mà)就是靠声调区别意义的。

声调的高低升降主要决定于音高,而音高的变化又是由发音时声带的松紧决定的。发音时,声带越紧,在一定时间内振动的次数越多,音高就越高;声带越松,在一定时间内振动的次数越少,音高就越低。在发音过程中,声带可以随时调整,有时可以一直绷紧,有时可以先放松后绷紧,或先绷紧后放松,有时松紧相间。这就造成了不同音高的变化,也就构成了不同的声调。

普通话声调是区别意义的重要条件,是汉语章节中非常重要的组成部分。如果说话时没有声调,就无法准确表达汉语的意义,也不能完整地标注汉语的语音。相同的声母、韵母组合在一起,可以因为声调的不同而表示不同的意思。例如:

dá yí	dá yì	dà yí	dà yì	gū lì	gǔ lì
答疑	达意	大姨	大意	孤立	鼓励
tǔ dì	tú dì	huì yì	huí yì	kǒu zi	kòu zi
土地	徒弟	会议	回忆	口子	扣子
zhū zi	zhú zi	zhǔ zi	zhù zi	lí zǐ	lǐ zi	lì zi
珠子	竹子	主子	柱子	梨子	李子	栗子
wǒ yào yān	wǒ yào yán	wǒ yào yǎn	wǒ yào yàn		
我 要 烟	我 要 盐	我 要 演	我 要 砚		

二、调值、调类与调号

(一)调值

调值是声调的实际读法,即高低升降的形式。普通话语音的调值有高平调、中升调、降升调和全降调四种基本类型,也就是说,普通话的声调有这四种调值。

描写声调的调值,通常用"五度标调法":用一条竖线表示高低,竖线的左边用横线、斜线、折线,表示声调高低、升降、曲直的变化。竖线的高低分为"低、半低、中、半高、高"五度,用1、2、3、4、5表示,1表示"低",2表示"半低",依此类推。平调和降调用两个数字,曲折调用三个数字。根据这种标调法,普通话声调的四种调值可以用图表示出来。

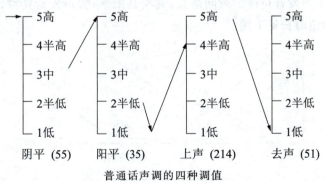

普通话声调的四种调值

普通话声调表

调类（四声）	调号	例字	调型	调值	调值说明
1.阴平	ˉ	妈 mā	高平	55	起音高高一路平
2.阳平	ˊ	麻 má	中升	35	由中到高往上升
3.上声	ˇ	马 mǎ	降升	214	先降然后再扬起
4.去声	ˋ	骂 mà	全降	51	从高降到最下层

55、35、214、51 表示声调实际的高低升降，叫作调值。为了便于书写和印刷，一般就用标数码的办法来表示，不必把每一个声调都画出图来。《汉语拼音方案》更简化一步，只在韵母的韵腹上标出"ˉ ˊ ˇ ˋ"四个符号来表示声调的大致调型。

（二）调类

调类就是声调的分类，是根据声调的实际读法归纳出来的。有几种实际读法，就有几种调类，也就是把调值相同的归为一类。普通话有四种基本的调值，就可以归纳出四个调类。

普通话音节中，凡调值为 55 的，归为一类，叫阴平，如"江山多娇"等；凡调值为 35 的，归为一类，叫阳平，如"人民和平"等；凡调值为 214 的，归为一类，叫上声，如"理想美好"等；凡调值为 51 的，归为一类，叫去声，如"庆祝大会"等。阴平、阳平、上声、去声就是普通话调类的名称。调类名称也可以用序数表示，称为一声、二声、三声、四声，简称为"四声"。

（三）调号

调号就是标记普通话调类的符号。《汉语拼音方案》所规定的调号是：阴平"ˉ"、阳平"ˊ"、上声"ˇ"、去声"ˋ"。声调是整个音节的高低升降的调子，声调的高低升降的变化主要集中体现在韵腹即主要元音上。所以调号要标在韵母的韵腹上。

汉语六个主要元音中，发音最响亮的是 a，依次是 o、e、i、u、ü。一个音节有 a，调号就标在 a 上，如 chāo（超）；没有 a，就标在 o 或 e 上，如 zhōu（周）、pèi（配）；碰到 iu、ui 组成的音节，就标在最后一个元音上，如 niú（牛）、duì（队）。调号如标在 i 上，i 上面的圆点可以省去，如 yīng（英）、xīn（欣）。轻声不标调，如 māma（妈妈）、yuèliang（月亮）。

三、声调发音分析

普通话声调的发音有鲜明的特点，阴平、阳平、上声和去声调形区别明显：一平、二升、三曲、四降。

从发音长短看，上声发音持续的时间最长，其次是阳平；去声发音持续的时间最短，其次是阴平。普通话四声调值时长见下图。

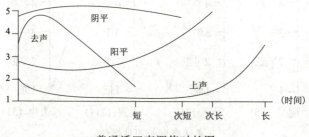

普通话四声调值时长图

（一）阴平

阴平又叫作高平调,俗称一声,调值是 55,也称 55 调。

发音时,声带绷到最紧("最紧"是相对的,下同),始终没有明显变化,保持高音。

发音例词:

低微 dīwēi	吃亏 chīkuī	交叉 jiāochā	嚣张 xiāozhāng
供需 gōngxū	摔跤 shuāijiāo	军官 jūnguān	拖车 tuōchē

（二）阳平

阳平又叫作高升调(或中升调),俗称二声,调值是 35,也称 35 调。

发音时,声带从不松不紧开始,逐渐绷紧,到最紧为止,声音由不低不高升到最高。

发音例词:

闸门 zhámén	航程 hángchéng	神灵 shénlíng	尤为 yóuwéi
顽强 wánqiáng	抉择 juézé	黄连 huánglián	从而 cóng'ér

（三）上声

上声又叫作降升调,俗称三声,调值是 214,也称 214 调。也可以读成[213]或[212]。

发音时,声带从略微有些紧张开始,立刻松弛下来,稍稍延长,然后迅速绷紧,但没有绷到最紧。发音过程中,声音主要表现在低音段 1～2 度,这成为上声的基本特征。上声的音长在普通话 4 个声调中是最长的。

发音例词:

法典 fǎdiǎn	好转 hǎozhuǎn	领主 lǐngzhǔ	打鼓 dǎgǔ
旅馆 lǚguǎn	口语 kǒuyǔ	勉强 miǎnqiǎng	奶粉 nǎifěn

（四）去声

去声又叫作全降调,俗称四声,调值是 51,也称 51 调。

发音时,声带从紧开始,到完全松弛为止。声音由高到低。去声的音长在普通话 4 个声调中是最短的。

发音例词:

正派 zhèngpài	变动 biàndòng	械斗 xièdòu	救济 jiùjì
树立 shùlì	剧烈 jùliè	势必 shìbì	驾驭 jiàyù

◆绕口令◆

【大猫毛短】

大猫毛短,小猫毛长,大猫毛比小猫毛短,小猫毛比大猫毛长。(阴平、阳平)

【刘兰柳蓝】

布衣履刘兰柳,布履蓝衣柳兰刘,兰柳拉犁来犁地,兰刘播种来拉耧。(阳平、上声)

【任命不是人名】

任命是任命,人名是人名,任命不是人命,人名不是任命,人名不能任命。人是人,任是任,名是名,命是命;人、任,名、命,要分清。(阳平、去声)

【不怕不会】

不怕不会,就怕不学。一回不会,再来一回。决不后悔,直到学会。(阳平、上声、去声)

【梨和栗】

老罗拉了一车梨,老李拉了一车栗。老罗人称大力罗,老李人称李大力。老罗拉梨做梨酒,老李拉栗去换梨。(阳平、上声、去声)

【小柳和小妞】

路东住着刘小柳,路南住着牛小妞。刘小柳拿着大皮球,牛小妞抱着大石榴。刘小柳把皮球送给牛小妞,牛小妞把石榴送给刘小柳。(阴平、阳平、上声)

【妈妈骑马】

妈妈骑马,马慢,妈妈骂马。舅舅搬鸠,鸠飞,舅舅揪鸠。姥姥喝酪,融酪,姥姥捞酪。妞妞哄牛,牛拧,妞妞拧牛。(阴平、上声、去声)

【磨房磨墨】

磨房磨墨,墨抹磨房一磨墨;小猫摸煤,煤飞小猫一毛煤。(阴平、阳平、上声、去声)

【啃嘴泥】

你说一,我对一,一个阿姨搬桌椅,一个小孩不注意,绊一跟斗,啃一嘴泥。(阴平、阳平、上声、去声)

【老史捞石老师】

老师叫老史去捞石,老史老是没有去捞石,老史老是骗老师,老师老说老史不老实。(阴平、阳平、上声、去声)

四、声调发音练习

(一)阴平、阳平

阴平与阳平训练中应防范出现的缺陷:阴平,一是不能达到调值55的高度,有的读成44或33的调值;二是出现前后高低高度不一致的现象,即在朗读四个声调自然分布的普通话水平测试的第一题单音节字词时,阴平忽高忽低,音高不稳定。阳平的问题也有两个:一是升调带曲势,即通俗所谓"拐弯"的现象;二是为避免"拐弯"而发声急促,影响了普通话应有的舒展的语感。

1.阴平词语练习

(1)全阴平词语练习

丹 dān	吨 dūn	装 zhuāng	机 jī	颇 pō	区 qū
颁 bān	操 cāo	趴 pā	薪 xīn	扇 shān	挖 wā

发出 fāchū　　干杯 gānbēi　　呼吸 hūxī　　几乎 jīhū

沙滩 shātān　　期间 qījiān　　悄悄 qiāoqiāo　　弯曲 wānqū

(2)阴平在前的词语练习

凄凉 qīliáng	清查 qīngchá	今年 jīnnián	山河 shānhé
安稳 ānwěn	包裹 bāoguǒ	参考 cānkǎo	缺点 quēdiǎn
机构 jīgòu	开办 kāibàn	科室 kēshì	勘探 kāntàn

(3)阴平在后的词语练习

儿孙 érsūn	繁多 fánduō	寒暄 hánxuān	胡说 húshuō
把关 bǎguān	厂家 chǎngjiā	处方 chǔfāng	打击 dǎjī
旱灾 hànzāi	假期 jiàqī	间接 jiànjiē	抗击 kàngjī

2.阳平词语练习

（1）全阳平词语练习

才 cái	蝉 chán	随 suí	言 yán	同 tóng	局 jú
权 quán	敌 dí	成 chéng	人 rén	围 wéi	乘 chéng

吉祥 jíxiáng	扛活 kánghuó	来由 láiyóu	离奇 líqí
然而 rán'ér	神奇 shénqí	熟人 shúrén	颓唐 tuítáng

（2）阳平在前的词语

麻花 máhuā	泥坑 níkēng	旁边 pángbiān	其间 qíjiān
毒品 dúpǐn	而且 érqiě	罚款 fákuǎn	烦恼 fánnǎo
鼻涕 bítì	白炽 báichì	常见 chángjiàn	答案 dá'àn

（3）阳平在后的词语练习

超额 chāo'é	当局 dāngjú	阿谀 ēyú	恩情 ēnqíng
椭圆 tuǒyuán	网球 wǎngqiú	委员 wěiyuán	整洁 zhěngjié
破除 pòchú	那时 nàshí	内容 nèiróng	漫长 màncháng

（二）上声、去声

上声，其调值是214，它是普通话四个声调里最不易学好的。常见的缺陷有六个方面：一是调头太高（读成314）；二是调尾太高（读成215）；三是调尾太低（读成212或213）；四是整个声调偏高（几乎无曲势，读成324）；五是声调中断（读成21-4）；六是声调曲折生硬。去声的主要问题是缺乏音高概念，不是从最高降到最低，而是加大音强并读成调值31或53。

1.上声词语练习

（1）全上声词语练习

使 shǐ	扰 rǎo	保 bǎo	奖 jiǎng	尺 chǐ	搞 gǎo
党 dǎng	此 cǐ	主 zhǔ	损 sǔn	始 shǐ	纸 zhǐ

本土 běntǔ	采访 cǎifǎng	反省 fǎnxǐng	举止 jǔzhǐ
旅馆 lǚguǎn	渺小 miǎoxiǎo	猥琐 wěisuǒ	展览 zhǎnlǎn

（2）上声在前的词语练习（上声读为半上21，这属于上声的变调现象）

海滨 hǎibīn	假装 jiǎzhuāng	检修 jiǎnxiū	可观 kěguān
法人 fǎrén	果实 guǒshí	海拔 hǎibá	广博 guǎngbó
倘若 tǎngruò	损耗 sǔnhào	统治 tǒngzhì	往日 wǎngrì

（3）上声在后的词语练习

撒谎 sāhuǎng	三角 sānjiǎo	听讲 tīngjiǎng	微小 wēixiǎo
如果 rúguǒ	食品 shípǐn	田野 tiányě	提审 tíshěn
窃取 qièqǔ	入口 rùkǒu	授予 shòuyǔ	神勇 shényǒng

2.去声词语练习

（1）全去声词语练习

件 jiàn	滥 làn	事 shì	布 bù	致 zhì	现 xiàn
器 qì	告 gào	侧 cè	面 miàn	望 wàng	退 tuì

浪漫 làngmàn	目录 mùlù	那样 nàyàng	耐力 nàilì
怄气 òuqì	确定 quèdìng	锐利 ruìlì	售货 shòuhuò

(2)去声在前的词语练习

爱心 àixīn	弊端 bìduān	刺激 cìjī	扩张 kuòzhāng
个人 gèrén	汉学 hànxué	价格 jiàgé	鉴别 jiànbié
号码 hàomǎ	见解 jiànjiě	电子 diànzǐ	矿井 kuàngjǐng

(3)去声在后的词语练习

帆布 fānbù	干脆 gāncuì	黑夜 hēiyè	呵斥 hēchì
额外 éwài	然后 ránhòu	扶助 fúzhù	泊位 bówèi
水利 shuǐlì	请假 qǐngjià	品质 pǐnzhì	暖气 nuǎnqì

（三）消除入声训练

1.消除入声调

普通话没有入声。古代的入声字都分派到普通话的阴、阳、上、去四声里了,其中分派到去声里的最多,约占一半以上;三分之一分派到阳平;分派到上声的最少。许多方言里都有入声。浙江吴方言里的入声后几乎都带有塞音韵尾,读音短促。学习普通话声调时,这种短促的入声调的残留将会明显影响普通话整体语调,所以要特别注意消除入声调。

2.声调对比练习

更改 gēnggǎi	梗概 gěnggài	香蕉 xiāngjiāo	橡胶 xiàngjiāo
题材 tícái	体裁 tǐcái	禁区 jìnqū	进取 jìnqǔ
凋零 diāolíng	调令 diàolìng	保卫 bǎowèi	包围 bāowéi
欢迎 huānyíng	幻影 huànyǐng	春节 chūnjié	纯洁 chúnjié
班级 bānjí	班机 bānjī	焚毁 fénhuǐ	分会 fēnhuì
肥料 féiliào	废料 fèiliào	安好 ānhǎo	暗号 ànhào
公式 gōngshì	共事 gòngshì	工时 gōngshí	公使 gōngshǐ
地址 dìzhǐ	地质 dìzhì	抵制 dǐzhì	地支 dìzhī
编制 biānzhì	贬值 biǎnzhí	编织 biānzhī	变质 biànzhì
语言 yǔyán	鱼雁 yúyàn	预言 yùyán	预演 yùyǎn

3.四声词语练习

春天花开 chūntiānhuākāi	江山多娇 jiāngshānduōjiāo
珍惜光阴 zhēnxīguāngyīn	豪情昂扬 háoqíng'ángyáng
回国华侨 huíguóhuáqiáo	人民团结 rénmíntuánjié
岂有此理 qǐyǒucǐlǐ	党委领导 dǎngwěilǐngdǎo
处理稳妥 chǔlǐwěntuǒ	日夜变化 rìyèbiànhuà
运动大会 yùndòngdàhuì	胜利闭幕 shènglìbìmù
三皇五帝 sānhuángwǔdì	区别好记 qūbiéhǎojì
深谋远虑 shēnmóuyuǎnlù	兵强马壮 bīngqiángmǎzhuàng
高朋满座 gāopéngmǎnzuò	英雄好汉 yīngxiónghǎohàn
万里长征 wànlǐchángzhēng	背井离乡 bèijǐnglíxiāng
弄巧成拙 nòngqiǎochéngzhuō	戏曲研究 xìqǔyánjiū
痛改前非 tònggǎiqiánfēi	暮鼓晨钟 mùgǔchénzhōng

第四单元　音变

　　我们在进行口语交流和口语表达的过程中,不是一个一个孤立地发出每一个音节,而是根据语意的需要将一连串的音节连续发出,形成语流。在这个过程中,相邻的音素与音素之间、音节与音节之间、声调与声调之间就不可避免地会发生相互影响,使语音产生一定的变化,这就是音变。普通话的音变现象主要表现在变调、轻声、儿化和语气词"啊"的音变四个方面。音变是有一定规律的,学习和掌握这些规律,把这些规律运用于口语表达中,能使我们的语言更流畅、更自然、更谐调,发音更轻松。

一、变调

　　在语流中,由于相邻音节的相互影响,使有些音节的基本调值发生了变化,这种变化就叫变调。其变化是有一定规律的,普通话中比较明显的变调有两种:上声的变调;"一""不"的变调。

(一)上声的变调

　　上声在阴平、阳平、去声、轻声前都会产生变调,只有在单念或处在词语、句子的末尾时才读原调。上声的变调有以下几种情况。

1.上声在非上声前变"半上"

　　上声在阴平、阳平、去声、轻声前变"半上",丢掉后半段14上声的尾巴,调值由214变为半上声21,变调调值描写为214—21。

发音例词

上声+阴平	许昌 xǔchāng	禹州 yǔzhōu	语音 yǔyīn	百般 bǎibān	摆脱 bǎituō
上声+阳平	朗读 lǎngdú	语文 yǔwén	祖国 zǔguó	旅行 lǚxíng	导游 dǎoyóu
上声+去声	朗诵 lǎngsòng	语调 yǔdiào	广大 guǎngdà	讨论 tǎolùn	稿件 gǎojiàn
上声+轻声	矮子 ǎizi	奶奶 nǎinai	尾巴 wěiba	老婆 lǎopo	耳朵 ěrduo

词语练习

上声+阴平

产生 chǎnshēng	女兵 nǚbīng	脚跟 jiǎogēn	垦荒 kěnhuāng	卷烟 juǎnyān
雨衣 yǔyī	九江 jiǔjiāng	史诗 shǐshī	许多 xǔduō	首先 shǒuxiān
口腔 kǒuqiāng	北方 běifāng	小心 xiǎoxīn	主张 zhǔzhāng	指标 zhǐbiāo

上声+阳平

语言 yǔyán	品行 pǐnxíng	美德 měidé	选择 xuǎnzé	总结 zǒngjié
果园 guǒyuán	铁锤 tiěchuí	典型 diǎnxíng	打球 dǎqiú	坦白 tǎnbái
老年 lǎonián	解决 jiějué	谴责 qiǎnzé	羽毛 yǔmáo	口才 kǒucái

上声+去声

朗诵 lǎngsòng	准确 zhǔnquè	法制 fǎzhì	恳切 kěnqiè	想念 xiǎngniàn
好像 hǎoxiàng	努力 nǔlì	脚步 jiǎobù	体育 tǐyù	考试 kǎoshì
比较 bǐjiào	笔记 bǐjì	品位 pǐnwèi	坦率 tǎnshuài	响亮 xiǎngliàng

上声+轻声

指甲 zhǐjia	哑巴 yǎba	伙计 huǒji	打听 dǎting	讲究 jiǎngjiu
骨头 gǔtou	口袋 kǒudai	你们 nǐmen	懂得 dǒngde	起来 qǐlai
点心 diǎnxin	暖和 nuǎnhuo	本事 běnshi	脊梁 jǐliang	摆布 bǎibu

2. 两个上声相连,前一个上声的调值变为 35

实验语音学从语图和听辨实验证明,前字上声、后字上声构成的组合与前字阳平、后字上声构成的组合在声调模式上是相同的。说明两个上声相连,前字上声的调值变得跟阳平的调值一样。变调调值描写为 214-35。

发音例词

上声＋上声

口语 kǒuyǔ	演讲 yǎnjiǎng	勇敢 yǒnggǎn	免检 miǎnjiǎn	党委 dǎngwěi

词语练习

美好 měihǎo	理想 lǐxiǎng	彼此 bǐcǐ	采访 cǎifǎng	饱满 bǎomǎn
管理 guǎnlǐ	陕北 shǎnběi	引导 yǐndǎo	了解 liǎojiě	保险 bǎoxiǎn
脊髓 jǐsuǐ	尽管 jǐnguǎn	给予 jǐyǔ	奖品 jiǎngpǐn	可鄙 kěbǐ

3. 上声在轻声的前面变阳平

发音例词

上声＋轻声

哪里 nǎli	打手 dǎshou	老鼠 lǎoshu	老虎 lǎohu	可以 kěyi
小姐 xiǎojie	想起 xiǎngqi	捧起 pěngqi	讲讲 jiǎngjiang	等等 děngdeng
口里 kǒuli	眼里 yǎnli	走走 zǒuzou	晌午 shǎngwu	

4. 三个上声相连的变调

三个上声相连,如果后面没有其他音节,也不带什么语气,末尾音节一般不变调。开头、当中的上声音节有两种变调。

当词语的结构是双音节＋单音节(双单格)时,开头、当中的上声音节调值变为 35,跟阳平的调值一样。

发音例词

展览馆 zhǎnlǎnguǎn	管理组 guǎnlǐzǔ	选举法 xuǎnjǔfǎ
水彩笔 shuǐcǎibǐ	打靶场 dǎbǎchǎng	勇敢者 yǒnggǎnzhě
演讲稿 yǎnjiǎnggǎo	古典美 gǔdiǎnměi	跑马场 pǎomǎchǎng

当词语的结构是单音节＋双音节(单双格),开头音节处在被强调的逻辑重音时,读作"半上",调值变为 21,当中音节则按两字组变调规律变为 35。

发音例词

撒火种 sǎhuǒzhǒng	冷处理 lěngchǔlǐ	耍笔杆 shuǎbǐgǎn
小两口 xiǎoliǎngkǒu	小老虎 xiǎolǎohǔ	老保守 lǎobǎoshǒu
小拇指 xiǎomǔzhǐ	纸雨伞 zhǐyǔsǎn	很友好 hěnyǒuhǎo

(二)"一""不"的变调

"一""不"在单念或用在词句末尾时,以及"一"在序数中,声调不变,读原调:"一"念阴平 55,"不"念去声 51。例如:第一;不,我不。当它们处在其他音节前面时,声调往往发生变化。

1. "一"的变调

发音例词

(1)去声前变阳平

一栋 yídòng	一段 yíduàn	一律 yílǜ	一路 yílù	一溜儿 yíliùr
一例 yílì	一贯 yíguàn	一个 yígè	一共 yígòng	一刻 yíkè

| 一致 yízhì | 一阵 yízhèn | 一兆 yízhào | 一瞬 yíshùn | 一事 yíshì |

（2）非去声前变去声

阴平前

一发 yìfā	一端 yìduān	一天 yìtiān	一忽 yìhū	一经 yìjīng
一千 yìqiān	一心 yìxīn	一些 yìxiē	一星 yìxīng	一朝 yìzhāo
一生 yìshēng	一身 yìshēn	一应 yìyīng	一杯 yìbēi	一根 yìgēn

阳平前

一叠 yìdié	一同 yìtóng	一头 yìtóu	一条 yìtiáo	一年 yìnián
一连 yìlián	一盒 yìhé	一齐 yìqí	一行 yìxíng	一直 yìzhí
一时 yìshí	一如 yìrú	一人 yìrén	一无 yìwú	一旁 yìpáng

上声前

一统 yìtǒng	一体 yìtǐ	一览 yìlǎn	一口 yìkǒu	一举 yìjǔ
一己 yìjǐ	一起 yìqǐ	一本 yìběn	一种 yìzhǒng	一准 yìzhǔn
一场 yìchǎng	一手 yìshǒu	一水 yìshuǐ	一早 yìzǎo	一总 yìzǒng

当"一"作为序数表示"第一"时不变调,例如:"一楼"的"一"不变调,表示"第一楼"或"第一层楼",而变调表示"全楼"。"一连"的"一"不变调,表示"第一连",而变调则表示"全连";副词"一连"中的"一"也变调,如"一连五天"。

2."不"的变调

"不"字只有一种变调。"不"在去声前变阳平。

发音例词

不怕 búpà	不妙 búmiào	不犯 búfàn	不忿 búfèn	不但 búdàn
不待 búdài	不特 bútè	不论 búlùn	不利 búlì	不料 búliào
不见 bújiàn	不错 búcuò	不幸 búxìng	不像 búxiàng	不屑 búxiè

3."一""不"的轻读变调

"一"嵌在重叠式的动词之间,"不"夹在重叠动词或重叠形容词之间、夹在动词和补语之间,都轻读。

发音例词

听一听 tīngyitīng	学一学 xuéyixué	写一写 xiěyixiě	看一看 kànyikàn
懂不懂 dǒngbudǒng	去不去 qùbuqù	走不走 zǒubuzǒu	会不会 huìbuhuì
看不清 kànbuqīng	听不懂 tīngbudǒng	记不住 jìbuzhù	学不会 xuébuhuì

二、轻声

在普通话里,除了阴平、阳平、上声、去声四种声调之外,有些词里的音节或句子里的词,失去原有的声调,念成又轻又短的调子,这种音节叫轻声。

（一）轻声的作用

轻声不单纯是一种语音现象,它不但和词义、词性有关系,而且还和语法有很大的关系。

1.轻声具有区别词义的作用

zìzài
自在（自由,不受拘束）

zìzai
自在（安闲舒适）

dàyì
大意（主要意思）

dàyi
大意（粗心）

shìfēi
是 非（事理的正确与错误）

shìfei
是 非（纠纷，口舌）

xiōngdì
兄 弟（哥哥和弟弟）

xiōngdi
兄 弟（弟弟）

dōngxī
东 西（指方位）

dōngxi
东 西（指物品）

2. 轻声具有区别词性的作用

dìdào
地 道（名词，在地面下挖成的通道）

dìdao
地 道（形容词，真正、纯粹）

kāitōng
开 通（动词，消除阻碍可以通过、穿过、连接）

kāitong
开 通（形容词，不守旧、不拘谨、大方）

duìtóu
对 头（形容词，正确、合适）

duìtou
对 头（名词，仇敌、对手）

（二）轻声的规律

普通话里大多数轻声都同词汇、语法上的意义有密切关系。

1. 助词

（1）结构助词"的、地、得"

tāde　　chīde　　chànggēde　　yúkuàide　　mànmànde　xiědéhǎo
他的　　吃的　　唱 歌 的　　愉 快 地　　慢 慢 地　写 得 好

（2）时态助词"着、了、过"

kànzhe　　kànle　　qùle　　　kànguo　　láiguo
看 着　　看 了　　去了　　　看 过　　来 过

（3）语气助词"啊、吧、了、吗、呢、的"

lái'a　　zǒuba　　zhōngxiǎngle　zhīdaoma　zěnmene　tāzhīdaode
来啊　　走吧　　钟 响 了　知 道 吗　怎 么 呢　他 知 道 的

2. 名词的后缀"子、儿、头、们"

zhuō·zi　　yǐ·zi　　gūduor　　shítou　　mántou　　wǒmen
桌子　　椅子　　骨 朵 儿　石 头　　馒 头　　我 们

3. 名词后面表示方位的"上、下、里"

fāngzhuōshang　　jiǎoxia　　shùxia　　kǒudàili　　héli
方 桌 上　　　脚 下　　树 下　　口 袋 里　　河 里

4. 动词后面表示趋向的"来、去、上、下、出、回、开、起、上来、下来、进来、出去、过来、回去"

nálai　　dūnxiaqu　　kǎoshang　　zuòxia
拿来　　蹲 下 去　　考 上　　　坐 下

kànchu　　lākai　　táiqi　　bēishanglai
看 出　　拉 开　　抬 起　　背 上 来

5. 叠音词和单音节动词重叠的第二个音节

māma　　tàitai　　tiáotiao　　xiěxie
妈妈　　太太　　调 调　　写 写

6. 联绵词的第二个音节

língli　　luóbo　　duōsuo　　gēda
伶俐　　萝卜　　哆 嗦　　疙瘩

普通话水平测试用必读轻声词语表

说　明

1. 本表根据《普通话水平测试用普通话词语表》编制。

2. 本表供普通话水平测试第二项——读多音节词语(100个音节)测试使用。

3. 本表共收词594条(其中"子"尾词217条),按汉语拼音字母顺序排列。

4. 本表遵照《汉语拼音正词法基本规则》(GB/T 16159—2012)的标调规则,必读轻声音节不标调号。

扫码听范读	比方	bǐfang	锄头	chútou	刀子	dāozi	对付	duìfu

扫码听范读

A						

比方	bǐfang
鞭子	biānzi
扁担	biǎndan
辫子	biànzi
别扭	bièniu
饼子	bǐngzi
脖子	bózi
薄荷	bòhe
簸箕	bòji
补丁	bǔding
不由得	bùyóude
步子	bùzi
部分	bùfen

A

| 爱人 | àiren |
| 案子 | ànzi |

B

巴结	bājie
巴掌	bāzhang
把子	bǎzi
把子	bàzi
爸爸	bàba
白净	báijing
班子	bānzi
板子	bǎnzi
帮手	bāngshou
梆子	bāngzi
膀子	bǎngzi
棒槌	bàngchui
棒子	bàngzi
包袱	bāofu
包子	bāozi
刨子	bàozi
豹子	bàozi
杯子	bēizi
被子	bèizi
本事	běnshi
本子	běnzi
鼻子	bízi

C

财主	cáizhu
裁缝	cáifeng
苍蝇	cāngying
差事	chāishi
柴火	cháihuo
肠子	chángzi
厂子	chǎngzi
场子	chǎngzi
车子	chēzi
称呼	chēnghu
池子	chízi
尺子	chǐzi
虫子	chóngzi
绸子	chóuzi
出息	chūxi
除了	chúle

锄头	chútou
畜生	chùsheng
窗户	chuānghu
窗子	chuāngzi
锤子	chuízi
伺候	cìhou
刺猬	cìwei
凑合	còuhe
村子	cūnzi

D

耷拉	dāla
答应	dāying
打扮	dǎban
打点	dǎdian
打发	dǎfa
打量	dǎliang
打算	dǎsuan
打听	dǎting
打招呼	dǎzhāohu
大方	dàfang
大爷	dàye
大意	dàyi
大夫	dàifu
带子	dàizi
袋子	dàizi
单子	dānzi
耽搁	dānge
耽误	dānwu
胆子	dǎnzi
担子	dànzi

刀子	dāozi
道士	dàoshi
稻子	dàozi
灯笼	dēnglong
凳子	dèngzi
提防	dīfang
滴水	dīshui
笛子	dízi
嘀咕	dígu
底子	dǐzi
地道	dìdao
地方	dìfang
弟弟	dìdi
弟兄	dìxiong
点心	diǎnxin
点子	diǎnzi
调子	diàozi
碟子	diézi
钉子	dīngzi
东家	dōngjia
东西	dōngxi
动静	dòngjing
动弹	dòngtan
豆腐	dòufu
豆子	dòuzi
嘟囔	dūnang
肚子	dǔzi
肚子	dùzi
端详	duānxiang
缎子	duànzi
队伍	duìwu

对付	duìfu
对头	duìtou
对子	duìzi
多么	duōme

扫码听范读

E

蛾子	ézi
儿子	érzi
耳朵	ěrduo

F

贩子	fànzi
房子	fángzi
废物	fèiwu
份子	fènzi
风筝	fēngzheng
疯子	fēngzi
福气	fúqi
斧子	fǔzi
富余	fùyu

G

盖子	gàizi
甘蔗	gānzhe
杆子	gānzi
杆子	gǎnzi
干事	gànshi
杠子	gàngzi

高粱	gāoliang	蛤蟆	háma	尖子	jiānzi			聋子	lóngzi
膏药	gāoyao	孩子	háizi	茧子	jiǎnzi	**L**		笼子	lóngzi
稿子	gǎozi	含糊	hánhu	剪子	jiǎnzi			炉子	lúzi
告诉	gàosu	汉子	hànzi	见识	jiànshi	拉扯	lāche	路子	lùzi
疙瘩	gēda	行当	hángdang	毽子	jiànzi	喇叭	lǎba	轮子	lúnzi
哥哥	gēge	合同	hétong	将就	jiāngjiu	喇嘛	lǎma	啰嗦	luōsuo
胳膊	gēbo	和尚	héshang	交情	jiāoqing	来得及	láidejí	萝卜	luóbo
鸽子	gēzi	核桃	hétao	饺子	jiǎozi	篮子	lánzi	骡子	luózi
格子	gézi	盒子	hézi	叫唤	jiàohuan	懒得	lǎnde	骆驼	luòtuo
个子	gèzi	恨不得	hènbude	轿子	jiàozi	榔头	lángtou		
根子	gēnzi	红火	hónghuo	结实	jiēshi	浪头	làngtou	**M**	
跟头	gēntou	猴子	hóuzi	街坊	jiēfang	唠叨	láodao	妈妈	māma
工夫	gōngfu	后头	hòutou	姐夫	jiěfu	老婆	lǎopo	麻烦	máfan
弓子	gōngzi	厚道	hòudao	姐姐	jiějie	老实	lǎoshi	麻利	máli
公公	gōnggong	狐狸	húli	戒指	jièzhi	老太太	lǎotàitai	麻子	mázi
功夫	gōngfu	胡萝卜	húluóbo	芥末	jièmo	老头子	lǎotóuzi	马虎	mǎhu
钩子	gōuzi	胡琴	húqin	金子	jīnzi	老爷	lǎoye	码头	mǎtou
姑姑	gūgu	胡子	húzi	精神	jīngshen	老爷子	lǎoyézi	买卖	mǎimai
姑娘	gūniang	葫芦	húlu	镜子	jìngzi	老子	lǎozi	麦子	màizi
谷子	gǔzi	糊涂	hútu	舅舅	jiùjiu	姥姥	lǎolao	馒头	mántou
骨头	gǔtou	护士	hùshi	橘子	júzi	累赘	léizhui	忙活	mánghuo
故事	gùshi	皇上	huángshang	句子	jùzi	篱笆	líba	冒失	màoshi
寡妇	guǎfu			卷子	juànzi	里头	lǐtou	帽子	màozi
褂子	guàzi	幌子	huǎngzi			力气	lìqi	眉毛	méimao
怪不得	guàibude	活泼	huópo	**K**		厉害	lìhai	媒人	méiren
怪物	guàiwu	火候	huǒhou			利落	lìluo	妹妹	mèimei
关系	guānxi	伙计	huǒji	开通	kāitong	利索	lìsuo	门道	méndao
官司	guānsi			靠得住	kàodezhù	例子	lìzi	眯缝	mīfeng
棺材	guāncai			咳嗽	késou	栗子	lìzi	迷糊	míhu
罐头	guàntou			客气	kèqi	痢疾	lìji	面子	miànzi
罐子	guànzi	**J**		空子	kòngzi	连累	liánlei	苗条	miáotiao
规矩	guīju			口袋	kǒudai	帘子	liánzi	苗头	miáotou
闺女	guīnǚ	机灵	jīling	口子	kǒuzi	凉快	liángkuai	苗子	miáozi
鬼子	guǐzi	记号	jìhao	扣子	kòuzi	粮食	liángshi	名堂	míngtang
柜子	guìzi	记性	jìxing	窟窿	kūlong	两口子	liǎngkǒuzi	名字	míngzi
棍子	gùnzi	夹子	jiāzi	裤子	kùzi	料子	liàozi	明白	míngbai
果子	guǒzi	家伙	jiāhuo	快活	kuàihuo	林子	línzi	模糊	móhu
		架势	jiàshi	筷子	kuàizi	铃铛	língdang	蘑菇	mógu
H		架子	jiàzi	框子	kuàngzi	翎子	língzi	木匠	mùjiang
哈欠	hāqian	嫁妆	jiàzhuang	阔气	kuòqi	领子	lǐngzi	木头	mùtou
						溜达	liūda		

扫码听范读

N

那么	nàme
奶奶	nǎinai
难为	nánwei
脑袋	nǎodai
脑子	nǎozi
能耐	néngnai
你们	nǐmen
念叨	niàndao
念头	niàntou
娘家	niángjia
镊子	nièzi
奴才	núcai
女婿	nǚxu
暖和	nuǎnhuo
疟疾	nüèji

P

拍子	pāizi
牌楼	páilou
牌子	páizi
盘算	pánsuan
盘子	pánzi
胖子	pàngzi
狍子	páozi
袍子	páozi
盆子	pénzi
朋友	péngyou
棚子	péngzi
皮子	pízi
脾气	píqi
痞子	pǐzi
屁股	pìgu
片子	piānzi
便宜	piányi
骗子	piànzi

票子	piàozi
漂亮	piàoliang
瓶子	píngzi
婆家	pójia
婆婆	pópo
铺盖	pūgai

Q

欺负	qīfu
旗子	qízi
前头	qiántou
钳子	qiánzi
茄子	qiézi
亲戚	qīnqi
勤快	qínkuai
清楚	qīngchu
亲家	qìngjia
曲子	qǔzi
圈子	quānzi
拳头	quántou
裙子	qúnzi

R

热闹	rènao
人家	rénjia
人们	rénmen
认识	rènshi
日子	rìzi
褥子	rùzi

扫码听范读

S

塞子	sāizi
嗓子	sǎngzi
嫂子	sǎozi
扫帚	sàozhou
沙子	shāzi
傻子	shǎzi

扇子	shànzi
商量	shāngliang
晌午	shǎngwu
上司	shàngsi
上头	shàngtou
烧饼	shāobing
勺子	sháozi
少爷	shàoye
哨子	shàozi
舌头	shétou
舍不得	shěbude
舍得	shěde
身子	shēnzi
什么	shénme
婶子	shěnzi
生意	shēngyi
牲口	shēngkou
绳子	shéngzi
师父	shīfu
师傅	shīfu
虱子	shīzi
狮子	shīzi
石匠	shíjiang
石榴	shíliu
石头	shítou
时辰	shíchen
时候	shíhou
实在	shízai
拾掇	shíduo
使唤	shǐhuan
世故	shìgu
似的	shìde
事情	shìqing
试探	shìtan
柿子	shìzi
收成	shōucheng
收拾	shōushi
首饰	shǒushi
叔叔	shūshu

梳子	shūzi
舒服	shūfu
舒坦	shūtan
疏忽	shūhu
爽快	shuǎngkuai
思量	sīliang
俗气	súqi
算计	suànji
岁数	suìshu
孙子	sūnzi

T

他们	tāmen
它们	tāmen
她们	tāmen
踏实	tāshi
台子	táizi
太太	tàitai
摊子	tānzi
坛子	tánzi
毯子	tǎnzi
桃子	táozi
特务	tèwu
梯子	tīzi
蹄子	tízi
甜头	tiántou
挑剔	tiāoti
挑子	tiāozi
条子	tiáozi
跳蚤	tiàozao
铁匠	tiějiang
亭子	tíngzi
头发	tóufa
头子	tóuzi
兔子	tùzi
妥当	tuǒdang
唾沫	tuòmo

W

挖苦	wāku
娃娃	wáwa
袜子	wàzi
外甥	wàisheng
外头	wàitou
晚上	wǎnshang
尾巴	wěiba
委屈	wěiqu
为了	wèile
位置	wèizhi
位子	wèizi
温和	wēnhuo
蚊子	wénzi
稳当	wěndang
窝囊	wōnang
我们	wǒmen
屋子	wūzi

X

稀罕	xīhan
席子	xízi
媳妇	xífu
喜欢	xǐhuan
瞎子	xiāzi
匣子	xiázi
下巴	xiàba
吓唬	xiàhu
先生	xiānsheng
乡下	xiāngxia
箱子	xiāngzi
相声	xiàngsheng
消息	xiāoxi
小伙子	xiǎohuǒzi
小气	xiǎoqi
小子	xiǎozi
笑话	xiàohua
歇息	xiēxi
蝎子	xiēzi

鞋子	xiézi	鸭子	yāzi	银子	yínzi	宅子	zháizi	竹子	zhúzi
谢谢	xièxie	衙门	yámen	影子	yǐngzi	寨子	zhàizi	主意	zhǔyi
心思	xīnsi	哑巴	yǎba	应酬	yìngchou	张罗	zhāngluo		(zhúyi)
星星	xīngxing	胭脂	yānzhi	柚子	yòuzi	丈夫	zhàngfu	主子	zhǔzi
猩猩	xīngxing	烟筒	yāntong	芋头	yùtou	丈人	zhàngren	柱子	zhùzi
行李	xíngli	眼睛	yǎnjing	冤家	yuānjiā	帐篷	zhàngpeng	爪子	zhuǎzi
行头	xíngtou	燕子	yànzi	冤枉	yuānwang	帐子	zhàngzi	转悠	zhuànyou
性子	xìngzi	秧歌	yāngge	园子	yuánzi	招呼	zhāohu	庄稼	zhuāngjia
兄弟	xiōngdi	养活	yǎnghuo	院子	yuànzi	招牌	zhāopai	庄子	zhuāngzi
休息	xiūxi	样子	yàngzi	月饼	yuèbing	折腾	zhēteng	壮实	zhuàngshi
秀才	xiùcai	吆喝	yāohe	月亮	yuèliang	这个	zhège	状元	zhuàngyuan
秀气	xiùqi	妖精	yāojing	云彩	yúncai	这么	zhème	锥子	zhuīzi
袖子	xiùzi	钥匙	yàoshi	运气	yùnqi	枕头	zhěntou	桌子	zhuōzi
靴子	xuēzi	椰子	yēzi			芝麻	zhīma	自在	zìzai
学生	xuésheng	爷爷	yéye	**Z**		知识	zhīshi	字号	zìhao
学问	xuéwen	叶子	yèzi			侄子	zhízi	粽子	zòngzi
		一辈子	yībèizi	在乎	zàihu	指甲	zhǐjia	祖宗	zǔzong
		一揽子	yīlǎnzi	咱们	zánmen		(zhījia)	嘴巴	zuǐba
		衣服	yīfu	早上	zǎoshang	指头	zhǐtou	作坊	zuōfang
		衣裳	yīshang	怎么	zěnme		(zhítou)	琢磨	zuómo
Y		椅子	yǐzi	扎实	zhāshi	种子	zhǒngzi	做作	zuòzuo
		意思	yìsi	眨巴	zhǎba	珠子	zhūzi		
丫头	yātou			栅栏	zhàlan				

三、儿化

普通话的韵母除 er 以外，都可以儿化。儿化了的韵母叫作"儿化韵"，原来的非儿化的韵母可以叫作"平舌韵"。

(一)儿化的作用

儿化不只是一种纯粹的语音现象，它跟词义、语法及修辞、感情色彩都有着密切的关系。

1. 儿化能区别词义

xìn   xìnr   tóu   tóur
信(信件)——→信儿(消息)   头(脑袋)——→头儿(首领)

yǎn   yǎnr
眼(眼睛)——→眼儿(小窟窿)

2. 儿化能改变词性、词义

gài   gàir
盖(动词)——→盖儿(名词，盖东西的器具)

jiān   jiānr
尖(形容词)——→尖儿(名词，针尖)

zuò　　　　　zuòr
坐（动词）——→座儿（名词，供人坐的地方）
huà　　　　　huàr
画（动词）——→画儿（名词，一张画）

3. 儿化还表示细、小、轻、微等意思

yìdiǎnr
一点儿　（指数量极少）

4. 儿化使语言带有表示喜爱、亲切的感情色彩

xiǎoqǔr	xiǎoháir	gēr	xiānhuār	liǎndànr	xiǎojīr
小曲儿	小孩儿	歌儿	鲜花儿	脸蛋儿	小鸡儿

(二)儿化音的规律

原韵或韵尾	儿化	实际发音	
韵母或韵尾是 a、o、e、u	不变,加 r	号码儿 hàomǎr 草帽儿 cǎomàor 唱歌儿 chànggēr 小猴儿 xiǎohóur	花儿 huār 麦苗儿 màimiáor 高个儿 gāogèr 打球儿 dǎqiúr
韵尾是 i、n(in、ün 除外)	丢 i 或 n,加 r	刀背儿 dāobèr 心眼儿 xīnyǎr	一块儿 yíkuàr 花园儿 huāyuár
韵母是 ng	去 ng,加 r,元音鼻化	电影儿 diànyǐr~ 板凳儿 bǎndèr~	帮忙儿 bāngmár~ 香肠儿 xiāngchár~
韵母是 i、ü	不变,加 er	玩意儿 wányìer 有趣儿 yǒuqùer	毛驴儿 máolǘer 小鸡儿 xiǎojīer
韵母是 -i、ê	丢 -i 或 ê,加 er	叶儿 yèr 词儿 cér	橛儿 juér 事儿 shèr
韵母是 ui、in、un、ün	丢 i 或 n,加 er	麦穗儿 màisuèr 飞轮儿 fēilúer	干劲儿 gànjìer 白云儿 báiyúer

注:字母上的"～"表示鼻化。拼写儿化音时,只要在音节末尾加"r"即可,语音上的实际变化不必在拼写上表示出来。

普通话水平测试用儿化词语表

说　明

1.本表参照《普通话水平测试用普通话词语表》及《现代汉语词典》(第7版)编制。加＊的是以上二者未收，根据测试需要而酌情增加的条目。

2.本表仅供普通话水平测试第二项——读多音节词语(100个音节)测试使用。本表儿化音节，在书面上一律加"儿"，但并不表明所列词语在任何语用场合都必须儿化。

3.本表共收词200条，列出原形韵母和所对应的儿化韵，用符号"＞"表示由哪个原形韵母变化为儿化韵。描写儿化韵中的"："表示"："之前的是主要元音(韵腹)，不是介音(韵头)。

4.本表的汉语拼音注音，只在基本形式后面加"r"，如"一会儿 yīhuìr"，不标语音上的实际变化。

扫码听范读 一	扫码听范读 二	扫码听范读 三	扫码听范读 四

一

a＞ar	板擦儿 bǎncār	打杂儿 dǎzár	刀把儿 dāobàr
	号码儿 hàomǎr	没法儿 méifǎr	戏法儿 xìfǎr
	找碴儿 zhǎochár		
ai＞ar	壶盖儿＊ húgàir	加塞儿 jiāsāir	名牌儿 míngpáir
	小孩儿 xiǎoháir	鞋带儿 xiédàir	
an＞ar	包干儿 bāogānr	笔杆儿 bǐgǎnr	快板儿 kuàibǎnr
	老伴儿 lǎobànr	脸蛋儿 liǎndànr	脸盘儿 liǎnpánr
	门槛儿 ménkǎnr	收摊儿 shōutānr	蒜瓣儿 suànbànr
	栅栏儿 zhàlanr		

二

ang＞ar(鼻化)	赶趟儿 gǎntàngr	瓜瓤儿＊ guārángr	香肠儿 xiāngchángr
	药方儿 yàofāngr		

三

ia＞iar	掉价儿 diàojiàr	豆芽儿 dòuyár	一下儿 yīxiàr
ian＞iar	半点儿 bàndiǎnr	差点儿 chàdiǎnr	坎肩儿 kǎnjiānr
	拉链儿 lāliànr	聊天儿 liáotiānr	露馅儿 lòuxiànr
	冒尖儿 màojiānr	扇面儿 shànmiànr	馅儿饼 xiànrbǐng
	小辫儿 xiǎobiànr	心眼儿 xīnyǎnr	牙签儿 yáqiānr
	一点儿 yīdiǎnr	有点儿 yǒudiǎnr	雨点儿 yǔdiǎnr
	照片儿 zhàopiānr		

四

iang＞iar（鼻化）　鼻梁儿 bíliángr　　花样儿 huāyàngr　　透亮儿 tòuliàngr

五 六 七 八

五

ua＞uar　大褂儿 dàguàr　　麻花儿 máhuār　　马褂儿 mǎguàr
　　　　脑瓜儿 nǎoguār　　小褂儿 xiǎoguàr　　笑话儿 xiàohuar
　　　　牙刷儿 yáshuār

uai＞uar　一块儿 yīkuàir

uan＞uar　茶馆儿 cháguǎnr　　打转儿 dǎzhuànr　　大腕儿 dàwànr
　　　　饭馆儿 fànguǎnr　　拐弯儿 guǎiwānr　　好玩儿 hǎowánr
　　　　火罐儿 huǒguànr　　落款儿 luòkuǎnr

六

uang＞uar（鼻化）　打晃儿 dǎhuàngr　　蛋黄儿 dànhuángr　　天窗儿 tiānchuāngr

七

üan＞üar　包圆儿 bāoyuánr　　出圈儿 chūquānr　　绕远儿 ràoyuǎnr
　　　　人缘儿 rényuánr　　手绢儿 shǒujuànr　　烟卷儿 yānjuǎnr
　　　　杂院儿 záyuànr

八

ei＞er
en＞er　刀背儿 dāobèir　　摸黑儿 mōhēir
　　　　把门儿 bǎménr　　别针儿 biézhēnr　　大婶儿 dàshěnr
　　　　刀刃儿 dāorènr　　高跟儿鞋* gāogēnrxié　哥们儿 gēmenr
　　　　后跟儿 hòugēnr　　花盆儿* huāpénr　　老本儿 lǎoběnr
　　　　面人儿 miànrénr　　纳闷儿 nàmènr　　嗓门儿 sǎngménr
　　　　小人儿书 xiǎorénrshū　杏仁儿 xìngrénr　　压根儿 yàgēnr
　　　　一阵儿 yīzhènr　　走神儿 zǒushénr

九 十 十一 十二

九

eng＞er（鼻化）　脖颈儿 bógěngr　　钢镚儿 gāngbèngr　　夹缝儿 jiāfèngr
　　　　　提成儿 tíchéngr

十

ie＞ier	半截儿 bànjiér	小鞋儿 xiǎoxiér
üe＞üer	旦角儿 dànjuér	主角儿 zhǔjuér

十一

uei＞uer	耳垂儿 ěrchuír	墨水儿 mòshuǐr	跑腿儿 pǎotuǐr
	围嘴儿 wéizuǐr	一会儿 yīhuìr	走味儿 zǒuwèir
uen＞uer	冰棍儿 bīnggùnr	打盹儿 dǎdǔnr	光棍儿 guānggùnr
	开春儿 kāichūnr	没准儿 méizhǔnr	胖墩儿 pàngdūnr
	砂轮儿 shālúnr		
ueng＞uer(鼻化)	小瓮儿* xiǎowèngr		

十二

－i(前)＞er	瓜子儿 guāzǐr	没词儿 méicír	石子儿 shízǐr
	挑刺儿 tiāocìr		
－i(后)＞er	记事儿 jìshìr	锯齿儿 jùchǐr	墨汁儿 mòzhīr

扫码听范读	扫码听范读	扫码听范读	扫码听范读
十三	十四	十五	十六

十三

i＞iːer	垫底儿 diàndǐr	肚脐儿 dùqír	玩意儿 wányìr
	针鼻儿 zhēnbír		
in＞iːer	脚印儿 jiǎoyìnr	送信儿 sòngxìnr	有劲儿 yǒujìnr

十四

ing＞iːer(鼻化)	打鸣儿 dǎmíngr	蛋清儿 dànqīngr	花瓶儿 huāpíngr
	火星儿 huǒxīngr	门铃儿 ménlíngr	人影儿 rényǐngr
	图钉儿 túdīngr	眼镜儿 yǎnjìngr	

十五

ü＞üːer	毛驴儿 máolǘr	痰盂儿 tányúr	小曲儿 xiǎoqǔr
ün＞üːer	合群儿 héqúnr		

十六

e＞er	挨个儿 āigèr	唱歌儿* chànggēr	打嗝儿 dǎgér
	单个儿 dāngèr	逗乐儿 dòulèr	饭盒儿 fànhér
	模特儿 mótèr		

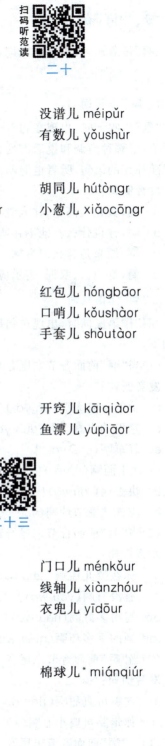

十七
十八
十九
二十

十七
u＞ur

泪珠儿 lèizhūr 梨核儿* líhúr 没谱儿 méipǔr
碎步儿 suìbùr 媳妇儿 xífur 有数儿 yǒushùr

十八
ong＞or（鼻化）

抽空儿 chōukòngr 果冻儿 guǒdòngr 胡同儿 hútòngr
酒盅儿 jiǔzhōngr 门洞儿 méndòngr 小葱儿 xiǎocōngr

iong＞ior（鼻化）

小熊儿* xiǎoxióngr

十九
ao＞aor

半道儿 bàndàor 灯泡儿 dēngpàor 红包儿 hóngbāor
叫好儿 jiàohǎor 绝着儿 juézhāor 口哨儿 kǒushàor
口罩儿 kǒuzhàor 蜜枣儿 mìzǎor 手套儿 shǒutàor
跳高儿 tiàogāor

二十
iao＞iaor

豆角儿 dòujiǎor 火苗儿 huǒmiáor 开窍儿 kāiqiàor
面条儿 miàntiáor 跑调儿 pǎodiàor 鱼漂儿 yúpiāor

二十一
二十二
二十三

二十一
ou＞our

个头儿 gètóur 老头儿 lǎotóur 门口儿 ménkǒur
年头儿 niántóur 纽扣儿 niǔkòur 线轴儿 xiànzhóur
小丑儿 xiǎochǒur 小偷儿 xiǎotōur 衣兜儿 yīdōur

二十二
iou＞iour

顶牛儿 dǐngniúr 加油儿 jiāyóur 棉球儿* miánqiúr
抓阄儿 zhuājiūr

二十三
uo＞uor

被窝儿 bèiwōr 出活儿 chūhuór 大伙儿 dàhuǒr
火锅儿 huǒguōr 绝活儿 juéhuór 小说儿 xiǎoshuōr
邮戳儿 yóuchuōr 做活儿 zuòhuór

(o)＞or

耳膜儿* ěrmór 粉末儿 fěnmòr

四、"啊"的音变

"啊"是兼词,既可作语气词,也可作叹词。

(一)"啊"的用法

1. "啊"作叹词

"啊"作叹词时,出现在句首,有阴平、阳平、上声和去声四种声调的变化。在韵母 a 不变的情况下,读哪种声调和说话人的思想感情有着密切的关系,只要按照不同声调读"啊",就是后面不跟随补充的语句,听者也能明白说话人的情感。

发音例句:

ā 啊,真让人高兴,你入党了。(叹词,表示惊异,赞叹。)

á 啊,你说什么? 他不在吗?(叹词,表示追问。)

ǎ 啊,原来是这么回事啊!(叹词,表示恍然大悟。)

à 啊,好吧。(叹词,表示应诺。)

2. "啊"作语气词

"啊"作语气词时,出现在句尾,它的读音受前边音节末尾音素的影响而发生变化,其变化规律如下:

(1)当"啊"前面音节末尾音素是 a、o、e、i、ü 和 ê 时,"啊"字读 ya,也可以写作"呀"。

发音例句:

a 他的手真大啊(dà ya)!

o 这里的人真多啊(duō ya)!

e 赶车啊(chē ya)!

i 是小丽啊(lì ya)!

ü 快去啊(qù ya)!

ê 应该注意节约啊(yuē ya)!

(2)当"啊"前面音节末尾音素是 u、ao、iao 时,"啊"字读 wa,也可以写作"哇"。

发音例句:

u 你在哪儿住啊(zhù wa)?

有没有啊(yǒu wa)?

ao 写得多好啊(hǎo wa)!

iao 她的手多巧啊(qiǎo wa)!

(3)当"啊"前面音节末尾音素是-n 时,"啊"字读 na,也可以写作"哪"。

发音例句:

-n 这糖可真甜啊(tián na)!

你走路可要小心啊(xīn na)!

(4)当"啊"前面音节末尾音素是-ng 时,"啊"字读 nga,仍写作"啊"。

发音例句:

-ng 这事办不成啊(chéng nga)!

大家唱啊(chàng nga)!

(5)当"啊"前面音节末尾音素是舌尖前元音-i[1]时,"啊"字读[z]a,仍写作"啊"。

发音例句：

-i [ㄗ]　你真是乖孩子啊（zi [z]a）！

　　　　你到过那里几次啊（cì [z]a）？

（6）当"啊"前面音节末尾音素是舌尖后元音-i [ㄖ]和卷舌韵母 er 时，"啊"字读 ra，仍写作"啊"。

发音例句：

-i [ㄖ]　这是一件大事啊（shì ra）！

　　　　你吃啊（chī ra）！

"啊"的音变规律表

"啊"前面的韵母	"啊"前面音节尾音	"啊"的音变	举例
a、ia、ua、o、uo、e、ie、üe	a、o、e、ê	ya	快画呀！ 真多呀！
i、ai、uai、ei、uei、ü	i、ü	ya	快来呀！ 出去呀！
u、ou、iou、ao、iao	u、ao	wa	在这儿住哇！ 真好哇！
an、ian、uan、üan、en、in、uen、ün	n	na	好人哪！ 路真远哪！
ang、iang、uang、eng、ing、ueng、ong、iong	ng	nga	大声唱啊！ 行不行啊！
-i [前]	-i [前]	za	真自私啊！
-i [后]、er	-i [后]	ra	什么事啊！

（二）"啊"辨读词语练习

打岔啊 chàya　　　喝茶啊 cháya　　　广播啊 bōya　　　上坡啊 pōya

菠萝啊 luóya　　　唱歌啊 gēya　　　合格啊 géya　　　祝贺啊 hèya

上街啊 jiēya　　　快写啊 xiěya　　　白雪啊 xuěya　　　节约啊 yuēya

可爱啊 àiya　　　喝水啊 shuǐya　　　早起啊 qǐya　　　东西啊 dōngxiya

不去啊 qùya　　　大雨啊 yǔya

巧手啊 shǒuwa　　　跳舞啊 wǔwa　　　中秋啊 qiūwa　　　里头啊 tóuwa

吃饱啊 bǎowa　　　可笑啊 xiàowa　　　真好啊 hǎowa　　　报告啊 gàowa

小心啊 xīnna　　　家人啊 rénna　　　围裙啊 qúnna　　　大干啊 gànna

没门啊 ménna　　　真准啊 zhǔnna　　　联欢啊 huānna　　　运转啊 zhuǎnna

太脏啊 zāngnga　　　不用啊 yòngnga　　　好冷啊 lěngnga　　　小熊啊 xióngnga

好听啊 tīngnga　　　劳动啊 dòngnga　　　青松啊 sōngnga　　　完成啊 chéngnga

写字啊 zìza　　　一次啊 cìza　　　蚕丝啊 sīza　　　公司啊 sīza

可耻啊 chǐra　　　老师啊 shīra　　　花儿啊 huārra　　　女儿啊 érra

先吃啊 chīra　　　节日啊 rìra　　　开门儿啊 ménrra　　　小曲儿啊 qǔrra

第五单元　音节

一、普通话音节表

普通话常用音节有 400 个。1987 年重排本《新华字典》音节索引列出 418 个音节,本书所列的音节表未收其中 18 个音节,包括某些语气词,特别是只以辅音充当音节的,方言色彩浓重、比较土俗的词,或仅限于书面语又不常用的音节:chua(欻) den(扽) dia(嗲) nia(嘘) nou(耨) eng(鞥) shei("谁"又音) kei(剋) lo(咯) yo(哟) o(噢) ê、ei(欸) hm(噷) hng(哼) m(呣) n(嗯) ng(嗯)。

下列音节表按开口呼、齐齿呼、合口呼、撮口呼四类排列:

(一)开口呼音节(179 个)

	a	e	-i	er	ai	ei	ao	ou	an	en	ang	eng
零	a	e		er	ai	ei	ao	ou	an	en	ang	eng
b	ba				bai	bei	bao		ban	ben	bang	beng
p	pa				pai	pei	pao	pou	pan	pen	pang	peng
m	ma	(me)			mai	mei	mao	mou	man	men	mang	meng
f	fa					fei		fou	fan	fen	fang	feng
d	da	de			dai	dei	dao	dou	dan		dang	deng
t	ta	te			tai		tao	tou	tan		tang	teng
n	na	ne			nai	nei	nao		nan	nen	nang	neng
l	la	le			lai	lei	lao	iou	lan		lang	leng
g	ga	ge			gai	gei	gao	gou	gan	gen	gang	geng
k	ka	ke			kai		kao	kou	kan	ken	kang	keng
h	ha	he			hai	hei	hao	hou	han	hen	hang	heng
zh	zha	zhe	zhi		zhai	zhei	zhao	zhou	zhan	zhen	zhang	zheng
ch	cha	che	chi		chai		chao	chou	chan	chen	chang	zheng
sh	sha	she	shi		shai	(shei)	shao	shou	shan	shen	shang	sheng
r		re	ri				rao	rou	ran	ren	rang	reng
z	za	ze	zi		zai	zei	zao	zou	zan	zen	zang	zeng
c	ca	ce	ci		cai		cao	cou	can	cen	cang	ceng
s	sa	se	si		sai		sao	sou	san	sen	sang	seng

注:①横行按不同韵母排列,竖行按不同的声母排列。表中"零"表示"零声母"(下同)。

②me(么)本是 mo,轻声音节弱化为 me。不计数,加括号列入表格备用。

③shei 是"谁"口语又音,已常被 shui 代替。不计数,加括号列入表格备用。

④o、ê、ei 等音节只在语气词中出现,不列入。因此,未列出单韵母 o、ê。

从开口呼音节表可以看出：

(1)开口呼音节包含音节数目最多，几乎占 400 个音节的一半。

(2)声母 j、q、x 不同开口呼韵母相拼。

(3)舌尖元音属于开口呼音节，只同舌尖前音声母 z、c、s 和舌尖后音声母 zh、ch、sh、r 相拼。

(4)er 独立自成音节，不同任何声母相拼。

(5)舌尖中音声母 d、t、n、l 不同韵母 en 相拼(nen"嫩"视为例外，den"扽"除外)。

(6)韵母 eng 除代表一个极不常用的"鞥"外，不独立成音节。o、ê 一般出现在韵母 uo、ie、ue 中。独立成音节只用于语气词。

（二）齐齿呼音节（83 个）

	i	ia	ie	iao	iou	ian	in	iang	ing
零	yi	ya	ye	yao	you	yan	yin	yang	ying
b	bi		bie	biao		bian	bin		bing
p	pi		pie	piao		pian	pin		ping
m	mi		mie	miao	miu	mian	min		ming
d	di		die	diao	diu	dian			ding
t	ti		tie	tiao		tian			ting
n	ni		nie	niao	niu	nian	nin	niang	ning
l	li	lia	lie	liao	liu	lian	lin	liang	ling
j	ji	jia	jie	jiao	jiu	jian	jin	jiang	jing
q	qi	qia	qie	qiao	qiu	qian	qin	qiang	qing
x	xi	xia	xie	xiao	xiu	xian	xin	xiang	xing

从齐齿呼音节表可以看出：

(1)齐齿呼韵母不同声母舌尖前音 z、c、s，舌尖后音 zh、ch、sh、r，舌面后音 g、k、h 和唇齿音 f 相拼。

(2)韵母 ia、iang 不同声母双唇音 b、p、m 和舌尖中音 d、t 相拼。

(3)声母 d、t 不同韵母 in 相拼。

（三）合口呼音节（114 个）

	u	ua	uo (o)	uai	uei	uan	uen	uang	ueng (ong)
零	wu	wa	wo	wai	wei	wan	wen	wang	weng
b	bu		bo						
p	pu		po						
m	mu		mo						
f	fu		fo						
d	du		duo		dui	duan	dun		dong
t	tu		tuo		tui	tuan	tun		tong
n	nu		nuo			nuan			nong
l	lu		luo			luan	lun		long
g	gu	gua	guo	guai	gui	guan	gun	guang	gong

k	ku	kua	kuo	kuai	kui	kuan	kun	kuang	kong
h	hu	hua	huo	huai	hui	huan	hun	huang	hong
zh	zhu	zhua	zhuo	zhuai	zhui	zhuan	zhun	zhuang	zhong
ch	chu		chuo	chuai	chui	chuan	chun	chuang	chong
sh	shu	shua	shuo	shuai	shui	shuan	shun	shuang	
r	ru		ruo		rui	ruan	run		rong
z	zu		zuo		zui	zuan	zun		zong
c	cu		cuo		cui	cuan	cun		cong
s	su		suo		sui	suan	sun		song

注：①bo、po、mo、fo 按照实际发音列入此表，排列在 uo 韵母下。

②ong 按照实际发音列入此表，同 ueng 排列在一行。

从合口呼音节表可以看出：

（1）合口呼韵母不同舌面前音声母 j、q、x 相拼。

（2）双唇音声母只同韵母 u、uo(o) 相拼。

（3）舌尖中音声母 d、t、n、l 不同韵母 ua、uai、uang 相拼。

（4）声母 n、l 只同韵母 ei 相拼，不同韵母 uei 相拼。而声母 d、t 只同韵母 ui 相拼，不同韵母 ei 相拼（dei 只有一个"得"字）。

（5）舌尖前音声母 z、c、s 不同韵母 ua、uai、uang 相拼。

（6）ong 属于合口呼，一定前拼辅音声母，不独立成音节。ueng 则只独立成音节，不同任何辅音声母相拼。

（四）撮口呼音节（24 个）

	ü	üe	üan	ün	iong
零	yu	yue	yuan	yun	yong
n	nü	nüe			
l	lü	lüe			
j	ju	jue	juan	jun	jiong
q	qu	que	quan	qun	qiong
x	xu	xue	xuan	xun	xiong

注：iong 按实际发音列入此表。

从撮口呼音节表可以看出：

（1）撮口呼音节包含音节最少。

（2）辅音声母同撮口呼韵母相拼的只有 j、q、x、n、l。

（3）声母 n、l 只同韵母 ü、üe 相拼，不同韵母 üan、ün、iong 相拼。

（4）iong 属于撮口呼韵母。

普通话里有多少带调音节呢？根据《现代汉语词典》所列的音节表统计共有 1 332 个。其中只在方言中出现的或方言色彩很浓的音节、某些语气词（特别是以辅音充当音节的）、现代不常用的音节，共约 70 多个，这些音节不应该或不适合归入普通话的带调音节中。普通话带调音节（不包括儿化音节）约 1 250 多个。

二、普通话音节的结构

音节是语音的基本结构单位，由一个或几个音素按一定规律组合而成。普通话音节一般由声母、韵母和声调三部分组成，韵母内部又分韵头、韵腹、韵尾。其结构类型如下表：

音节的结构类型

结构成分 例　字	声母 （辅音）	韵母				声调
		韵头 （介音）	韵腹 （主要元音）	韵尾		
				元音	辅音	
鹅 é	零		e			阳平
我 wǒ	零	u	o			上声
袄 ǎo	零		a	o		上声
安 ān	零		a		n	阴平
优 yōu	零	i	o	u		阴平
王 wáng	零	u	a		ng	阳平
姑 gū	g		u			阴平
雀 què	q	ü	ê			去声
才 cái	c		a	i		阳平
针 zhēn	zh		e		n	阴平
怪 guài	g	u	a	i		去声
爽 shuǎng	sh	u	a		ng	上声

从表中可以看出普通话音节结构有以下一些特点：

（1）普通话音节的实际读音最少要由三个成分组成，声母、韵腹和声调；最多可以由五个成分组成，声母、韵头、韵腹、韵尾和声调。

（2）每一个音节都必须有声母、韵腹和声调，可以没有韵头和韵尾。韵腹一般是元音，声母可以是零声母，所以元音和声调是普通话音节读音不可缺少的成分。

（3）元音最多可以有三个，而且连续排列，分别充当韵母的韵头、韵腹和韵尾。

（4）辅音只出现在音节的开头和末尾，没有辅音连续排列的情况。

（5）韵头只能由 i、u、ü 充当。

（6）元音韵尾由 i、o、u 充当。辅音韵尾只能由 n、ng 充当。

（7）各元音都能充当韵腹。如果韵母不止一个元音，一般总是开口度较大，舌位较低的元音充当韵腹（如 a、o、e），只有在韵母中没有其他元音成分时，i、u、ü 才能充当韵腹。

三、普通话声韵拼合规律

普通话声母、韵母和声调的配合有很强的规律性,各方言声韵调的配合也都有自己的规律性。掌握了普通话声韵调的配合规律,可以更清楚地认识普通话的语音系统,帮助我们区别普通话音节和方言音节的读音,对学习普通话有很大帮助。

普通话声母和韵母配合的规律性主要表现在声母的发音部位和韵母"四呼"的关系上,可以根据声母的发音部位和韵母的"四呼"把普通话声母和韵母的配合关系列成下表。

声母和韵母的配合关系

	开口呼	齐齿呼	合口呼	撮口呼
双唇音 b、p、m	＋	＋	只跟 u 相拼	
唇齿音 f	＋		只跟 u 相拼	
舌尖中音 d、t	＋	＋	＋	
舌尖中音 n、l	＋	＋	＋	＋
舌根音 g、k、h	＋		＋	
舌面音 j、q、x		＋		＋
舌尖后音 zh、ch、sh、r	＋		＋	
舌尖前音 z、c、s	＋		＋	
零声母	＋	＋	＋	＋

注:"＋"表示全部或局部声韵能相拼,空白表示不能相拼。

了解了声母和韵母的拼合规律,就可避免在拼读、拼写中出现差错,还可以帮助纠正方言口音。

四、普通话音节的拼读

拼读就是按照普通话音节的构成规律,把声母、韵母、声调组合成有声音节的过程。初学者可用两拼法、三拼法和声介合拼法。

(1)两拼法:把音节分为声母、韵母两部分进行拼读。如:n—uǎn→nuǎn(暖)。

(2)三拼法:把音节分成声母、韵头、韵腹(有韵尾的要包括韵尾)三部分进行拼读,这种方法只适用于有介音的音节。如:n—u—ǎn→nuǎn(暖)。

(3)声介合拼法:先把声母和介音 i、u、ü 拼合为一个整体,然后与后面的韵母相拼合。这种方法只适用于有介音的音节。如:nu—ǎn→nuǎn(暖)。

第六单元 语调

语调是人们在语流中用抑扬顿挫来表情达意的所有语音形式的总和。语调构成的语音形式主要表现在音高、音长、音强等非音质成分上。在普通话的语调训练中,首先应注重音高;其次是在音长的变化上。当然,也不要忽略节奏、语速等方面。

一、语句总体音高的变化

普通话的语调首先表现在语句音高的高低、升降、曲折等变化上。

降调——表现为句子开头高、句尾明显降低。如一般陈述句、祈使句、感叹句,以及近距离对话等情况。在普通话语句中降调出现频率高。

升调——表现为句子开头低、句尾明显升高。如一般疑问句、反问句,以及出现在长句中前半句。但是,疑问代词处于句首的特殊疑问句,应为降调。

平调——表现为语句音高变化不明显。如思考问题、宣读名单、公布成绩等情况。另外,远距离问话,以及在人群前呼喊或喊口令时,可能出现总体高平的调形,但一般句子里各个字的字调和连读变调依然存在。

曲折调——表现为语句音高曲折变化,多在表达特殊感情时出现。如表示嘲讽的语气,以及重音出现在句子开头,或疑问代词出现在句中的疑问句等情况。

二、声调(字调)对语调产生影响

普通话的四个声调(字调)调形为平、升、曲、降,区别十分明显。普通话语句的音高模式不会完全改变这四个声调,同时又对声调产生某种制约。因此,声调的准确直接影响语调的正确。学习普通话出现的方言语调,学习汉语出现的洋腔洋调、怪腔怪调,都同没有掌握普通话声调有直接关系。

普通话上声调是学习普通话的难点。我们注意了上声本调是个低调的特点,以及上声变调的规律,上声调就容易掌握了。读阴平调注意保持调值高,读阳平调注意中间不要拖长,出现明显曲折,而普通话读去声的字最多,要注意去声调开头的调值高度。声调读得准确,就会有效地克服语调当中出现的"方言味儿""洋味儿"。

三、词语的轻重音格式

普通话也存在词重音和句重音。由于声调负担起较重的辨义作用,普通话词重音和句重音的作用有所淡化,不过我们在学习普通话时会常常感知到它的存在。像我们把每个字声韵调原原本本不折不扣地读出来,语感上并不自然,甚至感到很生硬,不像纯正的普通话。其中,词语的轻重音格式是不可忽视的一个主要原因。

普通话词的轻重音格式的基本形式是:双音节、三音节、四音节词语大多数最后一个音节读为重音;三音节词语大多数读为"中·次轻·重"的格式,四音节词语大多数读为"中·次轻·中·重"的格式;双音节词语占普通话词语总数的绝对优势,绝大多数读为"中·重"的格式。

双音节词语读后轻的词语可以分为两类。一类为"重·最轻"(或描述为"重·轻")的格式,即轻声词语,用汉语拼音注音时,不标声调符号。例如:东西、麻烦、规矩、客气。另一类为"重·次轻"的格式,一部分词语在《现代汉语词典》中轻读音节标注声调符号,但在轻读音节前加圆点。例如:新鲜、客人、风水、匀称。另一部分词语,则未作明确标注。例如:分析、臭虫、老虎、制度。这类词语一般轻读,偶尔(间或)重读,读音不太稳定。我们可以称为"可轻读词语"。

掌握轻声词语是学习普通话的基本要求。所谓操"港台腔",主要原因之一是没有掌握轻声词语的读音。另外,我们将大多数"重·次轻"格式词语,后一个音节轻读,则语感自然,是普通话水平较高的表现之一。

四、普通话的正常语速

普通话的正常语速为中速,大约每分钟 240 个音节,在 150～300 个音节浮动。一些少数民族语言、外国语正常语速为快速,即每分钟超过 300 个音节。有的汉语方言也有偏快的倾向。当学习普通话处在起步阶段时,会出现语速过慢或忽快忽慢的情况。学习普通话要掌握好普通话的正常语速。

普通话语调还包括停连、节拍群、语气词运用等方面,这些都要注意学习掌握。

第三部分

朗读短文

第一单元　朗读要略

一、朗读测试要求

朗读是将书面语言转变为形象生动、发音规范的有声语言的再创作活动。普通话水平测试中的朗读测试，是指应试人在朗读普通话水平测试用50篇作品时，对其发音中声母、韵母、声调、语流音变、停连、重音、语调以及朗读流畅程度等进行的一种测试。在普通话朗读测试中，要求应试人尽量做到以下几点：

(1)准确、熟练地运用普通话，做到字音规范、音变正确。

(2)领会作品内容，正确把握作品思想感情，读出真情实感。

(3)遵从原文，不丢字、不添字、不颠倒字或改字。

(4)语调自然，停连恰当，重音处理正确，语速快慢得当。

二、朗读准备

朗读既不同于日常说话，也不同于朗诵。日常说话的口头语是朗读的基础(明白通俗、流畅自然)，但与之相比，朗读还要对口头语进行加工，要能比较有效地再现原文的思想和艺术形象。朗诵是一种艺术表演形式，语言形式较为夸张，节律起伏比朗读大，它往往要借助表情、手势等体态语言来强化表达效果，有些还运用灯光、布景、音乐等来渲染，以增强表演的艺术性，而朗读则不需要这些。朗读虽然也讲究语言的艺术性，但它必须接近真实自然的生活语言，它是一种介于日常说话与朗诵艺术之间的口头表达形式。在朗读测试的准备过程中，我们可从以下几个方面进行准备：

(一)熟悉作品内容，把握朗读基调

(1)初读，了解作品内容是什么。

(2)正音并弄懂词、句的含义。

(3)厘清作品结构。

(二)注意语音规范

首先，注意语流音变。上声的变调，"一""不"的变调，"啊"的变读及轻声词和儿化是在朗读作品中要重点留意的地方。

其次，注意多音字的读音。一字多音是容易产生误读的重要原因之一，必须十分注意。在朗读的篇目中出现较多的多音字包括"为""似""倒""累""处"等。

再次，注意异读词的读音。普通话词汇中，有一部分词(或词中的语素)，意义相同或基本相

同,但在习惯上有两个或多个不同的读法,这些词被称为"异读词"。

(三)练习朗读时需要注意克服的几种不正确的朗读样式

1.念读

单纯地念字,照字读音,有字无词或有词无句,词或词组没有轻重格式的体现。

2.唱读

以固定的类似于唱歌的调来读作品,这种读法比念读更差,它只有声音的外壳,而表情达意的作用已被大大削弱。

3.念经式

声音小而速度快,没有顿歇,没有重音,更没有感情和声音的变化。

4.表演式

特别注意感情表达而把朗读变成朗诵,有表演的趋向。由于过于注重感情表达,朗读时往往会增字、丢字或改字。

三、朗读技巧

要读好一篇作品,我们可以先根据内容确定其感情基调,然后根据其感情基调来确定整篇文章的语速,最后根据上下文文意确定朗读时语音的轻重、停连和语调。朗读时对语音的轻重、停连和语调等的正确处理就形成一定的朗读技巧。

(一)停连

停连是指停顿和连接。在朗读过程中,那些为表情达意所需要的声音的中断和休止就是停顿;那些声音不中断、不休止,特别是作品中有标点符号而在朗读中却不需要中断、休止的地方就是连接。停连一方面是生理的需要,另一方面也是表情达意的需要,通过停连可以更清晰、更有效地表达作品内容,更鲜明、更强烈地体现作品情感。同时,它也是表达上的需要。因为得体的停连可以显示语言的节奏,并增强表达的效果。我们常用以下几种符号来表示停连。停顿:丶(停顿时间最短)、/(停顿时间较短)、//(停顿时间较长)、///(停顿时间最长);连接:⌒。

1.朗读时如何选择停连位置的四个方面

(1)准确理解句意和文意。

(2)正确分析语句结构。

(3)恰当想象文字所体现的情景。

(4)合理处理标点符号。

2.停顿的分类

(1)语法停顿。即指句子间语法关系的停顿,如句子中主谓之间、主宾之间、修饰限制词与中心词之间的停顿,还有分句之间、句子之间以及段落层次之间的停顿等。语法停顿应与标点、层次、段落相一致。具体来讲,语法停顿的时间长短可通过下列关系进行:顿号<逗号<分号,而冒号<分号<句间<层间,如:"布谷鸟开始唱歌,/劳动人民懂得它在唱什么:/'阿公阿婆,/割麦插禾。'//这样看来,/花香鸟语,/草长莺飞,/都是大自然的语言。///这些自然现象,/我国古代劳动人民称它为物候。"(作品6号)。

(2)逻辑停顿。即指为准确表达语意,揭示语言内在联系而形成的语流中声音的顿歇。逻辑停顿不受语法停顿的限制,它没有明确的符号标记,往往是根据表达的内容与语境要求来决定停顿的地方和停顿的时间,如:"人/能走多远? 这话不是要问两脚/而是要问志向。"(作品35号)。

(3)感情停顿。感情停顿是为了突出某种感情而作出的间歇,这种停顿通常出现在感情强烈处,诸如悲痛欲绝、恼怒至极、兴奋异常等。如:"曾经的辉煌、骄傲、胜利,在踏入这间场馆的瞬间/全部归零。"(作品49号)。

(二)重音

重音是指在朗读过程中为了更好地体现语句目的,在表达时着意强调的词或词组。重音常和停连一起,使语意表达更加清楚准确,使感情色彩更加鲜明。重音可分为词重音和语句重音,但在朗读部分我们着重讲语句重音。语句重音一般用"·"表示。

1. 语句重音的选择标准

(1)重音应该是突出语句目的的中心词。

(2)重音应该是体现逻辑关系的对应词。

(3)重音应该是点染感情色彩的关键词。

2. 语句重音的分类

(1)语法重音。语法重音是根据语法结构特点表现出来的重音,它由语法结构本身决定,位置一般是固定的,像短句中的谓语动词以及句子中的修饰成分和限制成分;补语、疑问代词、数量结构、拟声词;并列关系、对比关系、转折关系语句中的关键词等,如:"在车轮与铁轨碰撞的'况且'声中。"(作品16号),"走下领奖台,一切从零开始。"(作品49号),"读书好,多读书,读好书。"(作品42号)。

(2)逻辑重音。这是根据上下文内容的提示决定的,如:"那是后来,开始你是这样吗?"(作品28号),该句最应该强调的是"开始"二字,而不是"后来","后来"应该是次重音。表达目的不一样,逻辑重音也不一样。

(3)感情重音。感情重音就是指为了表达强烈的感情而着重强调的部分,它大多出现在情绪激动、表达感情强烈的地方,如:"但不能平的,为什么偏白白走这一遭啊?"(作品3号)。

(三)语调

语调即语句声音的抑扬或升降。这种抑扬或升降是准确传达句子思想感情的需要,它是语气的外在表现形式。对于语调,人们通常有一种误解,即把语调仅仅理解成句末一个音节的字调,其实这是不对的。语调是情感的产物,具有明显的感情色彩,语调是整个语句甚至是语段感情色彩的起伏变化,语调与语速、重音、停连等技巧结合,显示着朗读的节奏。

语调通常有以下四种形式:

1. 上扬调

即指语流状态由低向高升起,句尾音强且向上扬起,一般表示疑问、激动、号召、呼唤等感情。上扬调一般用"↗"表示,如:"我留着些什么痕迹呢? ↗我何曾留着像游丝样的痕迹呢?↗"(作品3号)。

2. 下抑调

即指语流状态由高向低运动,句尾音下降,一般表现感叹、请求、痛苦、愤怒等语气。下抑调一般用"↘"表示,如:"我每走一步,都想半天。↘"(作品28号)。

3. 平直调

即指语流运动状态是平稳直线型的,一般表现庄严、冷漠、麻木等感情。平直调一般用"→"表示,如："几千年来,劳动人民注意了草木荣枯、候鸟去来等自然现象同气候的关系。↗"(作品6号)。

4. 曲折调

即指语流运动状态是起伏曲折的,由高而低再扬起,或由低而高再降下,全句表现为上升和下降的曲折变化,用来表示讽刺、暗示、双关、反语等感情。曲折调一般用"〜〜"表示,如:"怎么不珍惜呀? 〜我每走一步,都想半天。〜"(作品28号)。

在朗读时,语调不是一成不变的,而是有变化的。粗略地可以分为:轻度、重度、中度三种。轻度语调即停顿较短,重音较清楚,色彩一般化,一般来讲,作品中的次要语句属此类;重度语调是停顿较长,有较重的重音,色彩显示鲜明,通常作品中的主要语句、核心句属此类;而中度语调的停顿稍长,重音稍突出,色彩较鲜明,通常作品中比较重要的语句属此类。

(四)节奏

朗读是讲究速度的。朗读速度受作品内容和形式影响,也受朗读者心境的影响,也就是说,朗读节奏是由作品展示出来的,表现出了朗读者思想感情的起伏所形成的抑扬顿挫、轻重缓急的声音形式的回环。

节奏不能和语调混淆。语调是以语句为单位,节奏是以全篇为单位;节奏一定要有某种声音形式的回环往复,而不是毫无规律可循的各种声音形式的拼合。

常见的节奏有以下几种:

1. 轻快型

要求多连少停、多轻少重、多扬少抑,朗读时语调舒展柔和,语流显得轻快,如:作品《北京的春节》《孩子和秋风》。

2. 凝重型

要求多停少连、多重少轻、多抑少扬,语流平衡凝重,语言表达强而有力,如:作品《敬畏自然》《世界民居奇葩》。

3. 低沉型

要求停顿多而长、语调多抑、节拍较长,朗读时声音偏暗,句尾沉重,语流沉缓,如:作品《最糟糕的发明》。

4. 高亢型

要求多连少停、多重少轻、扬而不抑,朗读时语气高昂,语流畅达,语速稍快,节奏较紧,如:作品《观潮》《我喜欢出发》。

5. 舒缓型

要求多连少停、声音清亮,语流声音较高但不着力,气长音清,语气舒展开阔,如:作品《春》《晋祠》《十渡游趣》。

6. 紧张型

要求多连少停、多重少轻、多扬少抑,朗读时节奏拖长,语气紧张,如:作品《麻雀》《人生如下棋》。

第二单元 朗读作品

一、朗读说明

(1)朗读作品共50篇供普通话水平测试第三项——朗读短文测试使用。为适应测试需要，必要时对原作品做了部分更动。

(2)朗读作品的顺序，按篇名的汉语拼音字母顺序排列。

(3)每篇作品采用汉字和汉语拼音对照的方式编排。

(4)每篇作品在第400个音节后用"//"标注。

(5)为适应朗读的需要，作品中的数字一律采用汉字的书写方式书写，如："2000年"写作"二〇〇〇年"；"50%"写作"百分之五十"。

(6)加注的汉语拼音原则依据《汉语拼音正词法基本规则》拼写。

(7)注音一般只标本调，不标变调。

(8)作品中的必读轻声音节，拼音不标调号。一般轻读，间或重读的音节，拼音加注调号，并在拼音前加圆点提示，如："因为"拼音写作"yīn·wèi"。

(9)作品中的儿化音节分两种情况：一是书面上加"儿"，拼音时在基本形式后加r，如："小孩儿"拼音写作"xiǎoháir"；二是书面上没有加"儿"，但口语里一般儿化的音节，拼音时也在基本形式后加r，如："辣味"拼音写作"làwèir"。

二、朗读作品及注音

作品1号——《北京的春节》

[朗读提示]本文是一篇风俗志，作者用充满京味的朴实无华的语言，描绘了一幅老北京春节的民风民俗画卷，表现春节的隆重与热闹，展示了中国节日习俗的温馨和美好，表达了作者对传统文化的喜爱之情。全文充满北京味儿的朴实语言，陈述朴素自然，不事雕琢，流畅通达，朗读时要突出文章的表现力和感染力。

Zhào Běijīng de lǎo guīju, chūnjié chà·bùduō zài làyuè de chūxún jiù kāishǐ le. "Làqī làbā,
照　北京　的老　规矩，春节　差不多　在　腊月　的　初旬　就　开始了。"腊七　腊八，

dòngsǐ hányā", zhè shì yī nián ·lǐ zuì lěng de shíhou. Zài Làbā zhè tiān, jiājiā dū áo làbāzhōu.
冻死　寒鸦"，这　是　一　年　里　最　冷　的　时候。在　腊八　这　天，家家　都　熬　腊八粥。

Zhōu shì yòng gè zhǒng mǐ, gè zhǒng dòu, yǔ gè zhǒng gānguǒ áochéng de. Zhè bù shì zhōu, ér
粥　是　用　各　种　米，各　种　豆，与　各　种　干果　熬成　的。这　不　是　粥，而

shì xiǎoxíng de nóngyè zhǎnlǎnhuì.
是　小型　的　农业　展览会。

Chú cǐ zhī wài, zhè yī tiān hái yào pào làbāsuàn. Bǎ suànbànr fàngjìn cù ·lǐ, fēng qǐ·lái,
除　此　之　外，这　一　天　还　要　泡　腊八蒜。把　蒜瓣儿　放进　醋　里，封　起来，

wèi guònián chī jiǎozi yòng. Dào niándǐ, suàn pào de sè rú fěicuì, cù yě yǒule xiē làwèir, sè wèi
为　过年　吃　饺子　用。到　年底，蒜　泡　得色如　翡翠，醋　也　有了　些　辣味，色　味

shuāng měi, shǐ rén rěn·bùzhù yào duō chī jǐ gè jiǎozǐ. Zài Běijīng, guònián shí, jiājiā chī jiǎozi.
双　美，使　人　忍不住　要　多　吃　几　个　饺子。在　北京，　过年　时，家家　吃　饺子。

Háizimen zhǔnbèi guònián, dì-yī jiàn dàshì jiù shì mǎi zábànr. Zhè shì yòng huāshēng、
孩子们 准备 过年, 第一 件 大事 就 是 买 杂拌儿。这 是 用 花生、

jiāozǎo、zhēnzi、lìzi děng gānguǒ yǔ mìjiàn chānhuo chéng de. Háizimen xǐhuān chī zhèxiē
胶枣、 榛子、 栗子 等 干果 与 蜜饯 掺和 成 的。孩子们 喜欢 吃 这些

língqī-bāsuìr. Dì-èr jiàn dàshì shì mǎi bàozhú, tèbié shì nánháizimen. Kǒngpà dì-sān jiàn shì cái shì
零七八碎儿。第 二 件 大事 是 买 爆竹, 特别 是 男孩子们。 恐怕 第三 件 事 才 是

mǎi gè zhǒng wányìr —— fengzhēng、kōngzhú、kǒuqín děng.
买 各 种 玩意儿 —— 风筝、 空竹、 口琴 等。

Háizimen huānxǐ, dà•rénmen yě mángluàn. Tāmen bìxū yùbèi guònián chīde、hēde、chuānde、
孩子们 欢喜, 大人们 也 忙乱。 他们 必须 预备 过年 吃的、喝的、穿的、

yòngde, hǎo zài xīnnián shí xiǎnchū wànxiàng-gēngxīn de qìxiàng.
用的, 好 在 新年 时 显出 万象更新 的 气象。

Làyuè èrshísān guò xiǎonián, chā•bùduō jiù shì guò Chūnjié de "cǎipái". Tiān yī cāhēir,
腊月 二十三 过 小年, 差不多 就 是 过 春节 的 "彩排"。天 一 擦黑儿,

biānpào xiǎng qǐ•lái, biàn yǒule guònián de wèi•dào. Zhè yī tiān, shì yào chī táng de, jiē •shàng
鞭炮 响 起来, 便 有了 过年 的 味道。 这 一 天, 是 要 吃糖 的, 街 上

zǎo yǒu hǎoduō mài màiyátáng yǔ jiāngmǐtáng de, tángxíng huò wéi chángfāngkuàir huò wéi
早 有 好多 卖 麦芽糖 与 江米糖 的, 糖形 或 为 长方块 或 为

guāxíng, yòu tián yòu nián, xiǎoháizimen zuì xǐhuan.
瓜形, 又 甜 又 黏, 小孩子们 最 喜欢。

Guòle èrshísān, dàjiā gèng máng. Bìxū dàsǎochú yī cì, hái yào bǎ ròu、jī、yú、qīngcài、
过了 二十三,大家 更 忙。 必须 大扫除 一 次, 还 要 把 肉、鸡、鱼、青菜、

niángāo shénme de dōu yùbèi chōngzú —— diàn∥pù duōshù zhēngyuè chūyī dào chūwǔ guānmén,
年糕 什么 的 都 预备 充足 —— 店∥铺 多数 正月 初一 到 初五 关门,

dào zhēngyuè chūliù cái kāizhāng.
到 正月 初六 才 开张。

Jiéxuǎn zì Lǎoshě《Běijīng de Chūnjié》
—— 节选 自 老舍《北京 的 春节》

作品 2 号——《春》

扫码听范读

[朗读提示]作者巧妙抓住春的千差万别的个性特征,描绘出了情意绵绵,生机勃勃的春天。文章的结构可分为盼春、描春、颂春三个部分,因此朗读时要有画面感,要特别注意空间感、方位感、色彩感、镜头感;要有丰富细腻的情感变化,把握"孩子气"的感觉,以孩子眼光看春,新鲜有趣、亲切轻松。

Pànwàngzhe, pànwàngzhe, dōngfēng lái le, chūntiān de jiǎobù jìn le.
盼望着, 盼望着, 东风 来 了, 春天 的 脚步 近 了。

Yīqiè dōu xiàng gāng shuìxǐng de yàngzi, xīnxīnrán zhāngkāile yǎn. Shān lǎnrùn qǐ•lái le,
一切 都 像 刚 睡醒 的 样子, 欣欣然 张开了 眼。 山 朗润 起来 了,

shuǐ zhǎng qǐ•láile, tài•yáng de liǎn hóng qǐlái le.
水 涨 起来 了, 太阳 的 脸 红 起来 了。

Xiǎocǎo tōutōu de cóng tǔ •lǐ zuān chū•lái, nènnèn de, lǜlǜ de. Yuánzi •lǐ, tiányě •lǐ,
小草 偷偷地 从 土 里 钻 出来, 嫩嫩 的, 绿绿 的。园子 里, 田野 里,

qiáo•qù, yī dà piàn yī dà piàn mǎn shì de. Zuòzhe, tǎngzhe, dǎ liǎng gè gǔnr, tī jǐ jiǎo qiúr,
瞧去, 一 大 片 一 大 片 满 是 的。坐着, 躺着, 打 两 个 滚, 踢 几 脚 球,

sài jǐ tàng pǎo, zhuō jǐ   mícáng. Fēng qīngqiāoqiāo de, cǎo ruǎnmiánmián de.
赛 几 趟 跑，捉 几 回 迷藏。风 轻悄悄 的，草 软绵绵 的。

……

……

"Chuī miàn bù hán yángliǔ fēng, bùcuò de, xiàng mǔ•qīn de shǒu fǔmōzhe nǐ. Fēng •lǐ dàilái
"吹 面 不 寒 杨柳 风"，不错 的，像 母亲 的 手 抚摸着 你。风 里 带来

xiē xīn fān de nítǔ de qìxī, hùnzhe qīngcǎo wèir hái yǒu gè zhǒng huā de xiāng, dōu zài
些 新 翻 的 泥土 的 气息，混着 青草 味儿，还 有 各 种 花 的 香， 都 在

wēiwēi shīrùn de kōngqì •lǐ yùnniàng. Niǎo'ér jiāng cháo ān zài fánhuā-lǜyè dāngzhōng, gāoxìng
微微 湿润 的 空气 里 酝酿。鸟儿 将 巢 安 在 繁花绿叶 当中， 高兴

qǐ•lái le, hūpéng-yǐnbàn de mài•nòng qīngcuì de hóu•lóng, chàngchū wǎnzhuǎn de qūzi, gēn
起来 了， 呼朋引伴 地 卖弄 清脆 的 喉咙， 唱出 宛转 的 曲子， 跟

qīngfēng-liúshuǐ yìnghézhe. Niúbèi •shàng mùtóng de duǎndí, zhè shíhou yě chéngtiān liáoliàng de
轻风流水 应和着。牛背 上 牧童 的 短笛，这 时候 也 成天 嘹亮 地

xiǎngzhe.
响着。

Yǔ shì zuì xúncháng de, yī xià jiù shì sān-liǎng tiān. Kě bié nǎo. Kàn, xiàng niúmáo, xiàng
雨 是 最 寻常 的，一 下 就 是 三两 天。可 别 恼。看， 像 牛毛， 像

huāzhēn, xiàng xìsī, mìmì de xié zhīzhe, rénjiā wūdǐng •shàng quán lǒngzhe yī céng bóyīn.
花针， 像 细丝，密密 地 斜 织着，人家 屋顶 上 全 笼着 一 层 薄烟。

shùyè què lǜ de fāliàng, xiǎocǎo yě qīng de bī nǐ de yǎn. Bàngwǎn shíhou, shàngdēng le,
树叶儿 却 绿 得 发亮，小草儿 也 青 得 逼 你 的 眼。 傍晚 时候， 上灯 了，

yīdiǎndiǎn huángyùn de guāng, hōngtuō chū yī piàn ānjìng ér hépíng de yè. Zài xiāngxià, xiǎolù
一点点 黄晕 的 光， 烘托 出 一 片 安静 而 和平 的 夜。在 乡下， 小路

•shàng, shíqiáo biān, yǒu chēngqǐ sǎn mànmàn zǒuzhe de rén, dì•lǐ hái yǒu gōngzuò de nóngmín,
上， 石桥 边， 有 撑起 伞 慢慢 走着 的 人，地里 还 有 工作 的 农民，

pīzhe suō dàizhe lì. Tāmen de fángwū, xīxīshūshū de, zài yǔ •lǐ jìngmòzhe.
披着 蓑 戴着 笠。他们 的 房屋， 稀稀疏疏 的，在 雨 里 静默着。

Tiān•shàng fēngzhēng jiànjiàn duō le, dì•shàng háizi yě duō le. Chéng•lǐ xiāngxià,
天上 风筝 渐渐 多 了，地上 孩子 也 多 了。 城里 乡下，

jiājiāhùhù, lǎolǎoxiǎoxiǎo, // yě gǎntàngr shìde, yīgègè dōu chū•lái le. Shūhuó shūhuó jīngǔ,
家家户户， 老老小小， // 也 赶趟儿 似的， 一个个 都 出来 了。舒活 舒活 筋骨，

dǒusǒu dǒusǒu jīngshén, gè zuò gè de yī fènr shì •qù. "Yī nián zhī jì zàiyú chūn", gāng
抖擞 抖擞 精神， 各 做 各 的 一 份儿 事 去。"一 年 之 计 在于 春"， 刚

qǐtóur, yǒu de shì gōngfu, yǒu de shì xīwàng.
起头儿，有 的 是 工夫，有 的 是 希望。

Chūntiān xiàng gāng luòdì de wáwá, cóng tóu dào jiǎo dōu shì xīn de, tā shēngzhǎngzhe.
春天 像 刚 落地的 娃娃， 从 头 到 脚 都 是 新 的，它 生长着。

Chūntiān xiàng xiǎo gūniang, huāzhī-zhāozhǎn de, xiàozhe, zǒuzhe.
春天 像 小 姑娘， 花枝招展 的， 笑着， 走着。

Chūntiān xiàng jiànzhuàng de qīngnián, yǒu tiě yībān de gēbo hé yāojiǎo, lǐngzhe wǒmen
春天 像 健壮 的 青年，有 铁 一般 的 胳膊 和 腰脚， 领着 我们

shàngqián •qù.
上前 去。

Jiéxuǎn zì Zhū Zìqīng《Chūn》
—— 节选 自 朱自清 《春》

扫码听范读

作品3号——《匆匆》

[朗读提示]本文是一篇描述时光匆匆的经典散文,朗读时注意体会作者对时间匆匆而逝的无奈、焦急和惋惜之情。语速稍慢,特别把握语句之间的停顿和连接,感受到朗读时的节奏。

Yànzi qù le, yǒu zài lái de shíhou; yángliǔ kū le, yǒu zài qīng de shíhou; táohuā xiè le,
燕子 去了,有 再来 的 时候;杨柳 枯了,有 再青 的 时候;桃花 谢了,

yǒu zài kāi de shíhou. Dànshì, cōng·míng de, nǐ gàosu wǒ, wǒmen de rìzi wèishénme yī qù bù
有 再开 的 时候。但是, 聪明 的,你 告诉 我,我们 的 日子 为什么 一去不

fùfǎn ne? —— Shì yǒu rén tōule tāmen ba: nà shì shuí? Yòu cáng zài héchù ne? Shì tāmen zìjǐ
复返 呢? —— 是 有 人 偷了 他们 罢:那是 谁? 又 藏 在 何处 呢? 是 他们 自己

táozǒu le ba: xiànzài yòu dào le nǎ·lǐ ne?
逃走 了罢:现在 又 到了 哪里 呢?

Qù de jǐnguǎn qùle, lái de jǐnguǎn láizhe; qù·lái de zhōngjiān, yòu zěnyàng de cōngcōng ne?
去 的 尽管 去了,来 的 尽管 来着;去来 的 中间, 又 怎样 地 匆匆 呢?

Zǎoshang wǒ qǐ·lái de shíhou, xiǎowū·lǐ shè jìn liǎng-sān fāng xiéxié de tài·yáng. Tài·yáng tā yǒu
早上 我 起来 的 时候,小屋里 射进 两三 方 斜斜 的 太阳。 太阳 他 有

jiǎo a, qīngqīngqiāoqiāo de nuóyí le; wǒ yě mángmángrán gēnzhe xuánzhuǎn. Yúshì —— xǐshǒu
脚 啊, 轻轻悄悄 地 挪移 了;我 也 茫茫然 跟着 旋转。 于是 —— 洗手

de shíhou, rìzi cóng shuǐpén·lǐ guò·qù; chīfàn de shíhou, rìzi cóng fànwǎn·lǐ guò·qù; mòmò shí,
的 时候,日子 从 水盆里 过去;吃饭 的 时候,日子 从 饭碗里 过去;默默 时,

biàn cóng níngrán de shuāngyǎn qián guò·qù. Wǒ juéchá tā qù de cōngcōng le, shēnchū shǒu
便 从 凝然 的 双眼 前 过去。我 觉察 他 去 得 匆匆 了, 伸出 手

zhēwǎn shí, tā yòu cóng zhēwǎnzhe de shǒu biān guò·qù; tiānhēishí, wǒ tǎng zài chuáng·shàng, tā
遮挽 时,他 又 从 遮挽着 的 手 边 过去;天黑时,我 躺 在 床上, 他

biàn línglínglìlì de cóng wǒ shēn·shàng kuàguò, cóng wǒ jiǎobiān fēiqù le. Děng wǒ zhēngkāi yǎn
便 伶伶俐俐 地 从 我 身上 跨过, 从 我 脚边 飞去 了。 等 我 睁开 眼

hé tài·yáng zài jiàn, zhè suàn yòu liūzǒule yīrì. Wǒ yǎnzhe miàn tànxī. Dànshì xīn lái de rìzi
和 太阳 再见, 这 算 又 溜走了 一日。我 掩着 面 叹息。但是 新来 的 日子

de yǐng'·ér yòu kāishǐ zài tànxī·lǐ shǎn·guòle.
的 影儿 又 开始 在 叹息里 闪过了。

Zài táo qù rú fēi de rìzi·lǐ, zài qiānmén-wànhù de shìjiè·lǐ de wǒ néng zuò xiē shénme ne?
在 逃去 如飞 的 日子里,在 千门万户 的 世界里 的 我 能 做 些 什么 呢?

Zhǐyǒu páihuái bàle, zhǐyǒu cōngcōng bàle; zài bāqiān duō rì de cōngcōng·lǐ, chú páihuái wài,
只有 徘徊 罢了,只有 匆匆 罢了;在 八千 多日 的 匆匆里, 除 徘徊 外,

yòu shèng xiē shénme ne? Guò·qù de rìzi rú qīngyān, bèi wēifēng chuīsànle, rú bówù, bèi
又 剩 些 什么 呢? 过去 的 日子 如 轻烟, 被 微风 吹散了, 如 薄雾, 被

chūyáng zhēngróngle; wǒ liúzhe xiē shénme hénjì ne? Wǒ hécéng liúzhe xiàng yóusī yàng de hénjì
初阳 蒸融了; 我 留着 些 什么 痕迹 呢? 我 何曾 留着 像 游丝 样 的 痕迹

ne? Wǒ chìluǒluǒ // lái dào zhè shìjiè, zhuǎnyǎnjiān yě jiāng chìluǒluǒ de huí·qù ba? Dàn bù néng
呢? 我 赤裸裸 // 来 到 这 世界, 转眼间 也 将 赤裸裸 地 回去 罢? 但 不 能

píng de, wèishénme piān báibái zǒu zhè yīzāo a?
平 的, 为什么 偏 白白 走 这 一遭 啊?

Nǐ cōng·míng de, gàosu wǒ, women de rìzi wèishénme yī qù bù fùfǎn ne?
你 聪明 的,告诉 我,我们 的 日子 为什么 一去不复返 呢?

Jiéxuǎn zì Zhū Zìqīng《Cōngcōng》
—— 节选 自 朱 自清 《匆匆》

作品 4 号——《聪明在于学习，天才在于积累》

[朗读提示]这是华罗庚在 1956 年北京大学的演讲。演讲稿感情真挚，语言通俗易懂，以亲身经历说明了坚持和积累的重要性，充满了对莘莘学子的关爱和期待。朗读时，要将作者的殷殷嘱托表达出来，给听众以启迪和思考。

Yǒude rén zài gōngzuò、xuéxí zhōng quēfá nàixìng hé rènxìng, tāmen yīdàn pèngle dīngzi,
有的人在工作、学习中缺乏耐性和韧性，他们一旦碰了钉子，

zǒule wānlù, jiù kāishǐ huáiyí zìjǐ shìfǒu yǒu yánjiū cáinéng. Qíshí, wǒ kěyǐ gàosu dàjiā, xǔduō
走了弯路，就开始怀疑自己是否有研究才能。其实，我可以告诉大家，许多

yǒumíng de kēxuéjiā hé zuòjiā, dōu shì jīngguò hěn duō cì shībài, zǒuguò hěn duō wānlù cái
有名的科学家和作家，都是经过很多次失败，走过很多弯路才

chénggōng de. yǒu rén kàn·jiàn yī gè zuòjiā xiěchū yī běn hǎo xiǎoshuō, huòzhě kàn·jiàn yī gè
成功的。有人看见一个作家写出一本好小说，或者看见一个

kēxuéjiā fābiǎo jǐ piān yǒu fèn·liàng de lùnwén, biàn yǎngmù-bùyǐ, hěn xiǎng zìjǐ nénggòu
科学家发表几篇有**分量**的论文，便仰慕不已，很想自己能够

xìnshǒu-niānlái, miàoshǒu-chéngzhāng, yī jiào xǐnglái, yùmǎntiān-xià. Qíshí, chénggōng de zuòpǐn
信手拈来，妙手成章，一觉醒来，誉满天下。其实，成功的作品

hé lùnwén zhǐ guò shì zuòjiā、xuézhěmen zhěnggè chuàngzuò hé yánjiū zhōng de jí xiǎo bùfen,
和论文只不过是作家、学者们整个创作和研究中的极小部分，

shènzhì shùliàng ·shàng hái bù jí shībài zuòpǐn de shí fēn zhī yī. Dàjiā kàndào de zhǐ shì tāmen
甚至数量上还不及失败作品的十分之一。大家看到的只是他们

chénggōng de zuòpǐn, ér shībài de zuòpǐn shì bù huì gōngkāi fābiǎo chū·lái de.
成功的作品，而失败的作品是不会公开发表出来的。

Yào zhī·dào, yī gè kēxuéjiā zài gōngkè kēxué bǎolěi de chángzhēng zhōng, shībài de cìshù hé
要知道，一个科学家在攻克科学堡垒的长征中，失败的次数和

jīngyàn, yuǎn bǐ chénggōng de jīngyàn yào fēngfù、shēnkè de duō. Shībài suīrán bù shì shénme
经验，远比成功的经验要丰富、深刻得多。失败虽然不是什么

lìng rén kuàilè de shìqing, dàn yě juébù yīnggāi yīncǐ qìněi. Zài jìnxíng yánjiū shí, yánjiū fāngxiàng
令人快乐的事情，但也决不应该因此气馁。在进行研究时，研究方向

bù zhèngquè, zǒule xiē chàlù, báifèile xǔduō jīnglì, zhè yě shì cháng yǒu de shì. Dàn bù yàojǐn
不正确，走了些岔路，白费了许多精力，这也是常有的事。但不要紧，

kěyǐ zài diàohuàn fāngxiàng jìnxíng yánjiū. Gèng zhòngyào de shì yào shànyú xīqǔ shībài de
可以再调换方向进行研究。更重要的是要善于吸取失败的

jiàoxùn, zǒngjié yǐ yǒu de jīngyàn, zài jìxù qiánjìn.
教训，总结已有的经验，再继续前进。

Gēnjù wǒ zìjǐ de tǐhuì, suǒwèi tiāncái, jiù shì jiānchí bùduàn de nǔlì. Yǒuxiē rén yěxǔ
根据我自己的体会，所谓天才，就是坚持不断的努力。有些人也许

jué·dé wǒ zài shùxué fāngmiàn yǒu shénme tiānfèn, // qíshí cóng wǒ shēn·shàng shì zhǎo bù dào
觉得我在数学方面有什么天分，// 其实从我身上是找不到

zhè zhǒng tiānfèn de. Wǒ dú xiǎoxué shí, yīn·wèi chéngjì bù hǎo, méi·yǒu nádào bìyè zhèngshū,
这种天分的。我读小学时，因为成绩不好，没有拿到毕业证书，

zhǐ nádào yī zhāng xiūyè zhèngshū. Cūzhōng yī niánjí shí, wǒ de shùxué yě shì jīngguò bǔkǎo cái
只拿到一张修业证书。初中一年级时，我的数学也是经过补考才

jígé de. Dànshì shuō lái qíguài, cóng chūzhōng èr niánjí yǐhòu, wǒ jiù fāshēngle yī gè gēnběn
及格的。但是说来奇怪，从初中二年级以后，我就发生了一个根本

zhuǎnbiàn, yīn•wèi wǒ rènshi dào jìrán wǒ de zīzhì chà xiē, jiù yīnggāi duō yòng diǎnr shíjiān lái
转变， 因为 我 认识 到 既然 我 的 资质 差 些， 就 应该 多 用 点儿 时间 来

xuéxí. Bié•rén xué yī xiǎoshí, wǒ jiù xué liǎng xiǎoshí, zhèyàng, wǒ de shùxué chéngjī déyǐ
学习。 别人 学 一 小时， 我 就 学 两 小时， 这样， 我 的 数学 成绩 得以

bùduàn tígāo.
不断 提高。

Yī zhí dào xiànzài wǒ yě guànchè zhège yuánzé: bié•rén kàn yī piān dōngxi yào sān xiǎoshí,
一直 到 现在 我 也 贯彻 这个 原则： 别人 看 一 篇 东西 要 三 小时，

wǒ jiù huā sān gè bàn xiǎoshí. Jīngguò chángqī jīlěi, jiù duōshǎo kěyǐ kànchū chéngjī lái.
我 就 花 三 个 半 小时。 经过 长期 积累， 就 多少 可以 看出 成绩 来。

Bìngqiě zài jīběn jìqiǎo lànshú zhīhòu, wǎngwǎng nénggòu yī gè zhōngtóu jiù kàndǒng yī piān
并且 在 基本 技巧 烂熟 之后， 往往 能够 一 个 钟头 就 看懂 一 篇

rénjiā kàn shítiān-bànyuè yě jiě •bù tòu de wénzhāng. Suǒyǐ, qián yī duàn shíjiān de jiābèi nǔlì,
人家 看 十天半月 也 解不透 的 文章。 所以， 前 一 段 时间 的 加倍 努力，

zài hòu yī duàn shíjiān néng shōudào yùxiǎng •bù dào de xiàoguǒ.
在 后 一 段 时间 能 收到 预想 不到 的 效果。

Shì de, cōng•míng zàiyú xuéxí, tiāncái zàiyú jīlěi.
是 的， 聪明 在于 学习，天才 在于 积累。

Jiéxuǎn zì Huà Luógēng《Cōng•míng zàiyú Xuéxí, Tiāncái zàiyú Jīlěi》
—— 节选 自 华 罗庚 《聪明 在于 学习， 天才 在于 积累》

扫码听范读

作品 5 号——《大匠无名》

[朗读提示]单霁翔曾说：当今工匠精神，就是要用工匠的作品和技术，引导社会大众的价值观。他在本篇文章中描绘的"大匠"，是一种手艺，更是一种精神，蕴藏着敬畏和一种超乎寻常的热爱。我们在惊叹、赞扬的同时，也应对于新时代中国工匠精神该如何传承与创新进行思考。

Qùguò Gùgōng dàxiū xiànchǎng de rén, jiù huì fāxiàn zhè•lǐ hé wài•miàn gōngdì de láozuò
去过 故宫 大修 现场 的 人， 就 会 发现 这里 和 外面 工地 的 劳作

jǐngxiàng yǒu gè míngxiǎn de qūbié: zhè•lǐ méi•yǒu qǐzhòngjī, jiànzhù cáiliào dōu shì yǐ shǒutuīchē
景象 有 个 明显 的 区别：这里 没有 起重机， 建筑 材料 都 是 以 手推车

de xíngshì sòng wǎng gōngdì, yùdào rénlì wúfǎ yùnsòng de mùliào shí, gōngrénmen huì shǐyòng
的 形式 送 往 工地， 遇到 人力 无法 运送 的 木料 时， 工人们 会 使用

bǎinián-bùbiàn de gōngjù —— huálúnzǔ. Gùgōng xiūshàn, zūnzhòngzhe "Sì-Yuán" yuánzé, jí yuán
百年不变 的 工具 —— 滑轮组。 故宫 修缮， 尊重着 "四原" 原则， 即 原

cáiliào、 yuán gōngyì、 yuán jiégòu、 yuán xíngzhì. zài bù yǐngxiǎng tǐxiàn chuántǒng gōngyì jìshù
材料、 原 工艺、 原 结构、 原 型制。 在 不 影响 体现 传统 工艺 技术

shǒufǎ tèdiǎn de dìfang, gōngjiàng kěyǐ yòng diàndòng gōngjù, bǐrú kāi huāngliào、 jié tóu.
手法 特点 的 地方， 工匠 可以 用 电动 工具， 比如 开 荒料、 截头。

Dàduōshù shíhou gōngjiàng dōu yòng chuántǒng gōngjù: mùjiàng huà xiàn yòng de shì mòdǒu、
大多数 时候 工匠 都 用 传统 工具： 木匠 画线 用 的 是 墨斗、

huàqiān、 máobǐ、 fāngchǐ、 zhànggān、 wǔchǐ; jiāgōng zhìzuò mùgòujiàn shǐyòng de gōngjù yǒu bēn、
画签、 毛笔、 方尺、 杖竿、 五尺；加工 制作 木构件 使用 的 工具 有 锛、

záo、 fǔ、 jù、 bào děngděng.
凿、 斧、 锯、 刨 等等。

Zuì néng tǐxiàn dàxiū nándù de biàn shì wǎzuò zhōng "shànbèi" de huánjié. "Shànbèi" shì zhǐ
最　能　体现　大修　难度　的　便是　瓦作　中　"苫背"　的　环节。"苫背"　是　指

zài fángdǐng zuò huībèi de guòchéng, tā xiāngdāngyú wéi mùjiànzhù tiān•shàng fángshuǐcéng. Yǒu
在　房顶　做　灰背　的　过程，它　相当于　为　木建筑　添上　防水层。　有

jù kǒujué shì sān-jiāngsānyā, yě jiù shì shàng sān biàn shíhuījiāng, ránhòu zài yā•shàng sān biàn.
句　口诀是　三浆三压，也就是　上　三　遍　石灰浆，然后　再　压上　三　遍。

Dàn zhè shì gè xūshù. Jīntiān shì qíngtiān, gān de kuài, sānjiāng-sānyā yìngdù jiù néng fúhé
但　这是个　虚数。今天　是　晴天，干　得　快，三浆三压　硬度　就能　符合

yāoqiú, yàoshì gǎn•shàng yīntiān, shuō•bùdìng jiù yào liùjiāng-liùyā. Rènhé yī gè huánjié de shūlòu
要求，要是　赶上　阴天，说不定　就要　六浆六压。任何　一　个　环节　的　疏漏

dōu kěnéng dǎozhì lòuyǔ, ér zhè duì jiànzhù de sǔnhuài shì zhìmìng de.
都　可能　导致　漏雨，而　这　对　建筑　的　损坏　是　致命　的。

"Gōng" zì zǎo zài Yīnxū jiǎgǔ bǔcí zhōng jiù yǐ•jīng chūxiànguò. 《Zhōu guān》 yǔ 《Chūnqiū
"工"　字　早　在　殷墟　甲骨　卜辞　中　就　已经　出现过。《周　官》与《春秋

Zuǒzhuàn jìzǎi Zhōu wángcháo yǔ zhūhóu dōu shèyǒu zhǎngguǎn yíngzào de jīgòu. Wúshù de
左传》记载　周　王朝　与　诸侯　都　设有　掌管　营造　的　机构。无数　的

mínggōng-qiǎojiàng wèi wǒmen liúxià•le nàme duō hóngwěi de jiànzhù, dàn què// hěn shǎo bèi lièrù
名工巧匠　为　我们　留下了　那么　多　宏伟　的　建筑，但　却// 很　少　被　列入

shǐjí, yángmíng yú hòushì.
史籍，扬名　于　后世。

Jiàngrénrén zhīsuǒyǐ chēng zhī wéi "jiàng", qíshí bù jǐnjǐn shì yīn•wèi tāmen yōngyǒule mǒu
匠人　之所以　称　之为　"匠"，其实　不　仅仅　是　因为　他们　拥有了　某

zhǒng xiánshú de jìnéng, bìjìng jìnéng hái kěyǐ guò shíjiān de lěijī "shúnéngshēngqiǎo", dàn
种　娴熟　的　技能，毕竟　技能　还　可以　通过　时间　的　累积　"熟能生巧"，但

yùncáng zài "shǒuyì" zhī shàng de nà zhǒng duì jiànzhù běnshēn de jìngwèi hé rè'ài què xūyào
蕴藏　在　"手艺"　之　上　的　那　种　对　建筑　本身　的　敬畏　和　热爱　却　需要

cóng lìshǐ de chánghé zhōng qù xúnmì.
从　历史　的　长河　中　去　寻觅。

Jiāng zhuànglì de Zǐjìnchéng wánhǎo de jiāo gěi wèilái, zuì néng yǎngzhàng de biàn shì zhèxiē
将　壮丽　的　紫禁城　完好　地　交　给　未来，最　能　仰仗　的　便　是　这些

mòmò fèngxiàn de jiàngrén. Gùgōng de xiūhù zhùdìng shì yī chǎng méi•yǒu zhōngdiǎn de jiēlì,
默默　奉献　的　匠人。故宫　的　修护　注定　是　一　场　没有　终点　的　接力，

ér tāmen jiù shì zuì hǎo de jiēlìzhě.
而　他们　就是　最　好　的　接力者。

Jiéxuǎn zì Shàn Jìxiáng 《Dà Jiàng Wú Míng》
——节选　自　单　霁翔《大　匠　无　名》

作品 6 号——《大自然的语言》

扫码听范读

[朗读提示]本篇以形象生动的语言介绍说明了物候现象及其成因、意义等,告诉我们,物候学是关系到农业丰产的科学,我们要进一步加强物候观测,懂得大自然的语言,争取农业更大的丰收。朗读时基调应较平实;在语速、停顿等方面可以用叙述的语气强调文中所介绍事物的特点。

Lìchūn guò hòu, dàdì jiànjiàn cóng chénshuì zhōng sūxǐng guò·lái. Bīngxuě rónghuà, cǎomù
立春 过后，大地 渐渐 从 沉睡 中 苏醒 过来。冰雪 融化，草木

méngfā, gè zhǒng huā cìdì kāifàng. Zài guò liǎng gè yuè, yànzi piānrán guīlái. Bùjiǔ, bùgǔniǎo
萌发，各 种 花 次第 开放。再 过 两 个 月，燕子 翩然 归来。不久，布谷鸟

yě lái le. Yúshì zhuǎnrù yánrè de xiàjì, zhè shì zhíwù yùnyù guǒshí de shíqī. Dàole qiūtiān,
也 来 了。于是 转入 炎热 的 夏季，这 是 植物 孕育 果实 的 时期。到了 秋天，

guǒshí chéngshú, zhíwù de yèzi jiànjiàn biàn huáng, zài qiūfēng zhōng sùsù de luò xià·lái.
果实 成熟，植物的叶子 渐渐 变黄，黄，在 秋风 中 簌簌地落 下来。

Běiyàn-nánfēi, huóyuè zài tiánjiān-cǎojì de kūnchóng yě dōu xiāoshēng-nìjì. Dàochù chéngxiàn yī
北雁南飞，活跃在 田间草际 的 昆虫 也 都 销声匿迹。到处 呈现 一

piàn shuāicǎo-liántiān de jǐngxiàng, zhǔnbèi yíngjiē fēngxuě-zàitú de hándōng. Zài dìqiú·shàng
片 衰草连天 的 景象，准备 迎接 风雪载途 的 寒冬。在 地球上

wēndài hé yàrèdài qūyù·lǐ, niánnián rú shì, zhōu'érfùshǐ.
温带 和 亚热带 区域里，年年 如是，周而复始。

Jǐ qiān nián lái, láodòng rénmín zhùyìle cǎomù-róngkū、hòuniǎo-qùlái děng zìrán xiànxiàng
几千年来，劳动 人民 注意了 草木荣枯、候鸟去来 等 自然 现象

tóng qìhòu de guānxi jù yǐ ānpái nóngshì. Xìnghuā kāi le, jiù hǎoxiàng dàzìrán zài chuányǔ yào
同 气候的 关系，据以 安排 农事。杏花 开 了，就 好像 大自然 在 传语 要

gǎnkuài gēng dì; táohuā kāi le, yòu hǎoxiàng zài ànshì yào gǎnkuài zhòng gǔzi Bùgǔniǎo kāishǐ
赶快 耕 地；桃花 开 了，又 好像 在 暗示 要 赶快 种 谷子 布谷鸟 开始

chànggē, láodòng rénmín dǒng·dé tā zài chàng shénme："Āgōng āpó, gē mài chā hé." Zhèyàng
唱歌，劳动 人民 懂得 它 在 唱 什么："阿公 阿婆，割麦 插禾。" 这样

kànlái, huāxiāng-niǎoyǔ, cǎozhǎng-yīngfēi, dōu shì dàzìrán de yǔyán.
看来，花香鸟语，草长莺飞，都 是 大自然 的 语言。

Zhèxiē zìrán xiànxiàng, wǒguó gǔdài láodòng rénmín chēng tā wéi wùhòu. Wùhòu zhīshi zài
这些 自然 现象，我国 古代 劳动 人民 称 它 为 物候。物候 知识 在

wǒguó qǐyuán hěn zǎo. Gǔdài liúchuán xià·lái de xǔduō nóngyàn jiù bāohánle fēngfù de wùhòu
我国 起源 很 早。古代 流传 下来 的 许多 农谚 就 包含了 丰富 的 物候

zhīshi. Dàole jìndài, lìyòng wùhòu zhīshi lái yánjiū nóngyè shēngchǎn, yǐ·jīng fāzhǎn wéi yī mén
知识。到了 近代，利用 物候 知识来 研究 农业 生产，已经 发展 为 一 门

kēxué, jiù shì wùhòuxué. Wùhòuxué jìlù zhíwù de shēngzhǎng-róngkū, dòngwù de yǎngyù-wǎnglái,
科学，就 是 物候学。物候学 记录 植物的 生长荣枯，动物的 养育往来，

rú táohuā kāi、yànzi lái děng zìrán xiànxiàng, cóng'ér liǎojiě suízhe shíjié // tuīyí de qìhòu biànhuà
如 桃花 开、燕子 来 等 自然 现象，从而 了解 随着 时节//推移 的 气候 变化

hé zhè zhǒng biànhuà duì dòng-zhíwù de yǐngxiǎng.
和 这 种 变化 对 动植物 的 影响。

Jiéxuǎn zì Zhú Kězhēn《Dàzìrán de Yǔyán》
—— 节选 自 竺 可桢《大自然 的 语言》

作品 7 号——《当今"千里眼"》

扫码听范读

[朗读提示]高铁改变了人们的出行方式和生活方式,中国高铁创新发展的巨大成就,给了世界一个惊喜。高铁集当今高科技之大成,克难攻坚,历经艰辛,演绎着精彩的故事传奇,彰显了杰出的中国智慧与中国风采。朗读此文时应以专业的解读和灵动的语言,展示中国智慧的独特魅力。

当高速列车从眼前呼啸而过时，那种 转瞬即逝 的感觉让人们 不得不发问：高速列车跑得那么快，司机 能 看清 路吗？

高速列车的速度非常快，最低时速标准是二百公里。且不说能见度低的雾霾天，就是晴空万里的大白天，即使是视力好的司机，也不能保证正确识别地面的信号。当肉眼看到前面有障碍时，已经来不及反应。

专家告诉我，目前，我国时速三百公里以上的高铁线路不设置信号机，高速列车不用看信号行车，而是通过列控系统自动识别前进方向。其工作流程为，由铁路专用的全球数字移动通信系统来实现数据传输，控制中心实时接收无线电波信号，由计算机自动排列出每趟列车的最佳运行速度和最小行车间隔距离，实现实时追踪控制，确保高速列车间隔合理地安全运行。当然，时速二百至二百五十公里的高铁线路，仍然设置信号灯控制装置，由传统的轨道电路进行信号传输。

中国自古就有"千里眼"的传说，今日高铁让古人的传说成为现实。

所谓"千里眼"，即高铁沿线的摄像头，几毫米见方的石子儿也逃不过它的法眼。通过摄像头实时采集沿线高速列车运行的信息，一旦//出现故障或者异物侵限，高铁调度指挥中心监控终端的界面上就会出现一个红色的框将目标锁定，同时，监控系统马上报警显示。调度指挥中心会迅速把指令传递给高速列车司机。

——节选自 王雄《当今"千里眼"》

作品 8 号——《鼎湖山听泉》

扫码听范读

[朗读提示]作者用优美的笔调将白天和夜晚听到的泉声倾诉出来,表达了作者对鼎湖山泉水的喜爱,对大自然的热爱。文章不写看泉而写听泉,颇具新意。朗读时应突出"美"与"心",自然、文字之美与倾听、赞美之心。

Cóng Zhàoqìng Shì qūchē bàn xiǎoshí zuǒyòu, biàn dàole dōngjiāo fēngjǐng míngshèng Dǐnghú
从 肇庆 市 驱车 半 小时 左右, 便 到了 东郊 风景 名胜 鼎湖

Shān. Xiàle jǐ tiān de xiǎoyǔ gāng tíng, mǎn shān lǒngzhàozhe qīngshā shìde bówù.
山。 下了 几 天 的 小雨 刚 停, 满 山 笼罩着 轻纱 似的 薄雾。

Guòle Háncuìqiáo, jiù tīngdào cóngcóng de quánshēng. Jìn shān yī kàn, cǎocóng shífèng,
过了 寒翠桥, 就 听到 淙淙 的 泉声。 进 山 一 看, 草丛 石缝,

dàochù dōu yǒngliúzhe qīngliàng de quánshuǐ. Cǎofēng-línmào, yīlù•shàng quánshuǐ shí yǐn shí xiàn,
到处 都 涌流着 清亮 的 泉水。 草丰林茂, 一路上 泉水 时 隐 时 现,

quánshēng bùjuéyú'ěr. Yǒushí jǐ gǔ quánshuǐ jiāocuò liúxiè, zhēduàn lùmiàn, wǒmen de xúnzhǎozhe
泉声 不绝于耳。 有时 几 股 泉水 交错 流泻, 遮断 路面, 我们 得 寻找着

diànjiǎo de shíkuàir tiàoyuèzhe qiánjìn. Yù wǎng shàng zǒu shù yù mì, lǜyīn yù nóng. Shīlùlù de
垫脚 的 石块 跳跃着 前进。 愈 往 上 走树愈密,绿阴愈浓。 湿漉漉的

lǜyè, yóurú dàhǎi de bōlàng, yī céng yī céng yǒngxiàng shāndǐng. Quánshuǐ yǐndàole nóngyīn de
绿叶,犹如 大海 的 波浪, 一 层 一 层 涌向 山顶。 泉水 隐到了 浓阴 的

shēnchù, ér quánshēng què gèngjiā qīngchún yuè'ěr. Hūrán, yún zhōng chuán•lái zhōngshēng,
深处, 而 泉声 却 更加 清纯 悦耳。忽然, 云 中 传来 钟声,

dùnshí shān míng gǔ yìng, yōuyōuyángyáng. Ānxiáng hòuzhòng de zhōngshēng hé huānkuài huópo de
顿时 山 鸣 谷 应, 悠悠扬扬。 安详 厚重 的 钟声 和 欢快 活泼 的

quánshēng, zài yǔhòu níngjìng de mùsè zhōng, huìchéng yī piàn měimiào de yīnxiǎng.
泉声, 在 雨后 宁静 的 暮色 中, 汇成 一 片 美妙 的 音响。

Wǒmen xúnzhe zhōngshēng, láidàole bànshānyāo de Qìngyún Sì. Zhè shì yī zuò jiànyú
我们 循着 钟声, 来到了 半山腰 的 庆云 寺。 这是 一 座 建于

Míngdài、guīmó hóngdà de Lǐngnán zhùmíng gǔchà. Tíngyuàn•lǐ fánhuā-sìjǐn, gǔshù-cāntiān. Yǒu yī
明代、规模 宏大 的 岭南 著名 古刹。 庭院里 繁花似锦, 古树参天。 有 一

zhū yǔ gǔchà tónglíng de cháhuā, hái yǒu liǎng zhū cóng Sīlǐlánkǎ yǐnzhòng de、yǒu èrbǎi duō
株 与 古刹 同龄 的 茶花, 还 有 两 株 从 斯里兰卡 引种 的、有 二百 多

nián shùlíng de pútíshù. Wǒmen juédìng jiù zài zhè zuò sìyuàn •lǐ jièsù.
年 树龄 的 菩提树。 我们 决定 就 在 这 座 寺院 里 借宿。

Rùyè, shān zhōng wànlài-jùjì, zhǐ yǒu quánshēng yīzhí chuánsòng dào zhěnbiān. Yīlù•shàng
入夜, 山 中 万籁俱寂,只 有 泉声 一直 传送 到 枕边。 一路上

tīngdào de gè zhǒng quánshēng zhè shíhou tǎng zài chuáng •shàng, kěyǐ yòng xīn xìxì de
听到 的 各 种 泉声,这时候 躺 在 床 上, 可以 用 心 细细地

língtīng、biànshí、pǐnwèi. Nà xiàng xiǎotíqín yīyàng qīngróu de, shì cǎocóng zhōng liútǎng de xiǎoxī
聆听、辨识、品味。那 像 小提琴 一样 轻柔 的,是 草丛 中 流淌 的 小溪

de shēngyīn; nà xiàng pí•pá yīyàng qīngcuì de, // shì zài shífèngr jiān diēluò de jiànshuǐ de
的 声音;那 像 琵琶 一样 清脆 的, // 是 在 石缝 间 跌落 的 涧水 的

shēngyīn; nà xiàng dàtíqín yīyàng hòuzhòng huíxiǎng de, shì wúshù dào xìliú huìjù yú kōnggǔ de
声音;那 像 大提琴 一样 厚重 回响 的,是 无数 道 细流 汇聚 于 空谷 的

shēngyīn; nà xiàng tóngguǎn qímíng yīyàng xióunghún pángbó de, shì fēipù-jíliú diērù shēntán de
声音;那 像 铜管 齐鸣 一样 雄浑 磅礴 的,是 飞瀑急流 跌入 深潭 的

shēngyīn. Háiyǒu yīxiē quánshēng hū gāo hū dī, hū jí hū huǎn, hū qīng hū zhuó, hū yáng hū
声音。　还有　一些　泉声　忽高忽低，忽急忽缓，忽清忽浊，忽扬忽

yì, shì quánshuǐ zhèngzài rào•guò shùgēn, pāidǎ luǎnshí, chuānyuè cǎocóng, liúlián huājiān……
抑，是　泉水　正在　绕过　树根，拍打　卵石，穿越　草丛，流连　花间……

Ménglóng zhōng, nà zīrùnzhe Dǐnghú Shān wàn mù, yùnyù chū péngbó shēngjī de qīngquán,
　蒙眬　中，那　滋润着　鼎湖山　万木，孕育出　蓬勃　生机　的　清泉，

fǎngfú gǔgǔ de liújìnle wǒ de xīntián.
仿佛　汩汩　地　流进了　我　的　心田。

Jiéxuǎn zì Xiè Dàguāng《Dǐnghú Shān Tīng Quán》
—— 节选　自谢　大光《鼎湖　山　听　泉》

作品 9 号——《读书人是幸福人》

[**朗读提示**]这是一篇对读书充满深厚情意的议论文，所以朗读时要把作者语重心长、耐人寻味的心声表述出来，语气要厚重、坚实。

Wǒ cháng xiǎng dúshūrén shì shìjiān xìngfú rén, yīn•wèi tā chúle yōngyǒu xiànshí de shìjiè zhī
我　常　想　读书人是世间　幸福　人，因为　他除了　拥有　现实　的　世界之

wài, hái yōngyǒu lìng yī gè gèngwéi hàohàn yě gèngwéi fēngfù de shìjiè. Xiànshí de shìjiè shì
外，还　拥有　另一个　更为　浩瀚　也　更为　丰富　的　世界。现实　的　世界是

rénrén dōu yǒu de, ér hòu yī gè shìjiè què wéi dúshūrén suǒ dúyǒu. Yóu cǐ wǒ xiǎng, nàxiē shīqù
人人　都有　的，而后一个世界却　为　读书人　所独有。由此我　想，那些　失去

huò bù néng yuèdú de rén shì duōme de bùxìng, tāmen de sàngshī shì bù kě bǔcháng de. Shìjiān
或不能　阅读的人是多么的不幸，他们的　丧失是不可　补偿的。世间

yǒu zhūduō de bù píngděng, cáifù de bù píngděng, quánlì de bù píngděng, ér yuèdú nénglì de
有诸多的不平等，财富的不平等，权力的不平等，而阅读能力的

yōngyǒu huò sàngshī què tǐxiàn wéi jīngshén de bù píngděng.
拥有　或丧失却体现为精神的不平等。

Yī gè rén de yīshēng, zhǐnéng jīnglì zìjǐ yōngyǒu de nà yī fèn xīnyuè, nà yī fèn kǔnàn, yě
一个人的一生，只能经历自己拥有的那一份欣悦，那一份苦难，也

xǔ zài jiā•shàng tā qīnzì wén zhī de nà yīxiē guānyú zìshēn yǐwài de jīnglì hé jīngyàn. Rán'ér,
许再加上他亲自闻知的那一些关于自身以外的经历和经验。然而，

rénmen tōngguò yuèdú, què néng jìnrù bùtóng shíkōng de zhūduō tārén de shìjiè. Zhèyàng, jùyǒu
人们通过阅读，却能进入不同时空的诸多他人的世界。这样，具有

yuèdú nénglì de rén, wúxíng jiān huòdéle chāoyuè yǒuxiàn shēngmìng de wúxiàn kěnéngxìng. Yuèdú
阅读能力的人，无形间获得了超越有限生命的无限可能性。阅读

bùjǐn shǐ tā duō shíle cǎo-mù-chóng-yú zhī míng, érqiě kěyǐ shàngsù yuǎngǔ xià jí wèilái, bǎolǎn
不仅使他多识了草木虫鱼之名，而且可以上溯远古下及未来，饱览

cúnzài de yǔ fēicúnzài de qífēng-yìsú.
存在的与非存在的奇风异俗。

Gèngwéi zhòngyào de shì, dúshū jiāhuì yú rénmen de bùjǐn shì zhīshi de zēngguǎng, érqiě hái
更为　重要　的是，读书加惠于人们的不仅是知识的增广，而且还

zàiyú jīngshén de gǎnhuà yǔ táoyě. Rénmen cóng dúshū xué zuòrén, cóng nàxiē wǎngzhé xiānxián
在于精神的感化与陶冶。人们从读书学做人，从那些往哲先贤

yǐjí dāngdài cáijùn de zhùshù zhōng xuédé tāmen de réngé. Rénmen cóng《Lúnyǔ》zhōng xuédé
以及当代才俊的著述中学得他们的人格。人们从《论语》中学得

zhìhuì de sīkǎo, cóng 《Shǐjì》 zhōng xuédé yánsù de lìshǐ jīngshén, cóng 《Zhèngqìgē》 zhōng xuédé
智慧 的 思考，从 《史记》 中 学得 严肃 的 历史 精神， 从 《正气歌》 中 学得

réngé de gāngliè, cóng Mǎkèsī xuédé rénshì // de jīqíng, cóng Lǔ Xùn xuédé pīpàn jīngshén, cóng
人格 的 刚烈， 从 马克思 学得 人世 // 的 激情， 从 鲁 迅 学得 批判 精神， 从

Tuō'ěrsītài xuédé dàodé de zhízhuó. Gēdé de shījù kèxiězhe ruìzhì de rénshēng, Bàilún de shījù
托尔斯泰 学得 道德 的 执着。 歌德 的 诗句 刻写着 睿智 的 人生， 拜伦 的 诗句

hūhuànzhe fèndòu de rèqíng. Yī gè dúshūrén, yī gè yǒu jī·huì yōngyǒu chāohū gèrén shēngmìng
呼唤着 奋斗 的 热情。一 个 读书人， 一 个 有 机会 拥有 超乎 个人 生命

tǐyàn de xìngyùn rén.
体验 的 幸运 人。

Jiéxuǎn zì Xiè Miǎn 《Dúshūrén Shì Xìngfú Rén》
—— 节选 自 谢 冕 《读书人 是 幸福 人》

作品 10 号——《繁星》

扫码听范读

[朗读提示]作品中三次写繁星，由于年龄、阅历、心情和时间、地点、氛围的不同，表现出的意境和感受也就不同。朗读时要注意三次写繁星时行文感情处理的不同：第一次是在自家院子里卧看时，所见的天空有限，显得深而且远，因此有回到母亲怀里的感觉。第二次是在南京的菜园地，作者当时挣脱出了封建家庭的樊笼，因此觉得星星很亲切，光明无所不在。第三次是在海上，船动星移。

Wǒ ài yuèyè, dàn wǒ yě ài xīngtiān. Cóngqián zài jiāxiāng qī-bāyuè de yèwǎn zài tíngyuàn
我 爱 月夜，但 我 也 爱 星天。 从前 在 家乡 七八月 的 夜晚 在 庭院

·lǐ nàliáng de shíhou, wǒ zuì ài kàn tiān·shàng mìmìmámá de fánxīng. Wàngzhe xīngtiān, wǒ jiù
里 纳凉 的 时候， 我 最爱 看 天上 密密麻麻 的 繁星。 望着 星天， 我 就

huì wàngjì yīqiè, fǎngfú huídàole mǔ·qīn de huái ·lǐ shìde.
会 忘记 一切， 仿佛 回到了 母亲 的 怀里 似的。

Sān nián qián zài Nánjīng wǒ zhù de dìfang yǒu yī dào hòumén, měi wǎn wǒ dǎkāi hòumén,
三 年 前 在 南京 我 住 的 地方 有 一 道 后门， 每 晚 我 打开 后门，

biàn kàn·jiàn yī gè jìngjì de yè. Xià·miàn shì yī piàn càiyuán, shàng·miàn shì xīngqún mìbù de
便 看见 一 个 静寂 的 夜。 下面 是 一 片 菜园， 上面 是 星群 密布 的

lántiān. Xīngguāng zài wǒmen de ròuyǎn·lǐ suīrán wēixiǎo, rán'ér tā shǐ wǒmen jué·dé guāngmíng
蓝天。 星光 在 我们 的 肉眼 里 虽然 微小， 然而 它 使 我们 觉得 光明

wúchù-bùzài. Nà shíhou wǒ zhèngzài dú yīxiē tiānwénxué de shū, yě rènde yīxiē xīngxing,
无处 不在。那 时候 我 正在 读 一些 天文学 的 书， 也 认得 一些 星星，

hǎoxiàng tāmen jiùshì wǒ de péngyou, tāmen chángcháng zài hé wǒ tánhuà yīyàng.
好像 它们 就是 我 的 朋友， 它们 常常 在 和 我 谈话 一样。

Rújīn zài hǎi·shàng, měi wǎn hé fánxīng xiāngduì, wǒ bǎ tāmen rènde hěn shú le. Wǒ tǎng
如今 在 海上， 每 晚 和 繁星 相对， 我 把 它们 认得 很 熟 了。我 躺

zài cāngmiàn ·shàng, yǎngwàng tiānkōng. Shēnlánsè de tiānkōng ·lǐ xuánzhe wúshù bànmíng-bànmèi de
在 舱面 上， 仰望 天空。 深蓝色 的 天空 里 悬着 无数 半明 半昧 的

xīng. Chuán zài dòng, xīng yě zài dòng, tāmen shì zhèyàng dī, zhēn shì yáoyáo-yùzhuì ne!
星。 船 在 动， 星 也 在 动， 它们 是 这样 低， 真 是 摇摇 欲坠 呢!

Jiànjiàn de wǒ de yǎnjing móhu le, wǒ hǎoxiàng kàn·jiàn wúshù yínghuǒchóng zài wǒ de zhōuwéi
渐渐 地 我 的 眼睛 模糊 了， 我 好像 看见 无数 萤火虫 在 我 的 周围

fēiwǔ. Hǎi·shàng de yè shì róuhé de, shì jìngjì de, shì mènghuàn de. Wǒ wàngzhe xǔduō rènshi de
飞舞。　海上　的夜是柔和的，是静寂的，是　梦幻　的。我　望着　许多　认识的

xīng, wǒ fǎngfú kàn·jiàn tāmen zài duì wǒ zhǎyǎn, wǒ fǎngfú tīng·jiàn tāmen zài xiǎoshēng
星，我仿佛看见它们在对我眨眼，我仿佛听见它们在小声

shuōhuà. Zhèshí wǒ wàngjìle yīqiè. Zài xīng de huáibào zhōng wǒ wēixiàozhe, wǒ chénshuìzhe. Wǒ
说话。这时我忘记了一切。在星的怀抱中我微笑着，我沉睡着。我

jué·dé zìjǐ shì yī gè xiǎoháizi, xiànzài shuì zài mǔ·qīn de huái·lǐ le.
觉得自己是一个小孩子，现在睡在母亲的怀里了。

　　Yǒu yī yè, nàge zài Gēlúnbō shàng chuán de Yīngguórén zhǐ gěi wǒ kàn tiān·shàng de jùrén.
　　有一夜，那个在哥伦波上船的英国人指给我看天上的巨人。

Tā yòng shǒu zhǐzhe: // nà sì kē míngliàng de xīng shì tóu, xià·miàn de jǐ kē shì shēnzi, zhè jǐ
他用手指着：// 那四颗明亮的星是头，下面的几颗是身子，这几

kē shì shǒu, nà jǐ kē shì tuǐ hé jiǎo, hái yǒu sān kē xīng suànshì yāodài. Jīng tā zhè yīfān
颗是手，那几颗是腿和脚，还有三颗星算是腰带。经他这一番

zhǐdiǎn, wǒ guǒrán kàn qīngchule nàge tiān·shàng de jùrén. Kàn, nàge jùrén hái zài pǎo ne!
指点，我果然看清楚了那个天上的巨人。看，那个巨人还在跑呢！

Jiéxuǎn zì Bā jīn《Fánxīng》
—— 节选　自巴金《繁星》

作品 11 号——《观潮》

扫码听范读

　　[朗读提示]这是一篇文质兼优的写景文章。作者将耳闻目睹钱塘江大潮潮来前、潮来时、潮头过后的景象倾注笔端，写出了大潮的奇特、雄伟、壮观，表达了作者热爱祖国大好河山的思想感情。朗读中，以饱满的情感表达出钱塘潮之"奇"，以及热爱祖国大好河山的情感。

　　Qiántáng Jiāng dàcháo, zìgǔ yǐlái bèi chēngwéi tiānxià qíguān.
　　钱塘　江　大潮，自古以来被称为天下奇观。

　　Nónglì bāyuè shíbā shì yī nián yī dù de guāncháorì. Zhè yī tiān zǎoshang, wǒmen láidàole
　　农历八月十八是一年一度的观潮日。这一天早上，我们来到了

Hǎiníng Shì de Yánguān Zhèn, jùshuō zhè·lǐ shì guāncháo zuì hǎo de dìfang. Wǒmen suízhe guāncháo
海宁市的盐官镇，据说这里是观潮最好的地方。我们随着观潮

de rénqún, dēng·shàngle hǎitáng dàdī. Kuānkuò de Qiántáng Jiāng héngwò zài yǎnqián. Jiāngmiàn
的人群，登上了海塘大堤。宽阔的钱塘江横卧在眼前。江面

hěn píngjìng, yuè wǎng dōng yuè kuān, zài yǔhòu de yángguāng·xià, lǒngzhàozhe yī céng
很平静，越往东越宽，在雨后的阳光下，笼罩着一层

méngméng de bówù. Zhènhǎi gǔtǎ、Zhōngshāntíng hé Guāncháotái yìlì zài Jiāng biān. Yuǎnchù,
蒙蒙的薄雾。镇海古塔、中山亭和观潮台屹立在江边。远处，

jǐ zuò xiǎoshān zài yúnwù zhōng ruòyǐn-ruòxiàn. Jiāngcháo hái méi·yǒu lái, hǎitáng dàdī·shàng
几座小山在云雾中若隐若现。江潮还没有来，海塘大堤上

zǎoyǐ rénshān-rénhǎi. Dàjiā ángshǒu dōng wàng, děngzhe, pànzhe.
早已人山人海。大家昂首东望，等着，盼着。

　　Wǔhòu yī diǎn zuǒyòu, cóng yuǎnchù chuánlái lónglóng de xiǎngshēng, hǎoxiàng mènléi
　　午后一点左右，从远处传来隆隆的响声，好像闷雷

gǔndòng. Dùnshí rénshēng-dǐngfèi, yǒu rén gàosu wǒmen, cháo lái le! Wǒmen diǎnzhe jiǎo wǎng
滚动。顿时人声鼎沸，有人告诉我们，潮来了！我们踮着脚往

dōng wàng·qù, jiāngmiàn háishi fēngpíng-làngjìng, kàn·bù chū yǒu shénme biànhuà. Guòle yīhuìr,
东　望　去，　江面　还是　风平浪静，　看不出　有　什么　变化。　过了　一会儿，

xiǎng shēng yuè lái yuè dà, zhǐ jiàn dōng·biān shuǐtiān-xiāngjiē de dìfang chūxiànle yī tiáo báixiàn,
响　声　越来越大，只见　东边　　水天相接　的　地方　出现了　一　条　白线，

rénqún yòu fèiténg qǐ·lái.
人群　又　沸腾　起来。

　　nà tiáo báixiàn hěn kuài de xiàng wǒmen yí·lái, zhújiàn lā cháng, biàn cū, héngguàn
　　那条　白线　很　快　地　向　我们　移来，　逐渐　拉　长，　变　粗，　横贯

jiāngmiàn. Zài jìn xiē, zhǐ jiàn báilàng fāngǔn, xíngchéng yī dǔ liǎng zhàng duō gāo de shuǐqiáng.
江面。　再　近　些，　只见　白浪　翻滚，　形成　一　堵　两　丈　多　高　的　水墙。

Làngcháo yuè lái yuè jìn, yóurú qiān-wàn pǐ báisè zhànmǎ qítóu-bìngjìn, hàohàodàngdàng de
浪潮　越来越　近，犹如　千万　匹　白色　战马　齐头并进，　浩浩荡荡　地

fēibēn'érlái; nà shēngyīn rútóng shānbēng-dìliè, hǎoxiàng dàdì dōu bèi zhèn de chàndòng qǐ·lái
飞奔而来；那　声音　如同　山崩地裂，　好像　大地都被　震得　颤动　起来。

　　Shàshí, cháotóu bēnténg xī qù, kěshì yúbō hái zài màntiān-juǎndì bān yǒng·lái, jiāngmiàn
　　霎时，　潮头　奔腾　西去，可是　余波　还在　漫天卷地　般　涌来，　江面

·shàng yījiù fēngháo-lànghǒu. Guòle hǎojiǔ, Qiántáng Jiāng cái huīfùle// píngjìng. Kànkàn dī xià,
上　依旧　风号浪吼。　过了　好久，　钱塘　江　才　恢复了//　平静。　看看　堤下，

jiāngshuǐ yǐ·jīng zhǎngle liǎng zhàng lái gāo le.
江水　已经　涨了　两　丈　来　高　了。

Jiéxuǎn zì Zhào Zōngchéng、 Zhū Míngyuán《Guān Cháo》
—— 节选　自　赵　宗成、　朱　明元　《观　潮》

作品 12 号——《孩子和秋风》

[朗读提示]孩子有本心。即便是肃杀的秋风，他们也给它镶上童话的金边，从中窥见生命的可亲和可爱。在朗读过程中，要时刻共情孩子们的天真烂漫，在"一个孩子说"处，可适当模仿孩子的说话语调。

　　Wǒ hé jǐ gè háizi zhàn zài yī piàn yuánzi ·lǐ, gǎnshòu qiūtiān de fēng. Yuánzi ·lǐ zhǎngzhe
　　我和几个孩子　站在　一　片　园子里，感受　秋天　的　风。园子里　长着

jǐ kē gāodà de wútóngshù, wǒmen de jiǎo dǐ·xià, pūle yī céng hòuhòu de wútóngyè. Yè
几棵　高大　的　梧桐树，　我们　的　脚底下，铺了　一　层　厚厚　的　梧桐叶。叶

kūhuáng, jiǎo cǎi zài shàng·miàn, gāzhī gāzhī cuìxiǎng. Fēng hái zài yīgèjìnr de guā, chuīdǎzhe
枯黄，　脚踩在　上面，　嘎吱嘎吱　脆响。　风还在　一个劲儿地刮，吹打着

shù ·shàng kělián de jǐ piàn yèzi, nà shàng·miàn, jiù kuài chéng guāngtūtū de le.
树上　可怜的几片叶子，那　上面，　就快成　光秃秃的了。

　　Wǒ gěi háizimen shàng xiězuòkè, ràng háizimen miáomó zhè qiūtiān de fēng. Yǐwéi tāmen
　　我给孩子们　上　写作课，　让孩子们　描摹　这秋天　的　风。以为他们

yīdìng huì shuō hánlěng、cánkù hé huāngliáng zhīlèi de, jiéguǒ què chūhū wǒ de yìliào.
一定会说　寒冷、残酷和　荒凉　之类的，结果　却　出乎我的意料。

　　Yī gè háizi shuō, qiūtiān de fēng, xiàng bǎ dà jiǎndāo, tā jiǎn ya jiǎn de, jiù bǎ shù
　　一个孩子说，秋天　的　风，像把大剪刀，它剪呀剪的，就把树

·shàng de yèzi quán jiǎnguāng le.
上的叶子全　剪光了。

Wǒ zànxǔle zhège bǐyù.　Yǒu èryuè chūnfēng sì jiǎndāo zhī shuō, qiūtiān de fēng, hécháng bù
我 赞许了 这个 比喻。有 二月 春风 似 剪刀 之 说，秋天 的 风， 何尝 不

shì yī bǎ jiǎndāo ne?　Zhǐ búguò, tā jiǎn chū·lái de bù shì huāhóng-yèlǜ, ér shì bàiliǔ-cánhé.
是 一把 剪刀 呢？只 不过， 它 剪 出来 的 不 是 花红叶绿， 而 是 败柳残荷。

　　Jiǎnwán le, tā ràng yángguāng lái zhù, zhège háizi tūrán jiēzhe shuō yī jù.　Tā yǎng xiàng
　　剪完 了，它 让 阳光 来住，这个 孩子 突然 接着 说 一句。他 仰 向

wǒ de xiǎoliǎnr, bèi fēng chuīzhe, xiàng zhī tōnghóng de xiǎo píngguǒ.　Wǒ zhèngzhù, tái tóu kàn
我 的 小脸 被 风 吹着， 像 只 通红 的 小 苹果。我 怔住， 抬头 看

shù, nà shàng·miàn, guǒzhēn de, pámǎn yángguāng a, měi gēn zhītiáo ·shàng dōu shì.　Shī yǔ
树，那 上面， 果真 的， 爬满 阳光 啊， 每 根 枝条 上 都 是。失 与

dé, cónglái dōu shì rúcǐ jūnhéng, shù zài shīqù yèzi de tóngshí, què chéngjiēle mǎn shù de
得，从来 都 是 如此 均衡， 树 在 失去 叶子 的 同时， 却 承接了 满 树 的

yángguāng.
阳光。

　　Yī gè háizi shuō, qiūtiān de fēng, xiàng gè móshùshī, tā huì biànchū hǎoduō hǎochīde,
　　一个 孩子 说， 秋天 的 风， 像 个 魔术师，它 会 变出 好多 好吃的，

língjiao ya, huāshēng ya, píngguǒ ya, pú·táo ya.　Hái yǒu guìhuā, kěyǐ zuò guìhuāgāo.　Wǒ zuótiān
菱角 呀， 花生 呀 苹果 呀， 葡萄 呀。还 有 桂花， 可以 做 桂花糕。我 昨天

chīle guìhuāgāo, māma shuō, shì fēng biàn chū·lái de.
吃了 桂花糕， 妈妈 说， 是 风 变 出来 的。

　　Wǒ xiào le.　Xiǎokě'ài, jīng nǐ zhème yī shuō, qiūtiān de fēng, hái zhēn shì xiāng de.　Wǒ
　　我 笑 了。小可爱， 经 你 这么 一 说， 秋天 的 风， 还 真 是 香 的。我

hé hái//zimen yīqǐ xiù, sìhū jiù wénjiànle fēng de wèi·dào, xiàng kuàir zhēng de rèqì-téngténg de
和 孩//子们 一起 嗅，似乎 就 闻见了 风 的 味道， 像 块 蒸 得 热气腾腾 的

guìhuāgāo.
桂花糕。

Jiéxuǎn zì Dīng Lìméi《Háizi hé Qiūfēng》
—— 节选 自 丁 立梅《孩子 和 秋风》

作品 13 号——《海滨仲夏夜》

[朗读提示]本篇是优美的写景散文。作者抓住从夕阳落山不久到月上中天这段时间的光线和色彩的变化，描绘了夏夜海滨特有的景色和劳动者的闲适、欢愉的休憩场面，抒发了对美好生活的赞美之情。所以，朗读时要热情、真切，让听者从你的声音里感受到大自然的多彩多姿和生活之美。

　　Xīyáng luòshān bùjiǔ, xīfāng de tiānkōng, hái ránshāozhe yī piàn júhóngsè de wǎnxiá.　Dàhǎi,
　　夕阳 落山 不久， 西方 的 天空， 还 燃烧着 一 片 橘红色 的 晚霞。大海，

yě bèi zhè xiáguāng rǎnchéngle hóngsè, érqiě bǐ tiānkōng de jǐngsè gèng yào zhuàngguān.　Yīn·wèi
也 被 这 霞光 染成了 红色， 而且 比 天空 的 景色 更 要 壮观。 因为

tā shì huó·dòng de, měidāng yīpáipái bōlàng yǒngqǐ de shíhou, nà yìngzhào zài làngfēng ·shàng
它 是 活动 的， 每当 一排排 波浪 涌起 的 时候，那 映照 在 浪峰 上

de xiáguāng, yòu hóng yòu liàng, jiǎnzhí jiù xiàng yīpiànpiàn huòhuò ránshāozhe de huǒyàn,
的 霞光， 又 红 又 亮， 简直 就 像 一片片 霍霍 燃烧着 的 火焰，

shǎnshuò·zhe, xiāoshī le.　Ér hòu·miàn de yī pái, yòu shǎnshuòzhe, gǔndòngzhe, yǒngle guò·lái.
闪烁 着， 消失 了。而 后面 的 一排， 又 闪烁着， 滚动着， 涌了 过来。

Tiānkōng de xiáguāng jiànjiàn de dàn xià•qù le, shēnhóng de yánsè biànchéngle fēihóng,
天空 的 霞光 渐渐 地 淡 下去 了, 深红 的 颜色 变成了 绯红,

fēihóng yòu biànwéi qiǎnhóng. Zuìhòu, dāng zhè yīqiè hóngguāng dōu xiāoshīle de shíhou, nà tūrán
绯红 又 变为 浅红。 最后, 当 这 一切 红光 都 消失了 的时候, 那 突然

xiǎn•dé gāo ér yuǎn le de tiānkōng, zé chéngxiàn chū yī piàn sùmù de shénsè. Zuì zǎo chūxiàn
显得 高 而 远 了 的 天空, 则 呈现 出 一 片 肃穆 的 神色。 最早 出现

de qǐmíngxīng, zài zhè lánsè de tiānmù •shàng shǎnshuò qǐ•lái le. Tā shì nàme dà, nàme liàng,
的 启明星, 在 这 蓝色 的 天幕 上 闪烁 起来 了。它 是 那么 大, 那么 亮,

zhěnggè guǎngmò de tiānmù •shàng zhǐyǒu tā zài nà•lǐ fàngshèzhe lìng rén zhùmù de guānghuī,
整个 广漠 的 天幕 上 只有 它 在 那里 放射着 令 人 注目 的 光辉,

huóxiàng yī zhǎn xuánguà zài gāokōng de míngdēng.
活像 一 盏 悬挂 在 高空 的 明灯。

Yèsè jiā nóng, cāngkōng zhōng de "míngdēng" yuè lái yuè duō le. Ér chéngshì gè chù de
夜色 加 浓, 苍空 中 的 "明灯" 越 来 越 多 了。而 城市 各 处 的

zhēn de dēnghuǒ yě cìdì liàngle qǐ•lái, yóuqí shì wéirào zài hǎigǎng zhōuwéi shānpō •shàng de nà
真 的 灯火 也 次第 亮了 起来,尤其 是 围绕 在 海港 周围 山坡 上 的 那

yī piàn dēngguāng, cóng bànkōng dàoyìng zài wūlán de hǎimiàn •shàng, suízhe bōlàng,
一 片 灯光, 从 半空 倒映 在 乌蓝 的 海面 上, 随着 波浪,

huàngdòngzhe, shǎn-shuòzhe, xiàng yī chuàn liúdòngzhe de zhēnzhū, hé nà yīpiànpiàn mìbù zài
晃动着, 闪烁着, 像 一 串 流动着 的 珍珠, 和 那 一片片 密布 在

cāngqióng •lǐ de xīngdǒu hùxiāng huīyìng, shà shì hǎokàn.
苍穹 里 的 星斗 互相 辉映, 煞 是 好看。

Zài zhè yōuměi de yèsè zhōng, wǒ tàzhe ruǎnmiánmián de shātān, yánzhe hǎibiān, mànmàn
在 这 幽美 的 夜色 中, 我 踏着 软绵绵 的 沙滩, 沿着 海边, 慢慢

de xiàngqián zǒu•qù. Hǎishuǐ, qīngqīng de fǔmōzhe xìruǎn de shātān, fāchū wēnróu de // shuāshuā
地 向前 走去。海水, 轻轻 地 抚摸着 细软 的 沙滩, 发出 温柔 的 // 刷刷

shēng. Wǎnlái de hǎifēng, qīngxīn ér yòu liángshuǎng. Wǒ de xīn•lǐ, yǒuzhe shuō •bù chū de
声。 晚来 的 海风, 清新 而 又 凉爽。 我 的 心里, 有着 说 不 出 的

xīngfèn hé yúkuài.
兴奋 和 愉快。

Yèfēng qīngpiāopiāo de chuīfúzhe, kōngqì zhōng piāodàngzhe yī zhǒng dàhǎi hé tiánhé xiāng
夜风 轻飘飘 地 吹拂着, 空气 中 飘荡着 一 种 大海和 田禾 相

hùnhé de xiāngwèir, róuruǎn de shātān •shàng hái cánliúzhe bái•tiān tài•yáng zhìshài de yúwēn.
混合 的 香味儿, 柔软 的 沙滩 上 还 残留着 白 天 太 阳 炙晒 的 余温。

Nàxiē zài gègè gōngzuò gǎngwèi•shàng láodòngle yī tiānde rénmen, sānsānliǎngliǎng de láidào zhè
那些 在 各个 工作 岗位 上 劳动了 一 天的 人们, 三三两两 地 来到 这

ruǎnmiánmián de shātān •shàng, tāmen yùzhe liángshuǎng de hǎifēng, wàngzhe nà zhuìmǎnle
软绵绵 的 沙滩 上, 他们 浴着 凉爽 的 海风, 望着 那 缀满了

xīngxing de yèkōng, jìnqíng de shuōxiào, jìnqíng de xiūqì.
星星 的 夜空, 尽情地 说笑, 尽情地 休憩。

Jiéxuǎn zì Jùnqīng 《Hǎibīn Zhòngxià Yè》
—— 节选 自 峻青 《海滨 仲夏 夜》

扫码听范读

作品 14 号——《海洋与生命》

[朗读提示]这是一篇说明文,但字里行间又充满了对生命之源——水的赞美之情,朗读时注意融入这种情感,做到客观说明和情感表达的有机结合。

Shēngmìng zài hǎiyáng •lǐ dànshēng jué bù shì ǒurán de, hǎiyáng de wùlǐ hé huàxué xìngzhì,
生命 在 海洋 里 诞生 绝不 是 偶然 的, 海洋 的 物理 和 化学 性质,

shǐ tā chéngwéi yùnyù yuánshǐ shēngmìng de yáolán.
使 它 成为 孕育 原始 生命 的 摇篮。

Wǒmen zhī•dào, shuǐ shì shēngwù de zhòngyào zǔchéng bùfen, xǔduō dòngwù zǔzhī de
我们 知道, 水 是 生物 的 重要 组成 部分, 许多 动物 组织 的

hánshuǐliàng zài bǎi fēn zhī bāshí yǐshàng, ér yīxiē hǎiyáng shēngwù de hánshuǐliàng gāodá bǎi fēn
含水量 在 百 分 之 八十 以上, 而 一些 海洋 生物 的 含水量 高达 百 分

zhī jiǔshíwǔ. Shuǐ shì xīnchén-dàixiè de zhòngyào méijiè, méi•yǒu tā, tǐnèi de yīxìliè shēnglǐ hé
之 九十五。 水 是 新陈 代谢 的 重要 媒介, 没有 它, 体内 的 一系列 生理 和

shēngwù huàxué fǎnyìng jiù wúfǎ jìnxíng, shēngmìng yě jiù tíngzhǐ. Yīncǐ, zài duǎn shíqī nèi
生物 化学 反应 就 无法 进行, 生命 也 就 停止。 因此, 在 短 时期 内

dòngwù quē shuǐ yào bǐ quēshǎo shíwù gèngjiā wēixiǎn. Shuǐ duì jīntiān de shēngmìng shì rúcǐ
动物 缺 水要 比 缺少 食物 更加 危险。 水 对 今天 的 生命 是 如此

zhòngyào, tā duì cuìruò de yuánshǐ shēngmìng, gèng shì jǔzú-qīngzhòng le. Shēngmìng zài hǎiyáng
重要, 它 对 脆弱 的 原始 生命, 更 是 举足 轻重 了。 生命 在 海洋

•lǐ dànshēng, jiù bù huì yǒu quē shuǐ zhī yōu.
里 诞生, 就 不 会 有 缺 水 之 忧。

Shuǐ shì yī zhǒng liánghǎo de róngjì. Hǎiyáng zhōng hányǒu xǔduō shēngmìng suǒ bìxū de
水 是 一 种 良好 的 溶剂。 海洋 中 含有 许多 生命 所 必需 的

wújīyán, rú lǜhuànà, lǜhuàjiǎ, tànsuānyán, línsuānyán, háiyǒu róngjiěyǎng, yuánshǐ shēngmìng
无机盐, 如 氯化钠、氯化钾、 碳酸盐、 磷酸盐, 还有 溶解氧, 原始 生命

kěyǐ háobù fèilì de cóngzhōng xīqǔ tā suǒ xūyào de yuánsù.
可以 毫不 费力地 从中 吸取 它 所 需要 的 元素。

Shuǐ jùyǒu hěn gāo de rè róngliàng, jiāzhī hǎiyáng hàodà, rènpíng xiàjì lièrì pùshài, dōngjì
水 具有 很 高 的 热 容量, 加之 海洋 浩大, 任凭 夏季 烈日 曝晒, 冬季

hánfēng sǎodàng, tā de wēndù biànhuà què bǐjiào xiǎo. Yīncǐ, jùdà de hǎiyáng jiù xiàng shì
寒风 扫荡, 它 的 温度 变化 却 比较 小。 因此, 巨大 的 海洋 就 像 是

tiānrán de "wēnxiāng", shì yùnyù yuánshǐ shēngmìng de wēnchuáng.
天然 的 "温箱", 是 孕育 原始 生命 的 温床。

Yángguāng suīrán wéi shēngmìng suǒ bìxū, dànshì yángguāng zhōng de zǐwàixiàn què yǒu
阳光 虽然 为 生命 所 必需, 但是 阳光 中 的 紫外线 却 有

èshā yuánshǐ shēngmìng de wēixiǎn. Shuǐ néng yǒuxiào de xīshōu zǐwàixiàn, yīn'ér yòu wèi yuánshǐ
扼杀 原始 生命 的 危险。 水 能 有效 地 吸收 紫外线, 因而 又 为 原始

shēngmìng tígōngle tiānrán de "píngzhàng".
生命 提供了 天然 的 "屏障"。

Zhè yīqiè dōu shì yuánshǐ shēngmìng déyǐ chǎnshēng hé fāzhǎn de bìyào tiáojiàn. //
这 一切 都 是 原始 生命 得以 产生 和 发展 的 必要 条件。 //

Jiéxuǎn zì Tóng Chángliàng 《Hǎiyáng yǔ Shēngmìng》
—— 节选 自 童 裳亮 《海洋 与 生命》

作品 15 号——《华夏文明的发展与融合》

[**朗读提示**]中国景观的历史地理内涵,就是华夏文明的具体表现,华夏文明不光是指语言、戏剧、饮食,还有被文明充分雕塑了一番的中国大地。本文从自然景观与人文风情两方面论述了华夏文明的发展和融合,朗读时要根据描写对象区分不同段落间的情感变化。

Zài wǒguó lìshǐ dìlǐ zhōng, yǒu sān dà dūchéng mìjíqū, tāmen shì: Guānzhōng Péndì、
在 我国 历史 地理 中, 有 三 大 都城 密集区, 它们 是: 关中 盆地、

Luòyáng Péndì、Běijīng Xiǎopíngyuán. Qízhōng měi yī gè dìqū dōu céng dànshēngguo sì gè
洛阳 盆地、北京 小平原。 其中 每 一 个 地区 都 曾 诞生过 四 个

yǐshàng dàxíng wángcháo de dūchéng. Ér Guānzhōng Péndì、Luòyáng Péndì shì qiáncháo lìshǐ de
以上 大型 王朝 的 都城。而 关中 盆地、洛阳 盆地 是 前朝 历史 的

liǎng gè dūchéng mìjíqū, zhèng shì tāmen gòuchéngle zǎoqī wénmíng héxīn dìdài zhōng zuì
两个 都城 密集区, 正 是 它们 构成了 早期 文明 核心 地带 中 最

zhòngyào de nèiróng.
重要 的 内容。

Wèi shénme zhège dìdài huì chéngwéi Huáxià wénmíng zuì xiānjìn de dìqū? Zhè zhǔyào shì yóu
为 什么 这个 地带 会 成为 华夏 文明 最 先进 的 地区? 这 主要 是 由

liǎng gè fāngmiàn de tiáojiàn cùchéng de, yī gè shì zìrán huánjìng fāngmiàn de, yī gè shì
两个 方面 的 条件 促成 的,一 个 是 自然 环境 方面 的,一 个 是

rénwén huánjìng fāngmiàn de.
人文 环境 方面 的。

Zài zìrán huánjìng fāngmiàn, zhè·lǐ shì wǒguó wēndài jìfēng qìhòudài de nánbù, jiàngyǔ、qìwēn、
在 自然 环境 方面, 这里 是 我国 温带 季风 气候带 的 南部,降雨、气温、

tǔrǎng děng tiáojiàn dōu kěyǐ mǎnzú hànzuò nóngyè de xūqiú. Zhōngguó běifāng de gǔdài
土壤 等 条件 都 可以 满足 旱作 农业 的 需求。 中国 北方 的 古代

nóngzuòwù, zhǔyào shì yīniánshēng de sù hé shǔ. Huánghé zhōng-xiàyóu de zìrán huánjìng wèi
农作物, 主要 是 一年生 的 粟和黍。 黄河 中下游 的 自然 环境 为

sù-shǔ zuòwù de zhòngzhí hé gāochǎn tígōngle détiān-dúhòu de tiáojiàn. Nóngyè shēngchǎn de
粟黍 作物 的 种植 和 高产 提供了 得天独厚 的 条件。 农业 生产 的

fādá, huì cùjìn zhěnggè shèhuì jīngjì de fāzhǎn, cóng'ér tuīdòng shèhuì de jìnbù.
发达,会 促进 整个 社会 经济 的 发展, 从而 推动 社会 的 进步。

Zài rénwén huánjìng fāngmiàn, zhè·lǐ shì nán-běifāng、dōng-xīfāng dàjiāoliú de zhóuxīn dìqū.
在 人文 环境 方面, 这里 是 南北方、 东西方 大交流 的 轴心 地区。

Zài zuì zǎo de liù dà xīn shíqì wénhuà fēnbù xíngshìtú zhōng kěyǐ kàndào, Zhōngyuán chǔyú zhèxiē
在 最早 的 六大 新 石器 文化 分布 形势图 中 可以 看到, 中原 处于 这些

wénhuà fēnbù de zhōngyāng dìdài. Wúlùn shì kǎogǔ fāxiàn háishi lìshǐ chuánshuō, dōu yǒu nán-běi
文化 分布 的 中央 地带。无论 是 考古 发现 还是 历史 传说, 都 有 南北

wénhuà cháng jùlí jiāoliú、dōng-xī wénhuà xiānghù pèngzhuàng de zhèngjù. Zhōngyuán dìqū zài
文化 长 距离 交流、东西 文化 相互 碰撞 的 证据。 中原 地区 在

kōngjiān ·shàng qiàqià wèijū zhōngxīn, chéngwéi xìnxī zuì fādá、yǎnjiè zuì kuānguǎng、huó·dòng
空间 上 恰恰 位居 中心, 成为 信息 最发达、眼界 最 宽广、 活动

zuì// fánmáng、jìngzhēng zuì jīliè de dìfang. Zhèng shì zhèxiē huó·dòng, tuīdòngle gè xiàng rénwén
最// 繁忙、 竞争 最 激烈 的 地方。 正 是 这些 活动, 推动了 各 项 人文

shìwù de fāzhǎn, wénmíng de fāngfāngmiànmiàn jiù shì zài chùlǐ gè lèi shìwù de guòchéng zhōng
事务 的 发展, 文明 的 方方面面 就是 在 处理 各类 事务 的 过程 中

bèi kāichuàng chū·lái de.
被 开创 出来 的。

Jiéxuǎn zì Táng Xiǎofēng《Huáxià Wénmíng de Fāzhǎn yǔ Rónghé》
——节选 自 唐 晓峰 《华夏 文明 的 发展 与 融合》

作品 16 号——《记忆像铁轨一样长》

扫码听范读

[朗读提示]对于中国的老百姓来说,火车,并不仅仅是一种交通工具那样简单。它是历史的亲历者,更是历史的见证者。火车,又收纳着中国人的精神世界里难忘的时代记忆与丰富的个人情感,承载着一代又一代中国人沉甸甸的梦想。朗读时,要深刻把握具象的火车与抽象的记忆,表达出对旧日时光的怀念以及对美好明天的向往。

Yú hěnduō Zhōngguórén ér yán, huǒchē jiù shì gùxiāng. Zài Zhōngguórén de xīnzhōng, gùxiāng
于 很多 中国人 而 言, 火车 就 是 故乡。 在 中国人 的 心中, 故乡

de dìwèi yóuwéi zhòngyào, lǎojiā de yìyì fēitóng-xúncháng, suǒyǐ, jíbiàn shì zuòguo wúshù cì
的 地位 尤为 重要, 老家 的 意义 非同寻常, 所以, 即便 是 坐过 无数 次

huǒchē, dàn yìnxiàng zuì shēnkè de, huòxǔ hái shì fǎnxiāng nà yī tàng chē. Nà yīlièliè fǎnxiāng
火车, 但 印象 最 深刻 的, 或许 还 是 返乡 那 一 趟 车。 那 一列列 返乡

de huǒchē suǒ tíngkào de zhàntái biān, xīrǎng de rénliú zhōng, cōngmáng de jiǎobù ·lǐ, zhāngwàng
的 火车 所 停靠 的 站台 边, 熙攘 的 人流 中, 匆忙 的 脚步 里, 张望

de mùguāng ·xià, yǒngdòngzhe de dōu shì sīxiāng de qíngxù. Měi yī cì kàn·jiàn fǎnxiāng nà
的 目光 下, 涌动着 的 都 是 思乡 的 情绪。 每 一 次 看见 返乡 那

tàng huǒchē, zǒng jué·dé shì nàyàng kě'ài yǔ qīnqiè, fǎngfú kàn·jiànle qiānlǐ zhī wài de gùxiāng.
趟 火车, 总 觉得 是 那样 可爱 与 亲切, 仿佛 看见了 千里 之 外 的 故乡。

Shàng huǒchē hòu, chē qǐdòng de yīchànà, zài chēlún yǔ tiěguǐ pèngzhuàng de "kuàngqiě" shēng
上 火车 后, 车 启动 的 一刹那, 在 车轮 与 铁轨 碰撞 的 "况且" 声

zhōng, sīxiāng de qíngxù biàn dǒurán zài chēxiāng ·lǐ mímàn kāi·lái. Nǐ zhī·dào, tā jiāng shǐxiàng
中, 思乡 的 情绪 便 陡然 在 车厢 里 弥漫 开来。 你 知道, 它 将 驶向

de, shì nǐ zuì shú·xī yě zuì wēnnuǎn de gùxiāng. Zài guò jǐ gè huòzhě shíjǐ gè xiǎoshí, nǐ jiù
的, 是 你 最 熟悉 也 最 温暖 的 故乡。 再 过 几 个 或者 十几 个 小时, 你 就

huì huídào gùxiāng de huáibào. Zhèbān gǎnshòu, xiāngxìn zài hěnduō rén de shēn·shàng dōu céng
会 回到 故乡 的 怀抱。 这般 感受, 相信 在 很多 人 的 身上 都 曾

fāshēngguò. Yóuqí zài Chūnjié、Zhōngqiū děng chuántǒng jiérì dàolái zhījì, qīnrén tuánjù de shíkè,
发生过。 尤其 在 春节、 中秋 等 传统 节日 到来 之际, 亲人 团聚 的 时刻,

gèngwéi qiángliè.
更为 强烈。

Huǒchē shì gùxiāng, huǒchē yě shì yuǎnfāng. Sùdù de tíshēng, tiělù de yánshēn, ràng rénmen
火车 是 故乡, 火车 也 是 远方。 速度 的 提升, 铁路 的 延伸, 让 人们

tōngguò huǒchē shíxiànle xiàng yuǎnfāng zìyóu liúdòng de mèngxiǎng. Jīntiān de Zhōngguó
通过 火车 实现了 向 远方 自由 流动 的 梦想。 今天 的 中国

lǎobǎixìng, zuòzhe huǒchē, kěyǐ qù wǎng jiǔbǎi liùshí duō wàn píngfāng gōnglǐ tǔdì ·shàng de
老百姓, 坐着 火车, 可以 去 往 九百 六十 多 万 平方 公里 土地 上 的

tiānnán-dìběi, láidào zǔguó dōngbù de píngyuán, dàodá zǔguó nánfāng de hǎi biān, zǒu·jìn zǔguó
天南地北, 来到 祖国 东部 的 平原, 到达 祖国 南方 的 海边, 走进 祖国

xībù de shāmò, tà·shàng zǔguó běifāng de cǎoyuán, qù guān sānshān-wǔyuè, qù kàn dàjiāng-dàhé……
西部 的 沙漠, 踏上 祖国 北方 的 草原, 去 观 三山五岳, 去 看 大江大河……

Huǒchē yǔ kōng//jiān yǒuzhe mìqiè de liánxì, yǔ shíjiān de guānxi yě ràng rén jué·dé pō yǒu
火车 与 空//间 有着 密切 的 联系, 与 时间 的 关系 也 让 人 觉得 颇 有

yìsi. Nà chángcháng de chēxiāng, fǎngfú yītóu liánzhe Zhōngguó de guòqù, yītóu liánzhe
意思。那 长长 的 车厢, 仿佛 一头 连着 中国 的 过去, 一头 连着

Zhōngguó de wèilái.
中国 的 未来。

Jiéxuǎn zì Shū Yì《Jìyì Xiàng Tiěguǐ Yíyàng Cháng》
——节选 自 舒翼《记忆 像 铁轨 一样 长》

作品 17 号——《将心比心》

扫码听范读

[**朗读提示**]本文以"将心比心"为题,通过发生在日常生活中的两个小故事,揭示了令人深思的人生哲理。文章最为感人的是两处人物的语言描写要带有感情地朗读,其一:"我的妈妈和您的年龄差不多……也有人为她开门。"其二:"这是我的女儿……也能得到患者的宽容和鼓励。"

Nǎinai gěi wǒ jiǎngguo zhèyàng yī jiàn shì: yǒu yī cì tā qù shāngdiàn, zǒu zài tā qián·miàn
奶奶 给 我 讲过 这样 一 件 事:有 一 次 她 去 商店, 走 在 她 前面

de yī wèi āyí tuīkāi chénzhòng de dàmén, yìzhí děngdào tā gēn shàng·lái cái sōngkāi shǒu.
的 一 位 阿姨 推开 沉重 的 大门, 一直 等到 她 跟 上来 才 松开 手。

Dāng nǎinai xiàng tā dàoxiè de shíhou, nà wèi āyí qīngqīng de shuō: "Wǒ de māma hé nín de
当 奶奶 向 她 道谢 的 时候, 那 位 阿姨 轻轻 地 说:"我的 妈妈 和 您的

niánlíng chà·bùduō, wǒ xīwàng tā yùdào zhèzhǒng shíhou, yě yǒu rén wèi tā kāimén." Tīngle zhè
年龄 差不多, 我 希望 她 遇到 这种 时候, 也 有 人 为 她 开门。" 听了 这

jiàn shì, wǒ de xīn wēnnuǎnle xǔjiǔ.
件 事, 我 的 心 温暖了 许久。

Yī tiān, wǒ péi huànbìng de mǔ·qīn qù yīyuàn shūyè, niánqīng de hùshi wèi mǔ·qīn zhāle liǎng
一 天, 我 陪 患病 的 母亲 去 医院 输液, 年轻 的 护士 为 母亲 扎了 两

zhēn yě méi·yǒu zhā jìn xuèguǎn·lǐ, yǎnjiàn zhēnyǎnr chù gǔqǐ qīngbāo. Wǒ zhèng yào bàoyuàn jǐ
针 也 没有 扎 进 血管 里, 眼见 针眼 处 鼓起 青包。我 正 要 抱怨 几

jù, yī tái tóu kàn·jiànle mǔ·qīn píngjìng de yǎnshén —— tā zhèngzài zhùshìzhe hùshi étóu
句, 一 抬 头 看见了 母亲 平静 的 眼神 —— 她 正在 注视着 护士 额头

·shàng mìmì de hànzhū, wǒ bùjīn shōuzhùle yǒngdào zuǐ biān de huà. Zhǐ jiàn mǔ·qīn qīngqīng de
上 密密 的 汗珠, 我 不禁 收住了 涌到 嘴 边 的 话。只 见 母亲 轻轻 地

duì hùshi shuō: "Bù yàojǐn, zài lái yī cì!" Dì-sān zhēn guǒrán chénggōng le. Nà wèi hùshi
对 护士 说:"不 要紧, 再 来 一 次!" 第三 针 果然 成功 了。那 位 护士

zhōngyú cháng chūle yī kǒu qì, tā liánshēng shuō: "Āyí, zhēn duì·bùqǐ. Wǒ shì lái shíxí de,
终于 长 出了 一 口 气, 她 连声 说:"阿姨, 真 对不起。我 是 来 实习 的,

zhè shì wǒ dì-yī cì gěi bìngrén zhā zhēn, tài jǐnzhāng le. Yào·bùshì nín de gǔlì, wǒ zhēn bù gǎn
这 是 我 第一 次 给 病人 扎 针, 太 紧张 了。要不是 您 的 鼓励, 我 真 不 敢

gěi nín zhā le." Mǔ·qīn yòng lìng yī zhī shǒu lāzhe wǒ, píngjìng de duì hùshi shuō: "Zhè shì wǒ
给 您 扎 了。"母亲 用 另 一 只 手 拉着 我, 平静 地 对 护士 说:"这 是 我

de nǚ'ér, hé nǐ chà·bùduō dàxiǎo, zhèngzài yīkē dàxué dúshū, tā yě jiāng miànduì zìjǐ de
的 女儿, 和 你 差不多 大小, 正在 医科 大学 读书, 她 也 将 面对 自己 的

dì-yī gè huànzhě. Wǒ zhēn xīwàng tā dì-yī cì zhā zhēn de shíhou, yě néng dédào huànzhě de
第一 个 患者。我 真 希望 她 第一 次 扎 针 的 时候, 也 能 得到 患者 的

kuānróng hé gǔlì." Tīngle mǔ•qīn de huà, wǒ de xīn•lǐ chōngmǎnle wēnnuǎn yǔ xìngfú.
宽容 和 鼓励。" 听了 母亲 的 话， 我 的 心里 充满了 温暖 与 幸福。

Shì a, rúguǒ wǒmen zài shēnghuó zhōng néng jiāngxīn-bǐxīn, jiù huì duì lǎorén shēngchū yī
是 啊，如果 我们 在 生活 中 能 将心比心， 就 会 对 老人 生出 一

fèn// zūnzhòng, duì háizi zēngjiā yī fèn guān'ài, jiù huì shǐ rén yǔ rén zhījiān duō yīxiē kuānróng
份// 尊重， 对 孩子 增加 一 份 关爱， 就 会 使 人 与 人 之间 多 一些 宽容

hé lǐjiě.
和 理解。

Jiéxuǎn zì Jiāng Guìhuá《Jiāngxīn-bǐxīn》
—— 节选 自 姜 桂华 《将心比心》

作品 18 号——《晋祠》

[**朗读提示**]本文感情厚重，笔墨细密，引人入胜。作者以森严而抒情的文字，将古老的祠堂复苏，将故乡的情义被晋祠深深吸引至脊背，长久地传送着满溢的爱与思乡之情。朗读时，要多注意景物描写与思想感情的抒发表达。

Jìncí zhī měi, zài shān, zài shù, zài shuǐ.
晋祠 之 美， 在 山， 在 树， 在 水。

Zhè•lǐ de shān, wēiwēi de, yǒurú yī dào píngzhàng; chángcháng de, yòu rú shēnkāi de
这里 的 山， 巍巍 的， 有如 一 道 屏障； 长长 的， 又 如 伸开 的

liǎngbì, jiāng Jìncí yōng zài huáizhōng. Chūnrì huánghuā mǎn shān, jìngyōu-xiāngyuǎn; qiūlái cǎomù
两臂， 将 晋祠 拥 在 怀中。 春日 黄花 满 山， 径幽香远； 秋来 草木

xiāoshū, tiāngāo-shuǐqīng. Wúlùn shénme shíhou shèjí dēngshān dōu huì xīnkuàng-shényí.
萧疏， 天高水清。 无论 什么 时候 拾级 登山 都 会 心旷神怡。

Zhè•lǐ de shù, yǐ gǔlǎo cāngjìng jiàncháng. Yǒu liǎng kē lǎoshù: yī kē shì zhōubǎi, lìng yī
这里 的 树， 以 古老 苍劲 见长。 有 两 棵 老树： 一 棵 是 周柏， 另 一

kē shì tánghuái. Nà zhōubǎi, shùgàn jìngzhí, shùpí zhòuliè, dǐng•shàng tiǎozhe jǐ gēn qīngqīng de
棵 是 唐槐。 那 周柏， 树干 劲直， 树皮 皱裂， 顶 上 挑着 几 根 青青 的

shūzhī, yǎnwò yú shíjiē páng. Nà tánghuái, lǎogàn cūdà, qiúzhī pánqū, yī cùcù róutiáo, lǜyè
疏枝， 偃卧 于 石阶 旁。 那 唐槐， 老干 粗大， 虬枝 盘屈， 一 簇簇 柔条， 绿叶

rú gài. Hái yǒu shuǐ biān diàn wài de sōng-bǎi-huái-liǔ, wúbù xiǎnchū cāngjìng de fēnggǔ. Yǐ
如 盖。 还 有 水 边 殿 外 的 松柏槐柳， 无不 显出 苍劲 的 风骨。 以

zàoxíng qítè jiàncháng de, yǒude yǎn rú lǎoyù fù shuǐ, yǒude tǐng rú zhuàngshì tuō tiān,
造型 奇特 见长 的， 有的 偃 如 老妪 负 水， 有的 挺 如 壮士 托 天，

bùyī'érzú. Shèngmǔdiàn qián de zuǒniǔbǎi, bádì'érqǐ, zhíchōng-yúnxiāo, tā de shùpí•shàng de
不一而足。 圣母殿 前 的 左扭柏， 拔地而起， 直冲云霄， 它 的 树皮上 的

wénlǐ yīqí xiàng zuǒ•biān nǐnggù, yī quān yī quān, sīwén bù luàn, xiàng dì•xià xuánqǐle yī gǔ
纹理 一齐 向 左边 拧去， 一 圈 一 圈， 丝纹 不 乱， 像 地下 旋起了 一 股

yān, yòu sì tiān•shàng chuíxiàle yī gēn shéng. Jìncí zài gǔmù de yìnhù xià, xiǎn•dé fènwài
烟， 又 似 天上 垂下了 一 根 绳。 晋祠 在 古木 的 荫护 下， 显得 分外

yōujìng、diǎnyǎ.
幽静、 典雅。

Zhè•lǐ de shuǐ, duō、qīng、jìng、róu. Zài yuán•lǐ xìnbù, dàn jiàn zhè•lǐ yī hóng shēntán,
这里 的 水， 多、 清、 静、 柔。 在 园 里 信步， 但 见 这里 一 泓 深潭，

• 121 •

nà•lǐ yī tiáo xiǎoqú. Qiáo •xià yǒu hé, tíng zhōng yǒu jǐng, lù biān yǒu xī. Shí jiān xìliú
那里 一 条 小渠。 桥 下 有 河, 亭 中 有 井, 路 边 有 溪。 石 间 细流

mòmò, rú xiàn rú lǚ; lín zhōng bìbō shǎnshǎn, rú jǐn rú duàn. Zhèxiē shuǐ dōu láizì
脉脉, 如 线 如 缕; 林 中 碧波 闪闪, 如 锦 如 缎。 这些 水 都 来自

"Nánlǎoquán". Quán •shàng yǒu tíng, tíng •shàng xuánguàzhe Qīngdài zhùmíng xuézhě Fù Shān xiě
"难老泉"。 泉 上 有亭, 亭 上 悬挂着 清代 著名 学者 傅山 写

de "Nánlǎoquán" sān gè zì. Zhème duō de shuǐ chángliú-bùxī, rìrìyèyè fāchū dīngdīngdōngdōng
的 "难老泉" 三 个字。 这么 多 的 水 长流不息, 日日夜夜 发出 叮叮咚咚

de xiǎngshēng. Shuǐ de qīngchè zhēn lìng rén jiàojué, wúlùn// duō shēn de shuǐ, zhǐyào guāngxiàn
的 响声。 水 的 清澈 真 令人 叫绝,无论// 多 深 的 水, 只要 光线

hǎo, yóuyú suìshí, lìlì kě jiàn. Shuǐ de liúshì dōu bù dà, qīngqīng de wēibō, jiāng chángcháng
好, 游鱼 碎石, 历历 可 见。 水 的 流势 都 不 大, 清清 的 微波, 将 长长

de cǎomàn lāchéng yī lǚlǚ de sī, pū zài hé dǐ, guà zài àn biān, hézhe nàxiē jīnyú, qīngtái
的 草蔓 拉成 一 缕缕的 丝, 铺 在 河底, 挂 在 岸边, 合着 那些 金鱼、 青苔

yǐjí shílán de dàoyǐng, zhīchéng yī tiáotiáo dà piāodài, chuān tíng rào shù, rǎnrǎn-bùjué.
以及 石栏 的 倒影, 织成 一 条条 大 飘带, 穿 亭 绕 树, 冉冉不绝。

Dāngnián Lǐ Bái láidào zhè•lǐ, céng zàntàn shuō: "Jìncí liúshuǐ rú bìyù." Dāng nǐ yánzhe liúshuǐ
当年 李白 来到 这里, 曾 赞叹 说:"晋祠 流水 如 碧玉。" 当 你 沿着 流水

qù guānshǎng nà tíng-tái-lóu-gé shí, yěxǔ huì zhèyàng wèn: zhè jǐ bǎi jiān jiànzhù pà dōu shì zài
去 观赏 那 亭台楼阁 时, 也许 会 这样 问:这 几 百 间 建筑 怕 都 是 在

shuǐ •shàng piāozhe de ba!
水 上 漂着 的 吧!

Jiéxuǎn zì Liáng Héng《Jìncí》
—— 节选 自 梁 衡《晋祠》

作品 19 号——《敬畏自然》

扫码听范读

[朗读提示]所谓"敬畏",即"敬重并畏惧"。作者的目的在于让读者对自然持有正确的态度,力图构建一个人与自然和谐统一的天人合一的自然观点和人生观,真正达到"天人合一"。因此,朗读时要正确传情达意,切勿脱离作者的真实情感。

Rénmen chángcháng bǎ rén yǔ zìrán duìlì qǐ•lái, xuānchēng yào zhēngfú zìrán. Shūbùzhī zài
人们 常常 把人 与 自然 对立 起来, 宣称 要 征服 自然。 殊不知 在

dàzìrán miànqián, rénlèi yǒngyuǎn zhǐ shì yī gè tiānzhēn yòuzhì de háitóng, zhǐ shì dàzìrán jītǐ
大自然 面前, 人类 永远 只是 一 个 天真 幼稚 的 孩童, 只是 大自然 机体

shàng pǔtōng de yī bùfen, zhèng xiàng yī zhū xiǎocǎo zhǐ shì tā de pǔtōng yī bùfen yīyàng.
上 普通 的 一 部分, 正 像 一 株 小草 只是 她 的 普通 一 部分 一样。

Rúguǒ shuō zìrán de zhìhuì shì dàhǎi, nàme, rénlèi de zhìhuì jiù zhǐ shì dàhǎi zhōng de yī gè xiǎo
如果 说 自然 的 智慧 是 大海, 那么, 人类 的 智慧 就 只是 大海 中 的 一 个 小

shuǐdī, suīrán zhège shuǐdī yě néng yìngzhào dàhǎi, dàn bìjìng bù shì dàhǎi, kěshì, rénmen jìngrán
水滴, 虽然 这个 水滴 也 能 映照 大海, 但 毕竟 不 是 大海, 可是, 人们 竟然

bùzìliànglì de xuānchēng yào yòng zhè dī shuǐ lái dàitì dàhǎi.
不自量力地 宣称 要 用 这 滴 水 来 代替 大海。

Kànzhe rénlèi zhè zhǒng kuángwàng de biǎoxiàn, dàzìrán yīdìng huì qièxiào —— jiù xiàng
看着 人类 这 种 狂妄 的 表现, 大自然 一定 会 窃笑 —— 就 像

mǔ•qīn miànduì wúzhī de háizi nàyàng de xiào. Rénlèi de zuòpǐn fēi•shàngle tàikōng, dǎkāile
母亲　面对　无知　的孩子　那样　的笑。人类　的作品　飞上了　太空，打开了

yīgègè wēiguān shìjiè, yúshì rénlèi zhānzhān-zìxǐ, yǐwéi jiēkāile dàzìrán de mìmì. Kěshì, zài zìrán
一个个　微观　世界，于是　人类　沾沾自喜，以为　揭开了　大自然　的秘密。可是，在　自然

kànlái, rénlèi shàngxià fānfēi de zhè piàn jùdà kōngjiān, bùguò shì zhǐchǐ zhījiān éryǐ, jiù rútóng
看来，人类　上下　翻飞　的这　片　巨大　空间，不过　是　咫尺　之间　而已，就　如同

kūnpéng kàndài chìyàn yībān, zhǐshì pénghāo zhījiān bàle. Jíshǐ cóng rénlèi zìshēn zhìhuì fāzhǎnshǐ
鲲鹏　看待　斥鷃　一般，只是　蓬蒿　之间　罢了。即使　从　人类　自身　智慧　发展史

de jiǎodù kàn, rénlèi yě méi•yǒu lǐyóu guòfèn zì'ào; rénlèi de zhīshi yǔ qí zǔxiān xiāngbǐ chéngrán
的角度　看，人类　也　没有　理由　过分　自傲；人类　的知识　与其　祖先　相比　诚然

yǒule jí dà de jìnbù, sìhū yǒu cháoxiào gǔrén de zīběn; kěshì, shūbùzhī duìyú hòurén ér yán
有了极大　的进步，似乎有　嘲笑　古人　的资本；可是，殊不知　对于　后人　而言

wǒmen yě shì gǔrén, yīwàn nián yǐhòu de rénmen yě tóngyàng huì cháoxiào jīntiān de wǒmen, yěxǔ
我们也　是古人，一万　年　以后　的人们　也　同样　会　嘲笑　今天　的我们，也许

zài tāmen kànlái, wǒmen de kēxué guānniàn hái yòuzhì de hěn, wǒmen de hángtiānqì zài tāmen
在　他们看来，我们　的科学　观念　还　幼稚　得很，我们　的　航天器　在他们

yǎnzhōng bùguò shì gè fēicháng jiǎndān de// értóng wánjù.
眼中　不过是　个　非常　简单　的// 儿童　玩具。

Jiéxuǎn zì Yán Chūnyǒu《Jìngwèi Zìrán》
—— 节选　自严　春友　《敬畏　自然》

作品 20 号——《看戏》

[**朗读提示**]本文主要描写了"女主角穆桂英"扮演者梅兰芳用自己的表演触动了在场的每一个观众。通过大段的舞台描写表现女主角技艺的高超。在朗读中，舞台表演的部分要表达得生动有趣，让听众有身临其境之感。

Wǔtái •shàng de mùbù lākāi le, yīnyuè zòu qǐ•lái le. Yǎnyuánmen cǎizhe yīnyuè de pāizi,
舞台　上　的幕布　拉开了，音乐　奏　起来了。演员们　踩着　音乐　的拍子，

yǐ zhuāngzhòng ér yǒu jiézòu de bùfǎ zǒudào dēngguāng qián•miàn lái le. Dēngguāng shè zài
以　庄重　而有节奏　的步法　走到　灯光　前面　来了。灯光　射在

tāmen wǔyán-liùsè de fúzhuāng hé tóushì •shàng, yī piàn jīnbì-huīhuáng de cǎixiá.
他们五颜六色　的　服装　和头饰　上，一片　金碧辉煌　的彩霞。

Dāng nǚzhǔjué Mù Guìyīng yǐ qīngyíng ér jiǎojiàn de bùzi chūchǎng de shíhou, zhège píngjìng
当　女主角穆　桂英以　轻盈　而矫健　的步子　出场　的时候，这个　平静

de hǎimiàn dǒurán dòngdàng qǐ•lái le, tā shàng•miàn juǎnqǐle yī zhèn bàofēngyǔ: guānzhòng
的海面　陡然　动荡　起来了，它　上面　卷起了　一阵　暴风雨：观众

xiàng chùle diàn shìde xùnjí duì zhè wèi nǚyīngxióng bào yǐ léimíng bān de zhǎngshēng. Tā kāishǐ
像　触了　电　似的迅即对　这位　女英雄　报以雷鸣　般的　掌声。她　开始

chàng le. Tā yuánrùn de gēhóu zài yèkōng zhōng chàndòng, tīng qǐ•lái liáoyuǎn ér yòu qièjìn,
唱了。她　圆润　的歌喉　在夜空　中　颤动，听　起来　辽远　而又切近，

róuhé ér yòu kēngqiāng. Xìcí xiàng zhūzi shìde cóng tā de yī xiào yī pín zhōng, cóng tā yōuyǎ
柔和　而又　铿锵。戏词　像　珠子似的　从　她的一笑一颦　中，从　她优雅

de "shuǐxiù" zhōng, cóng tā ēnuó de shēnduàn zhōng, yī lì yī lì de gǔn xià•lái, dī zài
的"水袖"中，从　她婀娜　的身段　中，一粒一粒地　滚　下来，滴在

dì·shàng, jiàndào kōngzhōng, luò·jìn měi yī gè rén de xīn·lǐ, yǐnqǐ yī piàn shēnyuǎn de huíyīn.
地上， 溅到 空中， 落进 每 一 个 人 的 心里，引起 一 片 深远 的 回音。

Zhè huíyīn tīng·bù jiàn, què yānmòle gāngcái yǒngqǐ de nà yī zhèn rèliè de zhǎngshēng.
这 回音 听 不 见，却 淹没了 刚才 涌起 的 那 一 阵 热烈 的 掌声。

Guānzhòng xiàng zháole mó yīyàng, hūrán biàn de yāquè-wúshēng. Tāmen kàn de rùle shén.
观众 像 着了 魔 一样， 忽然 变 得 鸦雀无声。 他们 看 得 入了 神。

Tāmen de gǎnqíng hé wǔtái·shàng nǚzhǔjué de gǎnqíng róngzàile yīqǐ. Nǚzhǔjué de gēwǔ jiànjiàn
他们 的 感情 和 舞台 上 女主角 的 感情 融在了 一起。女主角 的 歌舞 渐渐

jìnrù gāocháo. Guānzhòng de qínggǎn yě jiànjiàn jìnrù gāocháo. Cháo zài zhǎng. Méi·yǒu shuí
进入 高潮。 观众 的 情感 也 渐渐 进入 高潮。 潮 在 涨。 没有 谁

néng kòngzhì zhù tā. Zhège yīdù píngjìng xià·lái de rénhǎi hūrán yòu dòngdàng qǐ·lái le. Xì jiù
能 控制 住 它。这个 一度 平静 下来 的 人海 忽然 又 动荡 起来 了。戏 就

zài zhè shíhou yào dàodá dǐngdiǎn. Wǒmen de nǚzhǔjué zài zhè shíhou jiù xiàng yī duǒ shèngkāi de
在 这 时候 要 到达 顶点。 我们 的 女主角 在 这 时候 就 像 一 朵 盛开 的

xiānhuā, guānzhòng xiǎng bǎ zhè duǒ xiānhuā pěng zài shǒu·lǐ, bù ràng// tā xiāoshì. Tāmen
鲜花， 观众 想 把 这 朵 鲜花 捧 在 手 里，不 让// 它 消逝。 他们

bùyuē'értóng de cóng zuòwèi·shàng lì qǐ·lái, xiàng cháoshuǐ yīyàng, yǒngdào wǒmen zhè wèi
不约而同 地 从 座位 上 立 起来， 像 潮水 一样， 涌到 我们 这 位

yìshùjiā miànqián. Wǔtái yǐ·jīng shīqùle jièxiàn, zhěnggè de jùchǎng chéngle yī gè pángdà de
艺术家 面前。 舞台 已经 失去了 界限， 整个 的 剧场 成了 一 个 庞大 的

wǔtái.
舞台。

Wǒmen zhè wèi yìshùjiā shì shuí ne? Tā jiù shì Méi Lánfāng tóngzhì. Bàn gè shìjì de wǔtái
我们 这 位 艺术家 是 谁 呢？他 就 是 梅 兰芳 同志。 半 个 世纪 的 舞台

shēngyá guò·qù le, liùshíliù suì de gāolíng, réngrán néng chuàngzào chū zhèyàng fùyǒu zhāoqì de
生涯 过去 了，六十六 岁 的 高龄， 仍然 能 创造 出 这样 富有 朝气 的

měilì xíngxiàng, biǎoxiàn chū zhèyàng chōngpèi de qīngchūn huólì, zhè bù néng bù shuō shì qíjī.
美丽 形象， 表现 出 这样 充沛 的 青春 活力，这 不 能 不 说 是 奇迹。

Zhè qíjī de chǎnshēng shì bìrán de, yīnwèi wǒmen yōngyǒu zhèyàng rèqíng de guānzhòng hé
这 奇迹的 产生 是 必然的， 因为 我们 拥有 这样 热情 的 观众 和

zhèyàng rèqíng de yìshùjiā.
这样 热情 的 艺术家。

Jiéxuǎn zì Yè Jūnjiàn《Kàn Xì》
—— 节选 自 叶 君健 《看 戏》

作品 21 号——《莲花和樱花》

扫码听范读

[朗读提示]本文是一篇表达中日人民友好的文章，语言通俗易懂，没有抽象的高谈阔论，所以朗读时声音要松弛，语气要自然亲切。

Shí nián, zài lìshǐ·shàng bùguò shì yī shùnjiān. Zhǐyào shāo jiā zhùyì, rénmen jiù huì fāxiàn:
十 年， 在 历史 上 不过 是 一 瞬间。 只要 稍 加 注意， 人们 就 会 发现：

zài zhè yī shùnjiān·lǐ, gè zhǒng shìwù dōu qiāoqiāo jīnglìle zìjǐ de qiānbiàn-wànhuà.
在 这 一 瞬间 里，各 种 事物 都 悄悄 经历了 自己 的 千变 万化。

Zhè cì chóngxīn fǎng Rì, wǒ chùchù gǎndào qīnqiè hé shú·xī, yě zài xǔduō fāngmiàn fājuéle
这 次 重新 访日，我 处处 感到 亲切 和 熟悉，也 在 许多 方面 发觉了

Rìběn de biànhuà. Jiù ná Nàiliáng de yī gè jiǎoluò lái shuō ba, wǒ chóngyóule wèi zhī gǎnshòu
日本 的 变化。 就 拿 奈良 的 一 个 角落 来 说 吧，我 重游了 为 之 感受

hěn shēn de Táng Zhāotí Sì, zài sì nèi gè chù cōngcōng zǒule yī biàn, tíngyuàn yījiù, dàn
很 深 的 唐 招提 寺，在 寺 内 各 处 匆匆 走了 一 遍，庭院 依旧，但

yìxiǎng•bù dào hái kàndàole yīxiē xīn de dōngxi. Qízhōng zhīyī, jiùshì jìn jǐ nián cóng Zhōngguó
意想 不 到 还 看到了 一些 新 的 东西。 其中 之一，就是 近 几 年 从 中国

yízhí lái de "yǒuyì zhī lián".
移植 来 的 "友谊 之 莲"。

　　Zài cúnfàng Jiànzhēn yíxiàng de nàge yuànzi•lǐ, jǐ zhū Zhōngguó lián ángrántǐnglì, cuìlǜ de
　　在 存放 鉴真 遗像 的 那个 院子 里，几 株 中国 莲 昂然挺立，翠绿 的

kuāndà héyè zhèng yíngfēng ér wǔ, xiǎn•dé shífēn yúkuài. Kāihuā de jìjié yǐ guò, héhuā duǒduǒ
宽大 荷叶 正 迎风 而 舞，显 得 十分 愉快。 开花 的 季节 已 过，荷花 朵朵

yǐ biànwéi liánpeng léiléi. Liánzǐ de yánsè zhèngzài yóu qīng zhuǎn zǐ, kànlái yǐ•jīng chéngshú le.
已 变为 莲蓬 累累。 莲子 的 颜色 正在 由 青 转 紫，看来 已经 成熟 了。

　　Wǒ jīn•bùzhù xiǎng："Yīn" yǐ zhuǎnhuà wéi"guǒ".
　　我 禁 不住 想："因" 已 转化 为"果"。

　　Zhōngguó de liánhuā kāi zài Rìběn, Rìběn de yīnghuā kāi zài Zhōngguó, zhè bù shì ǒurán. Wǒ
　　中国 的 莲花 开 在 日本，日本 的 樱花 开 在 中国， 这 不 是 偶然。我

xīwàng zhèyàng yī zhǒng shèngkuàng yánxù bù shuāi.
希望 这样 一 种 盛况 延续 不 衰。

　　Zài zhèxiē rìzi•lǐ, wǒ kàndàole bùshǎo duō nián bù jiàn de lǎo péngyou, yòu jiéshíle yīxiē
　　在 这些 日子 里，我 看到了 不少 多 年 不 见 的 老 朋友，又 结识了 一些

xīn péngyou. Dàjiā xǐhuān shèjí de huàtí zhī yī, jiù shì gǔ Cháng'ān hé gǔ Nàiliáng. Nà hái yòng
新 朋友。 大家 喜欢 涉及 的 话题 之一，就 是 古 长安 和 古 奈良。 那 还 用

de zháo wèn ma, péngyoumen miǎnhuái guòqù, zhèng shì zhǔwàng wèilái. Zhǔmù yú wèilái de
得 着 问 吗，朋友们 缅怀 过去， 正 是 瞩望 未来。 瞩目 于 未来 的

rénmen bìjiāng huòdé wèilái.
人们 必将 获得 未来。

　　Wǒ bù lìwài, yě xīwàng yī gè měihǎo de wèilái.
　　我 不 例外，也 希望 一 个 美好 的 未来。

　　Wèi// le Zhōng-Rì rénmín zhījiān de yǒuyì, wǒ jiāng bù huì làngfèi jīnhòu shēngmìng de měi yī
　　为// 了 中日 人民 之间 的 友谊，我 将 不 会 浪费 今后 生命 的 每 一

shùnjiān.
瞬间。

Jiéxuǎn zì Yán Wénjǐng 《Liánhuā hé Yīnghuā》
—— 节选 自 严 文井 《莲花 和 樱花》

作品 22 号——《麻雀》

扫码听范读

　　[朗读提示]这篇文章通过老麻雀拯救小麻雀的故事，歌颂了一种伟大的力量——母爱，事情的经过写得细致入微，生动形象。朗读时要使用略显夸张的语气表现这场搏斗，从而渲染出伟大的母爱。最后两个自然段是作者的感受，要使用崇敬、沉着的语气读出来。

　　Wǒ dǎliè guīlái, yánzhe huāyuán de línyīnlù zǒuzhe. Gǒu pǎo zài wǒ qián•biān.
　　我 打猎 归来，沿着 花园 的 林荫路 走着。 狗 跑 在 我 前边。

Tūrán, gǒu fàngmàn jiǎobù, nièzú-qiánxíng, hǎoxiàng xiùdàole qián•biān yǒu shénme yěwù.
突然，狗 放慢 脚步，蹑足 潜行， 好像 嗅到了 前边 有 什么 野物。

Wǒ shùnzhe línyīnlù wàng•qù, kàn•jiànle yī zhī zuǐ biān hái dài huángsè, tóu•shàng shēngzhe
我 顺着 林荫路 望去， 看见了 一 只 嘴 边 还 带 黄色、 头上 生着

róumáo de xiǎo máquè. Fēng měngliè de chuīdǎzhe línyīnlù•shàng de báihuàshù, máquè cóng cháo•lǐ
柔毛 的 小 麻雀。风 猛烈 地 吹打着 林荫路 上 的 白桦树， 麻雀 从 巢里

diēluò xià•lái, dāidāi de fú zài dì•shàng, gūlì wúyuán de zhāngkāi liǎng zhī yǔmáo hái wèi
跌落 下来， 呆呆 地 伏 在 地上， 孤立 无援 地 张开 两 只 羽毛 还 未

fēngmǎn de xiǎo chìbǎng.
丰满 的 小 翅膀。

Wǒ de gǒu mànmàn xiàng tā kàojìn. Hūrán, cóng fùjìn yī kē shù•shàng fēi•xià yī zhī hēi
我 的 狗 慢慢 向 它 靠近。忽然， 从 附近 一 棵 树上 飞下 一 只 黑

xiōngpú de lǎo máquè, xiàng yī kē shízǐ shìde luòdào gǒu de gēn•qián. Lǎo máquè quánshēn
胸脯 的 老 麻雀， 像 一 颗 石子 似的 落到 狗 的 跟前。老 麻雀 全身

dàoshùzhe yǔmáo, jīngkǒng-wànzhuàng, fāchū juéwàng, qīcǎn de jiàoshēng, jiēzhe xiàng lòuchū
倒竖着 羽毛， 惊恐 万状， 发出 绝望、 凄惨 的 叫声， 接着 向 露出

yáchǐ, dà zhāngzhe de gǒuzuǐ pū•qù.
牙齿、大 张着 的 狗嘴 扑去。

Lǎo máquè shì měng pū xià•lái jiùhù yòuquè de. Tā yòng shēntǐ yǎnhùzhe zìjǐ de yòu'ér
老 麻雀 是 猛 扑 下来 救护 幼雀 的。它 用 身体 掩护着 自己 的 幼儿

…… Dàn tā zhěnggè xiǎoxiǎo de shēntǐ yīn kǒngbù ér zhànlìzhe, tā xiǎoxiǎo de shēngyīn yě
…… 但 它 整个 小小 的 身体 因 恐怖 而 战栗着， 它 小小 的 声音 也

biànde cūbào sīyǎ, tā zài xīshēng zìjǐ!
变得 粗暴 嘶哑，它 在 牺牲 自己！

Zài tā kànlái, gǒu gāi shì duōme pángdà de guàiwu a! Rán'ér, tā háishi bùnéng zhàn zài
在 它 看来， 狗 该 是 多么 庞大 的 怪物 啊！然而， 它 还是 不能 站 在

zìjǐ gāogāo de, ānquán de shùzhī•shàng …… Yī zhǒng bǐ tā de lǐzhì gèng qiángliè de
自己 高高 的、安全 的 树枝上 …… 一 种 比 它 的 理智 更 强烈 的

lì•liàng, shǐ tā cóng nàr pū•xià shēn•lái.
力量，使 它 从 那儿 扑 下 身 来。

Wǒ de gǒu zhànzhù le, xiàng hòu tuìle tuì …… kànlái, tā yě gǎndàole zhè zhǒng lì•liàng.
我 的 狗 站住 了， 向 后 退了 退 …… 看来， 它 也 感到了 这 种 力 量。

Wǒ gǎnjǐn huànzhù jīnghuāng-shīcuò de gǒu, ránhòu wǒ huáizhe chóngjìng de xīnqíng, zǒukāi le.
我 赶紧 唤住 惊慌 失措 的 狗， 然后 我 怀着 崇敬 的 心情， 走开 了。

Shì a, qǐng bùyào jiànxiào. Wǒ chóngjìng nà zhī xiǎoxiǎo de, yīngyǒng de niǎo'•ér, wǒ
是 啊，请 不要 见笑。我 崇敬 那 只 小小 的、英勇 的 鸟 儿，我

chóngjìng tā nà zhǒng ài de chōngdòng hé lì•liàng.
崇敬 它 那 种 爱 的 冲动 和力 量。

Ài, wǒ // xiǎng, bǐ sǐ hé sǐ de kǒngjù gèng qiángdà. Zhǐyǒu yīkào tā, yīkào zhè zhǒng ài,
爱，我 // 想， 比 死 和 死 的 恐惧 更 强大。只有 依靠 它，依靠 这 种 爱，

shēngmìng cái néng wéichí xià•qù, fāzhǎn xià•qù.
生命 才 能 维持 下去， 发展 下去。

Jiéxuǎn zì ［É］ Túgénièfū 《Máquè》, Bājīn yì
—— 节选 自 ［俄］屠 格 涅 夫 《麻雀》，巴 金 译

作品 23 号——《莫高窟》

[朗读提示]本文是一篇介绍我国文化遗产莫高窟的文章,作品中除了客观的介绍,还融入了赞美惊叹之情,所以在朗读时应该略带惊奇的语气、赞叹欣赏的口吻。

Zài hàohàn wúyín de shāmò·lǐ, yǒu yī piàn měilì de lùzhōu, lùzhōu·lǐ cángzhe yī kē
在 浩瀚 无垠 的沙漠里, 有 一 片 美丽 的 绿洲, 绿洲里 藏着 一 颗

shǎnguāng de zhēnzhū. Zhè kē zhēnzhū jiùshì Dūnhuáng Mògāokū. Tā zuòluò zài wǒguó Gānsù Shěng
闪光 的 珍珠。 这颗 珍珠 就是 敦煌 莫高窟。它 坐落 在 我国 甘肃 省

Dūnhuáng Shì Sānwēi Shān hé Míngshā Shān de huáibào zhōng.
敦煌 市 三危 山 和 鸣沙 山 的 怀抱 中。

Míngshā Shān dōnglù shì píngjūn gāodù wéi shíqī mǐ de yábì. Zài yīqiān liùbǎi duō mǐ cháng
鸣沙 山 东麓 是 平均 高度 为 十七 米的崖壁。在 一 千 六百 多 米 长

de yábì·shàng, záo yǒu dàxiǎo dòngkū qībǎi yú gè, xíngchéngle guīmó hóngwěi de shíkū qún.
的崖壁 上, 凿 有 大小 洞窟 七百 余 个, 形成了 规模 宏伟 的 石窟群。

Qízhōng sìbǎi jiǔshí'èr gè dòngkū zhōng, gòng yǒu cǎisè sùxiàng liǎngqiān yībǎi yú zūn, gè zhǒng
其中 四百 九十二 个 洞窟 中, 共 有 彩色 塑像 两千 一百 余 尊,各 种

bìhuà gòng sìwàn wǔqiān duō píngfāngmǐ. Mògāokū shì wǒguó gǔdài wúshù yìshù jiàngshī liú gěi
壁画共 四万 五千 多 平方米。 莫高窟 是 我国 古代 无数 艺术 匠师 留给

rénlèi de zhēnguì wénhuà yíchǎn.
人类 的 珍贵 文化 遗产。

Mògāokū de cǎisù, měi yī zūn dōu shì yī jiàn jīngměi de yìshùpǐn. Zuì dà de yǒu jiǔ céng lóu
莫高窟 的彩塑,每 一 尊 都 是 一 件 精美 的 艺术品。最 大 的 有 九 层 楼

nàme gāo, zuì xiǎo de hái bù rú yī gè shǒuzhǎng dà. Zhèxiē cǎisù gèxìng xiānmíng, shéntàigè
那么 高, 最 小 的 还 不 如 一 个 手掌 大。 这些 彩塑 个性 鲜明, 神态各

yì. Yǒu címéi-shànmù de pú·sà, yǒu wēifēng-lǐnlǐn de tiānwáng, háiyǒu qiángzhuàng yǒngměng de
异。有 慈眉 善目 的菩萨,有 威风 凛凛 的 天王, 还有 强壮 勇猛 的

lìshì ······
力士 ······

Mògāokū bìhuà de nèiróng fēngfù-duōcǎi, yǒude shì miáohuì gǔdài láodòng rénmín dǎliè、bǔyú、
莫高窟 壁画 的 内容 丰富 多彩, 有的 是 描绘 古代 劳动 人民 打猎、捕鱼、

gēngtián、shōugē de qíngjǐng, yǒude shì miáohuì rénmen zòuyuè、wǔdǎo、yǎn zájì de chǎngmiàn,
耕田、 收割 的 情景, 有的 是 描绘 人们 奏乐、舞蹈、演 杂技 的 场面,

háiyǒude shì miáohuì dàzìrán de měilì fēngguāng. Qízhōng zuì yǐnrén-zhùmù de shì fēitiān.
还有的 是 描绘 大自然 的 美丽 风光。 其中 最 引人 注目 的 是 飞天。

Bìhuà·shàng de fēitiān, yǒu de bì kuà huālán, cǎizhāi xiānhuā; yǒude fǎn tán pí·pá, qīng bō
壁画 上 的飞天, 有 的 臂 挎 花篮, 采摘 鲜花; 有的 反 弹 琵琶, 轻 拨

yínxián; yǒude dào xuán shēnzi, zì tiān ér jiàng; yǒude cǎidài piāofú, màntiān áoyóu; yǒude
银弦; 有的 倒 悬 身子, 自 天 而 降; 有的 彩带 飘拂, 漫天 遨游; 有的

shūzhǎnzhe shuāngbì, piānpiān-qǐwǔ. Kànzhe zhèxiē jīngměi dòngrén de bìhuà, jiù xiàng zǒujìnle //
舒展着 双臂, 翩翩 起舞。 看着 这些 精美 动人 的壁画, 就 像 走进了 //

cànlàn huīhuáng de yìshù diàntáng.
灿烂 辉煌 的 艺术 殿堂。

Mògāokū·lǐ hái yǒu yī gè miànjī bù dà de dòngkū —— Cángjīngdòng. Dòng·lǐ céng cángyǒu
莫高窟 里还 有 一 个 面积 不大 的 洞窟 —— 藏经洞。 洞 里 曾 藏有

wǒguó gǔdài de gè zhǒng jīngjuàn、wénshū、bóhuà、cìxiù、tóngxiàng děng gòng liùwàn duō jiàn.
我国 古代 的 各 种 经卷、文书、帛画、刺绣、铜像 等 共 六万 多 件。

Yóuyú Qīngcháo zhèngfǔ fǔbài wúnéng, dàliàng zhēnguì de wénwù bèi wàiguó qiángdào lüèzǒu.
由于 清朝 政府 腐败 无能, 大量 珍贵 的 文物 被 外国 强盗 掠走。

Jǐncún de bùfen jīngjuàn, xiànzài chénliè yú Běijīng Gùgōng děng chù.
仅存 的 部分 经卷, 现在 陈列 于 北京 故宫 等 处。

Mògāokū shì jǔshì-wénmíng de yìshù bǎokù. Zhè·lǐ de měi yī zūn cǎisù、měi yī fú bìhuà、měi
莫高窟 是 举世 闻名 的 艺术 宝库。这里 的 每 一 尊 彩塑、每 一 幅 壁画、每

yī jiàn wénwù, dōu shì Zhōngguó gǔdài rénmín zhìhuì de jiéjīng.
一 件 文物, 都 是 中国 古代 人民 智慧 的 结晶。

Jiéxuǎn zì 《Mògāokū》
—— 节选 自《莫高窟》

作品 24 号——《"能吞能吐"的森林》

[朗读提示]此文为说明文,朗读时要使用质朴连贯的语气、不紧不慢的语速,力求声音清晰明白,不宜有任何夸张的情感。

Sēnlín hányǎng shuǐyuán, bǎochí shuǐtǔ, fángzhǐ shuǐhàn zāihài de zuòyòng fēicháng dà. Jù
森林 涵养 水源, 保持 水土, 防止 水旱 灾害 的 作用 非常 大。据

zhuānjiā cèsuàn, yī piàn shíwàn mǔ miànjī de sēnlín, xiāngdāngyú yī gè liǎngbǎi wàn lìfāngmǐ de
专家 测算, 一片 十万 亩 面积 的 森林, 相当于 一个 两百 万 立方米 的

shuǐkù, zhè zhèng rú nóngyàn suǒ shuō de:"Shān·shàng duō zāi shù, děngyú xiū shuǐkù. Yǔ duō tā
水库, 这 正如 农谚 所 说 的:"山 上 多 栽 树, 等于 修 水库。雨 多 它

néng tūn, yǔ shǎo tā néng tǔ."
能 吞, 雨 少 它 能 吐。"

Shuōqǐ sēnlín de gōng·láo, nà hái duō de hěn. Tā chúle wèi rénlèi tígōng mùcái jí xǔduō
说起 森林 的 功劳, 那 还 多 得 很。它 除了 为 人类 提供 木材 及 许多

zhǒng shēngchǎn、shēnghuó de yuánliào zhī wài, zài wéihù shēngtài huánjìng fāngmiàn yě shì
种 生产、 生活 的 原料 之 外, 在 维护 生态 环境 方面 也 是

gōng·láo zhuózhù, tā yòng lìng yī zhǒng "néngtūn-néngtǔ" de tèshū gōngnéng yùnyùle rénlèi.
功劳 卓著, 它 用 另 一 种 "能吞能吐" 的 特殊 功能 孕育了 人类。

Yīn·wèi dìqiú zài xíngchéng zhī chū, dàqì zhōng de èryǎnghuàtàn hánliàng hěn gāo, yǎngqì hěn
因为 地球 在 形成 之 初,大气 中 的 二氧化碳 含量 很 高, 氧气 很

shǎo, qìwēn yě gāo, shēngwù shì nányǐ shēngcún de. Dàyuē zài sìyì nián zhīqián, lùdì cái
少, 气温 也 高, 生物 是 难以 生存 的。大约 在 四亿 年 之前, 陆地 才

chǎnshēngle sēnlín. Sēnlín mànmàn jiāng dàqì zhōng de èryǎnghuàtàn xīshōu, tóngshí tǔchū xīn·xiān
产生了 森林。森林 慢慢 将 大气 中 的 二氧化碳 吸收, 同时 吐出 新鲜

yǎngqì, tiáojié qìwēn:zhè cái jùbèile rénlèi shēngcún de tiáojiàn, dìqiú·shàng cái zuìzhōng yǒule
氧气, 调节 气温:这 才 具备了 人类 生存 的 条件, 地球 上 才 最终 有了

rénlèi.
人类。

Sēnlín, shì dìqiú shēngtài xìtǒng de zhǔtǐ, shì dàzìrán de zǒng diàodùshì, shì dìqiú de lùsè
森林,是 地球 生态 系统 的 主体,是 大自然 的 总 调度室,是 地球 的 绿色

zhī fèi. Sēnlín wéihù dìqiú shēngtài huánjìng de zhè zhǒng "néngtūn-néngtǔ" de tèshū gōngnéng shì
之 肺。森林 维护 地球 生态 环境 的 这 种 "能吞能吐" 的 特殊 功能 是

qítā rènhé wùtǐ dōu bù néng qǔdài de.　Rán'ér,　yóuyú dìqiú·shàng de ránshāowù zēngduō,
其他 任何 物体 都 不 能 取代 的。 然而， 由于 地球 上 的 燃烧物 增多，

èryǎnghuàtàn de páifàngliàng jíjù zēngjiā, shǐ·dé dìqiú shēngtài huánjìng jíjù èhuà, zhǔyào
二氧化碳 的 排放量 急剧 增加， 使得 地球 生态 环境 急剧 恶化， 主要

biǎoxiàn wéi quánqiú qìhòu biàn nuǎn, shuǐfèn zhēngfā jiākuài, gǎibiànle qìliú de xúnhuán, shǐ qìhòu
表现 为 全球 气候 变 暖， 水分 蒸发 加快， 改变了 气流 的 循环， 使 气候

biànhuà jiājù, cóng'ér yǐnfā rèlàng、jùfēng、bàoyǔ、hónglào jí gānhàn.
变化 加剧， 从而 引发 热浪、飓风、暴雨、洪涝 及 干旱。

Wèile // shǐ dìqiú de zhège "néngtūn-néngtǔ" de lǜsè zhī fèi huīfù jiànzhuàng, yǐ gǎishàn
为了 // 使 地球 的 这个 "能吞 能吐" 的 绿色 之肺 恢复 健壮， 以 改善

shēngtài huánjìng, yìzhì quánqiú biàn nuǎn, jiǎnshǎo shuǐ-hàn děng zìrán zāihài, wǒmen yīnggāi
生态 环境， 抑制 全球 变暖， 减少 水旱 等 自然 灾害， 我们 应该

dàlì zàolín、hùlín, shǐ měi yī zuò huāngshān dōu lǜ qǐ·lái.
大力 造林、护林， 使 每 一 座 荒山 都 绿 起来。

Jiéxuǎn zì 《"Néngtūn-néngtǔ" de Sēnlín》
—— 节选 自 《"能吞能吐" 的 森林》

作品 25 号——《清塘荷韵》

扫码听范读

[朗读提示]本文是季羡林的散文名篇，写他无意在楼前清塘中投几颗莲子，然后内心充满希冀，经过四年漫长的等待，竟得满塘风荷。本文借典并融典，将古往今来的佳句入文，卓然生色，韵味无穷。朗读中，要表达出古诗词与现实风光的调和之美。

Zhōngguó méi·yǒu rén bù ài héhuā de.　Kě wǒmen lóu qián chítáng zhōng dúdú quēshǎo héhuā.
中国 没有 人 不 爱 荷花 的。 可 我们 楼 前 池塘 中 独独 缺少 荷花。

Měi cì kàndào huò xiǎngdào, zǒng jué·dé shì yī kuài xīnbìng. Yǒu rén cóng Húběi lái, dàiláile
每 次 看到 或 想到， 总 觉得 是 一 块 心病。 有 人 从 湖北 来， 带来了

Hóng Hú de jǐ kē liánzǐ, wàiké chéng hēisè, jí yìng. Jùshuō, rúguǒ mái zài yūní zhōng, nénggòu
洪 湖 的 几 颗 莲子， 外壳 呈 黑色， 极 硬。 据说， 如果 埋 在 淤泥 中， 能够

qiān nián bù làn. Wǒ yòng tiěchuí zài liánzi ·shàng zákāile yī tiáo fèngr, ràng liányár nénggòu
千 年 不 烂。我 用 铁锤 在 莲子 上 砸开了 一 条 缝， 让 莲芽 能够

pòkéérchū, bù zhì yǒngyuǎn mái zài ní zhōng. Bǎ wǔ-liù kē qiāopò de liánzǐ tóurù chítáng zhōng,
破壳而出， 不 至 永远 埋 在 泥 中。 把 五六 颗 敲破 的 莲子 投入 池塘 中，

xià·miàn jiù shì tīngtiān-yóumìng le.
下面 就 是 听天由命 了。

Zhèyàng yī lái, wǒ měi tiān jiù duōle yī jiàn gōngzuò: dào chítáng biān·shàng qù kàn·shàng
这样 一 来， 我 每 天 就 多了 一 件 工作： 到 池塘 边上 去 看上

jǐ cì. Xīn·lǐ zǒng shì xīwàng, hūrán yǒu yī tiān, "Xiǎo hé cái lù jiān jiān jiǎo", yǒu cuìlǜ de
几 次。心里 总 是 希望， 忽然 有 一 天， "小 荷 才 露 尖 尖 角"， 有 翠绿 的

liányè zhǎngchū shuǐmiàn. Kěshì, shìyǔyuànwéi, tóu xià·qù de dì-yī nián, yīzhí dào qiūliáng luòyè,
莲叶 长出 水面。 可是， 事与愿违， 投 下去 的 第一 年， 一直 到 秋凉 落叶，

shuǐmiàn ·shàng yě méi·yǒu chūxiàn shénme dōngxi. Dànshì dàole dì-sān nián, què hūrán chūle
水面 上 也 没有 出现 什么 东西。 但是 到了 第三 年， 却 忽然 出了

qíjì. Yǒu yī tiān, wǒ hūrán fāxiàn, zài wǒ tóu liánzǐ de dìfang zhǎngchūle jǐ gè yuányuán de
奇迹。有 一 天， 我 忽然 发现， 在 我 投 莲子 的 地方 长出了 几 个 圆圆 的

lǜyè, suīrán yánsè jí rě rén xǐ'ài, dànshì què xìruò dānbó, kěliánxīxī de píngwò zài shuǐmiàn
绿叶，虽然 颜色 极 惹 人 喜爱，但是 却 细弱 单薄，可怜兮兮 地 平卧 在 水面

·shàng, xiàng shuǐfúlián de yèzi yīyàng.
上， 像 水浮莲 的 叶子 一样。

Zhēnzhèng de qíjì chūxiàn zài dì-sì nián ·shàng. Dàoliǎo yībān héhuā zhǎng yè de shíhou,
真正 的 奇迹 出现 在 第四 年 上。 到了 一般 荷花 长 叶 的 时候，

zài qùnián piāofúzhe wǔ-liù gè yèpiàn de dìfāng, yī yè zhījiān, tūrán zhǎngchūle yīdàpiàn lǜyè,
在 去年 飘浮着 五六 个 叶片 的 地方，一 夜 之间， 突然 长出了 一大片 绿叶，

yèpiàn kuòzhāng de sùdù, fànwéi de kuòdà, dōu shì jīngrén de kuài. Jǐ tiān zhī nèi, chítáng nèi
叶片 扩张 的 速度，范围 的 扩大，都 是 惊人 地 快。几 天 之内， 池塘 内

bù xiǎo yī bùfen, yǐ·jīng quán wéi lǜyè suǒ fùgài. Érqiě yuánlái píngwò zài shuǐmiàn ·shàng de
不 小 一部分，已经 全 为 绿叶 所 覆盖。而且 原来 平卧 在 水面 上 的

xiàng shì shuǐfúlián yīyàng de// yèpiàn, bù zhī·dào shì cóng nǎ·lǐ jùjí láile ·lì·liàng yǒu yīxiē
像 是 水浮莲 一样 的// 叶片，不 知道 是 从 哪里 聚集 来了 力量， 有 一些

jìngrán yuèchūle shuǐmiàn, zhǎngchéng le tíngtíng de héyè. Zhèyàng yī lái, wǒ xīnzhōng de yíyún
竟然 跃出了 水面， 长成 了 亭亭 的 荷叶。 这样 一 来， 我 心中 的 疑云

yīsǎo'érguāng: chítáng zhōng shēngzhǎng de zhēnzhèng shì Hóng Hú liánhuā de zǐsūn le. Wǒ
一扫而光： 池塘 中 生长 的 真正 是 洪 湖 莲花 的 子孙 了。我

xīnzhōng kuángxǐ, zhè jǐ nián zǒngsuàn shì méi·yǒu bái děng.
心中 狂喜， 这 几 年 总算 是 没有 白 等。

Jiéxuǎn zì Jì Xiànlín《Qīng Táng Hé Yùn》
—— 节选 自 季 羡林 《清 塘 荷 韵》

作品 26 号——《驱遣我们的想象》

扫码听范读

[朗读提示]作者以诗句和散文诗为例，告诉我们欣赏文艺作品，不仅要理解文字的表层含义，更要驱遣想象，透过文字进入到作品的意境中，表达中要使用平稳、自然的语调，接受美感的经验，得到人生的受用。

Zài yuánshǐ shèhuì ·lǐ, wénzì hái méiyǒu chuàngzào chū·lái, què xiān yǒule gēyáo yī lèi de
在 原始 社会里，文字 还 没有 创造 出来，却 先 有了 歌谣 一 类 的

dōngxi. Zhè yě jiù shì wényì.
东西。 这 也 就 是 文艺。

Wénzì chuàngzào chū·lái yǐhòu, rén jiù yòng tā bǎ suǒjiàn suǒwén suǒxiǎng suǒgǎn de yīqiè
文字 创造 出来 以后，人 就 用 它 把 所见 所闻 所想 所感 的 一切

jìlù xià·lái. Yī shǒu gēyáo, bùdàn kǒutóu chàng, hái yào kè ya, qī ya, bǎ tā bǎoliú zài
记录 下来。一 首 歌谣，不但 口头 唱， 还 要 刻 呀， 漆 呀，把 它 保留 在

shénme dōngxī ·shàng. Zhèyàng, wényì hé wénzì jiù bìngle jiā.
什么 东西 上。 这样， 文艺 和 文字 就 并了 家。

Hòulái zhǐ hé bǐ pǔbiàn de shǐyòng le, érqiě fāmíngle yìnshuāshù. Fánshì xūyào jìlù xià·lái
后来 纸 和 笔 普遍 地 使用 了，而且 发明了 印刷术。 凡是 需要 记录 下来

de dōngxi, yào duōshao fèn jiù kěyǐ yǒu duōshǎo fèn. Yúshì suǒwèi wényì, cóng wàibiǎo shuō, jiù
的 东西，要 多少 份 就 可以 有 多少 份。于是 所谓 文艺， 从 外表 说， 就

shì yī piān gǎozi, yī bù shū, jiù shì xǔduō wénzì de jíhétǐ.
是 一 篇 稿子，一 部 书，就 是 许多 文字 的 集合体。

Wénzì shì yī dào qiáoliáng, tōngguòle zhè yī dào qiáoliáng, dúzhě cái hé zuòzhě huìmiàn.
文字 是 一 道 桥梁， 通过了 这 一 道 桥梁， 读者 才 和 作者 会面。

Bùdàn huìmiàn, bìngqiě liǎojiě zuòzhě de xīnqíng, hé zuòzhě de xīnqíng xiāng qìhé.
不但 会面， 并且 了解 作者 的 心情， 和 作者 的 心情 相 契合。

Jiù zuòzhě de fāngmiàn shuō, wényì de chuàngzuò jué bù shì suíbiàn qǔ xǔduō wénzì lái jíhé
就 作者 的 方面 说， 文艺 的 创作 决 不 是 随便 取 许多 文字 来 集合

zài yīqǐ. Zuòzhě zhuóshǒu chuàngzuò, bìrán duìyú rénshēng xiān yǒu suǒjiàn, xiān yǒu suǒgǎn. Tā
在 一起。 作者 着手 创作， 必然 对于 人生 先 有 所见， 先 有 所感。他

bǎ zhèxiē suǒjiàn suǒgǎn xiě chū·lái, bù zuò chōuxiàng de fēnxī, ér zuò jùtǐ de miáoxiě, bù zuò
把 这些 所见 所感 写 出来， 不 作 抽象 的 分析，而 作 具体 的 描写，不 作

kèbǎn de jìzǎi ér zuò xiǎngxiàng de ānpái. Tā zhǔnbèi xiě de bù shì pǔtōng de lùnshuōwén、
刻板 的 记载，而 作 想象 的 安排。他 准备 写 的 不 是 普通 的 论说文、

jìxùwén；tā zhǔnbèi xiě de shì wényì. Tā dòngshǒu xiě, bùdàn xuǎnzé nàxiē zuì shìdàng de wénzì,
记叙文；他 准备 写 的 是 文艺。他 动手 写， 不但 选择 那些 最 适当 的 文字，

ràng tāmen jíhé qǐ·lái, háiyào shěnchá nàxiē xiě xià·lái de wénzì, kàn yǒuméiyǒu yīngdāng xiūgǎi
让 它们 集合 起来， 还要 审查 那些 写 下来 的 文字， 看 有没有 应当 修改

huòshì zēngjiǎn de. Zǒngzhī, zuòzhě xiǎng zuòdào de shì: xiě xià·lái de wénzì zhènghǎo chuándá
或是 增减 的。 总之， 作者 想 做到 的 是：写 下来 的 文字 正好 传达

chū tā de suǒjiàn suǒgǎn.
出 他 的 所见 所感。

Jiù dúzhě de// fāngmiàn shuō, dúzhě kàndào de shì xiě zài zhǐmiàn huòzhě yìn zài zhǐmiàn de
就 读者 的// 方面 说， 读者 看到 的 是 写 在 纸面 或者 印 在 纸面 的

wénzì, dànshì kàndào wénzì bìng bù shì tāmen de mùdì. Tāmen yào tōngguò wénzì qù jiēchù
文字， 但是 看到 文字 并 不 是 他们 的 目的。 他们 要 通过 文字 去 接触

zuòzhě de suǒjiàn suǒgǎn.
作者 的 所见 所感。

Jiéxuǎn zì Yè Shèngtáo《Qūqiǎn Wǒmen de Xiǎngxiàng》
—— 节选 自叶 圣陶 《驱遣 我们 的 想象》

作品 27 号——《人类的语言》

扫码听范读

[朗读提示]本文是一篇优美的文艺性说明文。全文的三段文字是浓缩的,是无限的事物——语言,用有限的文字的具体呈现。却把人类的语言这一复杂的社会现象的本质、特点和赖以进行的手段说得清清楚楚。朗读时,应表现出对自己的语言热爱,鼓舞读者学好语言文字。

Yǔyán, yě jiù shì shuōhuà, hǎoxiàng shì jíqí xīsōng píngcháng de shìr. Kěshì zǐxì
语言， 也 就 是 说话， 好像 是 极其 稀松 平常 的 事儿。 可是 仔细

xiǎngxiang, shízài shì yī jiàn liǎo·bùqǐ de dàshì. Zhèngshì yīn·wèi shuōhuà gēn chīfàn、zǒulù yīyàng
想想， 实在 是 一 件 了不起 的 大事。 正是 因为 说话 跟 吃饭、走路 一样

de píngcháng, rénmen cái bù qù xiǎng tā jiūjìng shì zěnme huí shìr. Qíshí zhè sān jiàn shìr dōu
的 平常， 人们 才 不 去 想 它 究竟 是 怎么 回事儿。其实 这 三 件 事儿 都

shì jí bù píngcháng de, dōu shì shǐ rénlèi bù tóng yú bié de dòngwù de tèzhēng.
是 极 不 平常 的， 都 是 使 人类 不 同 于 别 的 动物 的 特征。

Jì·dé zài xiǎoxué ·lǐ dúshū de shíhou, bān ·shàng yǒu yī wèi "néng wén" de dàshīxiōng, zài
记得 在 小学 里 读书 的 时候， 班 上 有 一 位 "能 文" 的 大师兄， 在

yī piān zuòwén de kāitóu xiě·xià zhème liǎng jù: "Yīngwǔ néng yán, bù lí yú qín; xīngxing néng
一 篇 作文 的 开头 写下 这么 两 句:"鹦鹉 能 言,不离于 禽;猩猩 能

yán, bù lí yú shòu." Wǒmen kànle dōu fēicháng pèi·fú. Hòulái zhī·dào zhè liǎng jù shì yǒu láilì
言,不离于 兽。" 我们 看了 都 非常 佩服。后来 知道 这 两 句 是 有 来历

de, zhǐshì zìjù yǒu xiē chūrù. Yòu guòle ruògān nián, cái zhī·dào zhè liǎng jù huà dōu yǒu wèntí.
的,只是 字句 有 些 出入。又 过了 若干 年,才 知道 这 两 句 话 都 有 问题。

Yīngwǔ néng xué rén shuōhuà, kě zhǐshì zuòwéi xiànchéng de gōngshì lái shuō, bù huì jiāyǐ
鹦鹉 能 学 人 说话,可 只是 作为 现成 的 公式 来 说,不 会 加以

biànhuà. Zhǐyǒu rénmen shuōhuà shì cóng jùtǐ qíngkuàng chūfā, qíng-kuàng yī biàn, huà yě
变化。 只有 人们 说话 是 从 具体 情况 出发, 情况 一 变,话 也

gēnzhe biàn.
跟着 变。

Xīfāng xuézhě ná hēixīngxing zuò shíyàn, tāmen néng xuéhuì jíqí yǒuxiàn de yīdiǎnr fúhào
西方 学者 拿 黑猩猩 做 实验,它们 能 学会 极其 有限 的 一点儿 符号

yǔyán, kěshì xué ·bù huì bǎ tā biànchéng yǒushēng yǔyán. Rénlèi yǔyán zhīsuǒyǐ nénggòu
语言,可是 学 不 会 把 它 变成 有声 语言。人类 语言 之所以 能够

"suíjīyìngbiàn", zàiyú yī fāngmiàn néng bǎ yǔyīn fēnxī chéng ruògān yīnsù, yòu bǎ zhèxiē yīnsù
"随机应变",在于 一 方面 能 把 语音 分析 成 若干 音素,又 把 这些 音素

zǔhé chéng yīnjié, zài bǎ yīnjié liánzhuì qǐ·lái. Lìng yī fāngmiàn, yòu néng fēnxī wàijiè shìwù jí
组合 成 音节,再 把 音节 连缀 起来。另 一 方面, 又 能 分析 外界 事物 及

qí biànhuà, xíngchéng wúshù de "yìniàn", yī yī pèi yǐ yǔyīn, ránhòu zōnghé yùnyòng, biǎodá
其 变化, 形成 无数 的 "意念",一一 配以 语音,然后 综合 运用, 表达

gèzhǒng fùzá de yìsi. Yī jù huà, rénlèi yǔyán de tèdiǎn jiù zàiyú néng yòng biànhuà wúqióng
各种 复杂 的 意思。一 句 话,人类 语言 的 特点 就 在于 能 用 变化 无穷

de yǔyīn, biǎodá biànhuà wúqióng de// yìyì. Zhè shì rènhé qítā dòngwù bàn ·bù dào de.
的 语音, 表达 变化 无穷 的// 意义。这 是 任何 其他 动物 办 不 到 的。

Jiéxuǎn zì Lǚ Shūxiāng《Rénlèi de Yǔyán》
—— 节选 自 吕 叔湘 《人类 的 语言》

作品 28 号——《人生如下棋》

扫码听范读

[朗读提示]本文通过描写我与父亲下棋的经过,探讨"我"认为输在棋艺,而父亲认为"我"输在心态,进而得出人生如下棋,每走一步,都要心中有丘壑的深刻道理。朗读中要注意我与父亲的对话,要区分不同角色的语气语态。

Fù·qīn xǐhuān xià xiàngqí. Nà yī nián, wǒ dàxué huíjiā dùjià, fù·qīn jiāo wǒ xiàqí.
父亲 喜欢 下 象棋。那 一 年,我 大学 回家 度假,父亲 教 我 下棋。

Wǒmen liǎ bǎihǎo qí, fù·qīn ràng wǒ xiān zǒu sān bù, kě bù dào sān fēnzhōng, sān xià wǔ
我们 俩 摆好 棋,父亲 让 我 先 走 三步,可 不 到 三 分钟, 三 下 五

chú èr, wǒ de bīng jiāng sǔnshī dàbàn, qípán ·shàng kōngdàngdàng de, zhǐ shèngxià lǎoshuài、shì
除 二,我 的 兵 将 损失 大半,棋盘 上 空荡荡 的,只 剩下 老帅、士

hé yī jū liǎng zú zài gūjūn-fènzhàn. Wǒ hái bù kěn bàxiū, kěshì yǐ wúlì-huítiān, yǎnzhēngzhēng
和 一 车 两 卒 在 孤军奋战。我 还 不 肯 罢休,可是 已 无力回天, 眼睁睁

kànzhe fù·qīn "jiāng jūn", wǒ shū le.
看着 父亲 "将 军",我 输 了。

Wǒ bù fúqì, bǎi qí zài xià. Jǐ cì jiāofēng, jīběn ·shàng dōu shì bù dào shí fēnzhōng wǒ
我 不 服气，摆 棋 再 下。几 次 交锋， 基本 上 都 是 不 到 十 分钟 我

jiù bài xià zhèn lái. Wǒ bùjīn yǒuxiē xièqì. Fù·qīn duì wǒ shuō: Nǐ chū xué xiàqí, shū shì
就 败 下 阵 来。我 不禁 有些 泄气。父亲 对 我 说："你 初学 下棋，输 是

zhèngcháng de. Dànshì nǐ yào zhī·dào shū zài shénme dìfang; fǒuzé, nǐ jiùshì zài xià·shàng shí
正常 的。但是 你 要 知道 输 在 什么 地方；否则， 你 就是 再 下上 十

nián, yě háishi shū."
年，也 还是 输。"

"Wǒ zhī·dào, shū zài qíyì ·shàng. Wǒ jìshù ·shàng bù rú nǐ, méi jīngyàn."
"我 知道，输 在 棋艺 上。 我 技术 上 不 如 你，没 经验。"

"Zhè zhǐ shì cìyào yīnsù, bù shì zuì zhòngyào "de."
"这 只 是 次要 因素，不 是 最 重要 的。"

"Nà zuì zhòngyào de shì shénme?" Wǒ qíguài de wèn.
"那 最 重要 的是 什么？" 我 奇怪 地 问。

"Zuì zhòngyào de shì nǐ de xīntài bù duì. Nǐ bù zhēnxī nǐ de qízǐ."
"最 重要 的是 你 的 心态 不 对。你 不 珍惜 你 的 棋子。"

"Zěnme bù zhēnxī ya? Wǒ měi zǒu yī bù, dōu xiǎng "bàntiān." Wǒ bù fúqì de shuō.
"怎么 不 珍惜 呀？我 每 走 一步，都 想 半天。" 我 不服气地 说。

"Nà shì hòulái, kāishǐ nǐ shì zhèyàng ma? Wǒ gěi nǐ jìsuànguò, nǐ sān fēn zhī èr de qízǐ
"那 是 后来，开始 你 是 这样 吗？我 给 你 计算过， 你 三 分之 二 的 棋子

shì zài qián sān fēn zhī yī de shíjiān nèi diūshī de. Zhè qījiān nǐ zǒu qí bùjiǎ-sīsuǒ, ná qǐ·lái jiù
是 在 前 三 分之 一 的 时间 内 丢失 的。这 期间 你 走 棋 不假思索，拿 起来 就

zǒu, shīle yě bù jué·dé kěxī. Yīn·wèi nǐ jué·dé qízǐ hěn duō shī yī-liǎng gè bù suàn shénme."
走，失了 也 不 觉得 可惜。因为 你 觉得 棋子 很 多，失 一两 个 不 算 什么。"

Wǒ kànkan fù·qīn, bù hǎoyìsi de dī·xià tóu. "Hòu sān fēn zhī èr de shíjiān, nǐ yòu fànle
我 看看 父亲，不 好意思 地 低下 头。"后 三 分之 二 的 时间，你 又 犯了

xiāngfǎn de cuò·wù: duì qízǐ guòyú zhēnxī, měi zǒu yī bù, dōu sīqián-xiǎnghòu, huàndé-huànshī,
相反 的 错误：对 棋子 过于 珍惜，每 走 一步， 都 思前想后， 患得患失，

yī gè qí yě bù xiǎng shī, // jiéguǒ yī gè yī gè dōu shīqù le."
一 个 棋 也 不 想 失，// 结果 一 个 一 个 都 失去 了。"

Jiéxuǎn zì Lín Xī 《Rénshēng Rú Xià Qí》
——节选 自 林夕 《人生 如下棋》

作品 29 号——《十渡游趣》

扫码听范读

[朗读提示]作者按照游览顺序描写了十渡的景色：从"庄移地里的小径"到"重登凉亭"，再到黑夜通过望火光想象青春年华，都是意想不到的乐趣。而通过"把现实和童话串成了一体"和"花径不曾缘客扫，蓬门今始为君开"描绘出"东坡草堂"的梦幻与清幽。朗读时，要突出"幽静"和"有趣"两大主题色彩。

Zhòngxià, péngyou xiāngyāo yóu Shídù. Zài chéng·lǐ zhù jiǔ le, yīdàn jìnrù shānshuǐ zhījiān,
仲夏， 朋友 相邀 游 十渡。在 城里 住 久 了，一旦 进入 山水 之间，

jìng yǒu yī zhǒng shēngmìng fùsū de kuàigǎn.
竟 有 一 种 生命 复苏 的 快感。

Xià chē hòu, wǒmen shěqìle dàlù, tiāoxuǎnle yī tiáo bànyǐn-bànxiàn zài zhuāngjiàdì ·lǐ de
下 车 后，我们 舍弃了 大路， 挑选了 一 条 半隐半现 在 庄稼地 里的

xiǎojìng, wānwānràorào de láidàole Shídù dùkǒu. Xīyáng xià de Jùmǎ Hé kāngkǎi de sǎchū yī piàn
小径， 弯弯绕绕 地来到了 十渡 渡口。夕阳 下的拒马河 慷慨 地 撒出 一 片

sǎnjīn-suìyù, duì wǒmen biǎoshì huānyíng.
散金碎玉，对 我们 表示 欢迎。

Àn biān shānyá •shàng dāofǔhén yóu cún de qíqū xiǎodào, gāodī tū'āo, suī méi•yǒu "nán yú
岸边 山崖 上 刀斧痕 犹 存 的 崎岖 小道，高低 凸凹，虽 没有 "难于

shàng qīngtiān" de xiǎn'è, què yě yǒu tàkōngle gǔndào Jùmǎ Hé xǐzǎo de fēngxiǎn. Xiázhǎichù zhǐ
上 青天" 的 险恶，却 也 有 踏空了 滚到 拒马河洗澡的 风险。 狭窄处 只

néng shǒu fú yánshí tiē bì ér xíng. Dāng "Dōngpō Cǎotáng" jǐ gè hóng qī dà zì hèrán chūxiàn
能 手扶 岩石 贴壁而行。 当 "东坡 草堂" 几个 红漆大字 赫然 出现

zài qiánfāng yánbì shí, yī zuò xiāngqiàn zài yányá jiān de shíqì máocǎowū tóngshí yuèjìn yǎndǐ.
在 前方 岩壁时，一 座 镶嵌 在 岩崖 间的石砌 茅草屋 同时 跃进眼底。

Cǎowū bèi jǐ jí shítī tuō de gāogāo de, wū xià fǔkànzhe yī wān héshuǐ, wū qián shùn shānshì
草屋 被 几级 石梯 托 得 高高 的，屋下 俯瞰着 一 湾 河水，屋前 顺 山势

pìchūle yī piàn kòngdì, suànshì yuànluò ba! yòucè yǒu yī xiǎoxiǎo de mógūxíng de liángtíng, nèi
辟出了 一 片 空地，算是 院落 吧！右侧 有 一 小小 的 蘑菇形 的 凉亭， 内

shè shízhuō shídèng, tíng dǐng hèhuángsè de máocǎo xiàng liúsū bān xiàng xià chuíxiè, bǎ xiànshí
设 石桌 石凳，亭 顶 褐黄色 的 茅草 像 流苏 般 向 下 垂泻，把 现实

hé tónghuà chuànchéngle yītǐ. Cǎowū de gòusīzhě zuì jīngcǎi de yī bǐ, shì shè zài yuànluò
和 童话 串成了 一体。草屋 的 构思者 最 精彩 的 一笔，是 设 在 院落

biānyán de cháimén hé líbā, zǒujìn zhèr, biàn yǒule "Huājìng bù céng yuán kè sǎo, péngmén jīn
边沿 的 柴门 和 篱笆，走近 这儿，便 有 了 "花径 不 曾 缘 客 扫， 蓬门 今

shǐ wéi jūn kāi" de yìsi.
始 为 君 开" 的 意思。

Dāng wǒmen chóng dēng liángtíng shí, yuǎnchù de Biānfú Shān yǐ zài yèsè •xià huàwéi
当 我们 重 登 凉亭 时，远处 的 蝙蝠 山 已 在 夜色 下 化为

jiǎnyǐng, hǎoxiàng jiù yào zhǎnchì pūlái. Jùmǎ Hé chèn rénmen kàn •bù qīng tā de róngmào shí
剪影， 好像 就要 展翅 扑来。拒马河 趁 人们 看 不 清 它 的 容貌 时

huōkāile sǎngménr yùnwèi shízú de chàng ne Ǒu yǒu bù ānfèn de xiǎoyúr hé qīngwā bèng tiào//
豁开了 嗓门儿 韵味 十足 地 唱 呢！偶有 不 安分 的 小鱼儿 和 青蛙 蹦跳//

chéng shēng, xiàng shì wèile qiánghuà zhè yèqǔ de jiézòu. Cǐshí, zhǐ jué shìjiān wéi yǒu shuǐshēng
成 声， 像 是 为了 强化 这 夜曲 的 节奏。此时， 只 觉 世间 唯 有 水声

hé wǒ, jiù lián ǒu'ěr cóng yuǎnchù gǎnlái xiējiǎo de wǎnfēng, yě qiǎowú-shēngxī.
和我，就 连 偶尔 从 远处 赶来 歇脚 的 晚风， 也 悄无声息。

Dāng wǒ jiànjiàn bèi yè de níngzhòng yǔ shēnsuì suǒ róngshí, yī lǚ xīn de sīxù yǒngdòng
当 我 渐渐 被 夜的 凝重 与 深邃 所 融蚀，一 缕 新 的 思绪 涌动

shí, duìàn shātān •shàng ránqǐle gōuhuǒ, nà xiānliàng de huǒguāng, shǐ yèsè yǒule zàodònggǎn.
时，对岸 沙滩 上 燃起了 篝火，那 鲜亮 的 火光， 使 夜色 有了 躁动感。

Gōuhuǒ sìzhōu, rényǐng chuòyuē, rúgē-sìwǔ. Péngyou shuō, nà shì Běijīng de dàxuéshēngmen
篝火 四周， 人影 绰约， 如歌似舞。 朋友 说，那 是 北京 的 大学生们，

jiēbàn lái zhèr dù zhōumò de. Yáowàng nà míngmiè-wúdìng de huǒguāng, xiǎngxiàngzhe gōuhuǒ
结伴 来 这儿 度 周末 的。 遥望 那 明灭无定 的 火光， 想象着 篝火

yìngzhào de qīngchūnniánhuá, yě shì yī zhǒng yìxiǎng •bù dào de lèqù.
映照 的 青春年华， 也 是 一 种 意想 不 到 的 乐趣。

Jiéxuǎn zì Liú Yán《Shídù Yóu Qù》
—— 节选 自 刘 延《十渡 游 趣》

作品 30 号——《世界民居奇葩》

[朗读提示]中国民居具有古老而独特的魅力,是中华文明的宝贵遗产,体现了民族的智慧和深厚的文化底蕴,这篇文章介绍了特色鲜明的客家民居和傣家竹楼。另外,一家盖房,全村帮忙的习俗,体现了傣家人团结和睦、乐于助人的民族心理和文化传统。因此,在朗读时要倾注欣赏、赞扬的感情色彩。

Zài Mǐnxīnán hé Yuèdōngběi de chóngshān-jùnlǐng zhōng, diǎnzhuìzhe shùyǐqiānjì de yuánxíng
在 闽西南 和 粤东北 的 崇山峻岭 中, 点缀着 数以千计 的 圆形

wéiwū huò tǔlóu, zhè jiù shì bèi yù wéi "shìjiè mínjū qípā" de Kèjiā mínjū.
围屋 或 土楼, 这 就 是 被 誉 为 "世界 民居 奇葩" 的 客家 民居。

Kèjiārénrén shì gǔdài cóng Zhōngyuán fánshèng de dìqū qiāndào nánfāng de. Tāmen de
客家人 是 古代 从 中原 繁盛 的 地区 迁到 南方 的。他们 的

jūzhùdì dàduō zài piānpì, biānyuǎn de shānqū, wèile fángbèi dàofěi de sāorǎo hé dāngdìrén de
居住地 大多 在 偏僻、 边远 的 山区, 为了 防备 盗匪 的 骚扰 和 当地人 的

páijǐ, biàn jiànzàole yínglěishì zhùzhái, zài tǔ zhōng chān shíhuī, yòng nuòmǐfàn、 jīdànqīng zuò
排挤, 便 建造了 营垒式 住宅, 在 土 中 掺 石灰, 用 糯米饭、 鸡蛋清 作

niánhéjì, yǐ zhúpiàn、 mùtiáo zuò jīngǔ, hāngzhù qǐ qiáng hòu yī mǐ, gāo shíwǔ mǐ yǐshàng de
黏合剂, 以 竹片、 木条 作 筋骨, 夯筑 起 墙 厚 一 米, 高 十五 米 以上 的

tǔlóu. Tāmen dàduō wéi sān zhì liù céng lóu, yībǎi zhì èrbǎi duō jiān fángwū rú júbànzhuàng
土楼。它们 大多 为 三 至 六 层 楼, 一百 至 二百 多 间 房屋 如 橘瓣状

páiliè, bùjú jūnyún, hóngwěi zhuàngguān. Dàbùfēn tǔlóu yǒu liǎng-sānbǎi nián shènzhì wǔ-liùbǎi
排列, 布局 均匀, 宏伟 壮观。 大部分 土楼 有 两三百 年 甚至 五六百

nián de lìshǐ, jīngshòu wúshù cì dìzhèn hàndòng、 fēngyǔ qīnshí yǐjí pàohuǒ gōngjī ér
年 的 历史, 经受 无数 次 地震 撼动、 风雨 侵蚀 以及 炮火 攻击 而

ānrán-wúyàng, xiǎnshìle chuántǒng jiànzhù wénhuà de mèilì.
安然无恙, 显示了 传统 建筑 文化 的 魅力。

Kèjiā xiānmín chóngshàng yuánxíng, rènwéi yuán shì jíxiáng、 xìngfú hé ānníng de xiàngzhēng.
客家 先民 崇尚 圆形, 认为 圆 是 吉祥、 幸福 和 安宁 的 象征。

Tǔlóu wéichéng yuánxíng de fángwū jūn àn bāguà bùjú páiliè, guà yǔ guà zhījiān shèyǒu
土楼 围成 圆形 的 房屋 均 按 八卦 布局 排列, 卦 与 卦 之间 设有

fánghuǒqiáng, zhěngqí-huàyī.
防火墙, 整齐划一。

Kèjiārén zài zhìjiā、 chùshì、 dàirén、 lìshēn děng fāngmiàn, wú bù tǐxiàn chū míngxiǎn de wénhuà
客家人 在 治家、 处事、 待人、 立身 等 方面, 无 不 体现 出 明显 的 文化

tèzhēng. Bǐrú, xǔduō fángwū dàmén •shàng kèzhe zhèyàng de zhèngkǎi duìlián: "chéng qián zǔdé
特征。 比如, 许多 房屋 大门 上 刻着 这样 的 正楷 对联: "承 前 祖德

qín hé jiǎn, qǐ hòu zǐsūn dú yǔ gēng", biǎoxiànle xiānbèi xīwàng zǐsūn hémù xiāngchù、 qínjiǎn
勤 和 俭, 启 后 子孙 读 与 耕", 表现了 先辈 希望 子孙 和睦 相处、 勤俭

chíjiā de yuànwàng. Lóu nèi fángjiān dàxiǎo yīmú-yīyàng, tāmen bù fēn pínfù、 guìjiàn, měi hù
持家 的 愿望。 楼 内 房间 大小 一模一样, 他们 不 分 贫富、 贵贱, 每 户

rénjiā píngděng de fēndào dǐcéng zhì gāocéng gè// yī jiān fáng. Gè céng fángwū de yòngtú jīngrén
人家 平等 地 分到 底层 至 高层 各// 一间 房。各 层 房屋 的 用途 惊人

de tǒngyī, dǐcéng shì chúfáng jiān fàntáng, èr céng dāng zhùcāng, sān céng yǐshàng zuò wòshì,
地 统一, 底层 是 厨房 兼 饭堂, 二 层 当 贮仓, 三 层 以上 作 卧室,

liǎng-sānbǎi rén jùjū yī lóu, zhìxù jǐngrán, háobù hùnluàn. Tǔlóu nèi suǒ bǎoliú de mínsú wénhuà,
两三百 人 聚居 一 楼，秩序 井然，毫不 混乱。土楼 内 所 保留 的 民俗 文化，

ràng rén gǎnshòu dào Zhōnghuá chuántǒng wénhuà de shēnhòu jiǔyuǎn.
让 人 感受 到 中华 传统 文化 的 深厚 久远。

Jiéxuǎn zì Zhāng Yǔshēng《Shìjiè Mínjū Qípā》
—— 节选 自 张 宇生 《世界 民居 奇葩》

作品 31 号——《苏州园林》

扫码听范读

[**朗读提示**]这是一篇写景说明文，表达了作者对苏州园林的眷恋和欣赏之情。朗读时语调要自然、明快，通过自己的声音把听者带入如诗如画的景色中。

Wǒguó de jiànzhù, cóng gǔdài de gōngdiàn dào jìndài de yībān zhùfáng, jué dà bùfen shì
我国 的 建筑，从 古代 的 宫殿 到 近代 的 一般 住房，绝大 部分 是

duìchèn de, zuǒ·biān zěnmeyàng, yòu·biān zěnmeyàng. Sūzhōu yuánlín kě juébù jiǎng·jiū duìchèn,
对称 的，左边 怎么样，右边 怎么样。苏州 园林 可 绝不 讲究 对称，

hǎoxiàng gùyì bìmiǎn shìde. Dōng·biān yǒule yī gè tíngzi huòzhě yī dào huíláng, xī·biān jué bù
好像 故意 避免 似的。东边 有了 一个 亭子 或者 一 道 回廊，西边 决不

huì lái yī gè tóngyàng de tíngzi huòzhě yī dào tóngyàng de huíláng. Zhè shì wèishénme? Wǒ
会来 一个 同样 的 亭子 或者 一 道 同样 的 回廊。这 是 为什么? 我

xiǎng, yòng túhuà lái bǐfang, duìchèn de jiànzhù shì tú'ànhuà, bù shì měishùhuà, ér yuánlín shì
想，用 图画 来 比方，对称 的 建筑 是 图案画，不 是 美术画，而 园林 是

měishùhuà, měishùhuà yāoqiú zìrán zhī qù, shì bù jiǎng·jiū duìchèn de.
美术画，美术画 要求 自然 之 趣，是 不 讲究 对称 的。

Sūzhōu yuánlín·lǐ dōu yǒu jiǎshān hé chízhǎo.
苏州 园林里 都 有 假山 和 池沼。

Jiǎshān de duīdié, kěyǐ shuō shì yī xiàng yìshù ér bùjǐn shì jìshù. Huòzhě shì
假山 的 堆叠，可以 说 是 一 项 艺术 而 不仅 是 技术。或者 是

chóngluán-diézhàng, huòzhě shì jǐ zuò xiǎoshān pèihézhe zhúzi huāmù, quán zàihu shèjìzhě hé
重峦 叠嶂，或者 是 几 座 小山 配合着 竹子 花木，全 在乎 设计者 和

jiàngshīmen shēngpíng duō yuèlì, xiōng zhōng yǒu qiūhè, cái néng shǐ yóulǎnzhě pāndēng de shíhou
匠师们 生平 多 阅历，胸 中 有 丘壑，才 能 使 游览者 攀登 的 时候

wàngquè Sūzhōu chéngshì, zhǐ jué·dé shēn zài shān jiān.
忘却 苏州 城市，只 觉得 身 在 山 间。

Zhìyú chízhǎo, dàduō yǐnyòng huóshuǐ. Yǒuxiē yuánlín chízhǎo kuān·chǎng, jiù bǎ chízhǎo
至于 池沼，大多 引用 活水。有些 园林 池沼 宽敞，就 把 池沼

zuòwéi quán yuán de zhōngxīn, qítā jǐngwù pèihézhe bùzhì. Shuǐmiàn jiǎrú chéng hédào múyàng,
作为 全 园 的 中心，其他 景物 配合着 布置。水面 假如 成 河道 模样，

wǎngwǎng ānpái qiáoliáng. Jiǎrú ānpái liǎng zuò yǐshàng de qiáoliáng, nà jiù yī zuò yī gè yàng,
往往 安排 桥梁。假如 安排 两 座 以上 的 桥梁，那就 一 座 一 个 样，

jué bù léitóng.
决不 雷同。

Chízhǎo huò hédào de biānyán hěn shǎo qì qízhěng de shí'àn, zǒngshì gāodī qūqū rèn qí
池沼 或 河道 的 边沿 很 少 砌 齐整 的 石岸，总是 高低 屈曲 任 其

zìrán. Hái zài nàr bùzhì jǐ kuài línglóng de shítou, huòzhě zhòng xiē huācǎo. Zhè yě shì wèile
自然。还 在 那儿 布置 几 块 玲珑 的 石头，或者 种 些 花草。这 也 是 为了

qǔdé cóng gègè jiǎodù kàn dōu chéng yī fú huà de xiàoguǒ. Chízhǎo•lǐ yǎngzhe jīnyú huò gè sè
取得　从　各个　角度　看　都　成　一　幅　画　的　效果。池沼　里　养着　金鱼　或　各色

lǐyú, xià-qiū jìjié héhuā huò shuǐlián kāi//fàng, yóulǎnzhě kàn"yú xì liányè jiān", yòu shì rù huà
鲤鱼，夏秋　季节　荷花　或　睡莲　开//放，游览者　看"鱼　戏　莲叶　间"，又　是　入　画

de yī jǐng.
的　一　景。

Jiéxuǎn zì Yè Shèngtáo《Sūzhōu Yuánlín》
—— 节选　自叶　圣陶　《苏州　园林》

作品 32 号——《泰山极顶》

扫码听范读

[朗读提示]这是一篇写景文章，描写了泰山的自然景观和人文景观的美丽。朗读时语气要朴实流畅，感情要饱满、真挚。

Tài Shān jí dǐng kàn rìchū, lìlái bèi miáohuì chéng shífēn zhuàngguān de qíjǐng. Yǒu rén
泰　山　极　顶　看　日出，历来　被　描绘　成　十分　壮观　的　奇景。有人

shuō: Dēng Tài Shān ér kàn•bù dào rìchū, jiù xiàng yī chū dàxì méi•yǒu xìyǎn, wèir zhōngjiū yǒu
说：登　泰　山　而　看•不　到　日出，就　像　一　出　大戏　没有　戏眼，味儿　终究　有

diǎnr guǎdàn.
点儿　寡淡。

Wǒ qù páshān nà tiān, zhèng gǎn•shàng gè nándé de hǎotiān, wànlǐ chángkōng, yúncaisīr
我　去　爬山　那　天，正　赶上　个　难得　的　好天，万里　长空，云彩丝儿

dōu bù jiàn. Sùcháng, yānwù téngténg de shāntóu, xiǎn•dé méimù fēnmíng. Tóngbànmen dōu xīnxǐ
都　不　见。素常，烟雾　腾腾　的　山头，显得　眉目　分明。　同伴们　都　欣喜

de shuō: "Míngtiān zǎo•chén zhǔn kěyǐ kàn•jiàn rìchū le." Wǒ yě shì bàozhe zhè zhǒng xiǎngtou,
地　说："明天　早晨　准　可以　看见　日出　了。"我　也　是　抱着　这　种　想头，

pá•shàng shān•qù.
爬上　山去。

Yīlù cóng shānjiǎo wǎng shàng pá, xì kàn shānjǐng, wǒ jué•dé guà zài yǎnqián de bù shì Wǔ
一路　从　山脚　往　上　爬，细看　山景，我　觉得　挂　在　眼前　的　不是　五

Yuè dú zūn de Tài Shān, què xiàng yī fú guīmó jīngrén de qīnglù shānshuǐhuà, cóng xià•miàn dào
岳　独　尊　的　泰山，却　像　一　幅　规模　惊人　的　青绿　山水画，　从　下面　倒

zhǎn kāi•lái. Zài huàjuàn zhōng zuì xiān lòuchū de shì shāngēnr dǐ nà zuò Míngcháo jiànzhù
展　开来。在　画卷　中　最先　露出　的　是　山根　底　那　座　明朝　建筑

Dàizōngfāng, mànmàn de biàn xiànchū Wángmǔchí, Dǒumǔgōng, Jīngshíyù. Shān shì yī céng bǐ yī
岱宗坊，　慢慢　地　便　现出　王母池、斗母宫、经石峪。山　是　一　层　比一

céng shēn, yī dié bǐ yī dié qí, céngcéngdiédié, bù zhī hái huì yǒu duō shēn duō qí. Wàn shān
层　深，一　叠　比　一　叠　奇，层层　叠叠，不　知　还　会　有　多　深　多奇。万　山

cóng zhōng, shí'ér diǎnrǎnzhe jíqí gōngxì de rénwù. Wángmǔchí páng de Lǚzǔdiàn•lǐ yǒu bùshǎo
丛　中，　时而　点染着　极其　工细　的　人物。　王母池　旁　的　吕祖殿里　有　不少

zūn míngsù, sùzhe Lǚ Dòngbīn děng yīxiē rén, zītài shénqíng shì nàyàng yǒu shēngqì, nǐ kàn le,
尊　明塑，塑着　吕　洞宾　等　一些　人，姿态　神情　是　那样　有　生气，你　看了，

bùjīn huì tuōkǒu zàntàn shuō: "Huó la."
不禁　会　脱口　赞叹　说："活　啦。"

Huàjuàn jìxù zhǎnkāi, lùyīn sēnsēn de Bǎidòng lòumiàn bù tài jiǔ, biàn láidào Duìsōngshān.
画卷　继续　展开，绿阴　森森　的　柏洞　露面　不　太　久，便　来到　对松山。

Liǎngmiàn qífēng duìzhìzhe, mǎn shānfēng dōu shì qíxíng-guàizhuàng de lǎosōng, niánjì pà dōu yǒu
两面　奇峰　对峙着，满　山峰　都　是　奇形　怪状　的　老松，年纪怕　都　有

shàng qiān suì le, yánsè jìng nàme nóng, nóng dé hǎoxiàng yào liú xià·lái shìde. Láidào zhèr,
上　千　岁了，颜色　竟　那么　浓，浓　得　好像　要　流　下来　似的。来到　这儿，

nǐ bùfáng quándàng yī cì huà·lǐ de xiěyì rénwù, zuò zài lùpáng de Duìsōngtíng·lǐ, kànkan shānsè,
你　不妨　权当　一　次　画里　的　写意　人物，坐　在　路旁　的　对松亭　里，看看　山色，

tīngting liú // shuǐ hé sōngtāo.
听听　流 // 水　和　松涛。

Yīshíjiān, wǒ yòu jué·dé zìjǐ bùjǐn shì zài kàn huàjuàn, què yòu xiàng shì zài línglíngluànluàn
一时间，我　又　觉　得　自己　不仅　是　在　看　画卷，却　又　像　是　在　零零　乱乱

fānzhe yī juàn lìshǐ gǎoběn.
翻着　一　卷　历史　稿本。

Jiéxuǎn zì Yáng Shuò《Tài Shān Jí Dǐng》
——节选自杨朔《泰　山　极　顶》

作品 33 号——《天地九重》

扫码听范读

[**朗读提示**]航天英雄杨利伟在《天地九重》中讲述了自己的成长。本篇节选了他进入太空的所历、所见、所感、所想，让我们通过文字见证祖国航天事业的发展进步及取得的辉煌成就，在朗读中，要前半部分讲述空间场景，后半部分要表达出身为国人的自豪之情。

Zài tàikōng de hēimù ·shàng, dìqiú jiù xiàng zhàn zài yǔzhòu wǔtái zhōngyāng nà wèi zuì měi
在　太空　的　黑幕　上，地球　就　像　站　在　宇宙　舞台　中央　那　位　最美

de dà míngxīng, húnshēn sànfā chū duórénxīnpò de、cǎisè de、míngliàng de guāngmáng, tā pīzhe
的　大　明星，浑身　散发　出　夺人心魄　的、彩色　的、明亮　的　光芒，她　披着

qiānlánsè de shāqún hé báisè de piāodài, rútóng tiān·shàng de xiānnǚ huǎnhuǎn fēixíng.
浅蓝色　的　纱裙　和　白色的　飘带，如同　天上　的　仙女　缓缓　飞行。

Dìlǐ zhīshi gàosu wǒ, dìqiú ·shàng dàbùfēn dìqū fùgàizhe hǎiyáng, wǒ guǒrán kàndàole
地理　知识　告诉　我，地球　上　大部分　地区　覆盖着　海洋，我　果然　看到了

dàpiàn wèilánsè de hǎishuǐ, hàohàn de hǎiyáng jiāo'ào de pīlùzhe guǎngkuò zhuàngguān de
大片　蔚蓝色的　海水，浩瀚　的　海洋　骄傲　地　披露着　广阔　壮观　的

quánmào, wǒ hái kàndàole huáng-lǜ xiāngjiàn de lùdì, liánmián de shānmài zònghéng qíjiān; wǒ
全貌，我　还　看到了　黄绿　相间　的　陆地，连绵　的　山脉　纵横　其间；我

kàndào wǒmen píngshí suǒ shuō de tiānkōng, dàqìcéng zhōng piāofúzhe piànpiàn xuěbái de yúncai
看到　我们　平时　所　说　的　天空，大气层　中　飘浮着　片片　雪白的　云彩，

nàme qīngróu, nàme mànmiào, zài yángguāng pǔzhào xià, fǎngfú tiē zài dìmiàn ·shàng yīyàng.
那么　轻柔，那么　曼妙，在　阳光　普照　下，仿佛　贴　在　地面　上　一样。

Hǎiyáng、lùdì、báiyún, tāmen chéngxiàn zài fēichuán xià·miàn, huǎnhuǎn shǐlái, yòu huǎnhuǎn
海洋、陆地、白云，它们　呈现　在　飞船　下面，缓缓　驶来，又　缓缓

lí·qù.
离去。

Wǒ zhī·dào zìjǐ hái shì zài guǐdào ·shàng fēixíng, bìng méi·yǒu wánquán tuōlí dìqiú de
我　知道　自己　还　是　在　轨道　上　飞行，并　没有　完全　脱离　地球的

huáibào, chōngxiàng yǔzhòu de shēnchù, rán'ér zhè yě zúyǐ ràng wǒ zhènhàn le, wǒ bìng bù
怀抱，冲向　宇宙　的　深处，然而　这　也　足以　让　我　震撼　了，我　并　不

néng kànqīng yǔzhòu zhōng zhòngduō de xīngqiú, yīn·wèi shíjì·shàng tāmen lí wǒmen de jùlí
能　看清　宇宙　中　众多　的　星球，因为　实际上　它们　离　我们　的　距离

fēicháng yáoyuǎn, hěnduō dōu shì yǐ guāngnián jìsuàn. zhèng yīn·wèi rúcǐ, wǒ jué·dé yǔzhòu de
非常　遥远，很多　都　是　以　光年　计算。正　因为　如此，我　觉得　宇宙　的

guǎngmào zhēnshí de bǎi zài wǒ de yǎnqián, jíbiàn zuòwéi Zhōnghuá Mínzú dì-yī gè fēitiān de rén
广袤　真实　地　摆　在　我　的　眼前，即便　作为　中华　民族　第一　个　飞天　的　人

wǒ yǐ·jīng pǎodào lí dìqiú biǎomiàn sìbǎi gōnglǐ de kōngjiān, kěyǐ chēngwéi tàikōngrén le
我　已经　跑到　离　地球　表面　四百　公里　的　空间，可以　称为　太空人　了，

dànshì shíjì·shàng zài hàohàn de yǔzhòu miànqián, wǒ jǐn xiàng yī lì chén'āi.
但是　实际上　在　浩瀚　的　宇宙　面前，我　仅　像　一　粒　尘埃。

　　Suīrán dúzì zài tàikōng fēixíng, dàn wǒ xiǎngdàole cǐkè qiānwàn// Zhōngguórén
　　虽然　独自　在　太空　飞行，但　我　想到了　此刻　千万//　中国人

qiàoshǒuyǐdài, wǒ bù shì yī gè rén zài fēi, wǒ shì dàibiǎo suǒyǒu Zhōngguórén, shènzhì rénlèi
翘首以待，我　不　是　一　个　人　在　飞，我　是　代表　所有　中国人，甚至　人类

láidàole tàikōng. Wǒ kàndào de yīqiè zhèngmíngle Zhōngguó hángtiān jìshù de chénggōng, wǒ
来到了　太空。我　看到　的　一切　证明了　中国　航天　技术　的　成功，我

rènwéi wǒ de xīnqíng yīdìng yào biǎodá yīxià, jiù náchū tàikōngbǐ, zài gōngzuò rìzhì bèimiàn xiěle
认为　我　的　心情　一定　要　表达　一下，就　拿出　太空笔，在　工作　日志　背面　写了

yī jù huà: "Wèile rénlèi de hépíng yǔ jìnbù, Zhōngguórén láidào tàikōng le." Yǐ cǐ lái biǎodá
一　句　话："为了　人类　的　和平　与　进步，中国人　来到　太空　了。"以　此　来　表达

yī gè zhōngguórén de jiāo'ào hé zìháo.
一　个　中国人　的　骄傲　和　自豪。

Jiéxuǎn zì Yáng Lìwěi《Tiān Dì Jiǔ Chóng》
——节选　自　杨　利伟《天　地　九　重》

作品 34 号——《我的老师》

扫码听范读

[朗读提示]写作此文时，魏巍已经和蔡老师分别 20 多年了，但是，蔡老师温柔美丽的形象、崇高的师德、渊博的知识、高超的教学艺术和那颗慈母般的心灵，无时无刻不在撞击着作者的心灵，作者也无时无刻不在思念着自己的老师。朗读时，要表达出真情实感，也要反映出作者对教师职业的理解。

　　Zuì shǐ wǒ nánwàng de, shì wǒ xiǎoxué shíhou de nǚjiàoshī Cài Yúnzhī xiānsheng
　　最使我　难忘　的，是　我　小学　时候　的　女教师　蔡　芸芝　先生。

　　Xiànzài huíxiǎng qǐ·lái, tā nà shí yǒu shíbā-jiǔ suì. Yòu zuǐjiǎo biān yǒu yúqián dàxiǎo yī
　　现在　回想　起来，她　那时　有　十八九　岁。右　嘴角　边　有　榆钱　大小　一

kuài hēizhì. Zài wǒ de jìyì·lǐ, tā shì yī gè wēnróu hé měilì de rén.
块　黑痣。在　我　的　记忆里，她　是　一　个　温柔　和　美丽　的　人。

　　Tā cónglái bù dǎmà wǒmen. Jǐnjǐn yǒu yī cì, tā de jiàobiān hǎoxiàng yào luò xià·lái, wǒ
　　她　从来　不　打骂　我们。仅仅　有　一　次，她　的　教鞭　好像　要　落　下来，我

yòng shíbǎn yī yíng, jiàobiān qīngqīng de qiāo zài shíbǎn biān·shàng, dàhuǒr xiào le, tā yě xiào
用　石板　一　迎，教鞭　轻轻　地　敲　在　石板　边上，大伙　笑　了，她　也　笑

le. Wǒ yòng értóng de jiǎohuá de yǎnguāng chájué, tā ài wǒmen, bìng méi·yǒu cúnxīn yào dǎ de
了。我　用　儿童　的　狡猾　的　眼光　察觉，她　爱　我们，并　没有　存心　要　打　的

yìsi. Háizimen shì duōme shànyú guānchá zhè yī diǎn a.
意思。孩子们　是　多么　善于　观察　这　一　点　啊。

Zài kèwài de shíhou, tā jiāo wǒmen tiàowǔ, wǒ xiànzài hái jìde tā bǎ wǒ bànchéng nǚháizi
在 课外 的 时候，她 教 我们 跳舞，我 现在 还 记得 她 把 我 扮成 女孩子
biǎoyǎn tiàowǔ de qíngjǐng.
表演 跳舞 的 情景。

Zài jiàrì ·lǐ, tā bǎ wǒmen dàidào tā de jiā·lǐ hé nǚpéngyou de jiā·lǐ. Zài tā de nǚpéngyou
在 假日 里，她 把 我们 带到 她 的 家里 和 女朋友 的 家里。在 她 的 女朋友
de yuánzi ·lǐ, tā hái ràng wǒmen guānchá mìfēng; yě shì zài nà shíhou, wǒ rènshíle fēngwáng,
的 园子 里，她 还 让 我们 观察 蜜蜂；也 是 在 那 时候，我 认识了 蜂王，
bìngqiě píngshēng dì-yī cì chīle fēngmì.
并且 平生 第一 次 吃了 蜂蜜。

Tā ài shī, bìngqiě ài yòng gēchàng de yīndiào jiāo wǒmen dú shī. Zhí dào xiànzài wǒ hái
她 爱 诗，并且 爱 用 歌唱 的 音调 教 我们 读 诗。直 到 现在 我 还
jìde tā dú shī de yīndiào, hái néng bèisòng tā jiāo wǒmen de shī:
记得 她 读 诗 的 音调，还 能 背诵 她 教 我们 的 诗：

Yuán tiān gàizhe dàhǎi,
圆 天 盖着 大海，

Hēishuǐ tuōzhe gūzhōu,
黑水 托着 孤舟，

Yuǎn kàn ·bù jiàn shān,
远 看 不 见 山，

Nà tiānbiān zhǐ yǒu yúntóu,
那 天边 只 有 云头，

Yě kàn ·bù jiàn shù,
也 看 不 见 树，

Nà shuǐ ·shàng zhǐ yǒu hǎi'ōu ……
那 水 上 只 有 海鸥 ……

Jīntiān xiǎnglái, tā duì wǒ de jiējìn wénxué hé àihào wénxué, shì yǒuzhe duōme yǒuyì de
今天 想来，她 对 我 的 接近 文学 和 爱好 文学，是 有着 多么 有益 的
yǐngxiǎng!
影响！

Xiàng zhèyàng de jiàoshī, wǒmen zěnme huì bù xǐhuān tā, zěnme huì bù yuànyì hé tā qīnjìn
像 这样 的 教师，我们 怎么 会 不 喜欢 她，怎么 会 不 愿意 和 她 亲近
ne? wǒmen jiànle tā bùyóude jiù wéi shàng·qù. jíshǐ tā xiězì de shíhou, wǒ//men yě mòmò de
呢？我们 见了 她 不由得 就 围 上去。 即使 她 写字 的 时候， 我们 也 默默 地
kànzhe tā, lián tā wǒ qiānbǐ de zīshì dōu jíyú mófǎng.
看着 她，连 她 握 铅笔 的 姿势 都 急于 模仿。

Jiéxuǎn zì Wèi Wēi《Wǒ de Lǎoshī》
—— 节选 自 魏 巍《我 的 老师》

作品 35 号——《我喜欢出发》

扫码听范读

[朗读提示] 这篇散文最能体现汪国真的一贯设计风格：没有慷慨激昂的高姿态，绮丽的文辞。文章内容清新隽永，让人不知不觉被文章内容的奋发向上的主题风格所触动。朗读时，可融合自身的人生道路体会与感受开展表述，心态要鲜明，有级述感，要受众群体听出自身的心态与逻辑思维主题活动。

Wǒ xǐhuān chūfā.
我　喜欢　出发。

Fánshì dàodále de dìfāng, dōu shǔyú zuótiān. Nǎpà nà shān zài qīng, nà shuǐ zài xiù, nà fēng
凡是　到达了 的 地方，都　属于　昨天。哪怕 那 山 再 青，那 水 再 秀，那 风

zài wēnróu. Tài shēn de liúlián biànchéngle yī zhǒng jībàn, bànzhù de bùjǐn yǒu shuāngjiǎo, hái
再 温柔。太 深 的 流连 便成了　一　种　羁绊，绊住 的 不仅 有　双脚，　还

yǒu wèilái.
有　未来。

Zěnme néng bù xǐhuān chūfā ne? Méi jiànguo dàshān de wēi'é zhēn shì yíhàn; jiànle dàshān
怎么　能 不 喜欢　出发 呢? 没　见过　大山 的 巍峨，真 是 遗憾；见了　大山

de wēi'é méi jiànguo dàhǎi de hàohàn, réngrán yíhàn; jiànle dàhǎi de hàohàn méi jiànguo dàmò de
的 巍峨 没　见过 大海 的 浩瀚，　仍然　遗憾；见了 大海 的 浩瀚 没　见过 大漠 的

guǎngmào, yījiù yíhàn; jiànle dàmò de guǎngmào méi jiànguo sēnlín de shénmì, hái shì yíhàn
广袤，　依旧 遗憾；见了 大漠 的　广袤　没　见过　森林 的 神秘，还 是 遗憾。

Shìjiè •shàng yǒu bù jué de fēngjǐng, wǒ yǒu bù lǎo de xīnqíng.
世界　上　有 不绝 的 风景，我 有 不老 的 心情。

Wǒ zì•rán zhī•dào, dàshān yǒu kǎnkě, dàhǎi yǒu làngtāo, dàmò yǒu fēngshā, sēnlín yǒu
我 自然　知道，　大山 有　坎坷，大海 有　浪涛，大漠 有　风沙，森林 有

měngshòu. Jíbiàn zhèyàng, wǒ yīrán xǐhuān
猛兽。　即便　这样，我 依然　喜欢。

Dǎpò shēnghuó de píngjìng biàn shì lìng yī fān jǐngzhì, yī zhǒng shǔyú niánqīng de jǐngzhì.
打破　生活 的 平静　便 是 另 一 番 景致，一　种　属于　年轻 的 景致。

Zhēn qìngxìng, wǒ hái méi•yǒu lǎo. Jíbiàn zhēn lǎole yòu zěnmeyàng, bù shì yǒu jù huà jiào
真　庆幸，我 还 没有　老。即便　真 老了 又　怎么样，不 是 有 句 话 叫

lǎodāngyìzhuàng ma?
老当益壮　吗?

Yúshì, wǒ hái xiǎng cóng dàshān nà•lǐ xuéxí shēnkè, wǒ hái xiǎng cóng dàhǎi nà•lǐ xuéxí
于是，我 还　想　从　大山 那里 学习　深刻，我 还　想　从 大海 那里 学习

yǒnggǎn, wǒ hái xiǎng cóng dàmò nà•lǐ xuéxí chénzhuó, wǒ hái xiǎng cóng sēnlín nà•lǐ xuéxí
勇敢，我 还　想　从　大漠 那里 学习 沉着，我 还　想　从　森林 那里 学习

jīmǐn. Wǒ xiǎng xuézhe pǐnwèi yī zhǒng bīnfēn de rénshēng.
机敏。我　想　学着 品味 一　种　缤纷 的 人生。

Rén néng zǒu duō yuǎn? Zhè huà bù shì yào wèn liǎngjiǎo ér shì yào wèn zhìxiàng Rén néng
人 能 走 多 远? 这 话 不 是 要 问　两脚 而 是 要 问　志向。人 能

pān duō gāo? Zhè shì bù shì yào wèn shuāngshǒu ér shì yào wèn yìzhì. Yúshì, wǒ xiǎng yòng
攀 多 高? 这 事 不 是 要 问　双手　而 是 要 问 意志。于是，我　想　用

qīngchūn de rèxuè gěi zìjǐ shùqǐ yī gè gāoyuǎn de mùbiāo. Bùjǐn shì wéile zhēngqǔ yī zhǒng
青春 的 热血 给 自己 树起 一 个 高远 的 目标。不仅 是 为了　争取 一　种

guāngróng, gèng shì wéile zhuīqiú yī zhǒng jìngjiè. Mùbiāo shíxiàn le, biàn shì guāngróng; mùbiāo
光荣，　更 是 为了　追求 一　种　境界。目标　实现 了，便 是　光荣；目标

shíxiàn •bù liǎo, rénshēng yě huì yīn// zhè yīlù fēngyǔ báshè biàn de fēngfù ér chōngshí; zài wǒ
实现 不 了，人生 也 会 因// 这 一路 风雨 跋涉 变 得 丰富 而 充实；在 我

kànlái, zhè jiù shì bùxū-cǐshēng.
看来，这 就 是 不虚此生。

Shì de, wǒ xǐhuan chūfā, yuàn nǐ yě xǐhuān
是 的，我 喜欢 出发，愿 你 也 喜欢。

Jiéxuǎn zì Wāng Guózhēn《Wǒ Xǐhuān Chūfā》
——　节选 自　汪　国真　《我 喜欢　出发》

作品 36 号——《乡下人家》

[朗读提示]这一篇写景散文,作者用文字描绘了一幅幅恬静惬意的乡下人家生活画卷,表达了他对这种生活的喜爱和向往。语言简洁明快、活泼风趣。朗读时,应从文字中读出田园风光的写意画卷,读出字里行间蕴藏的情趣,读出文字背后作者的生活态度。

Xiāngxià rénjiā zǒng ài zài wū qián dā yī guā jià, huò zhòng nánguā, huò zhòng sīguā, ràng
乡下 人家 总 爱 在 屋 前 搭 一 瓜 架, 或 种 南瓜, 或 种 丝瓜, 让

nàxiē guāténg pān·shàng péngjià, pá·shàng wūyán. Dāng huā'ér luòle de shíhou, téng ·shàng biàn
那些 瓜藤 攀上 棚架, 爬上 屋檐。 当 花儿 落了 的 时候, 藤 上 便

jiēchūle qīng de、hóng de guā, tāmen yī gègè guà zài fáng qián, chènzhe nà chángcháng de
结出了 青 的、 红 的 瓜, 它们 一 个个 挂 在 房 前, 衬着 那 长长 的

téng, lùlù de yè. Qīng、hóng de guā, bìlù de téng hé yè, gòuchéngle yī dào biéyǒufēngqù de
藤, 绿绿 的 叶。 青、 红 的 瓜, 碧绿 的 藤 和 叶, 构成了 一 道 别有风趣 的

zhuāngshì, bǐ nà gāolóu mén qián dūnzhe yī duì shíshīzi huòshì shùzhe liǎng gēn dàqígān, kě'ài
装饰, 比 那 高楼 门 前 蹲着 一 对 石狮子 或是 竖着 两 根 大旗杆, 可爱

duō le.
多 了。

Yǒuxiē rénjiā, hái zài mén qián de chǎngdì ·shàng zhǒng jǐ zhū huā, sháoyào, fèngxiān,
有些 人家, 还 在 门 前 的 场地 上 种 几 株 花, 芍药, 凤仙,

jīguānhuā, dàlìjú, tāmen yīzhe shílìng, shùnxù kāifàng, pǔsù zhōng dàizhe jǐ fēn huálì, xiǎnchū
鸡冠花, 大丽菊, 它们 依着 时令, 顺序 开放, 朴素 中 带着 几 分 华丽, 显出

yī pài dútè de nóngjiā fēngguāng. Hái yǒuxiē rénjiā, zài wū hòu zhòng jǐshí zhī zhú, lù de yè,
一 派 独特 的 农家 风光。 还 有些 人家, 在 屋 后 种 几十 枝 竹, 绿 的 叶,

qīng de gān, tóuxià yī piàn nóngnóng de lùyīn. Jǐ chǎng chūnyǔ guòhòu, dào nà·lǐ zǒuzǒu, nǐ
青 的 竿, 投下 一 片 浓浓 的 绿荫。几 场 春雨 过后, 到 那里 走走, 你

chángcháng huì kànjiàn xǔduō xiānnèn de sǔn, chéngqún de cóng tǔ ·lǐ tànchū tóu lái.
常常 会 看见 许多 鲜嫩 的 笋, 成群 地 从 土里 探出 头 来。

Jī, xiāngxià rénjiā zhàolì zǒng yào yǎng jǐ zhǐ de. Cóng tāmen de fáng qián wū hòu zǒuguò,
鸡, 乡下 人家 照例 总 要 养 几 只 的。 从 他们 的 房 前 屋 后 走过,

nǐ kěndìng huì qiáo·jiàn yī zhī mǔjī, shuàilǐng yī qún xiǎojī, zài zhúlín zhōng mìshí; huòshì
你 肯定 会 瞧见 一 只 母鸡, 率领 一 群 小鸡, 在 竹林 中 觅食; 或是

qiáo·jiàn sǒngzhe wěibā de xióngjī, zài chǎngdì ·shàng dàtàbù de zǒuláizǒuqù.
瞧见 耸着 尾巴 的 雄鸡, 在 场地 上 大踏步 地 走来走去。

Tāmen de wū hòu tǎngruò yǒu yī tiáo xiǎohé, nàme zài shíqiáo pángbiān, zài lùshùyīn xià, nǐ
他们 的 屋 后 倘若 有 一 条 小河, 那么 在 石桥 旁边, 在 绿树荫 下, 你

huì jiàndào yī qún yāzi yóuxì shuǐ zhōng, bùshí de bǎ tou zhādào shuǐ xià qù mìshí. Jíshǐ fùjìn
会 见到 一 群 鸭子 游戏 水 中, 不时 地 把 头 扎到 水 下 去 觅食。 即使 附近

de shítou ·shàng yǒu fùnǚ zài dǎoyī, tāmen yě cóng bù chījīng.
的 石头 上 有 妇女 在 捣衣, 它们 也 从 不 吃惊。

Ruòshì zài xiàtiān de bàngwǎn chū·qù sànbù, nǐ chángcháng huì qiáo·jiàn xiāngxià rénjiā chī
若是 在 夏天 的 傍晚 出去 散步, 你 常常 会 瞧见 乡下 人家 吃

wǎnfàn// de qíngjǐng. Tāmen bǎ zhuōyǐ fàncài bāndào mén qián, tiāngāo-dìkuò de chī qǐ·lái.
晚饭// 的 情景。 他们 把 桌椅 饭菜 搬到 门 前, 天高地阔 地 吃 起来。

tiānbiān de hóngxiá, xiàngwǎn de wēifēng, tóu ·shàng fēiguò de guīcháo de niǎo'ér dōu shì tāmen
天边 的 红霞, 向晚 的 微风, 头 上 飞过 的 归巢 的 鸟儿, 都 是 他们

de hǎoyǒu. Tāmen hé xiāngxià rénjiā yīqǐ, huìchéngle yī fú zìrán、héxié de tiányuán fēngjǐnghuà.
的 好友。 它们 和 **乡下** 人家 一起， 绘成了 一 幅 自然、和谐 的 田园 风景画。

Jiéxuǎn zì Chén Zuìyún《Xiāngxià Rénjiā》
—— 节选 自 陈 醉云 《乡下 人家》

作品 37 号——《鸟的天堂》

扫码听范读

[**朗读提示**]本文写了作者两次观赏大榕树的情景，而且两次的印象有些不同，朗读时要区别对待，朗读前一部分时要用欣喜的语调、舒缓的节奏表现出对大榕树的赞美之情，朗读中间过渡时语调要略含失望、遗憾，朗读后一部分时语调要畅快欣喜——终于看到鸟啦！

Wǒmen de chuán jiànjiàn de bījìn róngshù le. Wǒ yǒu jī·huì kànqīng tā de zhēn miànmù: Shì
我们 的 船 渐渐 地 逼近 榕树 了。我 有 机会 看清 它 的 真 面目： 是

yī kē dàshù, yǒu shǔ·bùqīng de yāzhī, zhī·shàng yòu shēng gēn, yǒu xǔduō gēn yīzhí chuídào
一 棵 大树， 有 数不清 的 丫枝， 枝上 又 生 根， 有 许多 根 一直 垂到

dì·shàng, shēnjìn nítǔ·lǐ. Yī bùfen shùzhī chuídào shuǐmiàn, cóng yuǎnchù kàn, jiù xiàng yī kē
地上， 伸进 泥土里。一 部分 树枝 垂到 水面， 从 远处 看， 就 像 一 棵

dàshù xié tǎng zài shuǐmiàn·shàng yīyàng.
大树 斜 躺 在 水面 上 一样。

Xiànzài zhèng shì zhīfán-yèmào de shíjié. Zhè kē róngshù hǎoxiàng zài bǎ tā de quánbù
现在 正 是 枝繁叶茂 的 时节。这 棵 榕树 好像 在 把 它 的 全部

shēngmìnglì zhǎnshì gěi wǒmen kàn. Nàme duō de lǜyè, yī cù duī zài lìng yī cù de shàng·miàn,
生命力 展示 给 我们 看。**那么** 多 的 绿叶， 一 簇 堆 在 另 一 簇 的 上面，

bù liú yīdiǎnr fèngxì. Cuìlǜ de yánsè míngliàng de zài wǒmen de yǎnqián shǎnyào, sìhū měi yī
不 留 **一点儿** 缝隙。翠绿 的 颜色 明亮 地 在 我们 的 眼前 闪耀， **似乎** 每 一

piàn shùyè·shàng dōu yǒu yī gè xīn de shēngmìng zài chàndòng, zhè měilì de nánguó de shù!
片 树叶 上 都 有 一个 新的 生命 在 颤动， 这 美丽 的 南国 的 树！

Chuán zài shù·xià bóle piànkè, àn·shàng hěn shī, wǒmen méi·yǒu shàng·qù. Péngyou shuō
船 在 树下 **泊**了 片刻， 岸上 很 湿， 我们 没有 上去。 **朋友** 说

zhè·lǐ shì "niǎo de tiāntáng", yǒu xǔduō niǎo zài zhè kē shù·shàng zuò wō, nóngmín bùxǔ rén qù
这里 是 "鸟的 天堂"， 有 许多 鸟 在 这棵 树上 做窝， 农民 不许 人 去

zhuō tāmen. Wǒ fǎngfú tīng·jiàn jǐ zhī niǎo pū chì de shēngyīn, dànshì děngdào wǒ de yǎnjing
捉 它们。我 **仿佛** 听见 几 只 鸟 扑翅 的 声音， 但是 等到 我 的 眼睛

zhùyì de kàn nà·lǐ shí, wǒ què kàn·bùjiàn yī zhī niǎo de yǐngzi, zhǐyǒu wúshù de shùgēn lì zài
注意 地 看 那里 时，我 却 看不见 一 只 鸟 的 影子， 只有 无数 的 树根 立 在

dì·shàng, xiàng xǔduō gēn mùzhuāng. Dì shì shī de, dàgài zhǎngcháo shí héshuǐ chángcháng
地上， 像 许多 根 木桩。 地 是 湿 的，大概 **涨潮** 时 河水 常常

chōng·shàng àn·qù. "Niǎo de tiāntáng"·lǐ méi·yǒu yī zhī niǎo, wǒ zhèyàng xiǎngdào. Chuán kāi
冲 上 岸去。"鸟 的 天堂" 里 没有 一 只 鸟， 我 这样 想到。 船 开

le, yī gè péngyou bōzhe chuán, huǎnhuǎn de liúdào hé zhōngjiān·qù.
了，一 个 朋友 拨着 船， 缓缓 地 流到 河 中间去。

Dì-èr tiān, wǒmen huázhe chuán dào yī gè péngyou de jiāxiāng qù, jiùshì nàge yǒu shān yǒu
第二 天， 我们 **划着** 船 到 一个 朋友 的 家乡 去，就是 那个 有 山 有

tǎ de dìfang. Cóng xuéxiào chūfā, wǒmen yòu jīngguò nà "niǎo de tiāntáng".
塔 的 **地方**。 从 学校 出发， 我们 又 经过 那"鸟 的 天堂"。

Zhè yī cì shì zài zǎo•chén, yángguāng zhào zài shuǐmiàn•shàng, yě zhào zài shùshāo•shàng.
这 一 次 是 在 早晨， 阳光 照 在 水面 上， 也 照 在 树梢 上。

Yīqiè dōu // xiǎn•dé fēicháng guāngmíng. Wǒmen de chuán yě zài shù•xià bóle piànkè.
一切 都 // 显得 非常 光明。 我们 的 船 也 在 树下 泊了 片刻。

Qǐchū sìzhōuwéi fēicháng qīngjìng. Hòulái hūrán qǐle yī shēng niǎojiào. Wǒmen bǎ shǒu yī
起初 四周围 非常 清静。 后来 忽然 起了 一 声 鸟叫。 我们 把 手 一

pāi, biàn kàn•jiàn yī zhī dàniǎo fēile qǐ•lái, jiēzhe yòu kàn•jiàn dì-èr zhī, dì-sān zhī. Wǒmen jìxù
拍， 便 看见 一 只 大鸟 飞了 起来， 接着 又 看见 第二 只， 第三 只。 我们 继续

pāizhǎng, hěn kuài de zhège shùlín jiù biàn de hěn rènao le. Dàochù dōu shì niǎo shēng, dàochù
拍掌， 很 快 地 这个 树林 就 变 得 很 热闹 了。 到处 都 是 鸟 声， 到处

dōu shì niǎo yǐng. Dà de, xiǎo de, huā de, hēi de, yǒude zhàn zài zhī•shàng jiào, yǒude fēi
都 是 鸟 影。 大 的， 小 的， 花 的， 黑 的， 有的 站 在 枝上 叫， 有的 飞

qǐ•lái, zài pū chìbǎng.
起来， 在 扑 翅膀。

Jiéxuǎn zì Bājīn《Niǎo de Tiāntáng》
—— 节选 自巴金《鸟 的 天堂》

扫码听范读

作品 38 号——《夜间飞行的秘密》

[朗读提示]本文主要讲述了科学家经过反复试验，揭开了蝙蝠在夜里安全飞行的奥秘，并从中受到启发，发明了雷达安装在飞机上，保证飞机在夜里安全飞行的过程。朗读时，要注意生动描述整个实验过程，具有故事性，调动起读者的参与感。

Liǎngbǎi duō nián qián, kēxuéjiā zuòle yī cì shíyàn. Tāmen zài yī jiān wūzi •lǐ héngqī-shùbā
两百 多 年 前， 科学家 做了 一 次 实验。 他们 在 一 间 屋子 里 横七竖八

de lāle xǔduō shéngzi, shéngzi •shàng jìzhe xǔduō língdang, ránhòu bǎ biānfú de yǎnjing
地 拉了 许多 绳子， 绳子 上 系着 许多 铃铛， 然后 把 蝙蝠 的 眼睛

méng•shàng, ràng tā zài wūzi •lǐ fēi. Biānfú fēile jǐ gè zhōngtóu, língdang yī gè yě méi xiǎng,
蒙上， 让 它 在 屋子 里 飞。 蝙蝠 飞了 几 个 钟头， 铃铛 一 个 也 没 响，

nàme duō de shéngzi, tā yī gēn yě méi pèngzháo.
那么 多 的 绳子， 它 一 根 也 没 碰着。

Kēxuéjiā yòu zuòle liǎng cì shíyàn: yī cì bǎ biānfú de ěrduo sāi•shàng, yī cì bǎ biānfú de
科学家 又 做了 两 次 实验：一 次 把 蝙蝠 的 耳朵 塞上， 一 次 把 蝙蝠 的

zuǐ fēngzhù, ràng tā zài wūzi •lǐ fēi. Biānfú jiù xiàng méitóu-cāngying shìde dàochù luàn zhuàng,
嘴 封住， 让 它 在 屋子 里 飞。 蝙蝠 就 像 没头苍蝇 似的 到处 乱 撞，

guà zài shéngzi •shàng de língdang xiǎng gè bùtíng.
挂 在 绳子 上 的 铃铛 响 个 不停。

Sān cì shíyàn de jiéguǒ zhèngmíng, biānfú yè•lǐ fēixíng, kào de bù shì yǎnjing, ér shì kào
三 次 实验 的 结果 证明， 蝙蝠 夜里 飞行， 靠 的 不 是 眼睛， 而 是 靠

zuǐ hé ěrduo pèihé qǐ•lái tànlù de.
嘴 和 耳朵 配合 起来 探路 的。

Hòulái, kēxuéjiā jīngguò fǎnfù yánjiū, zhōngyú jiēkāile biānfú néng zài yè•lǐ fēixíng de mìmì.
后来， 科学家 经过 反复 研究， 终于 揭开了 蝙蝠 能 在 夜里 飞行 的 秘密。

Tā yībiān fēi, yībiān cóng zuǐ•lǐ fāchū chāoshēngbō. Ér zhè zhǒng shēngyīn, rén de ěrduo shì tīng
它 一边 飞， 一边 从 嘴里 发出 超声波。 而 这 种 声音， 人 的 耳朵 是 听

•bù jiàn de, biānfú de ěrduo què néng tīngjiàn. Chāoshēngbō xiàng qián chuánbō shí, yùdào
不　见　的，蝙蝠　的　耳朵　却　能　听见。　超声波　向　前　传播　时，遇到

zhàng'àiwù jiù fǎnshè huí•lái, chuándào biānfú de ěrduo •lǐ, tā jiù lìkè gǎibiàn fēixíng de
障碍物　就　反射　回来，　传到　蝙蝠　的　耳朵　里，它　就　立刻　改变　飞行　的

fāngxiàng.
方向。

　　Zhī•dào biānfú zài yè•lǐ rúhé fēixíng, nǐ cāidào fēijī yèjiān fēixíng de mìmì le ma? Xiàndài
　　知道　蝙蝠　在　夜里　如何　飞行，你　猜到　飞机　夜间　飞行　的　秘密　了　吗？　现代

fēijī •shàng ānzhuāngle léidá, léidá de gōngzuò yuánlǐ yǔ biānfú tànlù lèisì. Léidá tōngguò
飞机　上　安装了　雷达，雷达　的　工作　原理　与　蝙蝠　探路　类似。雷达　通过

tiānxiàn fāchū wúxiàn diànbō, wúxiàn diànbō yùdào zhàng'àiwù jiù fǎnshè huí•lái, bèi léidá jiēshōu
天线　发出　无线　电波，无线　电波　遇到　障碍物　就　反射　回来，被　雷达　接收

dào, xiǎnshì zài yíngguāngpíng •shàng. Cóng léidá de yíngguāngpíng •shàng, jiàshǐyuán nénggòu
到，　显示　在　荧光屏　上。　从　雷达　的　荧光屏　上，　驾驶员　能够

qīngchu de kàndào qiánfāng yǒuméiyǒu zhàng'àiwù, suǒ//yǐ fēijī fēixíng jiù gèng ānquán le.
清楚　地　看到　前方　有没有　障碍物，所//以　飞机　飞行　就　更　安全　了。

Jiéxuǎn zì《Yèjiān Fēixíng De Mìmì》
—— 节选　自《夜间　飞行　的　秘密》

作品 39 号——《一幅名扬中外的画》

　　[朗读提示]本文讲述的是北宋画家张择端的《清明上河图》，它是中国十大传世名画之一。
画中场景非常宏大，人物的描摹非常细腻，动作逼真，画面中人物众多，形态各异，朗读中要注意
语言的丰富性，趣味性，画面感，生动展现画中内容。

　　Běi Sòng shíhou, yǒu wèi huàjiā jiào Zhāng Zéduān. Tā huàle yī fú míngyáng-zhōngwài de huà
　　北　宋　时候，有　位　画家　叫　张　择端。他　画了　一幅　　名扬中外　　的画

《Qīngmíng Shàng Hé Tú》. Zhè fú huà cháng wǔbǎi èrshíbā límǐ, gāo èrshísì diǎn bā límǐ,
《清明　上河图》。这　幅　画　长　五百　二十八　厘米，高　二十四　点　八　厘米，

huà de shì Běi Sòng dūchéng Biànliáng rènao de chǎngmiàn. Zhè fú huà yǐ•jīng yǒu bābǎi duō nián
画的是北宋　都城　汴梁　热闹　的　场面。　这　幅　画　已经　有　八百　多　年

de lìshǐ le, xiànzài hái wánzhěng de bǎocún zài Běijīng de Gùgōng Bówùyuàn •lǐ.
的　历史　了，现在　还　完整　地　保存　在　北京　的　故宫　博物院　里。

　　Zhāng Zéduān huà zhè fú huà de shíhou, xiàle hěn dà de gōngfu Guāng shì huà •shàng de
　　张　择端　画　这　幅　画　的　时候，下了　很　大　的　功夫。　光　是　画　上　的

rénwù, jiù yǒu wǔbǎi duō gè: yǒu cóng xiāngxia lái de nóngmín, yǒu chēngchuán de chuángōng,
人物，就　有　五百　多　个：有　从　乡下　来　的　农民，有　撑船　的　船工，

yǒu zuò gè zhǒng mǎimai de shēngyìrén, yǒu liúzhe cháng húzi de dàoshi, yǒu zǒu jiānghú de
有　做　各种　买卖　的　生意人，有　留着　长　胡子　的　道士，有　走　江湖　的

yīshēng, yǒu bǎi xiǎotānr de tānfàn, yǒu guānlì hé dúshūrén, sānbǎi liùshí háng, nǎ yī háng de
医生，有　摆　小摊　的　摊贩，有　官吏　和　读书人，三百　六十　行，哪　一　行　的

rén dōu huà zài shàng•miàn le.
人　都　画　在　上面　了。

　　Huà •shàng de jiēshì kě rènao le. Jiē •shàng yǒu guàzhe gè zhǒng zhāopai de diànpù、
　　画　上　的　街市　可　热闹　了。街　上　有　挂着　各　种　招牌　的　店铺、

zuōfang、jiǔlóu、cháguǎnr zǒu zài jiē •shàng de, shì láiláiwǎngwǎng、xíngtài-gèyì de rén：yǒude
作坊、**酒楼**、**茶馆**，走 在 街 上 的，是 来来往往、 形态各异 的 人：有的

qízhe mǎ, yǒude tiāozhe dàn, yǒude gǎnzhe máolú, yǒude tuīzhe dúlúnchē, yǒude yōuxián de zài jiē
骑着 马，有的 挑着 担，有的 赶着 毛驴，有的 推着 独轮车，有的 悠闲 地 在 街

•shàng liūda. Huàmiàn •shàng de zhèxiē rén, yǒude bù dào yī cùn, yǒude shènzhì zhǐ yǒu
上 **溜达**。画面 上 的 这些 人，有的 不 到 一 寸，有的 甚至 只 有

huángdòu nàme dà. Bié kàn huà •shàng de rén xiǎo, měi gè rén zài gàn shénme, dōu néng kàn de
黄豆 那么 大。别 看 画 上 的 人 小，每 个 人 在 干 什么，都 能 看 得

qīngqīngchǔchǔ.
清清楚楚。

　　Zuì yǒu yìsi de shì qiáo běitou de qíngjǐng：yī gè rén qízhe mǎ, zhèng wǎng qiáo •xià zǒu.
　　最 有 意思 的 是 桥 **北头** 的 情景：一 个 人 骑着 马，正 往 桥 下 走。

Yīn•wèi rén tài duō, yǎnkàn jiù yào pèng•shàng duìmiàn lái de yī shèng jiàozi Jiù zài zhège jǐnjí
因为 人 太 多，眼看 就 要 碰上 对面 来 的 一 乘 **轿子**。就 在 这个 紧急

shíkè, nà gè mùmǎrén yīxiàzi zhuàizhùle mǎlóngtou, zhè cái méi pèng•shàng nà shèng jiàozi.
时刻，那 个 牧马人 一下子 拽住了 **马笼头**，这 才 没 碰上 那 乘 轿子。

Bùguò, zhème yī lái, dào bǎ mǎ yòu•biān de // liǎng tóu xiǎo máolú xià de yòu tī yòu tiào. Zhàn
不过，这么 一 来，倒 把 马 右边 的 // 两 头 小 毛驴 吓 得 又 踢 又 跳。站

zài qiáo lángān biān xīnshǎng fēngjǐng de rén, bèi xiǎo máolú jīngrǎo le, liánmáng huí•guò tóu lái
在 桥 栏杆 边 欣赏 风景 的 人，被 小 毛驴 惊扰 了，连忙 回过 头 来

gǎn xiǎo máolú. Nǐ kàn, Zhāng Zéduān huà de huà, shì duōme chuánshén a!
赶 小 毛驴。你 看，张 择端 画 的 画，是 多么 传神 啊！

　　《Qīngmíng Shàng Hé Tú》shǐ wǒmen kàndàole bābǎi nián yǐqián de gǔdū fēngmào, kàndàole
　　《清明 上 河 图》使 我们 看到了 八百 年 以前 的 古都 风貌，看到了

dāngshí pǔtōng lǎobǎixìng de shēnghuó chǎngjǐng.
当时 普通 老百姓 的 生活 场景。

Jiéxuǎn zì Téng Míngdào《Yī Fú Míngyáng-zhōngwài de Huà》
　　　　　　—— 节选 自 滕 明道 《一 幅 名扬中外 的 画》

作品 40 号——《一粒种子造福世界》

扫码听范读

　　[朗读提示]袁隆平先生怀揣"让天下人都有饱饭吃"的宏愿，毕其一生，专注田畴，播撒智慧，收获富足。为"稻粱谋"，为民生计，袁老无愧侠之大者、国之仁士。朗读此篇作品应心怀感恩，注意袁隆平先生的几句话，用笃定的语气讲述好。

　　Èr líng líng líng nián, Zhōngguó dì-yī gè yǐ kēxuéjiā míngzi mìngmíng de gǔpiào "Lóngpíng
　　二 ○ ○ ○ 年， 中国 第一 个 以 科学家 名字 命名 的 股票 "隆平

Gāokē" shàngshì. Bā nián hòu, míngyù dǒngshìzhǎng Yuán Lóngpíng suǒ chíyǒu de gǔfèn yǐ shìzhí
高科" 上市。 八 年 后，名誉 董事长 袁 隆平 所 持有 的 股份 以 市值

jìsuàn yǐ•jīng guò yì. Cóngcǐ, Yuán Lóngpíng yòu duōle gè "shǒufù kēxuéjiā" de mínghào. Ér tā
计算 已经 过 亿。从此， 袁 隆平 又 多了 个 "首富 科学家" 的 名号。而 他

shēnbiān de xuésheng hé gōngzuò rényuán, què hěn nán bǎ zhè wèi lǎorén hé "fùwēng" liánxì
身边 的 **学生** 和 工作 人员， 却 很 难 把 这 位 老人 和 "富翁" 联系

qǐ•lái.
起来。

"Tā nǎ·lǐ yǒu fùrén de yàngzi." Yuán Lóngpíng de xuéshengmen xiàozhe yìlùn. Zài
"他 哪里 有 富人 的 样子。" 袁 隆平 的 学生们 笑着 议论。在

xuéshengmen de yìnxiàng ·lǐ, Yuán lǎoshī yǒngyuǎn hēihēishòushòu, chuān yī jiàn ruǎntātā de
学生们 的 印象 里, 袁 老师 永远 黑黑瘦瘦, 穿 一 件 软塌塌 的

chènyī. Zài yī cì huìyì ·shàng, Yuán Lóngpíng tǎnyán:"Bùcuò, wǒ shēnjià èr líng líng bā nián
衬衣。在 一 次 会议 上, 袁 隆平 坦言:"不错, 我 身价 二○○八 年

jiù yīqiān líng bā yì le, kě wǒ zhēn de yǒu nàme duō qián ma? Méi·yǒu. Wǒ xiànzài jiù shì kào
就 一千 零 八亿了,可 我 真 的 有 那么 多 钱 吗? 没有。 我 现在 就 是 靠

měi gè yuè liùqiān duō yuán de gōngzī shēnghuó, yǐ·jīng hěn mǎnzú le. Wǒ jīntiān chuān de yīfu
每个 月 六千 多 元 的 工资 生活, 已经 很 满足 了。我 今天 穿 的 衣服

jiù wǔshí kuài qián, dàn wǒ xǐhuan de hái shì zuótiān chuān de nà jiàn shíwǔ kuài qián de
就 五十 块 钱, 但 我 喜欢 的 还 是 昨天 穿 的 那件 十五 块 钱 的

chènshān, chuānzhe hěn jīngshen." Yuán Lóngpíng rènwéi, "yī gè rén de shíjiān hé jīnglì shì
衬衫, 穿着 很 精神。" 袁 隆平 认为, "一个 人 的 时间 和 精力 是

yǒuxiàn de, rúguǒ lǎo xiǎngzhe xiǎngshòu, nǎ yǒu xīnsi gǎo kēyán? Gǎo kēxué yánjiū jiù shì yào
有限 的, 如果 老 想着 享受, 哪有 心思 搞 科研? 搞 科学 研究 就 是 要

dànbó-mínglì, tāshi zuòrén".
淡泊名利, 踏实 做人"。

Zài gōngzuò rényuán yǎnzhōng, Yuán Lóngpíng qíshí jiù shì yī wèi shēnbǎnr yìnglang de
在 工作 人员 眼中, 袁 隆平 其实 就 是 一位 身板 硬朗 的

"rénmín nóngxuéjiā", "lǎorén xià tián cóng bù yào rén chānfú, náqǐ tàoxié, jiǎo yī dēng jiù zǒu".
"人民 农学家", "老人 下 田 从 不 要 人 搀扶, 拿起 套鞋, 脚 一 蹬就走"。

Yuán Lóngpíng shuō:"Wǒ yǒu bāshí suì de niánlíng, wǔshí duō suì de shēntǐ, sānshí duō suì de
袁 隆平 说:"我 有 八十 岁 的 年龄, 五十 多 岁 的 身体, 三十 多岁 的

xīntài, èrshí duō suì de jīròu tánxìng." Yuán Lóngpíng de yèyú shēnghuó fēicháng fēngfù, diàoyú、
心态,二十 多 岁 的 肌肉 弹性。" 袁 隆平 的 业余 生活 非常 丰富,钓鱼、

dǎ páiqiú、tīng yīnyuè …… Tā shuō, jiù shì xǐhuan zhèxiē// bù huā qián de píngmín xiàngmù.
打 排球、听 音乐 …… 他 说, 就 是 喜欢 这些 // 不 花 钱 的 平民 项目。

Èr líng yī líng nián jiǔ yuè, Yuán Lóngpíng dùguole tā de bāshí suì shēngrì. Dāngshí, tā
二○一○ 年 九月, 袁 隆平 度过了 他 的 八十 岁 生日。 当时, 他

xǔle gè yuàn:dào jiǔshí suì shí, yào shíxiàn mǔchǎn yīqiān gōngjīn! Rúguǒ quánqiú bǎi fēn zhī
许了 个 愿: 到 九十 岁 时, 要 实现 亩产 一千 公斤! 如果 全球 百分之

wǔshí de dàotián zhòngzhí zájiāo shuǐdào, měi nián kě zēngchǎn yī diǎn wǔ yì dūn liángshi, kě
五十 的 稻田 种植 杂交 水稻, 每 年 可 增产 一 点 五亿吨 粮食, 可

duō yǎnghuo sìyì dào wǔyì rénkǒu.
多 养活 四亿 到 五亿 人口。

Jiéxuǎn zì Liú Chàng 《Yī Lì Zhǒngzi Zàofú Shìjiè》
—— 节选 自刘 畅 《一 粒 种子 造福 世界》

作品 41 号——《颐和园》

[朗读提示]本文描绘了北京颐和园的美丽景观。全文层次清楚,首尾呼应,语言生动优美、具体形象,处处洋溢着作者对颐和园的赞美之情。应选用明快的语气朗读此篇,每到一处,运用语调的变化表现出园内场景的转换。

Běijīng de Yíhéyuán shì gè měilì de dà gōngyuán.
北京 的 颐和园 是 个 美丽 的 大 公园。

Jìnle Yíhéyuán de dàmén, ràoguò dàdiàn, jiù láidào yǒumíng de chángláng. Lù qī de zhùzi,
进了 颐和园 的 大门，绕过 大殿，就 来到 有名 的 长廊。绿漆 的 柱子，

hóng qī de lángān, yī yǎn wàng •bù dào tóu. Zhè tiáo chángláng yǒu qībǎi duō mǐ cháng,
红漆 的 栏杆，一眼 望 不 到 头。这条 长廊 有 七百 多 米 长，

fēnchéng èrbǎi qīshísān jiān. Měi yī jiān de héngjiàn •shàng dōu yǒu wǔcǎi de huà, huàzhe rénwù、
分成 二百 七十三 间。每 一间 的 横槛 上 都 有 五彩 的 画，画着 人物、

huācǎo、 fēngjǐng, jǐ qiān fú huà méi•yǒu nǎ liǎng fú shì xiāngtóng de. Chángláng liǎngpáng
花草、 风景，几 千 幅 画 没有 哪 两 幅 是 相同 的。长廊 两旁

zāimǎnle huāmù, zhè yī zhǒng huā hái méi xiè, nà yī zhǒng huā yòu kāi le. Wēifēng cóng
栽满了 花木，这 一 种 花 还 没 谢，那 一 种 花 又 开 了。微风 从

zuǒ•biān de kūnmínghú •shàng chuī•lái, shǐ rén shénqīng-qìshuǎng.
左边 的 昆明湖 上 吹来，使人 神清气爽。

Zǒuwán chángláng, jiù láidàole Wànshòushān jiǎo •xià. Tái tóu yī kàn, yī zuò bājiǎo bǎotǎ
走完 长廊，就 来到了 万寿山 脚 下。抬头 一看，一 座 八角 宝塔

xíng de sān céng jiànzhù sǒnglì zài bànshānyāo •shàng, huángsè de liú•líwǎ shǎnshǎn fāguāng. Nà
形 的 三 层 建筑 耸立 在 半山腰 上， 黄色 的 琉璃瓦 闪闪 发光。那

jiù shì Fóxiānggé. Xià•miàn de yī páipái jīnbì-huīhuáng de gōngdiàn, jiùshì Páiyúndiàn.
就 是 佛香阁。 下面 的 一 排排 金碧辉煌 的 宫殿，就是 排云殿。

Dēng•shàng Wànshòushān, zhàn zài Fóxiānggé de qián•miàn xiàng xià wàng, Yíhéyuán de jǐngsè
登上 万寿山， 站 在 佛香阁 的 前面 向 下 望，颐和园 的 景色

dàbàn shōu zài yǎn dǐ. Cōngyù de shùcóng, yǎnyìng-zhe huáng de lù de liú•líwǎ wūdǐng hé
大半 收 在 眼 底。葱郁 的 树丛， 掩映着 黄 的 绿 的 琉璃瓦 屋顶 和

zhūhóng de gōngqiáng. Zhèngqián•miàn, Kūnmínghú jìng de xiàng yī miàn jìngzi, lù de xiàng yī
朱红 的 宫墙。 正前面， 昆明湖 静 得 像 一 面 镜子，绿 得 像 一

kuài bìyù. Yóuchuán、 huàfǎng zài húmiàn mànmàn de huáguò, jīhū bù liú yī diǎnr hénjì. Xiàng
块 碧玉。 游船、 画舫 在 湖面 慢慢 地 滑过，几乎 不 留 一 点儿 痕迹。向

dōng yuǎntiào, yǐnyǐnyuēyuē kěyǐ wàng•jiàn jǐ zuò gǔlǎo de chénglóu hé chéng•lǐ de báitǎ.
东 远眺， 隐隐约约 可以 望见 几 座 古老 的 城楼 和 城里 的 白塔。

Cóng Wànshòushān xià•lái, jiù shì Kūnmínghú. Kūnmínghú wéizhe cháng-cháng de dī'àn, dī
从 万寿山 下来，就 是 昆明湖。 昆明湖 围着 长长 的 堤岸，堤

•shàng yǒu hǎo jǐ zuò shìyàng bùtóng de shíqiáo, liǎng àn zāizhe shǔ •bù qīng de chuíliǔ. Hú
上 有 好 几 座 式样 不同 的 石桥， 两 岸 栽着 数 不 清 的 垂柳。湖

zhōngxīn yǒu gè xiǎodǎo, yuǎnyuǎn wàngqù, dǎo •shàng yī piàn cōnglù, shùcóng zhōng lòuchū
中心 有 个 小岛， 远远 望去， 岛 上 一 片 葱绿， 树丛 中 露出

gōngdiàn de yī jiǎo. // Yóurén zǒuguò chángcháng de shíqiáo, jiù kěyǐ qù xiǎodǎo •shàng wánr.
宫殿 的 一角。 // 游人 走过 长长 的 石桥，就 可以 去 小岛 上 玩。

Zhè zuò shíqiáo yǒu shíqī gè qiáodòng, jiào shíqīkǒngqiáo. Qiáo lángān •shàng yǒu shàngbǎi gēn
这 座 石桥 有 十七 个 桥洞， 叫 十七孔桥。 桥 栏杆 上 有 上百 根

shízhù, zhùzi •shàng dōu diāokèzhe xiǎo shīzi. Zhème duō de shīzi, zītài bùyī, méiyǒu nǎ liǎng
石柱，柱子 上 都 雕刻着 小 狮子。这么 多 的 狮子，姿态 不一， 没有 哪 两

zhī shì xiāngtóng de.
只 是 相同 的。

Yíhéyuán dàochù yǒu měilì de jǐngsè, shuō yě shuō •bù jìn, xīwàng nǐ yǒu jī•huì qù xìxì
颐和园 到处 有 美丽 的 景色，说 也 说 不 尽， 希望 你 有 机会 去 细细

yóushǎng.
游赏。

Jiéxuǎn zì Yuán Yīng 《Yíhéyuán》
——节选 自 袁 鹰 《颐和园》

作品42号——《忆读书》

[朗读提示]本文中作者冰心主要讲述有关读书的问题,她另辟蹊径。以自己亲身经历的讲述,娓娓道来,文章结尾得出结论:"读书好,多读书,读好书"。朗读时可采用娓娓道来的讲述感,达到润物无声的效果。

一 谈到 读书, 我的 话就 多了!

我 自从 会认 字 后 不到 几 年, 就 开始 读书。 倒 不是 四岁 时 读 母亲

给 我 的 商务 印书馆 出版 的 国文 教科书 第一 册 的 "天、地、日、月、山、

水、土、木" 以后 的 那 几 册, 而 是 七岁 时 开始 自己 读 的 "话 说 天下 大势,

分 久 必 合, 合 久 必 分……" 的《三国演义》。

那时, 我 的 舅父 杨子敬 先生 每天 晚饭 后 必 给 我们 几 个

表兄妹 讲 一 段《三国演义》, 我 听 得 津津有味, 什么 "宴 桃园 豪杰

三 结义, 斩 黄巾 英雄 首立功", 真是 好听 极了。 但是 他 讲了 半 个

钟头, 就 停下 去 干 他 的 公事 了。 我 只好 带着 对于 故事 下文 的 无限

悬念, 在 母亲 的 催促 下, 含泪 上 床。

此后, 我 决定 咬了牙, 拿起 一 本《三国演义》来, 自己 一知半解 地 读了

下去, 居然 越 看 越 懂, 虽然 字音 都 读 得 不 对, 比如 把 "凯" 念作 "岂", 把

"诸" 念作 "者" 之类, 因为 我 只 学过 那个 字 一半 部分。

谈到《三国演义》, 我 第一 次 读到 关羽 死了, 哭了 一 场, 把 书 丢下

了。第二 次 再 读到 诸葛 亮 死了, 又 哭了 一 场, 又 把 书 丢下 了, 最后

忘了 是 什么 时候 才 把 全 书 读到 "分久必合" 的 结局。

这时 我 同时 还 看了 母亲 针线 笸箩 里 常 放着 的 那几 本《聊斋

志异》, 聊斋 故事 是 短篇 的, 可以 随时 拿起 放下, 又 是 文言 的, 这 对于

我 的// 作文课 很 有 帮助, 因为 老师 曾 在 我 的 作文本 上 批着

"柳州 风骨, 长吉 清才" 的 句子, 其实 我 那时 还 没有 读过 柳 宗元 和 李

Hè de wénzhāng, zhǐ yīn nàshí de zuòwén, dōu shì yòng wényán xiě de.
贺 的 文章， 只 因 那时 的 作文， 都 是 用 文言 写 的。

Shū kàn duō le, cóngzhōng yě dédào yī gè tǐhuì, wù pà bǐ, rén pà bǐ, shū yě pà bǐ,
书 看 多 了， 从中 也 得到 一 个 体会， 物 怕 比， 人 怕 比， 书 也 怕 比，

"Bù bǐ bù zhī·dào, yī bǐ xià yī tiào".
"不 比 不 知道， 一 比 吓 一 跳"。

Yīncǐ, mǒu nián de Liù-Yī Guójì Értóng Jié, yǒu gè értóng kānwù yào wǒ gěi értóng xiě jǐ jù
因此， 某 年 的 六一 国际 儿童 节， 有 个 儿童 刊物 要 我 给 儿童 写 几 句

zhǐdǎo dú shū de huà, wǒ zhǐ xiěle jiǔ gè zì, jiù shì:
指导 读书 的 话， 我 只 写了 九 个 字， 就 是：

Dú shū hǎo, duō dú shū, dú hǎo shū.
读书 好， 多 读书， 读 好 书。

Jiéxuǎn zì Bīngxīn《Yì Dú Shū》
—— 节选 自 冰心《忆 读书》

作品 43 号——《阅读大地的徐霞客》

扫码听范读

[朗读提示]本文主要记叙了徐霞客不避艰险考察祖国山川地貌，写成《徐霞客游记》的故事，歌颂了锲而不舍、求真求实的科学研究精神，赞扬了他为祖国旅行考察事业奉献一生的伟大功绩。在朗读中，应体现对徐霞客淡泊名利、锲而不舍、求真求实的伟大精神的赞扬。

Xú Xiákè shì Míngcháo mònián de yī wèi qírén. Tā yòng shuāngjiǎo, yī bù yī bù de
徐霞客 是 明朝 末年 的 一 位 奇人。他 用 双脚， 一 步 一 步 地

zǒubiànle bàn gè Zhōngguó dàlù, yóulǎnguo xǔduō míngshān-dàchuān, jīnglìguo xǔduō qírén-yìshì.
走遍了 半 个 中国 大陆， 游览过 许多 名山大川， 经历过 许多 奇人异事。

Tā bǎ yóulì de guānchá hé yánjiū jìlù xià·lái, xiěchéngle《Xú Xiákè Yóujì》zhè běn qiāngǔ qíshū.
他 把 游历 的 观察 和 研究 记录 下来， 写成了《徐 霞客 游记》这 本 千古 奇书。

Dāngshí de dúshūrén, dōu mángzhe zhuīqiú kējǔ gōngmíng, bàozhe "Shínián hánchuāng wú rén
当时 的 读书人， 都 忙着 追求 科举 功名， 抱着 "十年 寒窗 无 人

wèn, yījǔ chéngmíng tiānxià zhī" de guānniàn, máitóu yú jīngshū zhīzhōng. Xú Xiákè què
问， 一举 成名 天下 知" 的 观念， 埋头 于 经书 之中。 徐 霞客 却

zhuó'ěr-bùqún, zuìxīn yú gǔjīn shǐjí jí dìzhì、shān-hǎi tújīng de shōují hé yándú. Tā fāxiàn cǐ lèi
卓尔不群， 醉心 于 古今 史籍 及 地志、山海 图经 的 收集 和 研读。他 发现 此 类

shūjí hěn shǎo, jìshù jiǎnlüè qiě duō yǒu xiānghù máodùn zhī chù, yúshì tā lì·xià
书籍 很 少， 记述 简略 且 多 有 相互 矛盾 之 处， 于是 他 立下

xióngxīn-zhuàngzhì, yào zǒubiàn tiānxià, qīnzì kǎochá.
雄心壮志， 要 走遍 天下， 亲自 考察。

Cǐhòu sānshí duō nián, tā yǔ chángfēng wéi wǔ, yúnwù wéi bàn, xíngchéng jiǔwàn lǐ, lìjìn
此后 三十 多 年， 他 与 长风 为 伍， 云雾 为 伴， 行程 九万 里， 历尽

qiānxīn-wànkǔ, huòdéle dàliàng dì-yīshǒu kǎochá zīliào. Xú Xiákè rìjiān pān xiǎnfēng, shè wēijiàn,
千辛万苦， 获得了 大量 第一手 考察 资料。徐 霞客 日间 攀 险峰， 涉 危涧，

wǎnshang jiùshì zài píláo, yě yīdìng lù·xià dàngrì jiànwén. Jíshǐ huāngyě lùsù, qīshēn dòngxué,
晚上 就是 再 疲劳， 也 一定 录下 当日 见闻。 即使 荒野 露宿， 栖身 洞穴，

yě yào "Rán sōng shísuì, zǒu bǐ wéi jì".
也 要 "燃 松 拾穗， 走 笔 为 记"。

Xú Xiákè de shídài, méi·yǒu huǒchē, méi·yǒu qìchē, méi·yǒu fēijī, tā suǒ qù de xǔduō dìfang
徐 霞客 的 时代， 没有 火车， 没有 汽车， 没有 飞机， 他 所 去 的 许多 地方

lián dàolù dōu méi•yǒu, jiā•shàng Míngcháo mònián zhì'ān bù hǎo, dàofěi héngxíng, chángtú lǔxíng
连　道路　都　没有，　加上　　明朝　末年　治安　不　好，　盗匪　横行，　长途　旅行

shì fēicháng jiānkǔ yòu fēicháng wēixiǎn de shì.
是　非常　艰苦　又　非常　危险　的事。

Yǒu yī cì, tā hé sān gè tóngbàn dào xīnán dìqū, yánlù kǎochá shíhuīyán dìxíng hé Cháng
有一次，他和三个同伴　到　西南　地区，沿路　考察　石灰岩　地形和　长

Jiāng yuánliú. Zǒule èrshí tiān, yī gè tóngbàn nán nài lǔtú láodùn, bùcí'érbié. dàole Héngyáng
江　源流。走了　二十　天，一个　同伴　难　耐　旅途　劳顿，不辞而别。到了　衡阳

fùjìn yòu zāoyù tǔfěi qiǎngjié, cáiwù jìn shī, hái xiǎn // xiē bèi shāhài. Hǎo bù róngyì dàole
附近　又　遭遇　土匪　抢劫，财物　尽　失，还　险 // 些　被　杀害。好　不　容易　到了

Nánníng, lìng yī gè tóngbàn bùxìng bìngsǐ, Xú Xiákè rěntòng jìxù xīxíng. Dàole Dàlǐ, zuìhòu yī
南宁，　另一个　同伴　不幸　病死，徐　霞客　忍痛　继续　西行。到了　大理，最后　一

gè tóngbàn yě yīn•wèi chī •bù liǎo kǔ, tōutōu de zǒu le, hái dàizǒule tā jǐn cún de xíngnáng.
个　同伴　也　因为　吃　不了　苦，偷偷地　走了，还　带走了　他　仅存　的　行囊。

Dànshì, tā háishi jiānchí mùbiāo, jìxù tā de yánjiū gōngzuò, zuìhòu zhǎodàole dáàn, tuīfān
但是，他　还是　坚持　目标，继续　他的　研究　工作，　最后　　找到了　答案，推翻

lìshǐ•shàng de cuò•wù, zhèngmíng Cháng Jiāng de yuánliú bù shì Mín Jiāng ér shì Jīnshā Jiāng.
历史上　的　错误，　证明　　长　江的　源流　不是　岷　江而是　金沙　江。

Jiéxuǎn zì《Yuèdú Dàdì de Xú Xiákè》
—— 节选　自《阅读　大地　的　徐霞客》

作品 44 号——《纸的发明》

扫码听范读

[朗读提示]本文介绍了古代四大发明之一的造纸术，记叙了中国造纸术的发明过程、传播及影响，赞颂了蔡伦等古代人民的聪明才智，阐明了造纸术对世界文明的伟大贡献，体现了民族自豪感。因此，应怀有敬意，以自豪基调朗读此篇作品。

Zàozhǐshù de fāmíng, shì Zhōngguó duì shìjiè wénmíng de wěidà gòngxiàn zhī yī.
造纸术　的　发明，是　中国　对世界　文明　的伟大　贡献之一。

Zǎo zài jǐqiān nián qián, wǒmen de zǔxiān jiù chuàngzàole wénzì. Kě nà shíhou hái méi•yǒu
早　在几千　年　前，我们　的　祖先　就　创造了　文字。可那时候　还　没有

zhǐ, yào jìlù yī jiàn shìqing, jiù yòng dāo bǎ wénzì kè zài guījiǎ hé shòugǔ •shàng, huòzhě bǎ
纸，要　记录　一件　事情，就用刀把　文字　刻在　龟甲和　兽骨　上，　或者把

wénzì zhùkè zài qīngtóngqì•shàng. Hòulái, rénmen yòu bǎ wénzì xiě zài zhúpiàn hé mùpiàn •shàng.
文字　铸刻在　青铜器上。后来，人们　又把文字　写在　竹片和　木片　上。

Zhèxiē zhúpiàn、mùpiàn yòng shéngzi chuān qǐ•lái, jiù chéngle yī cè shū. Dànshì, zhè zhǒng shū
这些　竹片、木片　用　绳子　穿　起来，就　成了　一册书。但是，这　种　书

hěn bènzhòng, yuèdú、xiédài、bǎocún dōu hěn bù fāngbiàn. Gǔshíhou yòng "xuéfùwǔchē" xíngróng
很　笨重，阅读、携带、保存都很不方便。古时候用"学富五车"形容

yī gè rén xuéwen gāo, shì yīn•wèi shū duō de shíhou xūyào yòng chē lái lā. Zài hòulái, yǒule
一个人学问　高，是　因为　书　多的　时候　需要　用车来拉。再后来，有了

cánsī zhīchéng de bó, jiù kěyǐ zài bó •shàng xiě zì le. Bó bǐ zhúpiàn、mùpiàn qīngbiàn, dànshì
蚕丝　织成　的帛，就可以　在帛　上　写字了。帛比　竹片、木片　轻便，但是

jià•qián tài guì, zhǐyǒu shǎoshù rén néng yòng, bù néng pǔjí.
价钱　太贵，只有　少数　人　能　用，不　能　普及。

Rénmen yòng cánjiǎn zhìzuò sīmián shí fāxiàn, chéngfàng cánjiǎn de mièxí·shàng, huì liú·xià yī
人们 用 蚕茧 制作 丝绵 时 发现, 盛放 蚕茧 的 篾席上, 会 留下 一

céng báopiàn, kě yòng yú shūxiě. Kǎogǔxuéjiā fāxiàn, zài liǎngqiān duō nián qián de Xī Hàn
层 薄片, 可 用 于 书写。 考古学家 发现, 在 两千 多 年 前 的 西汉

shídài, rénmen yǐ·jīng dǒng·déle yòng má lái zào zhǐ. Dàn mázhǐ bǐjiào cūcāo, bù biàn shūxiě.
时代, 人们 已经 懂得了 用 麻 来 造纸。 但 麻纸 比较 粗糙, 不 便 书写。

dàyuē zài yīqiān jiǔbǎi nián qián de Dōng Hàn shídài, yǒu gè jiào Cài Lún de rén, xīshōule
大约 在 一千 九百 年 前 的 东 汉 时代, 有 个 叫 蔡 伦 的 人, 吸收了

rénmen chángqī jīlěi de jīngyàn, gǎijìnle zàozhǐshù. Tā bǎ shùpí、mátóu、dàocǎo、pòbù děng
人们 长期 积累 的 经验, 改进了 造纸术。 他 把 树皮、麻头、稻草、破布 等

yuánliào jiǎnsuì huò qiēduàn, jìn zài shuǐ·lǐ dǎolàn chéng jiāng; zài bǎ jiāng lāo chū·lái shàigān,
原料 剪碎 或 切断, 浸 在 水 里 捣烂 成 浆; 再 把 浆 捞 出来 晒干,

jiù chéngle yī zhǒng jì qīngbiàn yòu hǎoyòng de zhǐ. Yòng zhè zhǒng fāngfǎ zào de zhǐ, yuánliào
就 成了 一 种 既 轻便 又 好用 的 纸。 用 这 种 方法 造 的 纸, 原料

róngyì dédào, kěyǐ dàliàng zhìzào, jiàgé yòu piányi, néng mǎnzú duōshù rén de xūyào, suǒ//yǐ
容易 得到, 可以 大量 制造, 价格 又 便宜, 能 满足 多数 人 的 需要, 所//以

zhè zhǒng zào zhǐ fāngfǎ jiù chuánchéng xià·lái le.
这 种 造纸 方法 就 传承 下来 了。

Wǒguó de zàozhǐshù shǒuxiān chuándào línjìn de Cháoxiān Bàndǎo hé Rìběn, hòulái yòu
我国 的 造纸术 首先 传到 邻近 的 朝鲜 半岛 和 日本, 后来 又

chuándào Ālābó shìjiè hé Ōuzhōu, jí dà de cùjìnle rénlèi shèhuì de jìnbù hé wénhuà de fāzhǎn,
传到 阿拉伯 世界和 欧洲, 极 大 地 促进了 人类 社会 的 进步 和 文化 的 发展,

yǐngxiǎngle quánshìjiè.
影响了 全世界。

Jiéxuǎn zì 《Zhǐ de Fāmíng》
—— 节选 自《纸 的 发明》

作品 45 号——《中国的宝岛——台湾》

[朗读提示]本文介绍了中国宝岛——台湾的概貌,具有客观性,但又融入了作者对宝岛台湾的赞美热爱之情,在朗读时要使用稳健的语调,同时又饱含着热爱的感情。

Zhōngguó de dì-yī dàdǎo、Táiwān Shěng de zhǔdǎo Táiwān, wèiyú Zhōngguó dàlùjià de
中国 的 第一 大岛、台湾 省 的 主岛 台湾, 位于 中国 大陆架 的

dōngnánfāng, dìchǔ Dōng Hǎi hé Nán Hǎi zhījiān, gézhe Táiwān Hǎixiá hé Dàlù xiāngwàng. Tiānqì
东南方, 地处 东 海 和 南 海 之间, 隔着 台湾 海峡 和 大陆 相望。 天气

qínglǎng de shíhou, zhàn zài Fújiàn yánhǎi jiào gāo de dìfang, jiù kěyǐ yǐnyǐnyuēyuē de wàng·jiàn
晴朗 的 时候, 站 在 福建 沿海 较 高 的 地方, 就 可以 隐隐 约约 地 望见

dǎo·shàng de gāoshān hé yúnduǒ.
岛上 的 高山 和 云朵。

Táiwān Dǎo xíngzhuàng xiácháng, cóng dōng dào xī, zuì kuān chù zhǐyǒu yībǎi sìshí duō
台湾 岛 形状 狭长, 从 东 到 西, 最 宽 处 只有 一百 四十 多

gōnglǐ; yóu nán zhì běi, zuì cháng de dìfang yuē yǒu sānbǎi jiǔshí duō gōnglǐ. Dìxíng xiàng yī gè
公里; 由 南 至 北, 最 长 的 地方 约 有 三百 九十 多 公里。 地形 像 一 个

fǎngzhī yòng de suōzi.
纺织 用 的 梭子。

Táiwān Dǎo•shàng de shānmài zòngguàn nánběi, zhōngjiān de Zhōngyāng Shānmài yóurú
台湾　　岛上　的　山脉　纵贯　南北，中间　的　中央　　山脉　犹如

quándǎo de jǐ•liáng. Xībù wéi hǎibá jìn sìqiān mǐ de Yù Shān Shānmài, shì Zhōngguó dōngbù de
全岛　的　脊梁。西部　为　海拔　近四千米的玉山　山脉，是　中国　　东部的

zuì gāo fēng. Quándǎo yuē yǒu sān fēn zhī yī de dìfang shì píngdì, qíyú wéi shāndì. Dǎonèi yǒu
最高峰。　全岛　约有　三分之一的地方是平地，其余为山地。岛内有

duàndài bān de pùbù, lánbǎoshí shìde húpō, sìjì chángqīng de sēnlín hé guǒyuán, zìrán jǐngsè
缎带　般的瀑布，蓝宝石似的湖泊，四季　常青　的森林和　果园，自然景色

shífēn yōuměi. Xīnánbù de Ālǐ Shān hé Rìyuè Tán, Táiběi shìjiāo de Dàtún Shān fēngjǐngqū, dōu
十分　优美。西南部的阿里山和日月潭，台北市郊的大屯山　风景区，都

shì wénmíng shìjiè de yóulǎn shèngdì.
是　闻名　世界的游览　胜地。

Táiwān Dǎo dìchǔ rèdài hé wēndài zhījiān, sìmiàn huán hǎi, yǔshuǐ chōngzú, qìwēn shòudào
台湾　岛地处热带和温带之间，四面环海，雨水　充足，气温　受到

hǎiyáng de tiáojì, dōng nuǎn xià liáng, sìjì rú chūn, zhè gěi shuǐdào hé guǒmù shēngzhǎng
海洋　的调剂，冬　暖夏凉，四季如春，这给水稻和果木　生长

tígōngle yōuyuè de tiáojiàn. Shuǐdào、gānzhe、zhāngnǎo shì Táiwān de "sān bǎo". Dǎo•shàng hái
提供了优越的条件。　水稻、甘蔗、樟脑是台湾的"三宝"。岛上还

shèngchǎn xiānguǒ hé yúxiā.
盛产　鲜果和鱼虾。

Táiwān Dǎo hái shì yī gè wénmíng shìjiè de "húdié wángguó". Dǎo•shàng de húdié gòng yǒu
台湾　岛还是一个闻名　世界的"蝴蝶　王国"。　岛上的蝴蝶共有

sìbǎi duō gè pǐnzhǒng, qízhōng yǒu bùshǎo shì shìjiè xīyǒu de zhēnguì pǐnzhǒng. Dǎo•shàng háiyǒu
四百多个品种，其中有不少是世界稀有的珍贵　品种。　岛上　还有

bùshǎo niǎoyǔ-huāxiāng de hú // diégǔ, dǎo•shàng jūmín lìyòng húdié zhìzuò de biāoběn hé yìshùpǐn,
不少　鸟语花香的蝴//蝶谷，岛上　居民利用蝴蝶制作的标本和艺术品，

yuǎnxiāo xǔduō guójiā.
远销　许多国家。

Jiéxuǎn zì 《Zhōngguó de Bǎodǎo —— Táiwān》
—— 节选　自《中国　的　宝岛　——　台湾》

作品 46 号——《中国的牛》

扫码听范读

[朗读提示]本文赞美了牛的品格：永远沉沉实实的，默默地工作，平心静气。朗读时要让声音散发出浓郁的生活气息，并充满对牛的赞美、尊敬之情，但不能太夸张，要把握好分寸，做到恰到好处。

Duìyú Zhōngguó de niú, wǒ yǒuzhe yī zhǒng tèbié zūnjìng de gǎnqíng.
对于　中国　的牛，我有着一种　特别尊敬的感情。

Liúgěi wǒ yìnxiàng zuì shēn de, yào suàn zài tiánlǒng•shàng de yī cì "xiāngyù".
留给我印象　最深的，要算在田垄上的一次"相遇"。

Yī qún péngyou jiāoyóu, wǒ lǐngtóu zài xiázhǎi de qiānmò•shàng zǒu, zěnliào yíngmiàn láile
一群　朋友　郊游，我领头在狭窄的阡陌上走，怎料　迎面来了

jǐ tóu gēngniú, xiádào róng•bùxià rén hé niú, zhōng yǒu yīfāng yào rànglù. Tāmen hái méi•yǒu
几头耕牛，狭道容不下人和牛，终有一方要让路。它们还没有

zǒujìn, wǒmen yǐ•jīng yùjì dòu•bùguò chùsheng, kǒngpà nánmiǎn cǎidào tiándì níshuǐ•lǐ, nòng de
走近，我们已经预计斗不过畜牲，恐怕难免踩到田地泥水里，弄得

xiéwà yòu ní yòu shī le. Zhèng chíchú de shíhou, dàitóu de yī tóu niú, zài lí wǒmen bùyuǎn de
鞋袜 又 泥 又 湿 了。 正 踟蹰 的 时候， 带头 的 一 头 牛， 在 离 我们 不远 的

dìfang tíng xià•lái, táiqǐ tóu kànkan, shāo chíyí yīxià, jiù zìdòng zǒu•xià tián qù. Yī duì gēngniú,
地方 停 下来， 抬起 头 看看， 稍 迟疑 一下， 就 自动 走下 田 去。 一 队 耕牛，

quán gēnzhe tā líkāi qiānmò, cóng wǒmen shēnbiān jīngguò.
全 跟着 它 离开 阡陌， 从 我们 身边 经过。

Wǒmen dōu dāi le, huí•guò tóu lái, kànzhe shēnhèsè de niúduì, zài lù de jìntóu xiāoshī,
我们 都 呆 了， 回过 头 来， 看着 深褐色 的 牛队， 在 路 的 尽头 消失，

hūrán jué•dé zìjǐ shòule hěn dà de ēnhuì.
忽然 觉得 自己 受了 很 大 的 恩惠。

Zhōngguó de niú, yǒngyuǎn chénmò de wèi rén zuòzhe chénzhòng de gōngzuò. Zài dàdì•shàng,
中国 的 牛， 永远 沉默 地 为 人 做着 沉重 的 工作。 在 大地 上，

zài chénguāng huò lièrì•xià, tā tuōzhe chénzhòng de lí, dītóu yī bù yòu yī bù, tuōchūle
在 晨光 或 烈日下， 它 拖着 沉重 的 犁， 低头 一 步 又 一 步， 拖出了

shēnhòu yī liè yòu yī liè sōngtǔ, hǎo ràng rénmen xià zhǒng. Děngdào mǎndì jīnhuáng huò
身后 一 列 又 一 列 松土， 好 让 人们 下 种。 等到 满地 金黄 或

nóngxián shíhou, tā kěnéng háiděi dāndāng bānyùn fùzhòng de gōngzuò; huò zhōngrì ràozhe shímò,
农闲 时候， 它 可能 还得 担当 搬运 负重 的 工作； 或 终日 绕着 石磨，

cháo tóng yī fāngxiàng, zǒu bù jìchéng de lù.
朝 同 一 方向， 走 不 计程 的 路。

Zài tā chénmò de láodòng zhōng, rén biàn dédào yīng dé de shōucheng.
在 它 沉默 的 劳动 中， 人 便 得到 应 得 的 收成。

Nà shíhou, yěxǔ, tā kěyǐ sōng yī jiān zhòngdàn, zhàn zài shù•xià, chī jǐ kǒu nèn cǎo.
那 时候， 也许， 它 可以 松 一 肩 重担， 站 在 树下， 吃 几 口 嫩 草。

Ǒu'ěr yáoyao wěiba, bǎibai ěrduo, gǎnzǒu fēifù shēn•shàng de cāngying, yǐ•jīng suàn shì tā zuì
偶尔 摇摇 尾巴， 摆摆 耳朵， 赶走 飞附 身 上 的 苍蝇， 已经 算 是 它 最

xiánshì de shēnghuó le.
闲适 的 生活 了。

Zhōngguó de niú, méi•yǒu chéngqún bēnpǎo de xí // guàn, yǒngyuǎn chénchén-shíshí de, mòmò de
中国 的 牛， 没有 成群 奔跑 的 习//惯， 永远 沉沉 实实 的，默默 地

gōng zuò, píngxīn-jìngqì. Zhè jiùshì Zhōngguó de niú!
工 作， 平心 静气。 这 就是 中国 的 牛！

Jiéxuǎn zì (Xiānggǎng) Xiǎosī《Zhōngguó de Niú》
—— 节选 自 （香港） 小思 《中国 的 牛》

作品 47 号——《中国石拱桥》

扫码听范读

[朗读提示]本文以赵州桥和卢沟桥为例,具体介绍了我国石拱桥在设计和施工上的独特创造以及不朽的艺术价值,概述了新中国桥梁事业的飞速发展,朗读时,应赞扬我国劳动人民的聪明才智及社会主义制度的优越性。

Shígǒngqiáo de qiáodòng chéng húxíng, jiù xiàng hóng. Gǔdài shénhuà •lǐ shuō, yǔhòu cǎihóng
石拱桥 的 桥洞 成 弧形， 就 像 虹。 古代 神话 里 说， 雨后 彩虹

shì "rénjiān tiān•shàng de qiáo", tōngguò cǎihóng jiù néng shàng tiān. Wǒguó de shīrén ài bǎ
是 "人间 天上 的 桥"， 通过 彩虹 就 能 上 天。 我国 的 诗人 爱 把

gǒngqiáo bǐzuò hóng, shuō gǒngqiáo shì "wòhóng" "fēihóng", bǎ shuǐ ·shàng gǒngqiáo xíngróng wéi
拱桥　比作　虹，说　拱桥　是　"卧虹"　"飞虹"，把　水　上　拱桥　形容　为

"chánghóng-wòbō".
"长虹卧波"。

Wǒguó de shígǒngqiáo yǒu yōujiǔ de lìshǐ. 《Shuǐjīngzhù》·lǐ tídào de "Lǚrénqiáo", dàyuē
我国　的　石拱桥　有　悠久　的　历史。《水经注》里　提到　的　"旅人桥"，大约

jiànchéng yú gōngyuán èr bā èr nián, kěnéng shì yǒu jìzǎi de zuì zǎo de shígǒngqiáo le. Wǒguó
建成　于　公元　二八二　年，可能　是　有　记载　的　最早　的　石拱桥　了。我国

de shígǒngqiáo jīhū dàochù dōu yǒu. Zhèxiē qiáo dàxiǎo bùyī, xíngshì duōyàng, yǒu xǔduō shì
的　石拱桥　几乎　到处　都　有。这些　桥　大小　不一，形式　多样，有　许多　是

jīngrén de jiézuò. Qízhōng zuì zhùmíng de dāng tuī Héběi shěng Zhào Xiàn de Zhàozhōuqiáo.
惊人　的　杰作。其中　最　著名　的　当　推　河北　省　赵县　的　赵州桥。

Zhàozhōuqiáo fēicháng xióngwěi, quán cháng wǔshí diǎn bā èr mǐ. Qiáo de shèjì wánquán
赵州桥　非常　雄伟，全　长　五十　点　八　二　米。桥　的　设计　完全

héhū kēxué yuánlǐ, shīgōng jìshù gèng shì qiǎomiào juélún. Quán qiáo zhǐ yǒu yī gè dà gǒng,
合乎　科学　原理，施工　技术　更　是　巧妙　绝伦。全　桥　只　有　一　个　大拱，

cháng dá sānshíqī diǎn sì mǐ, zài dāngshí kěsuàn shì shìjiè ·shàng zuì cháng de shígǒng.
长　达　三十七　点　四　米，在　当时　可算　是　世界　上　最　长　的　石拱。

Qiáodòng bù shì pǔtōng bànyuánxíng, érshì xiàng yī zhāng gōng, yīn'ér dà gǒng shàng·miàn de
桥洞　不　是　普通　半圆形，而是　像　一　张　弓，因而　大拱　上面　的

dàolù méi·yǒu dǒupō, biànyú chēmǎ shàngxià. Dà gǒng de liǎngjiān ·shàng, gè yǒu liǎng gè xiǎo
道路　没有　陡坡，便于　车马　上下。大拱　的　两肩　上，各　有　两　个　小

gǒng. Zhège chuàngzàoxìng de shèjì, búdàn jiéyuēle shíliào, jiǎnqīngle qiáoshēn de zhòngliàng,
拱。这个　创造性　的　设计，不但　节约了　石料，减轻了　桥身　的　重量，

érqiě zài héshuǐ bàozhǎng de shíhou, hái kěyǐ zēngjiā qiáodòng de guòshuǐliàng, jiǎnqīng hóngshuǐ
而且　在　河水　暴涨　的　时候，还　可以　增加　桥洞　的　过水量，减轻　洪水

duì qiáoshēn de chōngjī. Tóngshí, gǒng ·shàng jiā gǒng, qiáoshēn yě gèng měiguān. Dà gǒng yóu
对　桥身　的　冲击。同时，拱　上　加　拱，桥身　也　更　美观。大拱　由

èrshíbā dào gǒngquān pīnchéng, jiù xiàng zhème duō tóngyàng xíngzhuàng de gōng hélǒng zài
二十八　道　拱圈　拼成，就　像　这么　多　同样　形状　的　弓　合拢　在

yīqǐ, zuòchéng yī gè húxíng de qiáodòng. Měi dào gǒngjuàn dōu néng dúlì zhīchēng shàng·miàn
一起，做成　一　个　弧形　的　桥洞。每　道　拱圈　都　能　独立　支撑　上面

de zhòngliàng, yī dào huài le, qí//tā gè dào bùzhì shòudào yǐngxiǎng. Quán qiáo jiégòu
的　重量，一　道　坏　了，其//他　各　道　不致　受到　影响。全　桥　结构

yúnchèn, hé sìzhōu jǐngsè pèihé de shífēn héxié; qiáo ·shàng de shílán shíbǎn yě diāokè de gǔpǔ
匀称，和　四周　景色　配合　得　十分　和谐；桥　上　的　石栏　石板　也　雕刻　得　古朴

měiguān. Zhàozhōuqiáo gāodù de jìshù shuǐpíng hé bùxiǔ de yìshù jiàzhí, chōngfèn xiǎnshìle wǒguó
美观。赵州桥　高度　的　技术　水平　和　不朽　的　艺术　价值，充分　显示了　我国

láodòng rénmín de zhìhuì hé lì·liàng.
劳动　人民　的　智慧　和　力量。

Jiéxuǎn zì Máo Yǐshēng《Zhōngguó Shígǒngqiáo》
——　节选　自　茅　以升　《中国　石拱桥》

作品 48 号——《"住"的梦》

扫码听范读

[朗读提示]这是一篇充满诗情画意的随笔散文,朗读时要展开想象的翅膀,用甜美的声音、起伏的节奏、富有韵律而又稍有夸张的语调,表现出作者的梦想来。

Bùguǎn wǒ de mèngxiǎng néngfǒu chéngwéi shìshí, shuō chū·lái zǒngshì hǎowánr de:
不管 我 的 梦想 能否 成为 事实,说 出来 总是 好玩儿 的:

Chūntiān, wǒ jiāng yào zhù zài Hángzhōu. Èrshí nián qián, jiùlì de èryuè chū, zài Xīhú wǒ
春天, 我 将 要 住 在 杭州。 二十 年 前,旧历 的 二月 初,在 西湖 我

kàn·jiàn le nènliǔ yǔ càihuā, bìlàng yǔ cuìzhú. Yóu wǒ kàndào de nà diǎnr chūnguāng, yǐ·jīng kěyǐ
看见 了 嫩柳 与 菜花,碧浪 与 翠竹。由 我 看到 的 那 点儿 春光, 已经 可以

duàndìng, Hángzhōu de chūntiān bìdìng huì jiào rén zhěngtiān shēnghuó zài shī yǔ túhuà zhīzhōng.
断定, 杭州 的 春天 必定 会 教人 整天 生活 在 诗 与 图画 之中。

Suǒyǐ, chūntiān wǒ de jiā yīngdāng shì zài Hángzhōu.
所以,春天 我 的 家 应当 是 在 杭州。

Xiàtiān, wǒ xiǎng Qīngchéng Shān yīngdāng suànzuò zuì lǐxiǎng de dìfang. Zài nà·lǐ, wǒ
夏天, 我 想 青城 山 应当 算作 最 理想 的 地方。 在 那里,我

suīrán zhǐ zhùguo shí tiān, kěshì tā de yōujìng yǐ shuānzhùle wǒ de xīnlíng. Zài wǒ suǒ kàn·jiànguo
虽然 只 住过 十天,可是 它 的 幽静 已 拴住了 我 的 心灵。在 我 所 看见过

de shānshuǐ zhōng, zhǐyǒu zhè·lǐ méi·yǒu shǐ wǒ shīwàng. Dàochù dōu shì lǜ, mù zhī suǒ jí, nà
的 山水 中, 只有 这里 没有 使 我 失望。 到处 都 是 绿,目 之 所 及,那

piàn dàn ér guāngrùn de lǜsè dōu zài qīngqīng de chàndòng, fǎngfú yào liúrù kōngzhōng yǔ
片 淡 而 光润 的 绿色 都 在 轻轻 地 颤动, 仿佛 要 流入 空中 与

xīnzhōng shìde. Zhège lǜsè huì xiàng yīnyuè, díqīngle xīnzhōng de wànlǜ.
心中 似的。这个 绿色 会 像 音乐,涤清了 心中 的 万虑。

Qiūtiān yīdìng yào zhù Běipíng. Tiāntáng shì shénme yàngzi, wǒ bù zhī·dào, dànshì cóng wǒ de
秋天 一定 要 住 北平。 天堂 是 什么 样子,我 不 知道, 但是 从 我 的

shēnghuó jīngyàn qù pànduàn, Běipíng zhī qiū biàn shì tiāntáng. Lùn tiānqì, bù lěng bù rè. Lùn
生活 经验 去 判断, 北平 之 秋 便 是 天堂。论 天气,不 冷 不 热。论

chīde, píngguǒ, lí, shìzi, zǎor, pú·táo, měi yàng dōu yǒu ruògān zhǒng. Lùn huācǎo, júhuā
吃的, 苹果、 梨、柿子、枣儿、 葡萄, 每 样 都 有 若干 种。 论 花草, 菊花

zhǒnglèi zhī duō, huā shì zhī qí, kěyǐ jiǎ tiānxià. XīShān yǒu hóngyè kě jiàn, BěiHǎi kěyǐ
种类 之 多, 花 式 之 奇, 可以 甲 天下。 西山 有 红叶 可 见, 北海 可以

huáchuán —— suīrán héhuā yǐ cán, héyè kě háiyǒu yī piàn qīngxiāng. Yī-shí-zhù-xíng, zài
划船 —— 虽然 荷花 已 残, 荷叶 可 还有 一 片 清香。 衣食住行,在

Běipíng de qiūtiān, shì méi·yǒu yī xiàng bù shǐ rén mǎnyì de.
北平 的 秋天, 是 没有 一 项 不 使人 满意 的。

Dōngtiān, wǒ hái méi·yǒu dǎhǎo zhǔyi, Chéngdū huòzhě xiāngdāng de héshì, suīrán bìng bù
冬天, 我 还 没有 打好 主意, 成都 或者 相当 地合适, 虽然 并 不

zěnyàng hénuǎn, kěshì wèile shuǐxiān, sù xīn làméi, gè sè de cháhuā, fǎngfú jiù shòu yīdiǎnr hán
怎样 和暖, 可是 为了 水仙, 素 心 腊梅,各色 的 茶花, 仿佛 就 受 一点儿 寒

// lěng, yě pō zhí·dé qù le. Kūnmíng de huā yě duō, érqiě tiānqì bǐ Chéngdū hǎo, kěshì jiù
// 冷,也 颇 值得 去 了。 昆明 的 花 也 多, 而且 天气 比 成都 好, 可是 旧

shūpù yǔ jīngměi ér piányi de xiǎochī yuǎn bù jí Chéngdū nàme duō. Hǎo ba, jiù zàn zhème
书铺 与 精美 而 便宜 的 小吃 远 不及 成都 那么 多。 好 吧,就 暂 这么

guīdìng: dōngtiān bù zhù Chéngdū biàn zhù Kūnmíng ba.
规定： 冬天 不 住 成都 便 住 昆明 吧。

Jiéxuǎn zì Lǎoshě《"Zhù" de Mèng》
—— 节选 自 老舍 《"住" 的 梦》

作品 49 号——《走下领奖台，一切从零开始》

[朗读提示]成绩只能代表过去，并不能说明未来。一切从零开始，是勇气，更是智慧。本文记述了中国女排运动员们坚持不懈地训练，坚定为国争光的信念，勇于突破自我的体育精神。朗读时，应利落果敢，不拖泥带水，展现积极奋发的精神风貌。

Zài Běijīng Shì Dōngchéng Qū zhùmíng de Tiāntán Gōngyuán dōngcè, yǒu yī piàn zhàn dì
在 北京 市 东城 区 著名 的 天坛 公园 东侧，有 一 片 占 地

miànjī jìn èrshí wàn píngfāngmǐ de jiànzhù qūyù, dàdàxiǎoxiǎo de shí yú dòng xùnliànguǎn zuòluò
面积 近 二十 万 平方米 的 建筑 区域， 大大小小 的 十余 栋 训练馆 坐落

qíjiān. Zhè·lǐ jiù shì Guójiā Tǐyù Zǒngjú Xùnliànjú. Xǔduō wǒmen ěrshú-néngxiáng de Zhōngguó tǐyù
其间。 这里 就 是 国家 体育 总局 训练局。 许多 我们 耳熟能详 的 中国 体育

míngxīng dōu céng zài zhè·lǐ huīhàn-rúyǔ, kèkǔ liànxí.
明星 都 曾 在 这里 挥汗如雨， 刻苦 练习。

Zhōngguó nǚpái de yī tiān jiù shì zài zhè·lǐ kāishǐ de.
中国 女排的 一 天 就 是 在 这里 开始 的。

Qīngchén bā diǎn zhōng, nǚpái duìyuánmen zǎoyǐ jíhé wánbì, zhǔnbèi kāishǐ yītiān de xùnliàn.
清晨 八 点 钟， 女排 队员们 早已 集合 完毕， 准备 开始 一天 的 训练。

Zhǔjiàoliàn Láng Píng zuò zài chǎng wài chángyǐ ·shàng, mùbùzhuǎnjīng de zhùshìzhe gēnsuí zhùlǐ
主教练 郎 平 坐 在 场 外 长椅 上， 目不转睛 地 注视着 跟随 助理

jiàoliànmen zuò rèshēn yùndòng de duìyuánmen, tā shēnbiān de zuòwèi ·shàng zé héngqī-shùbā de
教练们 做 热身 运动 的 队员们， 她 身边 的 座位 上 则 横七竖八 地

duīfàngzhe nǚpái gūniangmen de gè shì yòngpǐn: shuǐ、hùjù、bēibāo, yǐjí gè zhǒng wàihángrén
堆放着 女排 姑娘们 的 各式 用品： 水、护具、背包， 以及 各 种 外行人

jiào ·bù chū míngzi de dōngxi. Bù yuǎn de qiáng ·shàng xuánguàzhe yī miàn xiānyàn de guóqí,
叫 不 出 名字 的 东西。 不 远 的 墙 上 悬挂着 一 面 鲜艳 的 国旗，

guóqí liǎngcè shì "Wánqiáng pīnbó" hé "Wèi guó zhēngguāng" liǎng tiáo hóngdǐ-huángzì de héngfú,
国旗 两侧 是 "顽强 拼搏" 和 "为 国 争光" 两 条 红底黄字 的 横幅，

géwài xǐngmù.
格外 醒目。

"Zǒu·xià lǐngjiǎngtái, yīqiè cóng líng kāishǐ" shíyī gè dà zì, hé guóqí yáoyáo-xiāngwàng,
"走下 领奖台， 一切 从 零 开始" 十一 个 大 字， 和 国旗 遥遥相望，

gūniangmen xùnliàn zhī yú ǒu'ěr yī piē jiù néng kàndào. Zhǐyào jìnrù zhège xùnliànguǎn, guòqù de
姑娘们 训练 之 余 偶尔 一 瞥 就 能 看到。 只要 进入 这个 训练馆， 过去 的

xiānhuā、zhǎngshēng yǔ róngyào jiē wéi lìshǐ, suǒyǒu rén dōu zhǐ shì zuì pǔtōng de nǚpái
鲜花、 掌声 与 荣耀 皆 成为 历史， 所有 人 都 只 是 最 普通 的 女排

duìyuán. Céngjīng de huīhuáng、jiāo'ào、shènglì, zài tàrù zhè jiān chǎngguǎn de shùnjiān quánbù
队员。 曾经 的 辉煌、 骄傲、 胜利， 在 踏入 这 间 场馆 的 瞬间 全部

guīlíng.
归零。

Tī qiú pǎo、diàn qiú pǎo、jiā qiú pǎo……zhèxiē duì pǔtōngrén ér yán hé zájì chà·bùduō
踢球跑、垫球跑、夹球跑……这些 对 普通人 而 言 和 杂技 差不多

de xiàngmù shì nǚpái duìyuánmen bìxū shúliàn zhǎngwò de jīběn jìnéng. Jiē xià·lái// de rèn·wù shì
的 项目 是 女排 队员们 必须 熟练 掌握 的 基本 技能。接 下来// 的 任务 是

xiǎo bǐsài. Láng Píng jiāng duìyuánmen fēn wéi jǐ zǔ, měi yī zǔ yóu yī míng jiàoliàn jiāndū, zuì
小 比赛。郎 平 将 队员们 分为 几组,每 一组 由 一 名 教练 监督,最

kuài wánchéng rèn·wù de xiǎozǔ huì dào yī miàn xiǎo hóngqí.
快 完成 任务 的 小组 会 得到 一 面 小 红旗。

Kànzhe zhèxiē niánqīng de gūniangmen zài zìjǐ de yǎnqián láiláiqùqù, Láng Píng de sīxù
看着 这些 年轻 的 姑娘们 在 自己 的 眼前 来来去去,郎 平 的 思绪

cháng piāohuí dào sānshí duō nián qián. Nàshí fēnghuá-zhèngmào de tā shì Zhōngguó nǚpái de
常 飘回 到 三十 多 年 前。那时 风华 正茂 的 她 是 中国 女排 的

zhǔgōngshǒu, tā hé duìyǒumen yě céng zài zhè jiān xùnliànguǎn ·lǐ yèyǐjìrì de bìngjiān bèizhàn.
主攻手, 她 和 队友们 也 曾 在 这 间 训练馆 里 夜以继日地 并肩 备战。

Sānshí duō nián lái, zhè jiān xùnliànguǎn cóng nèi dào wài dōu fāshēngle hěn dà de biànhuà:
三十 多 年 来, 这 间 训练馆 从 内 到 外 都 发生了 很 大 的 变化:

yuánběn cūcāo de dìmiàn biànchéngle guānghuá de dìbǎn, xùnliàn yòng de yíqì yuè lái yuè
原本 粗糙 的 地面 变成了 光滑 的 地板,训练 用 的 仪器 越 来 越

xiānjìn, Zhōngguó nǚpái de tuánduì zhōng shènzhì hái chūxiànle jǐ zhāng mòshēng de wàiguó
先进, 中国 女排 的 团队 中 甚至 还 出现了 几 张 陌生 的 外国

miànkǒng…… Dàn shíguāng rěnrǎn, bù biàn de shì zhè zhī duìwu duì páiqiú de rè'ài hé
面孔…… 但 时光 荏苒, 不 变 的 是 这 支 队伍 对 排球 的 热爱 和

"Wánqiáng pīnbó, wèi guó zhēngguāng" de chūxīn.
"顽强 拼搏, 为 国 争光" 的 初心。

Jiéxuǎn zì Sòng Yuánmíng《Zǒu·Xià Lǐngjiǎngtái, Yīqiè Cóng Líng Kāishǐ》
——节选 自 宋 元明 《走下 领奖台, 一切 从 零 开始》

作品 50 号——《最糟糕的发明》

扫码听范读

[朗读提示]这是一篇保护生态环境的文章,文中既有对事件的讲述,又有对客观事实的说明。朗读时要加以区别:朗读事件讲述时语调充满好奇,并略有起伏;而朗读客观事实说明时,要沉稳、坚定。

Zài yī cì míngrén fǎngwèn zhōng, bèi wèn jí shàng gè shìjì zuì zhòngyào de fāmíng shì
在 一 次 名人 访问 中, 被 问 及 上 个 世纪 最 重要 的 发明 是

shénme shí, yǒu rén shuō shì diànnǎo, yǒu rén shuō shì qìchē, děngděng. Dàn Xīnjiāpō de yī wèi
什么 时,有 人 说 是 电脑,有 人 说 是 汽车, 等等。 但 新加坡 的 一 位

zhīmíng rénshì què shuō shì lěngqìjī. Tā jiěshì, rúguǒ méi·yǒu lěngqì, rèdài dìqū rú Dōngnán Yà
知名 人士 却 说 是 冷气机。他 解释,如果 没有 冷气,热带 地区 如 东南 亚

guójiā, jiù bù kěnéng yǒu hěn gāo de shēngchǎnlì, jiù bù kěnéng dádào jīntiān de shēnghuó
国家, 就 不 可能 有 很 高 的 生产力, 就 不 可能 达到 今天 的 生活

shuǐzhǔn. Tā de huídá shíshì-qiúshì, yǒulǐ-yǒujù.
水准。 他 的 回答 实事 求是, 有理 有据。

Kànle shàngshù bàodào, wǒ tūfā qí xiǎng: wèi shénme méi·yǒu jìzhě wèn: "Èrshí shìjì zuì
看了 上述 报道,我 突发 奇 想: 为 什么 没有 记者 问: "二十 世纪 最

zāogāo de fāmíng shì shénme?" Qíshí èr líng líng èr nián shíyuè zhōngxún, Yīngguó de yī jiā
糟糕 的 发明 是 什么?" 其实 二 ○ ○ 二 年 十月 中旬, 英国 的 一家

bàozhǐ jiù píngchūle "rénlèi zuì zāogāo de fāmíng". Huò cǐ "shūróng" de, jiùshì rénmen měi tiān
报纸 就 评出了 "人类 最 糟糕 的 发明"。 获此 "殊荣" 的, 就是 人们 每 天

dàliàng shǐyòng de sùliàodài.
大量 使用 的 塑料袋。

　　Dànshēng yú shàng gè shìjì sānshí niándài de sùliàodài, qí jiāzú bāokuò yòng sùliào zhìchéng
　　诞生 于 上 个 世纪 三十 年代 的 塑料袋, 其 家族 包括 用 塑料 制成

de kuàicān fànhé、bāozhuāngzhǐ、cānyòng bēi pán、yǐnliàopíng、suānnǎibēi、xuěgāobēi děng.
的 快餐 饭盒、 包装纸、 餐用 杯 盘、 饮料瓶、 酸奶杯、 雪糕杯 等。

Zhèxiē fèiqìwù xíngchéng de lājī, shùliàng duō、tǐjī dà、zhòngliàng qīng、bù jiàngjiě, gěi zhìlǐ
这些 废弃物 形成 的 垃圾, 数量 多、体积 大、 重量 轻、 不 降解, 给 治理

gōngzuò dàilái hěn duō jìshù nántí hé shèhuì wèntí.
工作 带来 很 多 技术 难题 和 社会 问题。

　　Bǐrú, sànluò zài tiánjiān、lùbiān jí cǎocóng zhōng de sùliào cānhé, yīdàn bèi shēngchù
　　比如, 散落 在 田间、 路边 及 草丛 中 的 塑料 餐盒, 一旦 被 牲畜

tūnshí, jiù huì wēi jí jiànkāng shènzhì dǎozhì sǐwáng. Tiánmái fèiqì sùliàodài、sùliào cānhé de
吞食, 就 会 危 及 健康 甚至 导致 死亡。 填埋 废弃 塑料袋、塑料 餐盒 的

tǔdì, bù néng shēngzhǎng zhuāngjia hé shùmù, zàochéng tǔdì bǎnjié, ér fénshāo chǔlǐ zhèxiē
土地, 不 能 生长 庄稼 和 树木, 造成 土地 板结, 而 焚烧 处理 这些

sùliào lājī, zé huì shìfàng chū duō zhǒng huàxué yǒudú qìtǐ, qízhōng yī zhǒng chēngwéi
塑料 垃圾, 则 会 释放 出 多 种 化学 有毒 气体, 其中 一 种 称为

èr'èyīng de huàhéwù, dúxìng jí dà.
二噁英 的 化合物, 毒性 极 大。

　　Cǐwài, zài shēngchǎn sùliàodài、sùliào cānhé de guò//chéng zhōng shǐyòng de fúlì'áng, duì
　　此外, 在 生产 塑料袋、塑料 餐盒 的 过//程 中 使用 的 氟利昂, 对

réntǐ miǎnyì xìtǒng hé shēngtài huánjìng zàochéng de pòhuài yě jíwéi yánzhòng.
人体 免疫 系统 和 生态 环境 造成 的 破坏 也 极为 严重。

Jiéxuǎn zì Lín Guāngrú《Zuì Zāogāo de Fāmíng》
—— 节选 自 林 光如 《最 糟糕 的 发明》

第四部分

命题说话

第一单元　说话要略

命题说话是普通话水平测试的第四项测试内容,在整个测试中,此项分值最高、比重最大。《普通话水平测试大纲》明确规定,测试说话的目的在于"考查应试人在没有文字依凭的情况下说普通话的能力和所能达到的规范程度",因而,此项是应试人在日常交往中使用普通话状况最直接的反映。此项是否成功直接影响应试人是否能够通过普通话水平测试,因此,我们对该项内容应给予重视。

通过多次测试,大多数应试人觉得此项最难,也最紧张。那么究竟难在哪里,应该怎样准备?究其原因,是应试人没有了文字依凭,方言母语的影响不易克服,加上应试时心理较为紧张,就会觉得此项内容难以把握。

一、单向说话的基本要求

命题说话测试对应试人有以下几点要求:

(一)语音标准

说话时所有音节都达到普通话的标准,即声、韵、调正确,无系统的方音错误,无方音尾巴。

(二)词汇准确

命题说话一项的评判标准中规定词汇、语法完全无错误满分5分。

(三)语流自然流畅

说话时应当语速适中,娓娓道来,一些优秀者也能达到滔滔不绝,侃侃而谈。对于多数人来讲,要自然,不卡壳、不重复、不带口头禅,逻辑清晰,语意连贯,语调流畅。

(四)尽量口语化

说话本来是一种无文字底稿的即兴讲说,由于是测试,许多人准备了文字材料甚至能够背诵,如果把此项测试变为背诵材料,则会在语音中带上较浓的书面文字特色,失掉谈话应有的语调、情感的起伏,出现背书腔。从本质上讲,全脱稿式口语表述所能脱离的是稿纸,而非内容。脱稿,是把稿纸上的文字内容转换成了记忆中的信息代码,然后,再在思维机制的控制下,按照"编码"程序逐字逐句地转化为口头表述的语言。因此,要将原文字稿件中的复句、长句改为短句,将一些拗口的词语改为平易、自然的口语词汇。另外,即使所有内容已熟记于心,也要注意不能操之过急。

(五)内容丰满,紧扣话题

测试大纲对说话内容的立意、选材、布局、谋篇并未提出具体的要求,但布局谋篇、内容丰满也是题中应有之义。围绕话题说话如同口头作文,也有审题、选材、布局等方面的问题。审题是说话的关键,审题不当、无的放矢或偏离话题是说不好话的。选材不当或说话内容空洞无物、拖沓繁冗、主次不分,效果就差。同时还应注意话语结构层次的安排,一段话内容丰满、结构合理、层次分明,会给人留下深刻的印象,否则就会使人感到残缺不全,甚至不知所云。所以,准备时应紧扣所选题目、确定内容范围进行构思,大致形成主题,这样说话就不会离题。选材要适合并紧紧围绕主题,要真实准确,并根据情况尽量使材料具体、新颖,使说话内容丰富、主题鲜明。

二、说话测试中常出现的问题

说话测试过程中常常出现以下三个方面的问题。

(一)表达紧张

紧张是应试者在说话测试中最常遇到的问题,很多人因过度紧张而使测试水平下降,不如平时放松状态下说得好。

1. 紧张的表现

说话紧张容易造成以下反应:

(1)打乱说话的思路,即使准备得很熟的说话内容临场亦容易忘记。一旦忘记准备好的内容,即会加剧紧张心理,导致叙说过程的混乱、中断或间断。

(2)面对考官无法把握说话的中心,导致说话的整体质量与流畅度下降。

(3)没有精力顾及语音等内容的规范,容易暴露应试者普通话方面的弱点,影响应试者的情绪和信心。

2. 紧张的原因

说话紧张主要来自言语心理的压力,这种压力的形成原因有三:

(1)习惯性紧张,因平时缺少在陌生场合表达的经验,缺少实践。

(2)平时很少说普通话,或普通话尚存在较明显的弱点,认为说话太难,信心不足,因此对考试产生不必要的恐惧感。

(3)对测试的期望值过高,但因自身语音等项存在弱点,因而自己又不太自信,这一矛盾造成心理压力过大。

测试实践证明,很多临场紧张的应试者多因语音面貌不是太理想,说话时将过多的注意力集中在语音上;一旦意识到个别语音发生错误,就容易造成心理压力与错乱感。这一沉重的心理负担必然对言语思维造成干扰。背负这样的压力是很难说得轻松自如的,紧张的后果会造成恶性循环:越紧张越说不好,越说不好越紧张。

(二)表达内容贫乏

1. 说话内容贫乏的表现

(1)拿到一个话题后,不知道从哪儿说起,抓不住中心,更理不出表达的层次。

(2)觉得话题并不难,但只是一般的理解,缺乏深入的思考与分析。因此,真要说起来似乎也就只有几句话,没有更多的内容。

(3)事先背好了几篇稿件,但是抽到的不是自己准备的题目,因而临时手忙脚乱,没有理想的说话内容,只能东拼西凑,表达缺乏连贯性。

2. 说话内容贫乏的原因

说话内容贫乏的主要原因是没有打开言语的思路,也就是没有积极发挥言语思维的能动作

用,没有对说话的内容作必要的定位与用心的设计。细分有三种情况:

(1)没有打开自己的言语思路。应试者拿到试题后,首先考虑的不是话题的中心,从而不能对表达内容与表达结构进行总体设计,而是只想到具体的一些话语。有的只注重如何开头,对此后的表达步骤如何安排考虑得少。因为只想到具体的话语,抛开了中心,所以往往只局限于一点,甚至是一两个具体的语句,因而总觉得没有更多的内容可说,连续说三分钟就觉得十分勉强。

(2)有些应试者临场容易犯急躁的毛病,如对语音面貌、词汇规范等不应该在命题说话考项中过分担心的东西考虑太多,不能静下心来将注意力集中在话题与表达层次的安排上,致使表达战战兢兢,如履薄冰。有些应试者表达时额外的顾虑太多,思维不能专注,是不能对话题内容做出快速反应的主要原因,因言语思维不连贯,说话(表达过程)亦很难连贯。

(3)有些应试者不相信自己的应变能力,不是主动地对应试话题作积极的临场思考,而是无法摆脱已准备好的材料,至多不过是对现成材料作临场的修修补补,结果暴露出表达不连贯、没有明确的中心、背诵稿件等明显的问题。活性的言语思维不能发挥往往是因为受到固定的现成材料的钳制,从而影响言语思维的畅通。

(三)说话不流畅、不自然

1. 说话不流畅、不自然的表现

(1)想一句说一句,表达时断时续,整个语言表达缺乏连贯性。

(2)反反复复、颠三倒四,表达不得要领。有时甚至是一个词、一个词地说,语句本身不完整。

2. 说话不流畅、不自然的原因

表达不流畅、不自然的主要原因大体有三个:

(1)有些应试者言语思维不顺畅,在思考、设计某一话题内容时,思维不能一贯到底,容易出现中断。思维中断,表达自然也就中断。

(2)有些应试者言语思维没问题,但是因一直缺乏表达的实践(不爱说话),因此口讷。因为担心语音出现太多的问题,所以出现了一个词、一个词朗读的现象,缺少口语的顺畅感。

(3)有的应试者思维与表达都没有问题,私下的表达很流畅,但是一到公开表达时就变得断断续续。其主要原因不是紧张,而是将写文章的方法搬用到说话上来了,遣词造句一律都书面语化,抛弃了平时的表达习惯,完全改用另外一种方式说话,似乎认为只有这样说才能说得美,才能说得"像模像样",这无疑是大错。写在书面上的稿用于"读"还可以,要用于"说"简直太难了。书面语与口语不但遣词造句的形式不一样、风格不一样,思维方式也不尽相同,硬将用于写的东西拿来"说",自然十分勉强和不自然。

三、解决说话测试中常见问题的方法和建议

(一)解决说话紧张的方法与建议

说话紧张有不同的原因,有的应试者是心理问题,有的应试者是普通话语音面貌不理想,还有的人是经验缺乏带来的紧张,我们对它们必须区别对待。

1. 给习惯性紧张的应试者的建议

(1)进行说话练习时,多让别人帮助听听,逐渐使说话者心理适应说话的客观环境。这一训练需要一个过程,要坚持不懈,不能操之过急。

（2）应试过程中尽量做到注意力集中。高度专注于自己的话题内容,是忘掉客观环境、排除心理干扰因素的最好办法。紧张往往是对自己的表现、环境反应太在意而造成的心理压力。

2.给语音负担压力较大的应试者的建议

（1）应试前切切实实地加强语音基本功的训练,运用语音规律掌握几种有针对性的训练方法。

（2）语音练习首先要注意"质",其次以一定的"量"作为巩固保证,真正落实语音零件的标准化。低标准的练习只能进一步固化练习者自身本有的语音缺点。

（3）将语音练习落实到词、句与语流之中。严格地说,单个孤立的标准音节是很难进入自然语流的,自然语流并不等于孤立音节的简单相加。

（4）运用朗读形式练习并巩固规范的语音、语流。

（5）从日常生活表达练起,要给说话多留一点儿练习时间,多说之外还要多听、多琢磨。只有真正了解自己的问题所在,并掌握正确的纠正方法,练习才有实效。

3.给缺乏实践经验与临场经验者的建议

（1）平时多利用发言的机会大胆开口,对自己的要求不要太苛刻,不要为自己订立一步登天的不切实际的目标。正视自己的弱点,同时客观地肯定自己的进步,逐步树立自己的表达信心。

（2）面对考官时,不要在心理上将自己放在对立面或"受审"的位置,要认识到在人格上、尊严上,应试者与考官是平等的。考官的责任是配合、支持应试者的考试;应试者要从积极的方面思考,为自己树立取胜的信心。

（二）解决说话内容贫乏的方法与建议

1.打开言语思路

想问题不要只专注于某一点上,应加强发散性思维能力的培养,多动脑筋,多参加实践。

2.认真审题

所谓"审题"就是拿到说话话题后,对话题作一番研究,找出表达的中心。

审题不仔细、不深入,说话就不可能有明确的中心和思路,即使话题展开了,也免不了拼拼凑凑,自然会影响说话的质量。

3.认真设计

如果只有审题而没有设计,表达的中心仍然不能落实,说话还是会无序。

"认真设计"指在确定说话的中心后,围绕中心进行有条理的布局:分几个部分来阐述;先说什么,后说什么;各部分之间怎样连接。待说话的整体结构确立后,再来设计开头和结尾。相比较而言,开头和结尾的形式并不重要,关键是说的中心内容和层次的安排。说话的开头和结尾做到自然、切题就可以了。

在说话层次的把握上,有些应试者因为紧张,表达时往往容易忘记各层次间的有机联系。为此,应试者先要为所说的每一个层次确定一个主题词语,然后用若干个主题词语来统领、把握,这样全篇的说话内容就不会乱。这是一个行之有效的好方法。

（三）解决说话不流利的方法与建议

1.说话与语音分开训练

合理地将说话训练与语音训练分成两个相对独立的部分,说话训练时不要过多地考虑语音,以解脱说话训练中过多的心理负担与障碍,说话应以准确流利为主要训练目标。与此同时,运用其他时间针对语音上存在的主要问题寻找对路的纠正方法,有效地提高语音训练的质量,这样的分工才能做到双赢。

2.注意力集中

有意识地培养在有干扰的情况下集中注意力的能力。在表达前将说话内容思考透彻,抓住一条清晰、完整的话题线索。

3.在实践中总结

多实践,善于在实践中不断总结,逐渐加强将言语思维变成有声话语的转换能力。

4.培养口语思维习惯

分清口语与书面语的区别,在说话训练中尽量抛开文字形式的牵制,逐渐养成口语思维的习惯,培养自己以"我口"表达"我心"的自信心与能力。

四、说话测试的应试步骤

(一)审题

拿到规定的话题后,首先要审题:该话题的主要内容是什么;从哪个角度说、用什么方式说最能体现该话题的中心,最能发挥自己的长处。

审题关系到应试者对话题的理解,只有理解话题的主要内容,才有可能帮助应试者集中大脑思维,厘清说话的主线条,沿着主线搜集说话的材料,充实说话的内容,从而使说话具备一个清晰的目标。

(二)设计

(1)在理解话题中心的前提下,根据自己的经验和阅历,准备围绕"话题"的叙说材料(事例、情节等)。

(2)迅速地组织材料,构思说话的框架(拟分几个层次来表达),设计每个层次的阐说重点。为了便于把握说话的整体结构,建议分别以一个主题词或一句话来概括各层的表达内容,以提高自己的整体把握能力,明确各层的表达要点,避免慌乱。

(三)复习

构思好说话的基本内容后,临场前迅速而简洁地以各段的主题词提示自己对整体结构的把握,然后从容地走进考场。

(四)考试

进入考场后,从容地深呼吸,以稳定情绪,然后排除一切杂念,集中全部的注意力。说话时,根据整体框架与各段的主题词作必要的、能动的发挥。

考试中要注意以下三点:

(1)语速不要太快,可以慢条斯理。

(2)在总体框架的指导下,沿着各段落中心词语的提示,可以边想边说,要敢于大胆地发挥。

(3)对语音、词汇、语法的规范可适当注意,但是不要考虑得过多而迷失了说话的方向。

第二单元　分析话题类型　厘清表达思路

为了使应试人在测试时的说话有依托,国家普通话培训测试中心制定了《普通话水平测试用话题》共 50 个,供命题说话测试使用,具体如下:

1. 我的一天
2. 老师
3. 珍贵的礼物
4. 假日生活
5. 我喜爱的植物
6. 我的理想(或愿望)
7. 过去的一年
8. 朋友
9. 童年生活
10. 我的兴趣爱好
11. 家乡(或熟悉的地方)
12. 我喜欢的季节(或天气)
13. 印象深刻的书籍(或报刊)
14. 难忘的旅行
15. 我喜欢的美食
16. 我所在的学校(或公司、团队、其他机构)
17. 尊敬的人
18. 我喜爱的动物
19. 我了解的地域文化(或风俗)
20. 体育运动的乐趣
21. 让我快乐的事情
22. 我喜欢的节日
23. 我欣赏的历史人物
24. 劳动的体会
25. 我喜欢的职业(或专业)
26. 向往的地方
27. 让我感动的事情
28. 我喜爱的艺术形式
29. 我了解的十二生肖
30. 学习普通话(或其他语言)的体会
31. 家庭对个人成长的影响
32. 生活中的诚信
33. 谈服饰
34. 自律与我
35. 对终身学习的看法
36. 谈谈卫生与健康
37. 对环境保护的认识
38. 谈社会公德(或职业道德)
39. 对团队精神的理解
40. 谈中国传统文化
41. 科技发展与社会生活
42. 谈个人修养
43. 对幸福的理解
44. 如何保持良好的心态
45. 对垃圾分类的认识
46. 网络时代的生活
47. 对美的看法
48. 谈传统美德
49. 对亲情(或友情、爱情)的理解
50. 小家、大家与国家

看到这 50 个话题,千万不要慌,也不要误以为这就是要求进行"演讲"或"口头作文"。其实,这些话题只不过是为"说话"提供一个内容的载体而已,以避免应试人上了考场不知从何说起。只要学会分析话题类型,厘清每一类话题的思路,学会话题的分析与整合,顺利通过这一项目的测试就很容易了。

一、话题的类型

经过分析,就会发现,这些话题不外乎叙事、记人、议论、说明等类型,内容都与人们的日常生活密切相关。说话时,可以从不同角度和不同侧面进行叙述、议论或说明。在练习中,可将话题分为记叙描述、议论评说和说明介绍三大类,然后根据不同的类型来厘清思路,准备说话的内容。比如:

▲记叙描述类

1 号《我的一天》

2 号《老师》

3 号《珍贵的礼物》

4 号《假日生活》

7 号《过去的一年》

8 号《朋友》

9 号《童年生活》

13 号《印象深刻的书籍(或报刊)》

14 号《难忘的旅行》

17 号《尊敬的人》

21 号《让我快乐的事》

23 号《我欣赏的历史人物》

27 号《让我感动的事》

▲说明介绍类

5 号《我喜爱的植物》

6 号《我的理想(或愿望)》

10 号《我的兴趣爱好》

11 号《家乡(或熟悉的地方)》

12 号《我喜欢的季节(或天气)》

15 号《我喜欢的美食》

16 号《我所在的学校(或公司、团队、其他机构)》

18 号《我喜爱的动物》

19 号《我了解的地域文化(或风俗)》

20 号《体育运动的乐趣》

22 号《我喜欢的节日》

24 号《劳动的体会》

25 号《我喜欢的职业(或专业)》

26 号《向往的地方》

28 号《我喜爱的艺术形式》

29 号《我了解的十二生肖》

33 号《谈服饰》

46 号《网络时代的生活》

▲议论评说类

30 号《学习普通话(或其他语言)的体会》

31 号《家庭对个人成长的影响》

32 号《生活中的诚信》

33 号《谈服饰》

34 号《自律与我》

35 号《对终身学习的看法》

36 号《谈谈卫生与健康》

37 号《对环境保护的认识》

38 号《谈社会公德(或职业道德)》

39 号《对团队精神的理解》

40 号《谈中国传统文化》

41 号《科技发展与社会生活》

42 号《谈个人修养》

43 号《对幸福的理解》

44 号《如何保持良好的心态》

45 号《对垃圾分类的认识》

47 号《对美的看法》

48 号《谈传统美德》

49 号《对亲情(或友情、爱情)的理解》

50 号《小家、大家和国家》

这只是一个大概的分类。如果说的角度不同、内容不同,就完全可以兼类。有的题目既可以从介绍、说明的角度去说,也可以从叙述、描写的角度来说,还可以在介绍说明或叙述描写中穿插议论,这一切都可以按自己的喜好决定。

二、记叙描述类话题的思路

这一类应该是最容易说的题目,因为话题所涉及的范围都是应试人亲身经历的事情或感受,只要按照事情发生、发展的时间顺序往下说就行了。比如:

- 是谁(是什么)?
- 为什么?
- 举例子。

• 怎么办？

这项测试要求说话时间不少于 3 分钟，并不是要求在 3 分钟时恰好把话题完完整整地结束，而是要求围绕这个话题连续不断地至少说 3 分钟话。所以，思路确定之后，不必考虑时间，只管往下说，到 3 分钟时测试员会示意你停下来。即使准备好的内容没有说完也不会影响这一项的测试成绩。

三、说明介绍类话题的思路

这一类话题最忌讳的是只列出干巴巴的几个条目，不能展开详细的说明或介绍，最后使自己难以说满 3 分钟。所以在设计思路时，可以从一种事物的几个方面分别进行说明或介绍。可从以下几个方面考虑说话的顺序和内容：

• 是什么（是谁或是什么样的）？
• 表现在哪几个方面？
• 每个方面是怎么样的？
• 自己的态度或打算。

四、议论评说类话题的思路

这类话题相比前两类略有难度，需要具有更缜密的思维和更强的概括能力。可以从以下几个方面考虑说话的顺序和内容：

• 是什么？（提出自己的观点）
• 为什么？（归纳出支持这个观点的几条理由）
• 举例子。（可在每条理由之后，也可在说完理由后分别举例）
• 怎么办？（提出实现自己观点的几条建议）

以上是按话题不同体裁进行分类，然后根据不同的类型厘清思路的方法。这只是一个基本的参考模式，假如应试人的口头表达能力本来就很不错，完全可以说得更加灵活、更加精彩。

五、命题说话的审题与思路拓展

为了帮助应试者更有效地进行"命题说话"测试的准备，迅速驾驭不同话题的应对方式，下面对《普通话水平测试大纲》所附的 50 个话题作逐一分析，对每一个话题所要把握的要领及内容开掘的方法提出一些建议，以供应试者参考。

1. 我的一天

审题：

我的一天话题非常广泛，每个人对生活的定义不同，对待每天的生活态度也有所不同。

思路拓展：

(1)可以讲述一天当中做的一件工作，也可以讲述一天中从早到晚发生的多种事情。
(2)可结合多类话题开展叙述，如出去旅行的一天、学习的一天、做垃圾分类的一天等。

2. 老师

审题：

师者，所以传道授业解惑也。老师指教授学生知识的人，也泛指在某方面值得学习的人。

思路拓展：

(1)可论述你在学生时期的一位或多位老师,讲述你们之间发生的故事等。

(2)可谈谈你对老师这个行业的认识,如对老师的敬仰等。

(3)可叙述一位其他方面对你很有帮助的老师,讲述你与他之间的经历。

3. 珍贵的礼物

审题：

礼物是在社会交往中,为了表达祝福和心意或以示友好,人与人之间互赠的物品。而珍贵的礼物不仅贵在价格,更贵在礼物本身的意义。这礼物可以是有形的物品,也可以是宝贵的精神财富。

思路拓展：

(1)可叙述一件用来庆祝节日或重要的日子的珍贵礼物,比如情人节或生日礼物。

(2)可叙述某项经历给你带来的精神上的收获与成长。

4. 假日生活

审题：

"假日生活"指的是自己休假生活的安排,比如旅游、访友、读书等。即使假日期间仍在加班,也应该有不同于平时上班的意义。

思路拓展：

双休日、节日长假、带薪年假等都可以是谈论内容,要说出带有规律性的、有意义的活动内容,能从假日生活中得到充实、丰富、调整。也有一些人假日更忙,忙于家务、忙于照顾老人、忙于公共服务事务,这是一份奉献,在奉献中我们收获到什么是值得自己总结的内容。

5. 我喜爱的植物

审题：

(1)既然某个植物被自己喜爱,一定有被喜爱的理由,那就是这一植物在自己眼中的可爱之处。这是话题的要点所在。

(2)可以说自己熟悉的一类植物,也可以说自己熟悉的一个具体的植物。一般而言,具体的叙说对象更容易阐说得生动、形象。

思路拓展：

(1)先对自己喜爱的对象进行一番介绍,介绍要形象、逼真,尽可能让听者从中得到一种直觉感。

(2)要用具体事例说明自己所描写对象的可爱、可贵,如果能在描述中带上真实的感情,则更能打动听者。

6. 我的理想(或愿望)

审题：

(1)理想或愿望一般都是一个尚未实现的,内心觉得是有意义、有价值的憧憬。

(2)可以是当初的理想(或愿望),最后通过努力实现了的憧憬,但主要内容要落实在"憧憬"上。叙说时要突出这个理想(或愿望)在自己心目中的价值与意义。

思路拓展：

（1）可以从对个人（自身）的意义，也可以从对他人、对社会的意义谈这个理想（或愿望）与向往。

（2）不能忘记为了这个理想（或愿望）所做过的努力与努力的过程。必要时，可以适当展开在为之努力的过程中那些感动自己、感动他人的小故事。

7. 过去的一年

审题：

每一年我们都会有新的改变，是不断学习、不断充实的一年，是积极探索、逐步成长的一年。因此可具体谈谈过去一年的收获和成长。

思路拓展：

可结合具体事例谈谈过去一年印象最深刻的事、自己取得了哪些成绩、思想上有哪些进步、自身有哪些收获等，以小见大，娓娓道来。

8. 朋友

审题：

朋友是指彼此有交情的人，介绍朋友的特点与值得自己赞扬的地方就是本话题的要点。

思路拓展：

（1）叙说一般朋友，要以一件突出的事或几件相互关联的事作为开掘话题的内容，通过这些具体的事情或朋友具有启发性的语言来刻画这位朋友，说明这位朋友值得打交道、值得自己信赖、佩服的地方。

（2）亲密的朋友不一定局限于同龄人与同班同学，可以将话题范围扩展开来，比如父母、兄弟、姊妹，他们不但是血缘至亲，同时也可以是亲密的朋友。师生之间往往也可以建立相互信任的朋友关系。

（3）无论从哪个角度开掘主题，都离不开对具体的、活生生的人的描述，离不开以具体、生动可感的事例来阐说自己心中的"朋友"。

9. 童年生活

审题：

"童年生活"是要应试者通过回忆，叙说儿时的那些让自己难以忘却的某件事或某个经历，它们往往对应试者的成长有一定教训或启迪意义。

思路拓展：

（1）必须以具体经历与感受来描述"童年生活"，这就不能缺少具体的事例。你也可以用说故事的方法引出主题。

（2）童年的生活有快乐、有悲伤，也有启迪、教训，都对个人成长有意义，只是叙说之后要善于总结。

10. 我的兴趣爱好

审题：

拥有兴趣爱好是保持身心健康的最佳方式之一。从烹饪到手工艺，从游戏到园艺，每个人都能找到适合自己的东西。有趣和有创意的兴趣爱好可以帮助您培养新技能、探索您的热情并培养创造力。

思路拓展：

（1）此话题叙述范围比较宽泛，考生可结合其他多类话题结合备考，如我的兴趣爱好是旅行、烹饪、体育运动等；

（2）对自己最喜欢的兴趣爱好展开具体描述，它是什么、我怎样开展它、它为我带来了哪些乐趣等。

11. 家乡（或熟悉的地方）

审题：

可以将"家乡"理解为故乡，也可以将"家乡"理解为长期生长、居住的地方；在更大的范围内，可以将"家乡"理解为祖国。

思路拓展：

（1）可以从家乡的地理特色角度开掘话题，顺便介绍家乡的人文特色。

（2）可以从家乡的风情、物产开掘话题。

（3）可以从家乡是自己成长里程中的一部分谈家乡与自己的关系。

（4）可以从家乡面貌的变化谈社会进步。

无论从哪个角度开题，都要用具体事实对家乡的一般情况做富有特点的介绍，让听者对应试者的家乡有一个概括的了解。

12. 我喜欢的季节（或天气）

审题：

重点描述自己喜欢的季节（或天气）的特色，说清为什么喜欢这一季节（或天气）。在叙说中注意将季节（或天气）的特点与自己的生活色彩、审美观点及情趣联系起来。

思路拓展：

（1）可以集中一个最有特点的季节（或天气）来谈。

（2）可以分别谈不同的季节（或天气）被自己喜爱的原因，从而归结到对生活的热爱。

13. 印象深刻的书籍（或报刊）

审题：

书籍与报刊取其一类中的一种叙述即可。这是一个介绍性的话题，需要介绍对应试者影响较大的某一本书或与应试者关系较为密切的某一本杂志，叙说它的特色与自己喜欢的理由。

思路拓展：

可以谈一本书或一本杂志普遍的社会价值，也可以谈这本书或杂志中某个人物或某一事件给自己的震撼与启示，还可以从某个特定的角度谈这本书或杂志的某个特点（如文字特点、创作方法等）。

14. 难忘的旅行

审题：

谈"旅行"不能缺少旅行的主要过程（主要经过），之所以"难忘"，是因为旅行一定会给自己留下了值得记忆、值得回味的价值与意义。这是本话题要突出的重点,也是值得自己总结的内容。

思路拓展:

(1)本话题一般是自己某一次旅游的亲身经历,如果缺少这一记忆犹新的实际经历,或者自己的旅游缺少"难忘"的感受,则不必拘泥于现实话题,宜另寻角度,可广义地拓展思路。比如,观看介绍世界名胜的纪录片,阅读某一本旅游纪实的书,等等。可以说说观后感或读后感。

(2)"旅游"一定有准备、开始、经历、结束等几个过程,过程的叙说不宜琐碎,要突出重点和有意义的情节,然后才能总结出难忘的地方,好让听者产生共鸣。

15. 我喜欢的美食

审题:

"我喜欢"的东西一般都是自己感兴趣的东西。既然是自己感兴趣的东西,就一定要说明自己喜爱的原因,这是话题展开的依据。"美食"不等于"美吃","美食"不但有形式上的内容,而且有健康、审美的人文内涵。应试者要尽量抓住"美食"的准确含义。

思路拓展:

(1)可以介绍一地特有的美食内容,也可以介绍各地具有代表性的几个美食内容。

(2)可以身处一地,从人文和科学的角度介绍此地四季美食的内容,并可兼谈这些美食中的保健知识。

(3)可以介绍中国美食中的几个典型内容。

16. 我所在的学校(或公司、团队、其他机构)

审题:

话题重在介绍自己所在集体的面貌、氛围或成员间的关系,以及集体对自己的工作、事业的影响。叙说要有实际内容,有血有肉,不能空泛。

思路拓展:

(1)可介绍这个集体的特点以及集体对自己的影响和促进作用。

(2)可以在介绍集体的同时,谈谈自己在这个集体中所发挥的作用。

(3)可以谈谈这个集体本身的成长与成员间相互营造的某种关系或气氛。

17. 尊敬的人

审题:

既然是"尊敬"的人,一定是被自己了解的,且一定有值得尊敬、佩服的地方,突出他的优秀品质或值得崇敬的行为是该话题的重点。

思路拓展:

(1)只要具备上述特点,这个人无论是同事、朋友、父母、英雄人物或平凡者都可以说。

(2)尊敬的人不一定每一个方面都伟大。生活中没有完人,只要这个人在某一方面确实突出,而且不乏真实与感动,就可以成为话题。

(3)叙说要以生活中的真实例证来说明这个人被"尊敬"的理由,但不要面面俱到,例证的选取要典型。叙说时不妨穿插一些生动的事例。

18. 我喜爱的动物

审题：

(1)既然某个动物被自己喜爱，一定有被喜爱的理由，那就是这一动物在自己眼中的可爱之处。这是话题的要点所在。

(2)可以说自己熟悉的一类动物，也可以说自己熟悉的一个具体的动物。一般而言，具体的叙说对象更容易阐说得生动、形象。

思路拓展：

(1)先对自己喜爱的对象进行一番介绍，介绍要形象、逼真，尽可能让听者从中得到一种直觉感。

(2)要用具体事例说明自己所描写对象的可爱、可贵，如果能在描述中带上真实的感情，则更能打动听者。

19. 我了解的地域文化（或风俗）

审题：

这是一个知识性的话题，需要介绍应试者所熟悉的某些民间文化、风俗。要突出这些文化、风俗的地域特点或民族特点，如果在介绍的同时能给大家分析一下文化背景则更好。

思路拓展：

(1)可以就自己家乡的某些文化、风俗做介绍。

(2)可以就中国民间常见的某些文化、风俗做概括的介绍。如果是人们都知道的风俗，最好能谈谈这些风俗的文化内涵。

(3)可以就某些民族风俗、世界某些地区的特异风俗做趣谈性的介绍。

(4)可以就不同地区间"大同小异"或"大异小同"的某些文化、风俗做对比性的介绍。

20. 体育运动的乐趣

审题：

本话题主要是让应试者谈谈体育运动带来的乐趣。不必拘泥于自己会的运动，如果从广义的角度理解，每个人都有自己的话题。

思路拓展：

(1)对于从事过体育运动的人自然有更多的内容可说，对于不常参加体育运动的人，只要与广义的体育运动的乐趣有关内容，都可以融入自己的话题。比如通过观看体育赛事所带来的精神享受、中国运动员或教练员的事迹激励自己等，都可以运用到此话题。

(2)可以从自身的健康与体育锻炼的关系谈起，介绍自己的锻炼方式，以及这些活动给自己带来的快乐与收获。

(3)从事过体育比赛、获得荣誉与光彩的人，更可以从体育与自己人生价值的体现谈起，给人一种启示。

21. 让我快乐的事情

审题：

快乐是一种情绪，指人们在感受外部事物带给内心的愉悦、安详、平和、满足的心理状态，能令我们感到快乐的事有很多,家人团聚、学业有成、事业进步等。

思路拓展:

(1)可重点记述一件让你感到快乐的事,娓娓展开。

(2)可谈谈几件或一类让你快乐的事,说明为什么做这些事会让你感到快乐。

22.我喜欢的节日

审题:

介绍自己喜欢的节日的特点与内涵,从而说明喜欢的原因。

思路拓展:

(1)可选定自己心目中的一个节日做具体的介绍,突出这一节日的形式特点与文化内涵。如果可能,不妨对这一节日的历史源流做简单的介绍,这会使介绍更具知识性、趣味性。

(2)可以将自己的人生分成几个阶段:童年喜欢什么节日,为什么?青少年喜欢什么节日,为什么?如今的想法又是什么?这样,通过话题可道出一个人的成长轨迹。

(3)可以将喜欢的节日放在中外文化对比的层面,说明一个道理。

23.我欣赏的历史人物

审题:

历史人物指在历史发展中起过重要影响,在历史长河中留下足迹,在历史上有明确的记载,并对人类历史进程的发展起到推动作用的人物,可以结合具体人物谈一谈。

思路拓展:

(1)可以讲述自己熟悉的历史人物故事,对他的生平或具体事件展开叙述。

(2)谈谈某一历史人物对自己的影响,结合具体故事、观点,做到言之有物。

24.劳动的体会

审题:

劳动是促进成长的重要途径,是社会发展的重要条件。我们参与社会劳动,不仅能实现自身的社会价值,也能在劳动中锻炼品格,锤炼意志。

思路拓展:

(1)可谈谈具体参加劳动实践的体会,在劳动中获得的经验、教训等。

(2)可论述劳动对促进个人成长、对社会进步的重要意义。

25.我喜欢的职业(或专业)

审题:

"我喜欢"的东西一般都是自己感兴趣的东西。既然是自己感兴趣的东西,就一定要说明自己喜爱的原因,这是话题展开的依据。职业(或专业)不同于业余爱好,它指的是自己赖以为生、为之奋斗的工作和事业。

思路拓展:

(1)"喜欢的职业(或专业)"可以是应试者目前从事的职业(或学习的专业),也可以是向往的职业(或专业),如果这样理解,就可以扩大话题的思路。

(2)"喜欢"的缘由可以从自己的兴趣谈起,也可以从职业(或专业)的社会意义谈起,这样也可以开阔话题的思路。

（3）无论从哪方面谈，均应该联系职业（或专业）的实际内容与自己为之努力或准备为之努力的实际行动，这样谈起来才能使话题充实，不流于空论。

26. 向往的地方

审题：

这是一个主观意向性的话题，既然是"向往"，就要介绍向往的那个地方有哪些吸引自己的方面，是美丽的自然环境，还是理想的人文环境，这是话题展开的依据。

思路拓展：

（1）可以从自然环境上描述自己心中向往的"伊甸园"。

（2）可以从人文环境和自然环境的结合上描写心中向往的目标。

（3）这个"地方"还可以是事业上"向往"的领域，如音乐殿堂、科学殿堂、大学教育殿堂或其他有利于潜力充分发挥的领域。从这个角度拓展思路，可以扩大话题的空间。

27. 让我感动的事情

审题：

感动是受外界事物的影响而激动，感动你的可以是他人的经历，也可以是你与他人之间发生的真实故事。它是一种美丽的情感体验，是人与人心灵上的共鸣。

思路拓展：

（1）可以叙述一部电影、一本书、一首音乐带给你的感动、心灵的震颤。

（2）可以谈谈生活中遇到的令你感动的人或事。

28. 我喜爱的艺术形式

审题：

(1)选定一种自己最为熟悉的艺术形式作为集中叙说的对象。

(2)说明自己对这一艺术形式感兴趣的理由，以及从这一形式中得到的滋养、教益或提高。

思路拓展：

（1）可以从自己当初对这一"形式"的陌生到熟悉，再到爱不释手的过程谈起，在"过程"的叙说中突现这一"形式"给予自己的快乐、安慰和提高。

（2）可以从艺术形式本身的价值谈起，再叙说具体学习、实践、提高的过程。

（3）可以从一本书、一部电影、一幅画或一首歌谈起，慢慢谈到自己怎样走上"喜爱"它的道路。无论从哪个角度谈，都要凸显"喜爱"给自己带来的收获。

29. 我了解的十二生肖

审题：

"十二生肖"是中国传统文化的重要组成部分，它起源于上古时代的中国，它不仅是一种纪年方式，也是对古代中国时间、自然、文化方面的总结和反映，具有文化和历史价值。

思路拓展：

(1)可讲述自己了解的生肖故事，如为什么老鼠排第一等。

(2)结合自己的生肖属相切入，谈谈对十二生肖文化的理解、认识，以及它对生活的意义等。

30.学习普通话(或其他语言)的体会

审题：

通过学习普通话(或其他语言)的过程,总结自己的心得、收获。

思路拓展：

(1)可以联系自己学习普通话(或其他语言)的过程,以及遇到的困难、克服困难的过程,谈谈体会。

(2)可以介绍学习普通话(或其他语言)的方法与收获。

(3)可以从学习普通话(或其他语言)给自己带来的方便和好处等方面谈谈体会。

31.家庭对个人成长的影响

扫码看视频

审题：

家庭关系是一个人成长过程中至关重要的因素,家庭的情感氛围、亲密关系、教育方式等方面,都会对个人的成长产生重要的影响。对塑造个人的性格、价值观和人际关系,以及对个人的职业选择和工作态度、心理健康等方面的影响。

思路拓展：

(1)可以叙述家庭成员为什么要营造良好的家庭氛围,建立良好的家庭文化和价值观,以及如何正确地引导和支持孩子的成长。

(2)通过讲述真实故事,谈谈家人的引导对你成长的意义。

32.生活中的诚信

审题：

诚信是一个道德范畴,是公民的第二个"身份证",是日常行为的诚实和正式交流的信用的统称。一般主要是指两个方面:一是指为人处世真诚诚实,尊重事实,实事求是;二是指信守承诺。考生可通过讲述诚信故事,以小见大地破题。

思路拓展：

(1)可与话题"谈中国传统文化"结合,讲述中国古代诚信故事。

(2)选取生活中经历的一个诚信故事,结合自身讲讲如何做到诚实守信,诚信的意义等。

33.谈服饰

审题：

在自己了解的范围内,可从服饰的种类、式样及审美情趣上谈谈自己的见解。重点在于对相关的服饰做出评价,说出道理。

思路拓展：

(1)可以从各类服饰的介绍上谈谈知识性的内容。

(2)可以从各类服饰的款式上谈谈自己的审美观点与情趣。

(3)可以从美观、得体与适用诸方面的结合上发表见解。

(4)可以从生活休闲服装与职业制式服装的功能、款式区别上发表见解。

(5)可以通过近一个时期以来服装的流行变化,谈谈人们生活的变化以及社会的变革。

34. 自律与我

审题：

自律指遵循法纪，自我约束。自律是一种不可或缺的人格力量。真正的自律是一种信仰、一种自省、一种自警、一种素质、一种自爱、一种觉悟，它会让你发觉健康之美，感到幸福快乐、淡定从容、内心强大，永远充满积极向上的力量。

思路拓展：

(1)纪律和规则是我们平时工作、学习和生活中不可缺少的。可论述自律的重要性。

(2)可通过具体事例论述如何自律，以收获更多成长。

(3)自律，方能对自己的人生收放自如，可讲述你知道的名人自律故事，以及对你的影响。

35. 对终身学习的看法

审题：

终身学习是指社会每个成员为适应社会发展和实现个体发展的需要，贯穿于人的一生的，持续的学习过程。即我们所常说的"活到老学到老"或者"学无止境"。

思路拓展：

(1)可以论述终身学习的特点、意义，如具有终身性、全民性、广泛性，满足我们生存和发展的需要等。

(2)怎样做到终身学习，树立终身教育思想，培养主动的、不断探索的、自我更新的、学以致用的和优化知识的良好习惯等。

36. 谈谈卫生与健康

审题：

这是一个议论性的话题，着重应说明卫生与健康两者间的因果关系，说明有没有良好的卫生习惯对健康带来的直接或间接的影响。

思路拓展：

(1)建议以具体的事例做证据，阐释卫生与健康间的关系，这样话题就能说得生动。

(2)卫生可分生理卫生、饮食卫生、环境卫生、心理卫生等，这个话题可谈的内容很多，可选择自己熟悉的事例、熟悉的知识与关心的内容展开话题。

37. 对环境保护的认识

审题：

要求从应试者个人认识的角度谈谈环境保护的意义所在。建议用被人们切身感受到的典型例证说明环境保护与我们的社会、与我们每个人之间的利害关系。例证越典型越能说明问题。

思路拓展：

(1)可以结合身边的事实，用算账的方法来揭示以污染环境换取眼前蝇头小利的严重后果，说明环境保护的重要性、迫切性。

(2)可以列举我们身边一系列的环境污染事件所造成的恶果，提出生存危机的警示。

(3)可以介绍成功的环保经验，启示环境保护努力的方向。

(4)深刻地分析我国由于经济发展而造成某些环境破坏的原因(人的主观意识、制度的问题），从而提出根治的措施。

38. 谈社会公德(或职业道德)

审题：

这是个议论性的话题。无论社会公德也好，职业道德也好，都是每一个社会成员必须遵守的社会基本道德或职业道德准则，因为社会是由全体成员形成的，它不属于个人。本话题重在揭示社会公德或职业操守与个人行为之间谁服从谁的道理。阐述主张一定要列举具体的、活生生的事例，不能空论。论说应当客观，不宜有一叶障目的偏激观点。

思路拓展：

(1)可以从某些不符合社会公德的典型行为引出话题，说明加强社会公德心教育的必要性与迫切性。

(2)可以从某些商业营利部门职业道德缺失的典型例证谈起，分析这一社会弊病产生的原因及后果、社会根治的必要性、整治的措施与建议。

(3)可以从榜样的行为谈起，从正反例证的对比中阐述自己的观点，提出中肯的建议。

39. 对团队精神的理解

审题：

团队精神是大局意识、协作精神和服务精神的集中体现，核心是协同合作。团队精神的形成并不要求团队成员牺牲自我，相反，挥洒个性、表现特长保证了成员共同完成任务目标，而明确的协作意愿和协作方式则产生了真正的内心动力。

思路拓展：

(1)可以讲述对自己影响深刻的团队协作故事、真实案例，进而展开进一步叙述。

(2)论述团队精神的重要性，如促进团队运作和发展、培养团队成员之间的亲和力、提高组织整体效能等。

40. 谈中国传统文化

审题：

中国传统文化是民族文明、风俗、精神的总称，包含了民俗、戏曲、棋艺、茶道、中国传统乐器、文人字画等。因此展开此话题时，可以从具体的文化表现上切题入手。

思路拓展：

(1)可选取自己耳熟能详的中华文化故事，展开详细叙述。

(2)通过具体的文化表现，如围棋、书法等的学习活动，讲述自己对传统文化的理解。

(3)结合中国传统文化在世界的广泛传播，谈谈为什么中国文化能经久不衰等。

41. 科技发展与社会生活

扫码看视频

审题：

这是一个议论性的话题，本话题主要让应试者谈谈科技发展给社会生活带来的影响。客观地评价这一"影响"应当包括正面影响与负面影响两个方面。论述应当以肯定正面影响为主，同时提示在合理利用科技手段的同时，应注意减少人为的操控不当所带来的负面影响。

思路拓展：

科技发展给今天社会发展带来的一系列有利之处,如通信的发展、电脑使用的普及确实加快了社会前进的步伐,给我们的生活带来了前所未有的便利。但科技的进步也给我们带来了某些负面影响,如工业科技的发达创造了巨大的价值,人们在狂热地追求价值更大化的同时,往往放弃科学精神,造成了普遍性的环境污染;电脑的使用给我们的学习、工作带来诸方面的好处,可是对电脑的过分依赖造成了很多人书写能力下降……这不是科技发展本身的弊病,而是人为操控不当的结果。科技发展的同时给我们提出了合理利用科技的警示。

42.谈个人修养

审题：

这也是一个议论性的话题。个人修养是个人素质的建树与综合内涵的呈现,它可分道德修养和文化修养等诸方面的素质。个人修养促成一个人价值观的形成,与个人事业上、生活上的成败有着直接的关系,然而这一重要性却常常被我们忽视。以实际例证阐释个人修养的意义所在,个人修养与一个人成败的关系是本话题的重点内容。

思路拓展：

(1)可以用实际例证从一个人的道德修养谈起。

(2)可以用实际例证从一个人的文化修养谈起。建议说明当今学历的高低并不完全等于一个人文化修养的高低,知识与修养并不完全是一回事。

(3)可以用一个人的性格与修养间的关系来谈论。

43.对幸福的理解

审题：

幸福一种持续时间较长的对现有生活的满足感,并希望保持现有状态的稳定心情。生活中很多事情都能带来幸福感,注意留心身边的细节。

思路拓展：

(1)结合具体事例谈谈什么是幸福,该如何发现它、拥有它。

(2)论述影响幸福的要素,如生存安全、情感、社会关系、生活环境等带来的安全感。

44.如何保持良好的心态

审题：

社会经济的飞速发展在给我们带来优质资源的同时,也增加了当代人的压力,在学习、工作中如何保持良好心态应当予以高度重视,可结合自身经历有效切题。

思路拓展：

(1)结合社会实际情况,谈谈社会压力带来的精神、心理问题,叙述好心态的重要性。

(2)结合具体事件讲述如何保持良好的心态,如释放压力的方式,运动、旅行、看书等。

45.对垃圾分类的认识

审题：

垃圾分类是近年热点话题,一般是指按一定规定或标准将垃圾分类储存、投放和搬运,从而转变成公共资源的一系列活动的总称。可谈谈对此项政策的认识、日常中垃圾分类的落地情况等。

思路拓展：

(1)可以叙述垃圾分类的意义,提升垃圾的利用率、提升资源转化率、保护环境。

(2)可介绍科普垃圾分类的种类,如可回收垃圾、厨房垃圾、有害垃圾、其他垃圾。

(3)可结合自身实际,谈谈如何做好垃圾分类。

46.网络时代的生活

审题：

科技改变未来,网络改变世界。网络拉近世界的距离,引领世界潮流,也不可避免地带来一些社会化问题。在此话题中,切勿使用新的全英文网络词汇,如 yyds 等。

思路拓展：

(1)谈谈网络时代带给社会的深刻变革,积极、不利影响皆可关注。

(2)结合具体事例,谈谈网络时代给自己带来的改变,以小见大,客观讲述。

47.对美的看法

审题：

美,既可以指物质的美,也可以指精神的美,更可以指人的美。

物质的美是我们日常生活中最直观的美,可以是一幅画作、一座建筑;精神的美是我们内心追求的一种境界,它包括了思想的美、情感的美和品德的美;人的美不仅仅是外表的美,更是内在的美。

思路拓展：

(1)可重点叙述一个让你欣赏的美的事物或人,详细铺陈他们美在哪里,给你带来的影响。

(2)可论述如何发现身边的美,美的人、事、物为我们带来哪些享受和收获。

48.谈传统美德

审题：

中华民族传统美德,是指中国五千年历史流传下来,具有影响,可以继承,并得到不断创新发展,有益于下一代的优秀道德遗产。包括:中华民族优秀的品质、优良的民族精神、崇高的民族气节、高尚的民族情感以及良好的民族习惯的总和。

思路拓展：

(1)论述继承传统美德的重要性,它是我国人民两千多年来处理人际关系、人与社会关系和人与自然关系的实践的结晶。

(2)传统美德表现在哪些方面:爱国、利义、仁爱等。

(3)讲传统美德故事,以此延展出对当今社会的影响。

49.对亲情(或友情、爱情)的理解

审题：

亲情、友情、爱情是人类最基本、最重要的三种情感关系,选其一叙述即可,选取自己经历过,有话可说,有事可讲的话题,展开描述。

思路拓展：

(1)可讲述曾读过的亲情(或友情、爱情)故事,以及对自己为人处世的影响。

(2)谈谈自己对亲情(或友情、爱情)的看法,结合亲身经历或具体事例,有的放矢地展开叙述。

50. 小家、大家与国家

审题：

家是最小国,国是千万家。要重视家庭建设,提倡爱家爱国相统一。小家、大家与国家,可以层层递进展开论述,也可以结合具体案例论述三者重要性。

思路拓展：

(1)论述家庭建设,爱家爱国相统一的意义和重要性及具体做法。

(2)结合具体实际,说明在日常生活中如何正确处理小家、大家与国家的关系。

第五部分

国家普通话水平测试试卷

扫码听范读

一号卷

一、读单音节字词（100 个音节，共 10 分，限时 3.5 分钟）。请横向朗读！

挺	包	抛	媒	紫	捧	儿	作	踩	腮
撇	祀	渺	坪	沫	钝	槽	若	冀	搔
审	键	窘	德	奴	燎	响	巡	瓷	剧
孙	冷	溺	丢	罗	强	您	藻	晴	其
伶	球	鞭	虾	竿	危	军	雾	书	迁
说	染	侵	烦	粉	陷	瘟	符	矮	汰
玄	翁	癣	壬	汁	性	如	恒	飞	孔
藤	亏	舟	槐	庄	昂	茶	约	高	桦
拳	春	跨	憨	衰	饿	偶	酶	敞	陇
妾	韦	晕	梗	生	刮	弯	用	池	允

二、读多音节词语（100 个音节，共 20 分，限时 2.5 分钟）。请横向朗读！

医药	和平	包干儿	党委	语句
生效	首创	文学	讹诈	保温
叛逆	疑心	枕头	钻研	文体
没准儿	林业	空中	合格	继承人
强调	笑话	中性	年头儿	白薯
掌管	狂欢	风筝	订正	袅袅
轮换	指导	拐弯儿	山门	辱骂
苍蝇	散漫	疲劳	茅庐	范畴
沉重	面孔	出发点	侮辱	能力
连忙	投产	自力更生		

三、朗读短文（400 个音节，共 30 分，限时 4 分钟）

作品 15 号《华夏文明的发展与融合》

四、命题说话（请在下列话题中任选一个，限时 3 分钟，共 40 分）

1. 我的理想（或愿望）

2. 对垃圾分类的认识

注：考生在说话之前需说明自己选择的说话题目。例如：我选择的说话题目是……

二号卷

一、读单音节字词（100个音节，共10分，限时3.5分钟）。请横向朗读！

捆	沽	歪	康	流	族	夸	五	烘	卫
穷	耕	廊	十	瓢	藕	策	略	纯	所
张	澳	跳	匀	透	螯	谕	帆	拂	贪
挠	之	神	丛	三	涛	认	宝	枚	错
带	安	癖	拈	表	拟	拴	群	捏	尔
暖	拎	分	加	耍	穗	编	攀	丝	蓬
铭	咒	蹬	刹	怪	盯	酥	酌	骗	巢
卖	绸	熊	选	荣	徽	软	腔	搅	窗
青	沪	谨	缺	字	霞	惧	靴	锅	垦
秀	镍	姚	泽	拐	婴	星	源	育	网

二、读多音节词语（100个音节，共20分，限时2.5分钟）。请横向朗读！

外贸	哥们儿	儿童	跳水	沿线
昂扬	刑事	栈道	差距	岛屿
烟卷儿	然而	赞成	存在	私有制
周转	座位	绝活儿	保障	本领
概况	跨度	结实	幽灵	抢险
一会儿	携手	指控	身价	节奏
人称	允许	纵然	裁减	贫穷
萌芽	罚款	尺度	当时	抬头
念叨	劳动者	古人	口袋	假说
亲朋	相等	错综复杂		

三、朗读短文（400个音节，共30分，限时4分钟）

作品25号《清塘荷韵》

四、命题说话（请在下列话题中任选一个，限时3分钟，共40分）

1. 我的兴趣爱好

2. 科技发展与社会生活

注：考生在说话之前需说明自己选择的说话题目。例如：我选择的说话题目是……

扫码听范读

三号卷

一、读单音节字词（100个音节，共10分，限时3.5分钟）。请横向朗读！

舀	洽	卑	怀	霉	戴	尝	痘	番	乔
驳	亩	捐	碾	腹	躺	虫	放	凝	棱
挡	偷	粪	剖	灭	耐	胞	戳	晒	猫
郊	疗	遭	建	申	语	津	拼	者	庵
蛹	抓	绝	察	四	卵	映	搜	沾	雷
嵌	斌	胚	围	职	乌	恒	驱	英	瓦
妄	栽	炫	唯	谬	额	走	苍	朦	幂
怎	廖	群	乖	税	儿	让	雌	课	日
轰	兹	熏	框	形	赣	裹	人	化	雪
呕	闰	蚀	宽	硫	抠	蛹	公	火	乡

二、读多音节词语（100个音节，共20分，限时2.5分钟）。请横向朗读！

入学	预感	维生素	懊丧	脉冲
扶养	电解	颁发	螃蟹	忙碌
愤怒	成效	主管	电视	谈判
马铃薯	高尚	矿产	调控	没法儿
关爱	华人	球体	潺潺	琢磨
操办	豆芽儿	玩物	笑话儿	恩人
衡量	总理	欺负	土壤	吸取
支配	潮流	理想	简称	手工业
溶液	帐篷	测量	扫帚	遥望
老伴儿	包罗万象			

三、朗读短文（400个音节，共30分，限时4分钟）

作品34号《我的老师》

四、命题说话（请在下列话题中任选一个，限时3分钟，共40分）

1.我喜欢的美食

2.谈谈卫生与健康

注：考生在说话之前需说明自己选择的说话题目。例如：我选择的说话题目是……

扫码听范读

四号卷

一、读单音节字词(100个音节,共10分,限时3.5分钟)。请横向朗读!

捞	递	纳	宅	贞	内	趾	奔	舱	尊
桑	年	扼	松	判	农	才	姿	票	因
租	渊	欧	肾	买	酸	词	噪	炉	村
盆	明	按	穆	掐	呆	二	乏	柄	返
眠	佛	唧	扰	六	晓	近	挖	汞	漾
堆	列	淘	跷	白	低	荤	铆	魄	辈
滑	追	扯	寝	瞎	泉	扔	团	愁	矮
沸	串	傻	灯	窟	汉	戊	淮	叙	纲
蒋	刻	归	嗡	愧	君	决	巧	永	肉
士	汝	揩	霍	先	馋	腕	全	霜	伪

二、读多音节词语(100个音节,共20分,限时2.5分钟)。请横向朗读!

抗战	皓月	即将	详细	首脑
舌苔	共和国	苗壮	沉重	蹂躏
走向	参照	三角形	牙齿	差点儿
应用	惶恐	肮脏	拔除	盘问
爽朗	玩意儿	废物	奖品	提留
连声	纲要	恪守	和声	即便
强壮	阵线	口哨儿	傍晚	四处
平面	腐朽	缝纫	传统	灯笼
图腾	马褂儿	宁静	粮食	提前
沦陷	惬意	千钧一发		

三、朗读短文(400个音节,共30分,限时4分钟)

作品44号《纸的发明》

四、命题说话(请在下列话题中任选一个,限时3分钟,共40分)

1.我喜欢的职业(或专业)

2.生活中的诚信

注:考生在说话之前需说明自己选择的说话题目。例如:我选择的说话题目是……

普通话水平测试用
普通话常见量词名词搭配

说　明

本表以量词为条目,共选收常见量词 45 条。每个量词后面列举若干常见搭配的名词。一个名词可以与多个量词搭配的,在条目中的名词后以括注形式标记。

1. 把	bǎ	菜刀、剪刀、宝剑(口)、铲子、铁锨、尺子、扫帚、椅子、锁、钥匙
		伞、茶壶、扇子、提琴、手枪(支)
2. 本	běn	书(部、套)、著作(部)、字典(部)、杂志(份)、账
3. 部	bù	书(本、套)、著作(本)、字典(本)
		电影(场)、电视剧
		手机、摄像机(架、台)
		汽车(辆、台)
4. 场	cháng	雨、雪、冰雹、大风
		病、大战、官司
5. 场	chǎng	电影(部)、演出(台)、话剧(台)、杂技(台)、比赛(节、项)、考试(门、项)
6. 道	dào	河(条)、瀑布(条)、山脉(条)、闪电、伤痕(条)
		门(扇)、墙(面)
		命令(条、项)、试题(份、套)、菜(份)
7. 滴	dī	水、血、油、汗水、眼泪、墨水
8. 顶	dǐng	轿子、帽子、蚊帐、帐篷
9. 对	duì	夫妻、舞伴、耳朵(双、只)、眼睛(双、只)、翅膀(双、只)
10. 朵	duǒ	花、云(片)、蘑菇
11. 份	fèn	菜(道)、午餐、报纸(张)、杂志(本)、文件、礼物(件)、工作(件、项)、试题(道、套)
12. 幅	fú	布(块、匹)、被面、彩旗(面)、图画(张)、相片(张)
13. 副	fù	对联、手套(双、只)、眼镜、球拍(只)
		扑克牌(张)、围棋、担架
14. 个	gè	人(口)、孩子
		盘子、瓶子、杯子(只)
		梨、桃儿、橘子、苹果、西瓜、土豆、西红柿
		鸡蛋、饺子、馒头
		玩具、皮球

太阳、月亮、白天、上午

国家、社会、故事、节目(台、套)

镜头

15. 根　gēn　　草(棵)、葱(棵)、藕(节)、甘蔗(节)

胡须、头发、羽毛

冰棍儿、黄瓜(条)、香蕉、油条

针、火柴、蜡烛(支)、香(盘、支)、筷子(双、支)、竹竿、电线、绳子(条)、项链(条)、辫子(条)

16. 家　jiā　　人家、亲戚(门)

工厂(座)、公司、饭店、商店、医院(所)、银行(所)

17. 架　jià　　飞机、钢琴(台)、摄像机(部、台)、鼓(面)

18. 间　jiān　　房子(所、套、座)、屋子、卧室、仓库

19. 件　jiàn　　礼物(份)、行李、家具(套)

大衣、衬衣、毛衣、衣服(套)、西装(套)

工作(份、项)、公文、事

20. 节　jié　　甘蔗(根)、藕(根)、电池(块)、车厢、课(门)、比赛(场、项)

21. 棵　kē　　树、草(根)、葱(根)、白菜

22. 颗　kē　　种子(粒)、珍珠(粒)、宝石(粒)、糖(块)、星星、卫星

牙齿(粒)、心脏

子弹(粒)、炸弹

图钉

23. 口　kǒu　　人(个)、猪(头、只)

大锅、大缸、大钟(座)、井、宝剑(把)

24. 块　kuài　　糖(颗)、橡皮、石头、砖、肥皂、手表(只)、电池(节)

肉(片)、蛋糕、布(幅、匹)、绸缎(匹)、手绢儿(条)、地(片)、饼干(片)、面包(片)

石碑(座)

25. 粒　lì　　米、种子(颗)、珍珠(颗)、宝石(颗)、牙齿(颗)、子弹(颗)、药(片)

26. 辆　liàng　　汽车(部、台)、自行车、摩托车、三轮车、坦克

27. 门　mén　　课(节)、课程、技术(项)、考试(场、项)

亲戚(家)、婚姻

科学、学问

大炮

28. 面　miàn　　墙(道)、镜子、彩旗(幅)、鼓(架)、锣

29. 名　míng　　作家(位)、教师(位)、医生(位)、学生(位)、犯人

30. 盘　pán　　香(根、支)

磁带、录像带

棋

31. 匹　pǐ　　马

布(块、幅)、绸缎(块)

32.片	piàn	树叶、药(粒)、肉(块)、饼干(块)、面包(块)、地(块)
		阴凉、阳光、云(朵)
33.扇	shàn	门(道)、窗户、屏风
34.双	shuāng	手(只)、脚(只)、耳朵(对、只)、眼睛(对、只)、翅膀(对、只)
		鞋(只)、袜子(只)、手套(副、只)、筷子(根、支)
35.所	suǒ	学校、医院(家)、银行(家)、房子(间、套、座)
36.台	tái	计算机、医疗设备(套)、汽车(部、辆)、钢琴(架)、摄像机(部、架)
		演出(场)、话剧(场)、杂技(场)、节目(个、套)
37.套	tào	衣服(件)、西装(件)、房子(间、所、座)、家具(件)、沙发、餐具、书(本、部)、邮票(张)、医疗设备(台)
		节目(个、台)、试题(道、份)
38.条	tiáo	绳子(根)、项链(根)、辫子(根)、裤子、毛巾、手绢儿(块)、船(只)、游艇(只)
		蛇、鱼、狗(只)、驴(头、只)、黄瓜(根)
		河(道)、瀑布(道)、山脉(道)、道路、胡同儿、伤痕(道)
		新闻、信息、措施(项)、命令(道、项)
		胳膊、腿
39.头	tóu	牛(只)、驴(条、只)、骆驼(只)、羊(只)、猪(口、只)
		蒜
40.位	wèi	客人、朋友、作家(名)、教师(名)、医生(名)、学生(名)
41.项	xiàng	措施(条)、制度、工作(份、件)、任务、技术(门)、运动、命令(道、条)、比赛(场、节)、考试(场、门)
42.张	zhāng	报纸(份)、图画(幅)、相片(幅)、邮票(套)、扑克牌(副)、光盘
		脸、嘴
		网、弓
		床、桌子
43.只	zhī	鸟、鸡、鸭、猫、老鼠、兔子、狗(条)、猪(口、头)、牛(头)、驴(条、头)、羊(头)、骆驼(头)、老虎、猴子、蚊子、苍蝇、蜻蜓、蝴蝶
		手表(块)、杯子(个)、箱子
		船(条)、游艇(条)
		鞋(双)、袜子(双)、手套(副、双)、袖子、球拍(副)、手(双)、脚(双)、耳朵(对、双)、眼睛(对、双)、翅膀(对、双)
44.支	zhī	笔、手枪(把)、蜡烛(根)、筷子(根、双)、香(根、盘)
		军队、歌
45.座	zuò	山、岛屿
		城市、工厂(家)、学校(所)、房子(间、所、套)、桥
		石碑(块)、雕塑、大钟(口)

附录二

普通话水平测试用普通话词语表

说　明

1. 本表在《普通话水平测试实施纲要》(2004版)《普通话水平测试用普通话词语表》的基础上,参照《通用规范汉字表》(一、二级字)、《现代汉语常用词表》(第2版)前20000词、中国社会科学院语言研究所词典编辑室编的《现代汉语词典》(第5—7版)、国家语委现代汉语语料库等资料修订。

2. 本表供普通话水平测试第一项——读单音节字词(100个音节)和第二项——读多音节词语(100个音节)测试使用,亦可作为普通话学习训练资料。

3. 本表共收词语18442条。按照常用度,分为"表一"8361条,"表二"10081条。所收词语按汉语拼音字母顺序排列。本表的用字包括《通用规范汉字表》一级字3500个,二级字458个。

4. 本表中的多音字,在单字下标注多个读音,如"漂piāo/piǎo/piào",按第一个读音参加排序。

5. 本表中除必读轻声音节外,一律只标本调,不标变调。

6. 本表中的轻声词条分为必读轻声和一般轻读、间或重读。必读轻声音节,注音不标调号,如"明白míngbai";一般轻读、间或重读音节,注音标调号,并在该音节前加圆点提示,如"母亲mǔ·qīn"。

7. 本表中的儿化音节,注音时只在基本形式后面加r,如"一会儿yīhuìr",不标语音上的实际变化。部分儿化词语同时收录儿化形式和非儿化形式,如"胡同儿(胡同)hútòngr(hútòng)"。

表　一

A									
		爱	ài	安全	ānquán	案	àn	奥	ào
		爱国	àiguó	安慰	ānwèi	案件	ànjiàn	奥秘	àomì
阿	ā/ē	爱好	àihào	安心	ānxīn	暗	àn	奥运会	Àoyùnhuì
阿姨	āyí	爱护	àihù	安置	ānzhì	暗示	ànshì	澳	ào
啊	ā/á/ǎ/à	爱慕	àimù	安装	ānzhuāng	暗中	ànzhōng	懊悔	àohuǐ
哎	āi	爱情	àiqíng	氨	ān	肮脏	āngzāng	懊恼	àonǎo
哀	āi	爱人	àiren	氨基酸	ānjīsuān	昂	áng	懊丧	àosàng
哀悼	āidào	碍	ài	庵	ān	凹	āo		
挨	āi/ái	安	ān	俺	ǎn	熬	āo/áo	B	
唉	āi/ài	安定	āndìng	岸	àn	袄	ǎo		
癌	ái	安静	ānjìng	按	àn	拗	ào/niù	八	bā
矮	ǎi	安排	ānpái	按钮	ànniǔ	傲	ào	巴	bā
艾	ài	安培	ānpéi	按照	ànzhào			扒	bā/pá
								芭蕉	bājiāo

芭蕾舞	bālěiwǔ	办法	bànfǎ	孢子	bāozǐ	暴雨	bàoyǔ	本质	běnzhì
疤	bā	办公室	bàngōngshì	胞	bāo	曝光	bàoguāng	笨	bèn
捌	bā	办理	bànlǐ	炮		爆	bào	崩	bēng
拔	bá	办事	bànshì		bāo/páo/pào	爆发	bàofā	崩溃	bēngkuì
跋涉	báshè	半	bàn	剥	bāo/bō	爆炸	bàozhà	绷	
把	bǎ	半导体	bàndǎotǐ	褒贬	bāo·biǎn	杯	bēi		bēng/běng/bèng
把握	bǎwò	半岛	bàndǎo	雹	báo	卑	bēi	泵	bèng
靶	bǎ	半径	bànjìng	薄	báo/bó/bò	背	bēi/bèi	蹦	bèng
坝	bà	半天	bàntiān	饱	bǎo	悲	bēi	逼	bī
爸	bà	半夜	bànyè	饱和	bǎohé	悲哀	bēi'āi	鼻	bí
爸爸	bàba	扮	bàn	宝	bǎo	悲惨	bēicǎn	鼻孔	bíkǒng
耙	bà/pá	扮演	bànyǎn	宝贝	bǎobèi	悲剧	bēijù	鼻涕	bí·tì
罢	bà	伴	bàn	宝贵	bǎoguì	碑	bēi	鼻子	bízi
罢工	bàgōng	伴侣	bànlǚ	宝石	bǎoshí	北	běi	匕首	bǐshǒu
霸	bà	伴随	bànsuí	保	bǎo	北方	běifāng	比	bǐ
掰	bāi	伴奏	bànzòu	保持	bǎochí	贝	bèi	比价	bǐjià
白	bái	拌	bàn	保存	bǎocún	备	bèi	比较	bǐjiào
白色	báisè	绊	bàn	保管	bǎoguǎn	背	bēi/bèi	比例	bǐlì
白薯	báishǔ	瓣	bàn	保护	bǎohù	背道而驰	bèidào'érchí	比如	bǐrú
白天	bái·tiān	邦	bāng	保健	bǎojiàn	背后	bèihòu	比赛	bǐsài
百	bǎi	帮	bāng	保留	bǎoliú	背景	bèijǐng	比喻	bǐyù
百年	bǎinián	帮忙	bāngmáng	保姆	bǎomǔ	倍	bèi	比重	bǐzhòng
百姓	bǎixìng	帮助	bāngzhù	保守	bǎoshǒu	悖论	bèilùn	彼	bǐ
柏	bǎi	梆	bāng	保卫	bǎowèi	被	bèi	彼此	bǐcǐ
摆	bǎi	绑	bǎng	保险	bǎoxiǎn	被动	bèidòng	笔	bǐ
摆动	bǎidòng	榜	bǎng	保障	bǎozhàng	被告	bèigào	笔记	bǐjì
摆脱	bǎituō	榜样	bǎngyàng	保证	bǎozhèng	被褥	bèirù	笔迹	bǐjì
败	bài	膀		堡	bǎo/bǔ/pù	被子	bèizi	笔者	bǐzhě
拜	bài		bǎng/pāng/báng	报	bào	辈	bèi	鄙	bǐ
扳	bān	蚌	bàng	报酬	bào·chóu	奔	bēn/bèn	币	bì
班	bān	棒	bàng	报道	bàodào	奔驰	bēnchí	必	bì
般	bān	傍	bàng	报复	bào·fù	奔跑	bēnpǎo	必定	bìdìng
颁布	bānbù	傍晚	bàngwǎn	报告	bàogào	奔腾	bēnténg	必然	bìrán
颁发	bānfā	磅	bàng/páng	报刊	bàokān	本	běn	必然性	bìránxìng
斑	bān	包	bāo	报名	bàomíng	本地	běndì	必须	bìxū
搬	bān	包庇	bāobì	报纸	bàozhǐ	本来	běnlái	必需	bìxū
搬家	bānjiā	包袱	bāofu	刨	bào/páo	本领	běnlǐng	必要	bìyào
搬运	bānyùn	包干儿	bāogānr	抱	bào	本能	běnnéng	毕	bì
板	bǎn	包含	bāohán	豹	bào	本人	běnrén	毕竟	bìjìng
板凳	bǎndèng	包涵	bāo·hán	鲍鱼	bàoyú	本身	běnshēn	毕业	bìyè
板块	bǎnkuài	包括	bāokuò	暴	bào	本事	běnshì	闭	bì
板栗	bǎnlì	包围	bāowéi	暴动	bàodòng	本事	běnshi	闭合	bìhé
版	bǎn	包装	bāozhuāng	暴力	bàolì	本体	běntǐ	庇护	bìhù
办	bàn	苞	bāo	暴露	bàolù	本性	běnxìng	毙	bì

秘	Bì/mì	便于	biànyú	濒于	bīnyú	渤	Bó	不堪	bùkān
痹	bì	遍	biàn	鬓	bìn	搏	bó	不可	bùkě
辟	bì/pì	辨	biàn	冰	bīng	搏斗	bódòu	不快	bùkuài
碧	bì	辨别	biànbié	冰川	bīngchuān	膊	bó	不利	bùlì
蔽	bì	辨认	biànrèn	兵	bīng	薄	báo/bó/bò	不良	bùliáng
弊	bì	辩	biàn	兵力	bīnglì	薄弱	bóruò	不料	bùliào
壁	bì	辩护	biànhù	丙	bǐng	跛	bǒ	不论	bùlùn
壁画	bìhuà	辩证	biànzhèng	秉承	bǐngchéng	簸箕	bòji	不满	bùmǎn
避	bì	辩证法	biànzhèngfǎ	柄	bǐng	卜	bǔ	不免	bùmiǎn
避免	bìmiǎn	辫	biàn	饼	bǐng	补	bǔ	不怕	bùpà
臂	bì	标	biāo	屏	bǐng/píng	补偿	bǔcháng	不平	bùpíng
璧	bì	标本	biāoběn	禀	bǐng	补充	bǔchōng	不然	bùrán
边	biān	标的	biāodì	并	bìng	补贴	bǔtiē	不容	bùróng
边际	biānjì	标题	biāotí	并且	bìngqiě	捕	bǔ	不如	bùrú
边疆	biānjiāng	标语	biāoyǔ	并用	bìngyòng	捕捞	bǔlāo	不时	bùshí
边界	biānjiè	标志	biāozhì	病	bìng	捕食	bǔshí	不惜	bùxī
边境	biānjìng	标准	biāozhǔn	病变	bìngbiàn	捕捉	bǔzhuō	不想	bùxiǎng
边区	biānqū	标准化	biāozhǔnhuà	病毒	bìngdú	哺乳	bǔrǔ	不懈	bùxiè
边缘	biānyuán	彪悍	biāohàn	病理	bìnglǐ	哺育	bǔyù	不行	bùxíng
编	biān	表	biǎo	病情	bìngqíng	不	bù	不幸	bùxìng
编辑	biānjí	表层	biǎocéng	病人	bìngrén	不安	bù'ān	不许	bùxǔ
编辑	biān·jí	表达	biǎodá	拨	bō	不必	bùbì	不要	bùyào
编写	biānxiě	表面	biǎomiàn	波	bō	不便	bùbiàn	不宜	bùyí
编制	biānzhì	表明	biǎomíng	波长	bōcháng	不曾	bùcéng	不已	bùyǐ
蝙蝠	biānfú	表皮	biǎopí	波动	bōdòng	不错	bùcuò	不用	bùyòng
鞭	biān	表情	biǎoqíng	波澜	bōlán	不但	bùdàn	不止	bùzhǐ
鞭子	biānzi	表示	biǎoshì	波浪	bōlàng	不当	bùdàng	不足	bùzú
贬	biǎn	表述	biǎoshù	玻璃	bō·lí	不等	bùděng	布	bù
扁	biǎn/piān	表现	biǎoxiàn	剥	bāo/bō	不定	bùdìng	布局	bùjú
匾	biǎn	表象	biǎoxiàng	剥夺	bōduó	不断	bùduàn	布置	bùzhì
变	biàn	表演	biǎoyǎn	剥削	bōxuē	不对	bùduì	步	bù
变动	biàndòng	表扬	biǎoyáng	菠菜	bōcài	不妨	bùfáng	步伐	bùfá
变法	biànfǎ	表彰	biǎozhāng	菠萝	bōluó	不忿	bùfèn	步骤	bùzhòu
变革	biàngé	憋	biē	播	bō	不服	bùfú	步子	bùzi
变更	biàngēng	鳖	biē	播种	bōzhǒng	不够	bùgòu	部	bù
变化	biànhuà	别	bié/biè	播种	bōzhòng	不顾	bùgù	部队	bùduì
变换	biànhuàn	别人	bié·rén	伯	bó	不管	bùguǎn	部分	bùfen
变量	biànliàng	别墅	biéshù	伯父	bófù	不光	bùguāng	部落	bùluò
变迁	biànqiān	蹩	bié	驳	bó	不过	bùguò	部门	bùmén
变态	biàntài	宾	bīn	泊	bó	不合	bùhé	部署	bùshǔ
变形	biànxíng	斌	bīn	脖	bó	不及	bùjí	部位	bùwèi
变异	biànyì	滨	bīn	脖子	bózi	不禁	bùjīn	埠	bù
便	biàn/pián	缤纷	bīnfēn	博	bó	不仅	bùjǐn	簿	bù
便利	biànlì	濒临	bīnlín	博士	bóshì	不久	bùjiǔ		

C

擦	cā	惭愧	cánkuì	插	chā	猖獗	chāngjué	嘲弄	cháonòng
猜	cāi	惨	cǎn	喳	chā/zhā	猖狂	chāngkuáng	嘲笑	cháoxiào
才	cái	灿烂	cànlàn	茬	chá	娼妓	chāngjì	潮	cháo
才能	cáinéng	仓	cāng	茶	chá	长	cháng/zhǎng	潮流	cháoliú
材	cái	仓库	cāngkù	茶馆儿(茶馆)		长城	chángchéng	潮湿	cháoshī
材料	cáiliào	苍	cāng	cháguǎnr(cháguǎn)		长处	cháng•chù	吵	chǎo
财	cái	苍白	cāngbái	茶叶	cháyè	长度	chángdù	炒	chǎo
财产	cáichǎn	苍茫	cāngmáng	查	chá	长短	chángduǎn	车	chē/jū
财富	cáifù	苍蝇	cāngying	查询	cháxún	长久	chángjiǔ	车间	chējiān
财力	cáilì	沧桑	cāngsāng	察	chá	长期	chángqī	车辆	chēliàng
财贸	cáimào	舱	cāng	岔	chà	长远	chángyuǎn	车厢	chēxiāng
财务	cáiwù	藏	cáng/zàng	刹	chà/shā	长征	chángzhēng	车站	chēzhàn
财政	cáizhèng	操	cāo	差		场	cháng/chǎng	车子	chēzi
裁	cái	操纵	cāozòng	chā/chà/chāi/chài/cī		肠	cháng	尺	chě/chǐ
采	cǎi	操作	cāozuò	差不多	chà•bùduō	尝	cháng	扯	chě
采访	cǎifǎng	曹	cáo	差点儿	chàdiǎnr	尝试	chángshì	彻	chè
采购	cǎigòu	槽	cáo	折	chāi	常	cháng	彻底	chèdǐ
采集	cǎijí	草	cǎo	柴	chái	常规	chángguī	撤	chè
采取	cǎiqǔ	草案	cǎo'àn	豺狼	cháiláng	常年	chángnián	撤销	chèxiāo
采用	cǎiyòng	草地	cǎodì	掺	chān/shǎn	常识	chángshí	澈	chè
彩	cǎi	草原	cǎoyuán	搀	chān	常数	chángshù	臣	chén
彩色	cǎisè	册	cè	单		偿	cháng	尘	chén
睬	cǎi	厕所	cèsuǒ	chán/dān/Shàn		嫦娥	Cháng'é	尘埃	chén'āi
踩	cǎi	侧	cè	馋	chán	厂	chǎng	辰	chén
菜	cài	侧面	cèmiàn	禅	chán/shàn	厂房	chǎngfáng	沉	chén
菜蔬	càishū	侧重	cèzhòng	缠	chán	场地	chǎngdì	沉淀	chéndiàn
菜肴	càiyáo	测	cè	蝉	chán	场合	chǎnghé	沉积	chénjī
蔡	Cài	测定	cèdìng	产	chǎn	场面	chǎngmiàn	沉沦	chénlún
参		测量	cèliáng	产地	chǎndì	场所	chǎngsuǒ	沉默	chénmò
cān/cēn/shēn		测验	cèyàn	产量	chǎnliàng	敞	chǎng	沉思	chénsī
参观	cānguān	策	cè	产品	chǎnpǐn	畅	chàng	沉重	chénzhòng
参加	cānjiā	策略	cèlüè	产生	chǎnshēng	唱	chàng	沉着	chénzhuó
参考	cānkǎo	层	céng	产物	chǎnwù	抄	chāo	陈	chén
参谋	cānmóu	层次	céngcì	产业	chǎnyè	钞	chāo	陈迹	chénjì
参数	cānshù	曾	céng/zēng	产值	chǎnzhí	超	chāo	陈旧	chénjiù
参与	cānyù	曾经	céngjīng	铲	chǎn	超出	chāochū	陈述	chénshù
参照	cānzhào	蹭	cèng	阐发	chǎnfā	超额	chāo'é	晨	chén
餐	cān	叉	chā/chǎ/chà	阐明	chǎnmíng	超过	chāoguò	衬	chèn
残	cán	差		阐释	chǎnshì	超越	chāoyuè	称	
残酷	cánkù	chā/chà/chāi/chài/cī		阐述	chǎnshù	剿	chāo/jiǎo	chèn/chēng/chèng
残余	cányú	差别	chābié	颤	chàn	巢	cháo	趁	chèn
蚕	cán	差价	chājià	颤抖	chàndǒu	朝	cháo/zhāo	称	
		差距	chājù	昌	chāng	朝廷	cháotíng	chèn/chēng/chèng
		差异	chāyì	倡	chāng/chàng	嘲讽	cháofěng	称号	chēnghào

称呼	chēnghu
称赞	chēngzàn
撑	chēng
成	chéng
成本	chéngběn
成虫	chéngchóng
成分	chéng·fèn
成功	chénggōng
成果	chéngguǒ
成绩	chéngjì
成就	chéngjiù
成立	chénglì
成年	chéngnián
成人	chéngrén
成熟	chéngshú
成为	chéngwéi
成效	chéngxiào
成语	chéngyǔ
成员	chéngyuán
成长	chéngzhǎng
呈	chéng
呈现	chéngxiàn
诚	chéng
诚恳	chéngkěn
诚实	chéng·shí
诚挚	chéngzhì
承	chéng
承包	chéngbāo
承担	chéngdān
承认	chéngrèn
承受	chéngshòu
城	chéng
城市	chéngshì
城镇	chéngzhèn
乘	chéng
乘机	chéngjī
乘客	chéngkè
盛	chéng/shèng
程	chéng
程度	chéngdù
程式	chéngshì
程序	chéngxù
惩	chéng
惩罚	chéngfá
澄	chéng/dèng
橙	chéng
逞	chěng
秤	chèng
吃	chī
吃饭	chīfàn
吃惊	chījīng
吃力	chīlì
痴	chī
池	chí
池塘	chítáng
驰骋	chíchěng
驰名	chímíng
迟	chí
持	chí
持久	chíjiǔ
持续	chíxù
尺	chě/chǐ
尺度	chǐdù
齿	chǐ
耻辱	chǐrǔ
斥	chì
赤	chì
赤道	chìdào
翅	chì
翅膀	chìbǎng
冲	chōng/chòng
冲动	chōngdòng
冲击	chōngjī
冲破	chōngpò
冲突	chōngtū
充	chōng
充当	chōngdāng
充分	chōngfèn
充满	chōngmǎn
充沛	chōngpèi
充实	chōngshí
充裕	chōngyù
充足	chōngzú
虫	chóng
种	Chóng/zhǒng/zhòng
重	chóng/zhòng
重复	chóngfù
重合	chónghé
重新	chóngxīn
崇拜	chóngbài
崇高	chónggāo
崇敬	chóngjìng
崇尚	chóngshàng
宠	chǒng
抽	chōu
抽屉	chōu·tì
抽象	chōuxiàng
仇	chóu/Qiú
仇恨	chóuhèn
绸	chóu
稠	chóu
愁	chóu
筹	chóu
筹措	chóucuò
丑	chǒu
瞅	chǒu
臭	chòu/xiù
出	chū
出版	chūbǎn
出产	chūchǎn
出发	chūfā
出发点	chūfādiǎn
出国	chūguó
出口	chūkǒu
出来	chū·lái
出路	chūlù
出卖	chūmài
出门	chūmén
出去	chū·qù
出色	chūsè
出身	chūshēn
出生	chūshēng
出售	chūshòu
出土	chūtǔ
出席	chūxí
出现	chūxiàn
出血	chūxiě
初	chū
初步	chūbù
初级	chūjí
初期	chūqī
初中	chūzhōng
除	chú
除非	chúfēi
除了	chúle
厨	chú
厨房	chúfáng
锄	chú
雏	chú
橱	chú
处	chǔ/chù
处罚	chǔfá
处分	chǔfèn
处境	chǔjìng
处理	chǔlǐ
处于	chǔyú
储	chǔ
储备	chǔbèi
储存	chǔcún
储量	chǔliàng
储蓄	chǔxù
楚	chǔ
畜	chù/xù
触	chù
矗立	chùlì
揣	chuāi/chuǎi/chuài
川	chuān
穿	chuān
穿着	chuānzhuó
传	chuán/zhuàn
传播	chuánbō
传达	chuándá
传导	chuándǎo
传递	chuándì
传教士	chuánjiàoshi
传染病	chuánrǎnbìng
传授	chuánshòu
传说	chuánshuō
传统	chuántǒng
船	chuán
船舶	chuánbó
船长	chuánzhǎng
船只	chuánzhī
喘	chuǎn
串	chuàn
串联	chuànlián
创	chuāng/chuàng
创伤	chuāngshāng
疮	chuāng
窗	chuāng
窗户	chuānghu
窗口	chuāngkǒu
窗子	chuāngzi
床	chuáng
幢	chuáng/zhuàng
闯	chuǎng
创	chuāng/chuàng
创办	chuàngbàn
创立	chuànglì
创新	chuàngxīn
创造	chuàngzào
创造性	chuàngzàoxìng
创作	chuàngzuò
吹	chuī
炊烟	chuīyān
垂	chuí
垂直	chuízhí
捶	chuí
锤	chuí
春	chūn
春季	chūnjì
春节	Chūnjié
春秋	chūnqiū
春天	chūntiān
纯	chún
纯粹	chúncuì
纯洁	chúnjié
唇	chún
淳朴	chúnpǔ
醇	chún
蠢	chǔn
戳	chuō
绰号	chuòhào
刺	cī/cì

词	cí	粗	cū	答案	dá'àn	大厦	dàshà	待	dāi/dài
词典	cídiǎn	粗糙	cūcāo	答复	dá·fù	大婶儿	dàshěnr	待遇	dàiyù
词汇	cíhuì	卒	cù/zú	打败	dǎbài	大师	dàshī	怠工	dàigōng
词义	cíyì	促	cù	打扮	dǎban	大事	dàshì	怠慢	dàimàn
词语	cíyǔ	促成	cùchéng	打倒	dǎdǎo	大叔	dàshū	袋	dài
词组	cízǔ	促进	cùjìn	打盹儿	dǎdǔnr	大肆	dàsì	逮	dǎi/dài
祠	cí	促使	cùshǐ	打击	dǎjī	大体	dàtǐ	逮捕	dàibǔ
祠	cí	醋	cù	打架	dǎjià	大厅	dàtīng	戴	dài
瓷	cí	簇	cù	打开	dǎkāi	大王	dàwáng	丹	dān
辞	cí	窜	cuàn	打量	dǎliang	大相径庭		担	dān/dàn
辞职	cízhí	篡夺	cuànduó	打破	dǎpò	dàxiāng-jìngtíng		担负	dānfù
慈	cí	篡改	cuàngǎi	打算	dǎsuan	大小	dàxiǎo	担任	dānrèn
磁	cí	衰	cuī/shuāi	打听	dǎting	大型	dàxíng	担心	dānxīn
磁场	cíchǎng	崔	Cuī	打仗	dǎzhàng	大学	dàxué	单	
磁力	cílì	催	cuī	大	dà/dài	大学生	dàxuéshēng	chán/dān/Shàn	
磁铁	cítiě	摧	cuī	大伯	dàbó	大洋	dàyáng	单纯	dānchún
雌	cí	摧残	cuīcán	大臣	dàchén	大爷	dàyé	单调	dāndiào
此	cǐ	摧毁	cuīhuǐ	大胆	dàdǎn	大爷	dàye	单独	dāndú
此地	cǐdì	脆	cuì	大地	dàdì	大衣	dàyī	单位	dānwèi
此后	cǐhòu	翠	cuì	大豆	dàdòu	大雨	dàyǔ	单一	dānyī
此刻	cǐkè	村	cūn	大队	dàduì	大约	dàyuē	耽搁	dānge
此外	cǐwài	村庄	cūnzhuāng	大多	dàduō	大战	dàzhàn	耽误	dānwu
次	cì	村子	cūnzi	大多数	dàduōshù	大致	dàzhì	胆	dǎn
次数	cìshù	存	cún	大风	dàfēng	大众	dàzhòng	石	dàn/shí
次序	cìxù	存款	cúnkuǎn	大概	dàgài	大自然	dàzìrán	旦	dàn
次要	cìyào	存在	cúnzài	大纲	dàgāng	呆	dāi	但	dàn
刺	cī/cì	寸	cùn	大哥	dàgē	待	dāi/dài	但是	dànshì
刺激	cì·jī	搓	cuō/zuǒ	大褂儿	dàguàr	歹徒	dǎitú	担	dān/dàn
刺猬	cìwei	撮	cuō	大会	dàhuì	逮	dǎi/dài	担子	dànzi
赐	cì	挫	cuò	大伙儿	dàhuǒr	大	dà/dài	诞辰	dànchén
匆忙	cōngmáng	挫折	cuòzhé	大家	dàjiā	大夫	dàifu	诞生	dànshēng
葱	cōng	措施	cuòshī	大街	dàjiē	代	dài	淡	dàn
聪慧	cōnghuì	错	cuò	大姐	dàjiě	代表	dàibiǎo	淡漠	dànmò
聪明	cōng·míng	错误	cuò·wù	大量	dàliàng	代价	dàijià	淡水	dànshuǐ
从	cóng	错综复杂	cuòzōng-fùzá	大陆	dàlù	代理	dàilǐ	弹	dàn/tán
从此	cóngcǐ			大妈	dàmā	代理人	dàilǐrén	蛋	dàn
从而	cóng'ér	**D**		大门	dàmén	代替	dàitì	蛋白	dànbái
从来	cónglái			大脑	dànǎo	代谢	dàixiè	蛋白质	dànbáizhì
从前	cóngqián	搭	dā	大娘	dàniáng	带	dài	氮	dàn
从事	cóngshì	答	dā/dá	大炮	dàpào	带动	dàidòng	当	dāng/dàng
从小	cóngxiǎo	答应	dāying	大气	dàqì	带领	dàilǐng	当场	dāngchǎng
从中	cóngzhōng	打	dá/dǎ	大庆	dàqìng	带头	dàitóu	当初	dāngchū
丛	cóng	达	dá	大人	dà·rén	贷	dài	当代	dāngdài
凑	còu	达到	dádào	大嫂	dàsǎo	贷款	dàikuǎn	当地	dāngdì
		答	dā/dá						

当即	dāngjí	到来	dàolái	涤纶	dílún	第	dì	佃	diàn
当今	dāngjīn	盗	dào	笛	dí	蒂	dì	甸	diàn
当局	dāngjú	盗窃	dàoqiè	嘀咕	dígu	缔	dì	店	diàn
当年	dāngnián	悼念	dàoniàn	抵	dǐ	掂	diān	玷污	diànwū
当前	dāngqián	道	dào	抵抗	dǐkàng	滇	Diān	垫	diàn
当然	dāngrán	道德	dàodé	抵制	dǐzhì	颠	diān	淀粉	diànfěn
当时	dāngshí	道教	Dàojiào	底	dǐ	颠簸	diānbǒ	惦记	diàn•jì
当事人	dāngshìrén	道理	dào•lǐ	底层	dǐcéng	巅	diān	惦念	diànniàn
当选	dāngxuǎn	道路	dàolù	底下	dǐ•xià	典	diǎn	奠	diàn
当中	dāngzhōng	稻	dào	地	dì	典籍	diǎnjí	奠定	diàndìng
挡	dǎng	稻谷	dàogǔ	地板	dìbǎn	典型	diǎnxíng	殿	diàn
党	dǎng	得	dé/děi	地表	dìbiǎo	点	diǎn	习	diāo
党籍	dǎngjí	得到	dédào	地步	dìbù	点燃	diǎnrán	叼	diāo
党委	dǎngwěi	得以	déyǐ	地层	dìcéng	点头	diǎntóu	雕	diāo
党性	dǎngxìng	得意	déyì	地带	dìdài	碘	diǎn	雕刻	diāokè
党员	dǎngyuán	德	dé	地点	dìdiǎn	电	diàn	雕塑	diāosù
当	dāng/dàng	德育	déyù	地方	dìfāng	电报	diànbào	雕琢	diāozhuó
当成	dàngchéng	灯	dēng	地方	dìfang	电场	diànchǎng	吊	diào
当年	dàngnián	灯光	dēngguāng	地理	dìlǐ	电池	diànchí	吊唁	diàoyàn
当时	dàngshí	灯泡儿	dēngpàor	地貌	dìmào	电磁	diàncí	钓	diào
当天	dàngtiān	登	dēng	地面	dìmiàn	电磁波	diàncíbō	调	diào/tiáo
荡	dàng	登记	dēngjì	地壳	dìqiào	电灯	diàndēng	调拨	diàobō
档	dàng	蹬	dēng/dèng	地球	dìqiú	电动	diàndòng	调查	diàochá
档案	dàng'àn	等	děng	地区	dìqū	电荷	diànhè	调动	diàodòng
刀	dāo	等待	děngdài	地势	dìshì	电话	diànhuà	掉	diào
刀把儿	dāobàr	等到	děngdào	地毯	dìtǎn	电离	diànlí	爹	diē
导	dǎo	等候	děnghòu	地图	dìtú	电力	diànlì	跌	diē
导弹	dǎodàn	等级	děngjí	地位	dìwèi	电量	diànliàng	迭	dié
导管	dǎoguǎn	等于	děngyú	地下	dìxià	电流	diànliú	叠	dié
导体	dǎotǐ	邓	Dèng	地下	dì•xià	电路	diànlù	碟	dié
导线	dǎoxiàn	凳	dèng	地下水	dìxiàshuǐ	电脑	diànnǎo	蝶	dié
导演	dǎoyǎn	瞪	dèng	地形	dìxíng	电能	diànnéng	丁	dīng
导致	dǎozhì	低	dī	地域	dìyù	电器	diànqì	叮	dīng
岛	dǎo	低级	dījí	地震	dìzhèn	电容	diànróng	盯	dīng
岛屿	dǎoyǔ	低头	dītóu	地质	dìzhì	电视	diànshì	钉	dīng/dìng
捣	dǎo	低温	dīwēn	地主	dìzhǔ	电视剧	diànshìjù	顶	dǐng
倒	dǎo/dào	低下	dīxià	地租	dìzū	电视台	diànshìtái	顶点	dǐngdiǎn
倒霉	dǎoméi	堤	dī	弟弟	dìdi	电台	diàntái	顶端	dǐngduān
祷告	dǎogào	提	dī/tí	弟妹	dìmèi	电线	diànxiàn	鼎	dǐng
蹈	dǎo	滴	dī	弟兄	dìxiong	电压	diànyā	订	dìng
到	dào	的确	díquè	弟子	dìzǐ	电影	diànyǐng	订货	dìnghuò
到处	dàochù	敌	dí	帝	dì	电源	diànyuán	定	dìng
到达	dàodá	敌对	díduì	帝国	dìguó	电子	diànzǐ	定额	dìng'é
到底	dàodǐ	敌人	dírén	递	dì	电阻	diànzǔ	定理	dìnglǐ

定量	dìngliàng	斗	dǒu/dòu	堆	duī	垛	duǒ/duò	发表	fābiǎo
定律	dìnglǜ	斗争	dòuzhēng	堆积	duījī	躲	duǒ	发病	fābìng
定期	dìngqī	豆	dòu	队	duì	驮	duò/tuó	发布	fābù
定向	dìngxiàng	豆腐	dòufu	队伍	duìwu	舵	duò	发出	fāchū
定型	dìngxíng	逗	dòu	对	duì	堕	duò	发达	fādá
定义	dìngyì	读	dòu/dú	对比	duìbǐ	惰性	duòxìng	发电	fādiàn
丢	diū	痘	dòu	对不起	duì•bùqǐ	踩	duò	发动	fādòng
东	dōng	都	dōu/dū	对称	duìchèn			发动机	fādòngjī
东北	dōngběi	都会	dūhuì	对待	duìdài			发抖	fādǒu
东方	dōngfāng	都市	dūshì	对方	duìfāng	**E**		发挥	fāhuī
东南	dōngnán	督	dū	对付	duìfu	讹诈	ézhà	发酵	fājiào
东欧	Dōng Ōu	毒	dú	对话	duìhuà	俄	é	发觉	fājué
东西	dōngxī	毒素	dúsù	对抗	duìkàng	哦	é/ó/ò	发掘	fājué
东西	dōngxi	独	dú	对立	duìlì	鹅	é	发明	fāmíng
冬	dōng	独立	dúlì	对流	duìliú	蛾子	ézi	发起	fāqǐ
冬季	dōngjì	独特	dútè	对面	duìmiàn	额	é	发热	fārè
冬天	dōngtiān	独占	dúzhàn	对手	duìshǒu	恶	ě/è/wū/wù	发射	fāshè
董	dǒng	独自	dúzì	对象	duìxiàng	扼	è	发生	fāshēng
懂	dǒng	读	dòu/dú	对应	duìyìng	恶	ě/è/wū/wù	发现	fāxiàn
懂得	dǒng•dé	读书	dúshū	对于	duìyú	恶化	èhuà	发行	fāxíng
动	dòng	读者	dúzhě	对照	duìzhào	恶劣	èliè	发芽	fāyá
动词	dòngcí	肚子	dǔzi	兑	duì	饿	è	发言	fāyán
动机	dòngjī	堵	dǔ	吨	dūn	鄂	È	发扬	fāyáng
动静	dòngjing	赌	dǔ	敦促	dūncù	遏止	èzhǐ	发音	fāyīn
动力	dònglì	睹	dǔ	墩	dūn	遏制	èzhì	发育	fāyù
动量	dòngliàng	杜	dù	蹲	dūn	愕然	èrán	发展	fāzhǎn
动脉	dòngmài	杜鹃	dùjuān	囤	dùn/tún	噩梦	èmèng	发作	fāzuò
动能	dòngnéng	肚皮	dùpí	钝	dùn	鳄鱼	èyú	乏	fá
动人	dòngrén	肚子	dùzi	盾	dùn	恩	ēn	伐	fá
动手	dòngshǒu	妒忌	dùjì	顿	dùn	儿	ér	罚	fá
动态	dòngtài	度	dù/duó	顿时	dùnshí	儿女	érnǚ	罚款	fákuǎn
动物	dòngwù	渡	dù	多	duō	儿童	értóng	阀	fá
动摇	dòngyáo	镀	dù	多边形	duōbiānxíng	儿子	érzi	筏	fá
动员	dòngyuán	端	duān	多么	duōme	而	ér	法	fǎ
动作	dòngzuò	端正	duānzhèng	多少	duō•shǎo	而后	érhòu	法定	fǎdìng
冻	dòng	短	duǎn	多数	duōshù	而且	érqiě	法官	fǎguān
栋	dòng	短期	duǎnqī	多余	duōyú	尔	ěr	法规	fǎguī
洞	dòng	短暂	duǎnzàn	咄咄逼人		耳	ěr	法令	fǎlìng
都	dōu/dū	段	duàn		duōduō-bīrén	耳朵	ěrduo	法律	fǎlǜ
兜	dōu	断	duàn	哆嗦	duōsuo	饵	ěr	法人	fǎrén
斗	dǒu/dòu	断定	duàndìng	夺	duó	饵料	ěrliào	法庭	fǎtíng
抖	dǒu	缎	duàn	夺取	duóqǔ	二	èr	法西斯	fǎxīsī
陡	dǒu	锻	duàn	踱	duó	贰	èr	法学	fǎxué
陡峭	dǒuqiào	锻炼	duànliàn	朵	duǒ	**F**		法院	fǎyuàn
						发	fā/fà		

法则	fǎzé	方	fāng	飞翔	fēixiáng	分子	fēnzǐ	风速	fēngsù
法制	fǎzhì	方案	fāng'àn	飞行	fēixíng	芬芳	fēnfāng	风险	fēngxiǎn
帆	fān	方便	fāngbiàn	飞跃	fēiyuè	吩咐	fēnfù	风雨	fēngyǔ
番	fān	方才	fāngcái	妃	fēi	纷繁	fēnfán	风筝	fēngzheng
番茄	fānqié	方程	fāngchéng	非	fēi	纷飞	fēnfēi	枫	fēng
翻	fān	方法	fāngfǎ	非常	fēicháng	纷乱	fēnluàn	封	fēng
翻身	fānshēn	方法论	fāngfǎlùn	非法	fēifǎ	纷纭	fēnyún	封闭	fēngbì
翻腾	fān·téng	方面	fāngmiàn	肥	féi	纷争	fēnzhēng	封建	fēngjiàn
翻译	fānyì	方式	fāngshì	肥料	féiliào	氛围	fēnwéi	封锁	fēngsuǒ
凡	fán	方向	fāngxiàng	肥沃	féiwò	坟	fén	疯	fēng
凡是	fánshì	方言	fāngyán	肥皂	féizào	焚	fén	疯狂	fēngkuáng
烦	fán	方针	fāngzhēn	匪	fěi	粉	fěn	峰	fēng
烦恼	fánnǎo	芳菲	fāngfēi	诽谤	fěibàng	粉末	fěnmò	锋	fēng
烦琐	fánsuǒ	芳香	fāngxiāng	菲薄	fěibó	粉碎	fěnsuì	锋芒	fēngmáng
繁	fán	防	fáng	吠	fèi	分	fēn/fèn	蜂	fēng
繁多	fánduō	防御	fángyù	肺	fèi	分量	fèn·liàng	冯	Féng/píng
繁茂	fánmào	防止	fángzhǐ	废	fèi	分子	fènzǐ	逢	féng
繁荣	fánróng	防治	fángzhì	废除	fèichú	份	fèn	缝	féng/fèng
繁殖	fánzhí	妨碍	fáng'ài	废墟	fèixū	奋不顾身	fènbùgùshēn	缝纫	féngrèn
繁重	fánzhòng	妨害	fánghài	废渣	fèizhā	奋斗	fèndòu	讽	fěng
反	fǎn	房	fáng	沸	fèi	奋发	fènfā	讽刺	fěngcì
反动	fǎndòng	房间	fángjiān	沸腾	fèiténg	奋力	fènlì	凤	fèng
反对	fǎnduì	房屋	fángwū	费	fèi	奋起	fènqǐ	凤凰	fèng·huáng
反而	fǎn'ér	房子	fángzi	费用	fèi·yòng	奋勇	fènyǒng	奉	fèng
反复	fǎnfù	仿	fǎng	分	fēn/fèn	奋战	fènzhàn	奉献	fèngxiàn
反抗	fǎnkàng	仿佛	fǎngfú	分辨	fēnbiàn	粪	fèn	缝	féng/fèng
反馈	fǎnkuì	访	fǎng	分别	fēnbié	愤	fèn	缝隙	fèngxì
反面	fǎnmiàn	访问	fǎngwèn	分布	fēnbù	愤慨	fènkǎi	佛	fó/fú
反射	fǎnshè	纺	fǎng	分成	fēnchéng	愤怒	fènnù	佛教	Fójiào
反应	fǎnyìng	纺织	fǎngzhī	分割	fēngē	丰	fēng	否	fǒu/pǐ
反映	fǎnyìng	放	fàng	分工	fēngōng	丰富	fēngfù	否定	fǒudìng
反正	fǎn·zhèng	放大	fàngdà	分化	fēnhuà	丰收	fēngshōu	否认	fǒurèn
反之	fǎnzhī	放弃	fàngqì	分解	fēnjiě	丰硕	fēngshuò	否则	fǒuzé
返	fǎn	放射	fàngshè	分开	fēnkāi	风	fēng	夫	fū
返回	fǎnhuí	放射性	fàngshèxìng	分类	fēnlèi	风暴	fēngbào	夫妇	fūfù
犯	fàn	放肆	fàngsì	分离	fēnlí	风驰电掣	fēngchí-diànchè	夫妻	fūqī
犯罪	fànzuì	放松	fàngsōng	分裂	fēnliè	风格	fēnggé	夫人	fū·rén
饭	fàn	放心	fàngxīn	分泌	fēnmì	风光	fēngguāng	肤浅	fūqiǎn
饭店	fàndiàn	飞	fēi	分明	fēnmíng	风景	fēngjǐng	肤色	fūsè
泛	fàn	飞驰	fēichí	分配	fēnpèi	风力	fēnglì	孵	fū
范	fàn	飞船	fēichuán	分歧	fēnqí	风靡	fēngmǐ	孵化	fūhuà
范畴	fànchóu	飞机	fēijī	分散	fēnsàn	风气	fēngqì	数	fū
范围	fànwéi	飞快	fēikuài	分析	fēnxī	风俗	fēngsú	弗	fú
贩	fàn	飞腾	fēiténg	分支	fēnzhī	风俗	fēngsú	伏	fú

伏特	fútè	负	fù	盖	gài	橄榄	gǎnlǎn	糕	gāo
扶	fú	负担	fùdān	概	gài	干	gān/gàn	搞	gǎo
芙蓉	fúróng	负责	fùzé	概括	gàikuò	干部	gànbù	镐	gǎo
拂	fú	妇	fù	概率	gàilǜ	赣	Gàn	稿	gǎo
服	fú/fù	妇女	fùnǚ	概念	gàiniàn	冈	gāng	告	gào
服从	fúcóng	附	fù	干	gān/gàn	刚	gāng	告别	gàobié
服务	fúwù	附加	fùjiā	干脆	gāncuì	刚才	gāngcái	告诉	gàosu
服务员	fúwùyuán	附近	fùjìn	干旱	gānhàn	刚健	gāngjiàn	戈壁	gēbì
服装	fúzhuāng	附庸	fùyōng	干净	gān•jìng	岗	gāng/gǎng	疙瘩	gēda
俘	fú	附着	fùzhuó	干扰	gānrǎo	肛门	gāngmén	哥哥	gēge
俘虏	fúlǔ	赴	fù	干涉	gānshè	纲	gāng	哥们儿	gēmenr
浮	fú	复	fù	干预	gānyù	纲领	gānglǐng	胳膊	gēbo
浮动	fúdòng	复辟	fùbì	干燥	gānzào	钢	gāng/gàng	鸽子	gēzi
浮游	fúyóu	复合	fùhé	甘	gān	钢琴	gāngqín	搁	gē/gé
符	fú	复杂	fùzá	甘薯	gānshǔ	钢铁	gāngtiě	割	gē
符号	fúhào	复制	fùzhì	甘心	gānxīn	缸	gāng	歌	gē
符合	fúhé	副	fù	杆	gān/gǎn	岗	gāng/gǎng	歌唱	gēchàng
幅	fú	副业	fùyè	肝	gān	岗位	gǎngwèi	歌剧	gējù
幅度	fúdù	赋	fù	肝脏	gānzàng	港	gǎng	歌曲	gēqǔ
辐	fú	赋予	fùyǔ	柑	gān	港口	gǎngkǒu	歌声	gēshēng
辐射	fúshè	富	fù	柑橘	gānjú	杠	gàng	歌颂	gēsòng
福	fú	富丽	fùlì	竿	gān	高	gāo	歌舞	gēwǔ
福利	fúlì	富庶	fùshù	尴尬	gāngà	高产	gāochǎn	革	gé
抚	fǔ	富有	fùyǒu	秆	gǎn	高潮	gāocháo	革命	gémìng
抚摸	fǔmō	富裕	fùyù	赶	gǎn	高大	gāodà	革新	géxīn
抚慰	fǔwèi	腹	fù	赶紧	gǎnjǐn	高等	gāoděng	阁	gé
抚恤	fǔxù	缚	fù	赶快	gǎnkuài	高低	gāodī	格	gé
甫	fǔ	覆	fù	赶忙	gǎnmáng	高地	gāodì	格外	géwài
斧头	fǔ•tóu	覆盖	fùgài	敢	gǎn	高度	gāodù	葛	gé/Gě
斧子	fǔzi			敢于	gǎnyú	高级	gāojí	隔	gé
府	fǔ	**G**		感	gǎn	高亢	gāokàng	隔壁	gébì
俯	fǔ			感到	gǎndào	高空	gāokōng	隔离	gélí
辅	fǔ	夹	gā/jiā/jiá	感动	gǎndòng	高粱	gāoliang	个	gě/gè
辅助	fǔzhù	该	gāi	感官	gǎnguān	高尚	gāoshàng	个别	gèbié
腐	fǔ	改	gǎi	感激	gǎn•jī	高速	gāosù	个人	gèrén
腐败	fǔbài	改编	gǎibiān	感觉	gǎnjué	高温	gāowēn	个体	gètǐ
腐蚀	fǔshí	改变	gǎibiàn	感慨	gǎnkǎi	高校	gāoxiào	个性	gèxìng
腐朽	fǔxiǔ	改革	gǎigé	感情	gǎnqíng	高兴	gāoxìng	各	gè
父辈	fùbèi	改进	gǎijìn	感染	gǎnrǎn	高压	gāoyā	各自	gèzì
父老	fùlǎo	改良	gǎiliáng	感受	gǎnshòu	高原	gāoyuán	给	gěi/jǐ
父母	fùmǔ	改善	gǎishàn	感谢	gǎnxiè	高涨	gāozhǎng	给以	gěiyǐ
父亲	fù•qīn	改造	gǎizào	感性	gǎnxìng	高中	gāozhōng	根	gēn
付	fù	改正	gǎizhèng	感应	gǎnyìng	羔	gāo	根本	gēnběn
付出	fùchū	改组	gǎizǔ	感知	gǎnzhī	膏	gāo/gào	根据	gēnjù
		钙	gài						

根据地	gēnjùdì	公理	gōnglǐ	贡献	gòngxiàn	骨头	gǔtou	观测	guāncè
根系	gēnxì	公路	gōnglù	勾	gōu/gòu	贾	gǔ/Jiǎ	观察	guānchá
根源	gēnyuán	公民	gōngmín	勾结	gōujié	鼓	gǔ	观点	guāndiǎn
跟	gēn	公平	gōng•píng	句	gōu/jù	鼓吹	gǔchuī	观看	guānkàn
跟前	gēn•qián	公婆	gōngpó	沟	gōu	鼓励	gǔlì	观念	guānniàn
跟随	gēnsuí	公认	gōngrèn	沟通	gōutōng	鼓舞	gǔwǔ	观众	guānzhòng
更	gēng/gèng	公社	gōngshè	钩	gōu	固	gù	官	guān
更新	gēngxīn	公式	gōngshì	苟且	gǒuqiě	固定	gùdìng	官兵	guānbīng
庚	gēng	公司	gōngsī	狗	gǒu	固然	gùrán	官吏	guānlì
耕	gēng	公有	gōngyǒu	构	gòu	固体	gùtǐ	官僚	guānliáo
耕地	gēngdì	公有制	gōngyǒuzhì	构成	gòuchéng	固有	gùyǒu	官员	guānyuán
耕耘	gēngyún	公元	gōngyuán	构思	gòusī	固执	gù•zhí	冠	guān/guàn
耕作	gēngzuò	公园	gōngyuán	构造	gòuzào	故	gù	棺材	guāncai
羹	gēng	公正	gōngzhèng	购	gòu	故事	gùshi	馆	guǎn
埂	gěng	公主	gōngzhǔ	购买	gòumǎi	故乡	gùxiāng	管	guǎn
耿	gěng	功	gōng	购销	gòuxiāo	故意	gùyì	管道	guǎndào
梗	gěng	功夫	gōngfu	垢	gòu	顾	gù	管理	guǎnlǐ
颈	gěng/jǐng	功绩	gōngjì	够	gòu	顾客	gùkè	管辖	guǎnxiá
更	gēng/gèng	功课	gōngkè	估	gū/gù	顾虑	gùlù	贯彻	guànchè
更加	gèngjiā	功率	gōnglù	估计	gūjì	顾问	gùwèn	贯穿	guànchuān
工	gōng	功能	gōngnéng	沽	gū	雇	gù	贯通	guàntōng
工厂	gōngchǎng	功勋	gōngxūn	孤	gū	雇佣	gùyōng	冠	guān/guàn
工场	gōngchǎng	攻	gōng	孤独	gūdú	瓜	guā	冠军	guànjūn
工程	gōngchéng	攻击	gōngjī	孤立	gūlì	刮	guā	惯	guàn
工程师	gōngchéngshī	供	gōng/gòng	孤僻	gūpì	寡	guǎ	惯性	guànxìng
工地	gōngdì	供给	gōngjǐ	姑姑	gūgu	寡妇	guǎfu	灌	guàn
工夫	gōngfu	供求	gōngqiú	姑娘	gūniang	卦	guà	灌溉	guàngài
工会	gōnghuì	供应	gōngyìng	姑且	gūqiě	挂	guà	罐	guàn
工具	gōngjù	宫	gōng	姑息	gūxī	褂子	guàzi	光	guāng
工人	gōng•rén	宫廷	gōngtíng	骨	gū/gǔ	乖	guāi	光彩	guāngcǎi
工商业	gōngshāngyè	恭敬	gōngjìng	辜负	gūfù	拐	guǎi	光滑	guānghuá
工业	gōngyè	恭维	gōng•wéi	古	gǔ	怪	guài	光辉	guānghuī
工业化	gōngyèhuà	恭喜	gōngxǐ	古代	gǔdài	怪物	guàiwu	光景	guāngjǐng
工艺	gōngyì	躬	gōng	古典	gǔdiǎn	关	guān	光亮	guāngliàng
工资	gōngzī	巩固	gǒnggù	古籍	gǔjí	关闭	guānbì	光芒	guāngmáng
工作	gōngzuò	汞	gǒng	古迹	gǔjì	关怀	guānhuái	光明	guāngmíng
弓	gōng	拱	gǒng	古老	gǔlǎo	关键	guānjiàn	光谱	guāngpǔ
公	gōng	共	gòng	古人	gǔrén	关节	guānjié	光荣	guāngróng
公安	gōng'ān	共产党	gòngchǎndǎng	谷	gǔ	关联	guānlián	光线	guāngxiàn
公布	gōngbù	共和国	gònghéguó	股	gǔ	关系	guānxi	光学	guāngxué
公公	gōnggong	共鸣	gòngmíng	股票	gǔpiào	关心	guānxīn	光源	guāngyuán
公共	gōnggòng	共同	gòngtóng	骨	gū/gǔ	关于	guānyú	光泽	guāngzé
公开	gōngkāi	贡	gòng	骨干	gǔgàn	关注	guānzhù	光照	guāngzhào
				骨骼	gǔgé	观	guān/guàn	广	guǎng

广播	guǎngbō	涡	Guō/wō	海带	hǎidài	夯实	hāngshí	合乎	héhū
广场	guǎngchǎng	锅	guō	海关	hǎiguān	行		合金	héjīn
广大	guǎngdà	国	guó	海军	hǎijūn	háng/hàng/héng/xíng		合理	hélǐ
广泛	guǎngfàn	国防	guófáng	海面	hǎimiàn	行列	hángliè	合力	hélì
广告	guǎnggào	国会	guóhuì	海区	hǎiqū	行业	hángyè	合适	héshì
广阔	guǎngkuò	国籍	guójí	海棠	hǎitáng	杭	Háng	合同	hétong
广漠	guǎngmò	国际	guójì	海豚	hǎitún	航	háng	合作	hézuò
广义	guǎngyì	国家	guójiā	海外	hǎiwài	航海	hánghǎi	合作社	hézuòshè
逛	guàng	国民	guómín	海湾	hǎiwān	航空	hángkōng	何	hé
归	guī	国情	guóqíng	海洋	hǎiyáng	航行	hángxíng	何必	hébì
归结	guījié	国土	guótǔ	海域	hǎiyù	巷	hàng/xiàng	何等	héděng
归来	guīlái	国王	guówáng	亥	hài	号	háo/hào	何况	hékuàng
归纳	guīnà	国务院	guówùyuàn	骇	hài	毫	háo	何以	héyǐ
归侨	guīqiáo	国营	guóyíng	害	hài	豪	háo	和	
龟	guī/jūn/qiū	国有	guóyǒu	害虫	hàichóng	嚎	háo	hé/hè/hú/huó/huò	
规	guī	果	guǒ	害怕	hàipà	好	hǎo/hào	和蔼	hé'ǎi
规定	guīdìng	果断	guǒduàn	酣睡	hānshuì	好比	hǎobǐ	和睦	hémù
规范	guīfàn	果然	guǒrán	憨	hān	好处	hǎo•chù	和平	hépíng
规格	guīgé	果实	guǒshí	汗	hán/hàn	好歹	hǎodǎi	和尚	héshang
规划	guīhuà	果树	guǒshù	含	hán	好多	hǎoduō	和谐	héxié
规矩	guīju	裹	guǒ	含量	hánliàng	好看	hǎokàn	河	hé
规律	guīlù	过	Guō/guò	含义	hányì	好人	hǎorén	河流	héliú
规模	guīmó	过程	guòchéng	函	hán	好事	hǎoshì	河豚	hétún
规则	guīzé	过度	guòdù	函数	hánshù	好听	hǎotīng	荷	hé/hè
闺女	guīnǚ	过渡	guòdù	涵义	hányì	好像	hǎoxiàng	核	hé/hú
硅	guī	过分	guòfèn	韩	Hán	好转	hǎozhuǎn	核算	hésuàn
瑰丽	guīlì	过后	guòhòu	寒	hán	号	háo/hào	核心	héxīn
轨	guǐ	过来	guò•lái	寒冷	hánlěng	号召	hàozhào	盒	hé
轨道	guǐdào	过敏	guòmǐn	罕	hǎn	好	hǎo/hào	吓	hè/xià
轨迹	guǐjì	过年	guònián	罕见	hǎnjiàn	好奇	hàoqí	贺	hè
诡辩	guǐbiàn	过去	guòqù	喊	hǎn	好事	hàoshì	赫	hè
诡秘	guǐmì	过去	guò•qù	汉	hàn	耗	hào	褐	hè
鬼	guǐ	过于	guòyú	汉奸	hànjiān	耗费	hàofèi	鹤	hè
鬼子	guǐzi			汉语	hànyǔ	浩大	hàodà	黑	hēi
癸	guǐ	**H**		汉子	hànzi	浩劫	hàojié	黑暗	hēi'àn
柜	guì/jǔ			汉字	hànzì	皓月	hàoyuè	黑人	hēirén
贵	guì	哈	hā/Hǎ	汗	hán/hàn	呵	hē	黑夜	hēiyè
贵族	guìzú	蛤蟆	háma	汗水	hànshuǐ	喝	hē/hè	嘿	hēi
桂	guì	咳	hāi/ké	旱	hàn	禾	hé	痕	hén
跪	guì	还	hái/huán	捍卫	hànwèi	合	hé	痕迹	hénjì
滚	gǔn	孩提	háití	悍然	hànrán	合并	hébìng	很	hěn
棍	gùn	孩子	háizi	焊	hàn	合成	héchéng	狠	hěn
过	Guō/guò	海	hǎi	翰林	hànlín	合法	héfǎ	恨	hèn
郭	guō	海岸	hǎi'àn	憾	hàn	合格	hégé	哼	hēng
		海拔	hǎibá						

恒	héng	呼喊	hūhǎn	花卉	huāhuì	欢腾	huānténg	恍惚	huǎng•hū
恒星	héngxīng	呼号	hūháo	花蕾	huālěi	欢喜	huānxǐ	恍然	huǎngrán
横	héng/hèng	呼唤	hūhuàn	花色	huāsè	欢欣	huānxīn	晃	huǎng/huàng
横贯	héngguàn	呼叫	hūjiào	花生	huāshēng	欢迎	huānyíng	谎	huǎng
横向	héngxiàng	呼救	hūjiù	花纹	huāwén	还	hái/huán	幌子	huǎngzi
衡	héng	呼声	hūshēng	花园	huāyuán	还原	huányuán	灰	huī
衡量	héngliáng	呼吸	hūxī	划	huá/huà	环	huán	灰尘	huīchén
轰	hōng	呼啸	hūxiào	华	huá/Huà	环节	huánjié	灰色	huīsè
哄	hōng/hǒng/hòng	呼应	hūyìng	华北	Huáběi	环境	huánjìng	诙谐	huīxié
		呼吁	hūyù	华丽	huálì	环流	huánliú	挥	huī
烘	hōng	忽而	hū'ér	华侨	huáqiáo	缓	huǎn	恢复	huīfù
弘扬	hóngyáng	忽略	hūlüè	哗然	huárán	缓和	huǎnhé	辉	huī
红	hóng/gōng	忽然	hūrán	滑	huá	缓慢	huǎnmàn	辉煌	huīhuáng
红军	hóngjūn	忽视	hūshì	滑动	huádòng	幻	huàn	徽	huī
红旗	hóngqí	糊	hū/hú/hù	滑稽	huá•jī	幻觉	huànjué	回	huí
红色	hóngsè	狐狸	húli	化	huà	幻想	huànxiǎng	回避	huíbì
宏大	hóngdà	狐疑	húyí	化肥	huàféi	宦官	huànguān	回答	huídá
宏观	hóngguān	弧	hú	化工	huàgōng	换	huàn	回顾	huígù
宏伟	hóngwěi	胡	hú	化合	huàhé	唤	huàn	回归	huíguī
虹	hóng	胡萝卜	húluóbo	化合物	huàhéwù	唤起	huànqǐ	回来	huí•lái
洪	hóng	壶	hú	化石	huàshí	涣散	huànsàn	回去	huí•qù
洪水	hóngshuǐ	核	hé/hú	化学	huàxué	惠	huàn	回头	huítóu
鸿沟	hónggōu	核儿	húr	划	huá/huà	患者	huànzhě	回忆	huíyì
侯	hóu/hòu	葫芦	húlu	划分	huàfēn	焕发	huànfā	悔	huǐ
喉	hóu	湖	hú	画	huà	焕然一新		毁	huǐ
喉咙	hóu•lóng	湖泊	húpō	画家	huàjiā	huànrán-yīxīn		毁灭	huǐmiè
猴子	hóuzi	蝴蝶	húdié	画面	huàmiàn	荒	huāng	汇	huì
吼	hǒu	糊	hū/hú/hù	话	huà	荒诞	huāngdàn	汇报	huìbào
后	hòu	糊涂	hútu	话剧	huàjù	荒漠	huāngmò	会	huì/kuài
后边	hòu•biān	虎	hǔ	话题	huàtí	荒僻	huāngpì	会场	huìchǎng
后代	hòudài	唬	hǔ	话筒	huàtǒng	荒芜	huāngwú	会见	huìjiàn
后方	hòufāng	互	hù	话语	huàyǔ	慌	huāng	会议	huìyì
后果	hòuguǒ	互补	hùbǔ	桦	huà	皇	huáng	会员	huìyuán
后悔	hòuhuǐ	互相	hùxiāng	怀	huái	皇帝	huángdì	讳言	huìyán
后来	hòulái	互助	hùzhù	怀抱	huáibào	黄	huáng	绘	huì
后面	hòu•miàn	户	hù	怀念	huáiniàn	黄昏	huánghūn	绘画	huìhuà
后期	hòuqī	户口	hùkǒu	怀疑	huáiyí	黄金	huángjīn	贿赂	huìlù
后人	hòurén	护	hù	淮	Huái	黄色	huángsè	晦气	huì•qì
后世	hòushì	护士	hùshi	槐	huái	黄土	huángtǔ	惠	huì
后天	hòutiān	沪	Hù	坏	huài	黄莺	huángyīng	溃	huì/kuì
厚	hòu	花	huā	坏人	huàirén	惶惑	huánghuò	慧	huì
厚度	hòudù	花朵	huāduǒ	欢	huān	惶恐	huángkǒng	昏	hūn
候	hòu	花费	huā•fèi	欢呼	huānhū	蝗虫	huángchóng	荤	hūn
乎	hū	花粉	huāfěn	欢乐	huānlè	簧	huáng	婚	hūn

婚礼	hūnlǐ	讥笑	jīxiào	激光	jīguāng	给予	jǐyǔ	寄生虫	jìshēngchóng
婚姻	hūnyīn	击	jī	激励	jīlì	脊	jǐ	寄托	jìtuō
浑	hún	叽	jī	激烈	jīliè	计	jì	寄主	jìzhǔ
浑身	húnshēn	饥	jī	激情	jīqíng	计划	jìhuà	寂	jì
混	hún/hùn	饥饿	jī'è	激素	jīsù	计算	jìsuàn	寂静	jìjìng
魂	hún	机	jī	及	jí	计算机	jìsuànjī	寂寞	jìmò
混	hún/hùn	机场	jīchǎng	及时	jíshí	记	jì	鲫	jì
混合	hùnhé	机车	jīchē	吉	jí	记得	jì·dé	冀	jì
混乱	hùnluàn	机构	jīgòu	级	jí	记录	jìlù	加	jiā
混淆	hùnxiáo	机关	jīguān	极	jí	记忆	jìyì	加工	jiāgōng
豁	huō/huò	机会	jī·huì	极端	jíduān	记载	jìzǎi	加紧	jiājǐn
活	huó	机敏	jīmǐn	极力	jílì	记者	jìzhě	加剧	jiājù
活动	huó·dòng	机能	jīnéng	极其	jíqí	纪	Jǐ/jì	加快	jiākuài
活力	huólì	机器	jī·qì	极为	jíwéi	纪录	jìlù	加强	jiāqiáng
活泼	huópo	机器人	jī·qìrén	即	jí	纪律	jìlǜ	加热	jiārè
活跃	huóyuè	机体	jītǐ	即将	jíjiāng	纪念	jìniàn	加入	jiārù
火	huǒ	机械	jīxiè	即使	jíshǐ	技法	jìfǎ	加深	jiāshēn
火柴	huǒchái	机械化	jīxièhuà	急	jí	技工	jìgōng	加速	jiāsù
火车	huǒchē	机制	jīzhì	急剧	jíjù	技能	jìnéng	加速度	jiāsùdù
火光	huǒguāng	肌	jī	急忙	jímáng	技巧	jìqiǎo	加以	jiāyǐ
火箭	huǒjiàn	肌肤	jīfū	急性	jíxìng	技师	jìshī	加重	jiāzhòng
火炬	huǒjù	肌肉	jīròu	急需	jíxū	技术	jìshù	佳话	jiāhuà
火山	huǒshān	鸡	jī	急于	jíyú	技术员	jìshùyuán	佳节	jiājié
火星	huǒxīng	奇	jī/qí	疾	jí	技艺	jìyì	佳肴	jiāyáo
火焰	huǒyàn	唧	jī	疾病	jíbìng	系	jì/xì	佳作	jiāzuò
伙	huǒ	积	jī	疾驰	jíchí	忌	jì	家	jiā
伙伴	huǒbàn	积极	jījí	棘手	jíshǒu	忌讳	jì·huì	家畜	jiāchù
或	huò	积极性	jījíxìng	集	jí	妓女	jìnǚ	家伙	jiāhuo
或许	huòxǔ	积累	jīlěi	集合	jíhé	季	jì	家具	jiā·jù
或者	huòzhě	积压	jīyā	集会	jíhuì	季风	jìfēng	家眷	jiājuàn
货	huò	基	jī	集体	jítǐ	季节	jìjié	家人	jiārén
货币	huòbì	基本	jīběn	集团	jítuán	剂	jì	家属	jiāshǔ
货物	huòwù	基层	jīcéng	集中	jízhōng	迹象	jìxiàng	家庭	jiātíng
获	huò	基础	jīchǔ	集资	jízī	既	jì	家务	jiāwù
获得	huòdé	基地	jīdì	辑	jí	既然	jìrán	家乡	jiāxiāng
获取	huòqǔ	基督教	Jīdūjiào	嫉妒	jídù	既是	jìshì	家长	jiāzhǎng
祸	huò	基建	jījiàn	几	jī/jǐ	继	jì	家族	jiāzú
惑	huò	基金	jījīn	几何	jǐhé	继承	jìchéng	嘉奖	jiājiǎng
霍	huò	基因	jīyīn	己	jǐ	继承人	jìchéngrén	颊	jiá
		基于	jīyú	纪	Jǐ/jì	继续	jìxù	甲	jiǎ
J		畸形	jīxíng	挤	jǐ	祭	jì	甲板	jiǎbǎn
几	jī/jǐ	激	jī	济	Jǐ/jì	祭祀	jìsì	钾	jiǎ
几乎	jīhū	激动	jīdòng	济济	jǐjǐ	寄	jì	假	jiǎ/jià
讥讽	jīfěng	激发	jīfā	给	gěi/jǐ	寄生	jìshēng	假定	jiǎdìng

假如	jiǎrú	茧	jiǎn	渐变	jiànbiàn	交错	jiāocuò	叫作	jiàozuò
假设	jiǎshè	柬	jiǎn	渐次	jiàncì	交代	jiāodài	觉	jiào/jué
假使	jiǎshǐ	捡	jiǎn	渐渐	jiànjiàn	交换	jiāohuàn	校	jiào/xiào
假说	jiǎshuō	检	jiǎn	渐进	jiànjìn	交际	jiāojì	轿	jiào
价	jià	检查	jiǎnchá	践踏	jiàntà	交流	jiāoliú	较	jiào
价格	jiàgé	检验	jiǎnyàn	减	jiàn	交谈	jiāotán	较为	jiàowéi
价钱	jià·qián	减	jiǎn	鉴别	jiànbié	交替	jiāotì	教	jiāo/jiào
价值	jiàzhí	减轻	jiǎnqīng	鉴定	jiàndìng	交通	jiāotōng	教材	jiàocái
驾	jià	减弱	jiǎnruò	鉴赏	jiànshǎng	交往	jiāowǎng	教导	jiàodǎo
驾驶	jiàshǐ	减少	jiǎnshǎo	鉴于	jiànyú	交易	jiāoyì	教会	jiàohuì
架	jià	剪	jiǎn	键	jiàn	交织	jiāozhī	教诲	jiàohuì
架子	jiàzi	简	jiǎn	箭	jiàn	郊	jiāo	教练	jiàoliàn
嫁	jià	简称	jiǎnchēng	江	jiāng	郊区	jiāoqū	教师	jiàoshī
嫁接	jiàjiē	简单	jiǎndān	江南	jiāngnán	浇	jiāo	教室	jiàoshì
尖	jiān	简化	jiǎnhuà	将	jiāng/jiàng/qiāng	娇	jiāo	教授	jiàoshòu
尖锐	jiānruì	简直	jiǎnzhí	将近	jiāngjìn	骄傲	jiāo'ào	教堂	jiàotáng
奸	jiān	碱	jiǎn	将军	jiāngjūn	胶	jiāo	教学	jiàoxué
歼	jiān	见	jiàn/xiàn	将来	jiānglái	教	jiāo/jiào	教训	jiàoxùn
歼灭	jiānmiè	见解	jiànjiě	将要	jiāngyào	教学	jiāoxué	教养	jiàoyǎng
坚	jiān	见面	jiànmiàn	姜	jiāng	椒	jiāo	教义	jiàoyì
坚持	jiānchí	件	jiàn	浆	jiāng/jiàng	焦	jiāo	教育	jiàoyù
坚定	jiāndìng	间谍	jiàndié	僵	jiāng	焦点	jiāodiǎn	教员	jiàoyuán
坚固	jiāngù	间隔	jiàngé	缰	jiāng	焦急	jiāojí	窖	jiào
坚决	jiānjué	间接	jiànjiē	疆	jiāng	跤	jiāo	酵母	jiàomǔ
坚强	jiānqiáng	间隙	jiànxì	讲	jiǎng	礁	jiāo	节	jiē/jié
坚实	jiānshí	建	jiàn	讲话	jiǎnghuà	娇	jiáo/jiǎo	阶	jiē
坚毅	jiānyì	建国	jiànguó	讲究	jiǎng·jiū	嚼	jiáo/jiào/jué	阶层	jiēcéng
坚硬	jiānyìng	建立	jiànlì	讲述	jiǎngshù	角	jiǎo/jué	阶段	jiēduàn
间	jiān/jiàn	建设	jiànshè	奖	jiǎng	角度	jiǎodù	阶级	jiējí
浅	jiān/qiǎn	建议	jiànyì	奖金	jiǎngjīn	角落	jiǎoluò	皆	jiē
肩	jiān	建造	jiànzào	奖励	jiǎnglì	侥幸	jiǎoxìng	结	jiē/jié
肩膀	jiānbǎng	建筑	jiànzhù	桨	jiǎng	狡猾	jiǎohuá	结果	jiēguǒ
艰巨	jiānjù	荐	jiàn	蒋	Jiǎng	饺子	jiǎozi	结实	jiēshi
艰苦	jiānkǔ	贱	jiàn	匠	jiàng	绞	jiǎo	接	jiē
艰难	jiānnán	剑	jiàn	降	jiàng/xiáng	矫	jiáo/jiǎo	接触	jiēchù
艰险	jiānxiǎn	健儿	jiàn'ér	降低	jiàngdī	矫健	jiǎojiàn	接待	jiēdài
艰辛	jiānxīn	健将	jiànjiàng	降落	jiàngluò	脚	jiǎo	接近	jiējìn
监	jiān/jiàn	健康	jiànkāng	降水	jiàngshuǐ	脚步	jiǎobù	接连	jiēlián
监督	jiāndū	健美	jiànměi	强	jiàng/qiáng/qiǎng	脚下	jiǎoxià	接壤	jiērǎng
监视	jiānshì	健全	jiànquán	酱	jiàng	脚印	jiǎoyìn	接收	jiēshōu
监狱	jiānyù	健身	jiànshēn	交	jiāo	搅	jiǎo	接受	jiēshòu
兼	jiān	健壮	jiànzhuàng	叫	jiào	缴	jiǎo	秸	jiē
煎	jiān	舰	jiàn	交叉	jiāochā	叫嚣	jiàoxiāo	揭	jiē
拣	jiǎn	涧	jiàn					揭露	jiēlù

揭示	jiēshì	解散	jiěsàn	紧密	jǐnmì	经贸	jīngmào	竞技	jìngjì
街	jiē	解释	jiěshì	紧张	jǐnzhāng	经受	jīngshòu	竞赛	jìngsài
街道	jiēdào	解脱	jiětuō	锦	jǐn	经验	jīngyàn	竞争	jìngzhēng
街坊	jiēfang	介	jiè	锦标赛	jǐnbiāosài	经营	jīngyíng	竟	jìng
街头	jiētóu	介绍	jièshào	谨	jǐn	荆	jīng	竟然	jìngrán
节	jiē/jié	介质	jièzhì	谨慎	jǐnshèn	荆棘	jīngjí	敬	jìng
节俭	jiéjiǎn	戒	jiè	尽	jǐn/jìn	惊	jīng	靖	jìng
节目	jiémù	芥末	jièmo	尽力	jìnlì	惊愕	jīng'è	静	jìng
节日	jiérì	届	jiè	尽量	jìnliàng	惊惶	jīnghuáng	静脉	jìngmài
节省	jiéshěng	界	jiè	进	jìn	惊奇	jīngqí	静止	jìngzhǐ
节约	jiéyuē	界限	jièxiàn	进步	jìnbù	惊人	jīngrén	境	jìng
节奏	jiézòu	诫	jiè	进程	jìnchéng	惊喜	jīngxǐ	境地	jìngdì
劫	jié	借	jiè	进而	jìn'ér	惊醒	jīngxǐng	境界	jìngjiè
杰出	jiéchū	借鉴	jièjiàn	进攻	jìngōng	惊讶	jīngyà	镜	jìng
杰作	jiézuò	借口	jièkǒu	进化	jìnhuà	惊异	jīngyì	镜头	jìngtóu
洁	jié	借款	jièkuǎn	进化论	jìnhuàlùn	晶	jīng	镜子	jìngzi
洁白	jiébái	借用	jièyòng	进军	jìnjūn	晶体	jīngtǐ	窘	jiǒng
结	jiē/jié	借助	jièzhù	进口	jìnkǒu	睛	jīng	纠	jiū
结构	jiégòu	巾	jīn	进来	jìn•lái	兢兢业业		纠纷	jiūfēn
结果	jiéguǒ	斤	jīn	进取	jìnqǔ	jīngjīngyèyè		纠正	jiūzhèng
结合	jiéhé	今	jīn	进去	jìn•qù	精	jīng	究	jiū
结婚	jiéhūn	今后	jīnhòu	进入	jìnrù	精力	jīnglì	究竟	jiūjìng
结晶	jiéjīng	今年	jīnnián	进行	jìnxíng	精密	jīngmì	揪	jiū
结局	jiéjú	今日	jīnrì	进展	jìnzhǎn	精确	jīngquè	九	jiǔ
结论	jiélùn	今天	jīntiān	近	jìn	精神	jīngshén	久	jiǔ
结束	jiéshù	金	jīn	近代	jìndài	精神	jīngshen	玖	jiǔ
结算	jiésuàn	金额	jīn'é	近来	jìnlái	精细	jīngxì	灸	jiǔ
桔	jié	金刚石	jīngāngshí	近似	jìnsì	精心	jīngxīn	韭菜	jiǔcài
桔梗	jiégěng	金牌	jīnpái	劲	jìn/jìng	精子	jīngzǐ	酒	jiǔ
捷	jié	金钱	jīnqián	晋	jìn	鲸	jīng	酒吧	jiǔbā
睫毛	jiémáo	金融	jīnróng	浸	jìn	井	jǐng	酒精	jiǔjīng
截	jié	金属	jīnshǔ	禁	jīn/jìn	景	jǐng	旧	jiù
竭	jié	金丝猴	jīnsīhóu	禁止	jìnzhǐ	景色	jǐngsè	白齿	jiùchǐ
竭力	jiélì	津	jīn	茎	jīng	景物	jǐngwù	救	jiù
姐夫	jiěfu	筋	jīn	京	jīng	景象	jǐngxiàng	救国	jiùguó
姐姐	jiějie	禁	jīn/jìn	京剧	jīngjù	警	jǐng	救济	jiùjì
姐妹	jiěmèi	襟	jīn	经	jīng/jìng	警察	jǐngchá	就	jiù
解	jiě/jiè/xiè	仅	jǐn	经常	jīngcháng	警告	jǐnggào	就是	jiùshì
解除	jiěchú	尽	jǐn/jìn	经典	jīngdiǎn	警惕	jǐngtì	就算	jiùsuàn
解答	jiědá	尽管	jǐnguǎn	经费	jīngfèi	径	jìng	就业	jiùyè
解放	jiěfàng	尽快	jǐnkuài	经过	jīngguò	径流	jìngliú	舅舅	jiùjiu
解放军	jiěfàngjūn	尽量	jǐnliàng	经济	jīngjì	净	jìng	舅妈	jiùmā
解决	jiějué	紧	jǐn	经理	jīnglǐ	净化	jìnghuà	拘	jū
解剖	jiěpōu	紧急	jǐnjí	经历	jīnglì	竞	jìng	居	jū

居民	jūmín	距	jù	军事	jūnshì	凯旋	kǎixuán	科技	kējì
居然	jūrán	距离	jùlí	均	jūn	慨然	kǎirán	科学	kēxué
居于	jūyú	惧	jù	均衡	jūnhéng	慨叹	kǎitàn	科学家	kēxuéjiā
居住	jūzhù	锯	jù	均匀	jūnyún	楷模	kǎimó	科学院	kēxuéyuàn
驹	jū	聚	jù	君	jūn	刊	kān	科研	kēyán
据	jū/jù	聚集	jùjí	君主	jūnzhǔ	刊登	kāndēng	棵	kē
鞠躬	jūgōng	捐	juān	钧	jūn	刊物	kānwù	颗	kē
鞠躬尽瘁		娟秀	juānxiù	菌	jūn/jùn	看	kān/kàn	颗粒	kēlì
jūgōng-jìncuì		圈	juān/juàn/quān	俊	jùn	勘测	kāncè	磕	kē
局	jú	卷	juǎn/juàn	峻	jùn	勘察	kānchá	蝌蚪	kēdǒu
局部	júbù	倦	juàn	骏马	jùnmǎ	勘探	kāntàn	壳	ké/qiào
局面	júmiàn	绢	juàn	竣工	jùngōng	堪	kān	咳嗽	késou
局势	júshì	眷恋	juànliàn			坎	kǎn	可	kě/kè
局限	júxiàn	决	jué	**K**		坎坷	kǎnkě	可爱	kě'ài
菊	jú	决策	juécè	咖啡	kāfēi	砍	kǎn	可耻	kěchǐ
菊花	júhuā	决定	juédìng	卡	kǎ/qiǎ	看	kān/kàn	可见	kějiàn
橘子	júzi	决定性	juédìngxìng	开	kāi	看待	kàndài	可靠	kěkào
咀嚼	jǔjué	决心	juéxīn	开办	kāibàn	看法	kànfǎ	可怜	kělián
沮丧	jǔsàng	决议	juéyì	开采	kāicǎi	看见	kàn·jiàn	可能	kěnéng
矩	jǔ	诀	jué	开除	kāichú	看望	kànwàng	可是	kěshì
举	jǔ	角色	juésè	开创	kāichuàng	康	kāng	可谓	kěwèi
举办	jǔbàn	角	jiǎo/jué	开发	kāifā	慷慨	kāngkǎi	可惜	kěxī
举动	jǔdòng	觉	jiào/jué	开放	kāifàng	糠	kāng	可笑	kěxiào
举行	jǔxíng	觉察	juéchá	开关	kāiguān	扛	káng	可以	kěyǐ
巨	jù	觉得	jué·dé	开花	kāihuā	亢奋	kàngfèn	渴	kě
巨大	jùdà	觉悟	juéwù	开会	kāihuì	亢进	kàngjìn	渴望	kěwàng
句	gōu/jù	绝	jué	开垦	kāikěn	抗	kàng	克	kè
句子	jùzi	绝对	juéduì	开口	kāikǒu	抗议	kàngyì	克服	kèfú
拒	jù	绝技	juéjì	开阔	kāikuò	抗战	kàngzhàn	刻	kè
拒绝	jùjué	绝迹	juéjì	开朗	kāilǎng	炕	kàng	刻度	kèdù
具	jù	绝望	juéwàng	开门	kāimén	考	kǎo	刻画	kèhuà
具备	jùbèi	倔	jué/juè	开幕	kāimù	考察	kǎochá	刻苦	kèkǔ
具体	jùtǐ	掘	jué	开辟	kāipì	考古	kǎogǔ	客	kè
具有	jùyǒu	崛起	juéqǐ	开设	kāishè	考核	kǎohé	客观	kèguān
俱	jù	爵	jué	开始	kāishǐ	考虑	kǎolǜ	客气	kèqi
剧	jù	军	jūn	开水	kāishuǐ	考试	kǎoshì	客人	kè·rén
剧本	jùběn	军队	jūnduì	开庭	kāitíng	考验	kǎoyàn	客体	kètǐ
剧场	jùchǎng	军阀	jūnfá	开头	kāitóu	拷打	kǎodǎ	客厅	kètīng
剧烈	jùliè	军官	jūnguān	开拓	kāituò	烤	kǎo	客栈	kèzhàn
剧团	jùtuán	军舰	jūnjiàn	开玩笑	kāiwánxiào	靠	kào	课	kè
剧种	jùzhǒng	军民	jūnmín	开展	kāizhǎn	靠近	kàojìn	课本	kèběn
据	jū/jù	军区	jūnqū	开支	kāizhī	苛刻	kēkè	课程	kèchéng
据点	jùdiǎn	军人	jūnrén	揩	kāi	苛求	kēqiú	课堂	kètáng
据说	jùshuō			凯歌	kǎigē	科	kē	课题	kètí

肯	kěn	苦衷	kǔzhōng	昆虫	kūnchóng	缆	lǎn	老子	lǎozi
肯定	kěndìng	库	kù	昆仑	kūnlún	懒	lǎn	姥姥	lǎolao
垦	kěn	库存	kùcún	昆曲	kūnqǔ	懒惰	lǎnduò	络	lào/luò
恳切	kěnqiè	裤	kù	捆	kǔn	烂	làn	烙	lào
恳求	kěnqiú	裤子	kùzi	困	kùn	滥	làn	涝	lào
啃	kěn	酷	kù	困境	kùnjìng	郎	láng	乐	lè/yuè
坑	kēng	夸	kuā	困难	kùn•nán	狼	láng	乐观	lèguān
吭声	kēngshēng	夸张	kuāzhāng	扩	kuò	狼狈	lángbèi	勒	lè/lēi
空	kōng/kòng	垮	kuǎ	扩大	kuòdà	廊	láng	了	le/liǎo
空间	kōngjiān	挎	kuà	扩散	kuòsàn	榔头	lángtou	累	léi/lěi/lèi
空军	kōngjūn	跨	kuà	扩展	kuòzhǎn	朗读	lǎngdú	雷	léi
空气	kōngqì	会	huì/kuài	扩张	kuòzhāng	朗诵	lǎngsòng	雷达	léidá
空前	kōngqián	会计	kuài•jì	括	kuò	浪	làng	擂	léi/lèi
空虚	kōngxū	块	kuài	阔	kuò	浪费	làngfèi	垒	lěi
空中	kōngzhōng	快	kuài	廓	kuò	浪花	lànghuā	磊落	lěiluò
孔	kǒng	快活	kuàihuo			捞	lāo	肋	lèi
孔雀	kǒngquè	快乐	kuàilè	**L**		劳	láo	泪	lèi
孔隙	kǒngxì	快速	kuàisù	垃圾	lājī	劳动	láodòng	泪水	lèishuǐ
恐	kǒng	快要	kuàiyào	拉	lā/lá/lǎ/là	劳动力	láodònglì	类	lèi
恐怖	kǒngbù	筷子	kuàizi	啦	lā	劳动日	láodòngrì	类似	lèisì
恐慌	kǒnghuāng	宽	kuān	喇叭	lǎba	劳动者	láodòngzhě	类型	lèixíng
恐惧	kǒngjù	宽大	kuāndà	喇嘛	lǎma	劳力	láolì	棱	léng
恐怕	kǒngpà	宽阔	kuānkuò	落	là/lào/luò	牢	láo	冷	lēng/léng/líng
空白	kòngbái	宽慰	kuānwèi	腊	là	牢固	láogù	冷	lěng
空隙	kòngxì	宽裕	kuānyù	蜡	là/zhà	唠叨	láodao	冷静	lěngjìng
控	kòng	款	kuǎn	蜡烛	làzhú	老	lǎo	冷漠	lěngmò
控制	kòngzhì	筐	kuāng	辣	là	老百姓	lǎobǎixìng	冷却	lěngquè
抠	kōu	狂	kuáng	辣椒	làjiāo	老板	lǎobǎn	冷水	lěngshuǐ
口	kǒu	旷	kuàng	来	lái	老伴儿	lǎobànr	冷笑	lěngxiào
口袋	kǒudai	况	kuàng	来不及	lái•bùjí	老大	lǎodà	愣	lèng
口号	kǒuhào	况且	kuàngqiě	来回	láihuí	老汉	lǎohàn	哩	lī/lǐ
口腔	kǒuqiāng	矿	kuàng	来临	láilín	老虎	lǎohǔ	厘	lí
口头	kǒutóu	矿产	kuàngchǎn	来往	láiwǎng	老年	lǎonián	离	lí
口语	kǒuyǔ	矿物	kuàngwù	来信	láixìn	老婆	lǎopo	离婚	líhūn
叩	kòu	框	kuàng	来源	láiyuán	老人	lǎorén	离开	líkāi
扣	kòu	眶	kuàng	莱	lái	老人家	lǎo•rén•jiā	离子	lízǐ
寇	kòu	亏	kuī	赖	lài	老实	lǎoshi	梨	lí
枯	kū	亏损	kuīsǔn	兰	lán	老鼠	lǎo•shǔ	犁	lí
哭	kū	盔	kuī	拦	lán	老太太	lǎotàitai	黎明	límíng
窟	kū	窥	kuī	栏	lán	老天爷	lǎotiānyé	篱笆	líba
窟窿	kūlong	葵花	kuíhuā	蓝	lán	老头子	lǎotóuzi	礼	lǐ
苦	kǔ	魁梧	kuí•wú	篮	lán	老乡	lǎoxiāng	礼貌	lǐmào
苦难	kǔnàn	愧	kuì	览	lǎn	老爷	lǎoye	礼物	lǐwù
苦恼	kǔnǎo	坤	kūn	揽	lǎn			李	lǐ

里	lǐ	例子	lìzi	良	liáng	拎	līn	领会	lǐnghuì
里边	lǐ·biān	隶	lì	良好	liánghǎo	邻	lín	领事	lǐngshì
里面	lǐ·miàn	荔枝	lìzhī	良心	liángxīn	邻近	línjìn	领土	lǐngtǔ
里头	lǐtou	栗子	lìzi	良种	liángzhǒng	邻居	lín·jū	领袖	lǐngxiù
理	lǐ	砾石	lìshí	凉	liáng/liàng	林	lín	领域	lǐngyù
理解	lǐjiě	粒	lì	梁	liáng	林木	línmù	另	lìng
理论	lǐlùn	粒子	lìzǐ	量	liáng/liàng	林业	línyè	另外	lìngwài
理想	lǐxiǎng	痢疾	lìji	粮	liáng	临	lín	溜	liū/liù
理性	lǐxìng	俩	liǎ/liǎng	粮食	liángshi	临床	línchuáng	刘	Liú
理由	lǐyóu	连	lián	两	liǎng	临时	línshí	浏览	liúlǎn
理智	lǐzhì	连队	liánduì	两岸	liǎng'àn	淋	lín/lìn	留	liú
鲤	lǐ	连贯	liánguàn	两边	liǎngbiān	淋巴	línbā	留学	liúxué
力	lì	连接	liánjiē	两极	liǎngjí	淋漓	línlí	流	liú
力量	lì·liàng	连忙	liánmáng	两旁	liǎngpáng	淋漓尽致	línlí-jìnzhì	流传	liúchuán
力气	lìqi	连同	liántóng	两栖	liǎngqī	琳琅满目		流动	liúdòng
力求	lìqiú	连续	liánxù	亮	liàng		línláng-mǎnmù	流露	liúlù
力图	lìtú	怜	lián	谅解	liàngjiě	磷	lín	流氓	liúmáng
力学	lìxué	怜悯	liánmǐn	辆	liàng	鳞	lín	流派	liúpài
历	lì	帘	lián	量	liáng/liàng	凛冽	lǐnliè	流水	liúshuǐ
历代	lìdài	莲	lián	量子	liàngzǐ	吝啬	lìnsè	流体	liútǐ
历来	lìlái	莲子	liánzǐ	晾	liàng	令	líng/lǐng/lìng	流通	liútōng
历史	lìshǐ	联	lián	撩	liāo/liáo	伶	líng	流向	liúxiàng
厉害	lìhai	联邦	liánbāng	辽	liáo	伶俐	líng·lì	流行	liúxíng
厉声	lìshēng	联合	liánhé	辽阔	liáokuò	灵	líng	流血	liúxuè
立	lì	联合国	Liánhéguó	疗	liáo	灵感	línggǎn	流域	liúyù
立场	lìchǎng	联结	liánjié	聊	liáo	灵魂	línghún	琉璃	liú·lí
立法	lìfǎ	联络	liánluò	寥寥	liáoliáo	灵活	línghuó	硫	liú
立即	lìjí	联盟	liánméng	嘹亮	liáoliàng	灵敏	língmǐn	硫酸	liúsuān
立刻	lìkè	联系	liánxì	缭绕	liáorào	灵芝	língzhī	瘤	liú
立体	lìtǐ	联想	liánxiǎng	了	le/liǎo	玲珑	línglóng	柳	liǔ
立宪	lìxiàn	联姻	liányīn	了不起	liǎo·bùqǐ	铃	líng	六	liù
吏	lì	联营	liányíng	了解	liǎojiě	铃铛	língdang	陆	liù/lù
利	lì	廉	lián	料	liào	凌	líng	龙	lóng
利害	lìhài	廉价	liánjià	瞭望	liàowàng	陵	líng	聋	lóng
利率	lìlǜ	镰	lián	咧	liē/liě	聆听	língtīng	笼	lóng/lǒng
利润	lìrùn	敛	liǎn	列	liè	菱形	língxíng	隆冬	lóngdōng
利息	lìxī	脸	liǎn	列车	lièchē	羚羊	língyáng	隆重	lóngzhòng
利益	lìyì	脸色	liǎnsè	列举	lièjǔ	零	líng	拢	lǒng
利用	lìyòng	练	liàn	劣	liè	零件	língjiàn	垄	lǒng
利于	lìyú	练习	liànxí	烈	liè	零售	língshòu	垄断	lǒngduàn
沥青	lìqīng	炼	liàn	烈士	lièshì	龄	líng	笼	lóng/lǒng
例	lì	恋	liàn	猎	liè	岭	lǐng	笼罩	lǒngzhào
例如	lìrú	恋爱	liàn'ài	裂	liè	领	lǐng	搂	lōu/lǒu
例外	lìwài	链	liàn	裂陈	lièxì	领导	lǐngdǎo	娄	lóu

楼	lóu	率	lǜ/shuài	**M**		盲	máng	美丽	měilì
楼房	lóufáng	绿	lǜ/lù			盲目	mángmù	美妙	měimiào
篓	lǒu	绿化	lǜhuà	妈妈	māma	茫然	mángrán	美术	měishù
陋	lòu	氯	lǜ	抹	mā/mǒ/mò	猫	māo	美学	měixué
漏	lòu	氯气	lǜqì	摩	mā/mó	毛	máo	美元	měiyuán
露	lòu/lù	滤	lǜ	吗	mā/mǎ/ma	毛病	máo•bìng	妹妹	mèimei
露馅儿	lòuxiànr	峦	luán	麻	má	毛巾	máojīn	昧	mèi
卢	Lú	卵	luǎn	麻烦	máfan	毛毯	máotǎn	媚	mèi
芦笙	lúshēng	卵巢	luǎncháo	麻疹	mázhěn	矛	máo	魅力	mèilì
芦苇	lúwěi	乱	luàn	麻醉	mázuì	矛盾	máodùn	闷	mēn/mèn
炉	lú	掠	lüè	马	mǎ	茅草	máocǎo	门	mén
炉子	lúzi	掠夺	lüèduó	马鞍	mǎ'ān	茅庐	máolú	门槛	ménkǎn
颅	lú	略	lüè	马车	mǎchē	茅屋	máowū	门口	ménkǒu
卤	lǔ	抡	lūn	马褂儿	mǎguàr	锚	máo	蒙	
房	lǔ	伦理	lúnlǐ	马铃薯	mǎlíngshǔ	卯	mǎo		mēng/méng/Měng
鲁	lǔ	论	Lún/lùn	马路	mǎlù	茂密	màomì	萌	méng
鲁莽	lǔmǎng	沦陷	lúnxiàn	马上	mǎshàng	茂盛	màoshèng	萌发	méngfā
陆地	lùdì	轮	lún	玛瑙	mǎnǎo	冒	mào	萌芽	méngyá
陆军	lùjūn	轮船	lúnchuán	码	mǎ	冒险	màoxiǎn	盟	méng
陆续	lùxù	轮廓	lúnkuò	码头	mǎtou	贸然	màorán	朦胧	ménglóng
录	lù	轮流	lúnliú	蚂蚁	mǎyǐ	贸易	màoyì	猛	měng
鹿	lù	轮椅	lúnyǐ	骂	mà	帽	mào	猛烈	měngliè
绿	lù/lù	论	Lún/lùn	埋	mái/mán	帽子	màozi	锰	měng
禄	lù	论点	lùndiǎn	买	mǎi	没	méi/mò	孟	mèng
路	lù	论述	lùnshù	买卖	mǎimai	没事	méishì	梦	mèng
路程	lùchéng	论文	lùnwén	迈	mài	没有	méi•yǒu	咪	mī
路过	lùguò	论证	lùnzhèng	麦	mài	玫瑰	méi•guī	眯	mī/mí
路线	lùxiàn	啰嗦	luōsuo	卖	mài	枚	méi	弥	mí
路子	lùzi	罗	luó	脉	mài/mò	眉	méi	弥补	míbǔ
驴	lú	萝卜	luóbo	蛮	mán	眉毛	méimao	弥漫	mímàn
吕	lǔ	逻辑	luó•jí		mán/màn/wàn	眉头	méitóu	迷	mí
旅	lǔ	锣	luó	馒头	mántou	眉宇	méiyǔ	迷茫	mímáng
旅馆	lǔguǎn	箩	luó	瞒	mán	梅	méi	迷人	mírén
旅客	lǔkè	骡子	luózi	满	mǎn	媒	méi	迷信	míxìn
旅行	lǔxíng	螺	luó	满意	mǎnyì	媒介	méijiè	猕猴	míhóu
旅游	lǔyóu	螺旋	luóxuán	满足	mǎnzú	煤	méi	谜	mí
铝	lǔ	裸	luǒ	曼	màn	煤炭	méitàn	米	mǐ
屡	lǔ	洛	Luò	漫	màn	霉	méi	觅	mì
缕	lǔ	骆驼	luòtuo	漫长	màncháng	每	měi	秘	Bì/mì
履	lǔ	落	là/lào/luò	慢	màn	每年	měinián	秘密	mìmì
履行	lǔxíng	落地	luòdì	慢性	mànxìng	美	měi	秘书	mìshū
律	lù	落后	luòhòu	忙	máng	美感	měigǎn	密	mì
律师	lùshī	落实	luòshí	忙碌	mánglù	美好	měihǎo	密度	mìdù
虑	lù					美化	měihuà	密集	mìjí

密切	mìqiè	民众	mínzhòng	模型	móxíng	幕	mù	难得	nándé
蜜	mì	民主	mínzhǔ	膜	mó	暮	mù	难怪	nánguài
蜜蜂	mìfēng	民族	mínzú	摩	mā/mó	穆	mù	难过	nánguò
眠	mián	皿	mǐn	摩擦	mócā			难免	nánmiǎn
绵	mián	闽	Mǐn	磨	mó/mò	**N**		难受	nánshòu
棉	mián	敏感	mǐngǎn	蘑菇	mógu	那	Nā/nà	难题	nántí
棉花	mián•huā	敏捷	mǐnjié	魔	mó	拿	ná	难以	nányǐ
免	miǎn	敏锐	mǐnruì	末	mò	哪	nǎ/né	难于	nányú
免疫	miǎnyì	名	míng	末期	mòqī	哪里	nǎ•lǐ	囊	nāng/náng
勉	miǎn	名称	míngchēng	没	méi/mò	哪儿	nǎr	挠	náo
勉励	miǎnlì	名词	míngcí	没落	mòluò	哪些	nǎxiē	恼	nǎo
勉强	miǎnqiǎng	名列前茅		没收	mòshōu	那	Nā/nà	脑	nǎo
缅怀	miǎnhuái		mínglièqiánmáo	茉莉	mòlì	那里	nà•lǐ	脑袋	nǎodai
面	miàn	名义	míngyì	沫	mò	那么	nàme	脑际	nǎojì
面积	miànjī	名字	míngzi	陌生	mòshēng	那儿	nàr	脑子	nǎozi
面孔	miànkǒng	明	míng	莫	mò	那些	nàxiē	闹	nào
面临	miànlín	明白	míngbai	漠然	mòrán	那样	nàyàng	内	nèi
面貌	miànmào	明矾	míngfán	漠视	mòshì	呐喊	nàhǎn	内部	nèibù
面目	miànmù	明朗	mínglǎng	墨	mò	纳	nà	内地	nèidì
面前	miànqián	明亮	míngliàng	默	mò	纳粹	nàcuì	内涵	nèihán
苗	miáo	明年	míngnián	默默	mòmò	纳入	nàrù	内疚	nèijiù
描	miáo	明确	míngquè	谋	móu	纳税	nàshuì	内容	nèiróng
描绘	miáohuì	明天	míngtiān	某	mǒu	钠	nà	内外	nèiwài
描述	miáoshù	明晰	míngxī	模	mó/mú	娜	nà/nuó	内心	nèixīn
描写	miáoxiě	明显	míngxiǎn	模样	múyàng	捺	nà	内在	nèizài
瞄	miáo	鸣	míng	母	mǔ	乃	nǎi	内脏	nèizàng
秒	miǎo	冥想	míngxiǎng	母亲	mǔ•qīn	乃至	nǎizhì	嫩	nèn
渺	miǎo	铭	míng	母体	mǔtǐ	奶	nǎi	能	néng
渺茫	miǎománg	命	mìng	牡丹	mǔ•dān	奶酪	nǎilào	能动	néngdòng
藐视	miǎoshì	命令	mìnglìng	牡蛎	mǔlì	奶奶	nǎinai	能够	nénggòu
妙	miào	命名	mìngmíng	亩	mǔ	奈何	nàihé	能力	nénglì
庙	miào	命题	mìngtí	拇指	mǔzhǐ	耐	nài	能量	néngliàng
庙宇	miàoyǔ	命运	mìngyùn	木	mù	耐心	nàixīn	能源	néngyuán
灭	miè	谬	miù	木材	mùcái	男	nán	妮	nī
灭亡	mièwáng	摸	mō	木头	mùtou	男女	nánnǚ	尼	ní
蔑视	mièshì	摸索	mō•suǒ	目	mù	男人	nánrén	尼姑	nígū
民	mín	馍	mó	目标	mùbiāo	男性	nánxìng	呢绒	níróng
民兵	mínbīng	摹	mó	目的	mùdì	男子	nánzǐ	泥	ní/nì
民歌	míngē	模	mó/mú	目光	mùguāng	南	nán	泥泞	nínìng
民国	Mínguó	模范	mófàn	目前	mùqián	南北	nánběi	泥土	nítǔ
民间	mínjiān	模仿	mófǎng	沐浴	mùyù	南方	nánfāng	拟	nǐ
民事	mínshì	模糊	móhu	牧	mù	南极	nánjí	你	nǐ
民俗	mínsú	模拟	mónǐ	慕	mù	难	nán/nàn	你们	nǐmen
民谣	mínyáo	模式	móshì	墓	mù	难道	nándào	逆	nì

匿名	nìmíng	扭	niǔ	殴打	ōudǎ	庞大	pángdà	捧	pěng
腻	nì	扭转	niǔzhuǎn	鸥	ōu	旁	páng	碰	pèng
溺	nì	纽带	niǔdài	呕	ǒu	旁边	pángbiān	批	pī
年	nián	纽扣	niǔkòu	偶	ǒu	螃蟹	pángxiè	批发	pīfā
年初	niánchū	农	nóng	偶尔	ǒu'ěr	抛	pāo	批判	pīpàn
年代	niándài	农产品	nóngchǎnpǐn	偶然	ǒurán	抛弃	pāoqì	批评	pīpíng
年底	niándǐ	农场	nóngchǎng	偶然性	ǒuránxìng	泡	pāo/pào	批准	pīzhǔn
年度	niándù	农村	nóngcūn	藕	ǒu	咆哮	páoxiào	坯	pī
年级	niánjí	农户	nónghù			袍	páo	披	pī
年纪	niánjì	农具	nóngjù	**P**		跑	páo/pǎo	劈	pī/pǐ
年间	niánjiān	农民	nóngmín			炮	bāo/páo/pào	霹雳	pīlì
年龄	niánlíng	农田	nóngtián	趴	pā	炮弹	pàodàn	皮	pí
年青	niánqīng	农药	nóngyào	啪	pā	胚	pēi	皮肤	pífū
年轻	niánqīng	农业	nóngyè	爬	pá	胚胎	pēitāi	疲	pí
年头儿	niántóur	农作物	nóngzuòwù	帕	pà	陪	péi	疲惫	píbèi
粘	nián/zhān	浓	nóng	怕	pà	培	péi	疲倦	píjuàn
捻	niǎn	浓度	nóngdù	拍	pāi	培训	péixùn	疲劳	píláo
撵	niǎn	浓厚	nónghòu	拍摄	pāishè	培养	péiyǎng	啤酒	píjiǔ
碾	niǎn	脓	nóng	排	pái	培育	péiyù	脾	pí
念	niàn	弄	nòng	排斥	páichì	赔	péi	脾气	píqi
念叨	niàndao	奴	nú	排除	páichú	赔偿	péicháng	匹	pǐ
念头	niàntou	奴隶	núlì	排放	páifàng	佩	pèi	屁	pì
娘	niáng	奴役	núyì	排列	páiliè	佩服	pèi·fú	屁股	pìgu
酿	niàng	努力	nǔlì	徘徊	páihuái	配	pèi	僻静	pìjìng
鸟	niǎo	怒	nù	牌	pái	配合	pèihé	譬如	pìrú
尿	niào	女	nǚ	牌坊	pái·fāng	配套	pèitào	片	piān/piàn
捏	niē	女儿	nǚ'ér	牌子	páizi	配置	pèizhì	偏	piān
聂	Niè	女工	nǚgōng	迫	pǎi/pò	喷	pēn/pèn	偏见	piānjiàn
孽	niè	女人	nǚrén	派	pài	盆	pén	偏僻	piānpì
您	nín	女士	nǚshì	派出所	pàichūsuǒ	盆地	péndì	偏偏	piānpiān
宁	níng/nìng	女性	nǚxìng	派遣	pàiqiǎn	砰	pēng	偏向	piānxiàng
宁静	níngjìng	女婿	nǚxu	潘	Pān	烹饪	pēngrèn	篇	piān
拧	níng/nǐng/nìng	女子	nǚzǐ	攀	pān	烹调	pēngtiáo	翩翩起舞	
		暖	nuǎn	胖	pán/pàng	朋友	péngyou	piānpiān-qǐwǔ	
狞笑	níngxiào	疟疾	nüèji	盘	pán	彭	Péng	便	biàn/pián
柠檬	níngméng	虐待	nüèdài	判	pàn	棚	péng	便宜	piányi
凝	níng	挪	nuó	判处	pànchǔ	蓬	péng	片	piān/piàn
凝固	nínggù	诺言	nuòyán	判定	pàndìng	蓬勃	péngbó	片刻	piànkè
凝结	níngjié	懦弱	nuòruò	判断	pànduàn	鹏程万里		片面	piànmiàn
凝聚	níngjù	糯米	nuòmǐ	判决	pànjué	péngchéng-wànlǐ		骗	piàn
凝视	níngshì			盼	pàn	澎湃	péngpài	漂	
牛	niú	**O**		盼望	pànwàng	蓬	péng	piāo/piǎo/piào	
牛顿	niúdùn	区	Ōu/qū	叛	pàn	膨大	péngdà	飘	piāo
牛仔裤	niúzǎikù	欧	Ōu	畔	pàn	膨胀	péngzhàng	飘忽	piāohū
				庞	páng				

朴		凭	píng		**Q**	旗	qí	契	qì
Piáo/pō/pò/pǔ		凭借	píngjiè			旗帜	qízhì	契约	qìyuē
瓢	piáo	屏	bǐng/píng	七	qī	鳍	qí	砌	qì
票	piào	屏幕	píngmù	妻子	qī·zǐ	乞丐	qǐgài	器	qì
漂		瓶	píng	柒	qī	乞求	qǐqiú	器材	qìcái
piāo/piǎo/piào		萍	píng	栖息	qīxī	乞讨	qǐtǎo	器官	qìguān
漂亮	piàoliang	坡	pō	凄惨	qīcǎn	岂有此理	qǐyǒucǐlǐ	掐	qiā
撇	piē/piě	泼	pō	凄楚	qīchǔ	企鹅	qǐ'é	洽	qià
拼	pīn	颇	pō	凄厉	qīlì	企图	qǐtú	恰	qià
拼命	pīnmìng	婆家	pójia	凄凉	qīliáng	企业	qǐyè	恰当	qiàdàng
贫	pín	婆婆	pópo	凄然	qīrán	启	qǐ	恰好	qiàhǎo
贫困	pínkùn	迫	pǎi/pò	戚	qī	启迪	qǐdí	千	qiān
贫穷	pínqióng	迫害	pòhài	期	qī	启发	qǐfā	千方百计	
频	pín	迫切	pòqiè	期待	qīdài	启示	qǐshì	qiānfāng-bǎijì	
频繁	pínfán	迫使	pòshǐ	期货	qīhuò	起	qǐ	千克	qiānkè
频率	pínlǜ	破	pò	期间	qījiān	起初	qǐchū	千里迢迢	
品	pǐn	破产	pòchǎn	期望	qīwàng	起点	qǐdiǎn	qiānlǐ-tiáotiáo	
品德	pǐndé	破坏	pòhuài	期限	qīxiàn	起伏	qǐfú	迁	qiān
品质	pǐnzhì	破裂	pòliè	欺	qī	起来	qǐ·lái	迁徙	qiānxǐ
品种	pǐnzhǒng	破绽	pò·zhàn	欺骗	qīpiàn	起码	qǐmǎ	迁移	qiānyí
聘	pìn	魄	pò	欺侮	qīwǔ	起身	qǐshēn	牵	qiān
乒乓球	pīngpāngqiú	剖	pōu	漆	qī	起义	qǐyì	铅	qiān
平	píng	剖面	pōumiàn	齐	qí	起源	qǐyuán	铅笔	qiānbǐ
平常	píngcháng	剖析	pōuxī	其	qí	绮丽	qǐlì	谦虚	qiānxū
平等	píngděng	仆	pū/pú	其次	qícì	气	qì	谦逊	qiānxùn
平凡	píngfán	扑	pū	其间	qíjiān	气氛	qì·fēn	签	qiān
平分	píngfēn	铺	pū/pù	其实	qíshí	气愤	qìfèn	签订	qiāndìng
平衡	pínghéng	菩萨	pú·sà	其他	qítā	气候	qìhòu	前	qián
平静	píngjìng	葡萄	pú·táo	其余	qíyú	气流	qìliú	前边	qián·biān
平均	píngjūn	葡萄酒	pú·táojiǔ	其中	qízhōng	气馁	qìněi	前方	qiánfāng
平面	píngmiàn	葡萄糖	pú·táotáng	奇	jī/qí	气体	qìtǐ	前后	qiánhòu
平民	píngmín	蒲公英	púgōngyīng	奇怪	qíguài	气团	qìtuán	前进	qiánjìn
平日	píngrì	蒲扇	púshàn	奇迹	qíjì	气味	qìwèi	前景	qiánjǐng
平时	píngshí	朴素	pǔsù	奇特	qítè	气温	qìwēn	前面	qián·miàn
平坦	píngtǎn	圃	pǔ	奇异	qíyì	气息	qìxī	前期	qiánqī
平行	píngxíng	浦	pǔ	歧视	qíshì	气象	qìxiàng	前人	qiánrén
平庸	píngyōng	普	pǔ	歧途	qítú	气压	qìyā	前提	qiántí
平原	píngyuán	普遍	pǔbiàn	歧义	qíyì	气质	qìzhì	前头	qiántou
评	píng	普及	pǔjí	祈	qí	迄	qì	前途	qiántú
评价	píngjià	普通	pǔtōng	祈祷	qídǎo	弃	qì	前往	qiánwǎng
评论	pínglùn	普通话	pǔtōnghuà	脐带	qídài	汽	qì	前夕	qiánxī
评选	píngxuǎn	谱	pǔ	崎岖	qíqū	汽车	qìchē	前线	qiánxiàn
坪	píng	瀑	pù	骑	qí	汽油	qìyóu	钱	qián
苹果	píngguǒ	曝晒	pùshài	棋	qí	泣	qì	钳工	qiángōng

钳子	qiánzi	瞧	qiáo	勤劳	qínláo	情趣	qíngqù	取代	qǔdài
乾	qián	巧	qiǎo	擒	qín	情形	qíng·xíng	取得	qǔdé
潜	qián	巧妙	qiǎomiào	寝	qǐn	情绪	qíng·xù	取消	qǔxiāo
潜力	qiánlì	悄然	qiǎorán	沁	qìn	情谊	qíngyì	娶	qǔ
潜在	qiánzài	悄声	qiǎoshēng	青	qīng	晴	qíng	去	qù
黔	Qián	俏	qiào	青春	qīngchūn	晴朗	qínglǎng	去年	qùnián
遣	qiǎn	峭壁	qiàobì	青睐	qīnglài	擎	qíng	去世	qùshì
谴责	qiǎnzé	窍	qiào	青年	qīngnián	顷	qǐng	趣	qù
欠	qiàn	撬	qiào	青苔	qīngtái	请	qǐng	趣味	qùwèi
纤	qiàn/xiān	切	qiē/qiè	青蛙	qīngwā	请求	qǐngqiú	权	quán
嵌	qiàn	茄子	qiézi	轻	qīng	请示	qǐngshì	权力	quánlì
歉	qiàn	且	qiě	轻工业	qīnggōngyè	庆	qìng	权利	quánlì
抢	qiāng/qiǎng	切	qiē/qiè	轻蔑	qīngmiè	庆祝	qìngzhù	权威	quánwēi
呛	qiāng/qiàng	切实	qièshí	轻声	qīngshēng	穷	qióng	权益	quányì
枪	qiāng	怯	qiè	轻视	qīngshì	穷人	qióngrén	全	quán
腔	qiāng	怯懦	qiènuò	轻松	qīngsōng	琼	qióng	全部	quánbù
强		窃	qiè	轻微	qīngwēi	丘陵	qiūlíng	全局	quánjú
jiàng/qiáng/qiǎng		钦差	qīnchāi	轻易	qīngyì	秋	qiū	全面	quánmiàn
强大	qiángdà	钦佩	qīnpèi	轻重	qīngzhòng	秋季	qiūjì	全民	quánmín
强盗	qiángdào	侵	qīn	氢	qīng	秋天	qiūtiān	全球	quánqiú
强调	qiángdiào	侵犯	qīnfàn	氢气	qīngqì	蚯蚓	qiūyǐn	全身	quánshēn
强度	qiángdù	侵略	qīnlüè	倾	qīng	囚	qiú	全体	quántǐ
强化	qiánghuà	侵权	qīnquán	倾听	qīngtīng	求	qiú	泉	quán
强健	qiángjiàn	侵入	qīnrù	倾向	qīngxiàng	求证	qiúzhèng	拳	quán
强烈	qiángliè	侵蚀	qīnshí	倾斜	qīngxié	酋长	qiúzhǎng	拳头	quántou
强制	qiángzhì	侵占	qīnzhàn	卿	qīng	球	qiú	痊愈	quányù
墙	qiáng	亲	qīn/qìng	清	qīng	区	Ōu/qū	犬	quǎn
墙壁	qiángbì	亲密	qīnmì	清晨	qīngchén	区别	qūbié	劝	quàn
蔷薇	qiángwēi	亲朋	qīnpéng	清除	qīngchú	区分	qūfēn	劝慰	quànwèi
抢	qiāng/qiǎng	亲戚	qīnqi	清楚	qīngchu	区域	qūyù	券	quàn/xuàn
抢救	qiǎngjiù	亲切	qīnqiè	清洁	qīngjié	曲	qū/qǔ	缺	quē
悄悄	qiāoqiāo	亲热	qīnrè	清理	qīnglǐ	曲线	qūxiàn	缺点	quēdiǎn
跷	qiāo	亲人	qīnrén	清晰	qīngxī	曲折	qūzhé	缺乏	quēfá
锹	qiāo	亲属	qīnshǔ	清醒	qīngxǐng	驱	qū	缺少	quēshǎo
敲	qiāo	亲眼	qīnyǎn	蜻蜓	qīngtíng	驱逐	qūzhú	缺陷	quēxiàn
乔	qiáo	亲友	qīnyǒu	情	qíng	屈	qū	瘸	qué
侨胞	qiáobāo	亲自	qīnzì	情报	qíngbào	屈服	qūfú	却	què
侨眷	qiáojuàn	芹菜	qíncài	情操	qíngcāo	躯	qū	雀	què
侨民	qiáomín	秦	Qín	情感	qínggǎn	趋	qū	确	què
侨务	qiáowù	琴	qín	情节	qíngjié	趋势	qūshì	确保	quèbǎo
桥	qiáo	禽	qín	情景	qíngjǐng	趋向	qūxiàng	确定	quèdìng
桥梁	qiáoliáng	勤	qín	情境	qíngjìng	渠	qú	确立	quèlì
翘	qiáo/qiào	勤奋	qínfèn	情况	qíngkuàng	渠道	qúdào	确切	quèqiè
憔悴	qiáocuì	勤俭	qínjiǎn	情侣	qínglǚ	取	qǔ	确认	quèrèn

确实	quèshí	人家	rénjia	仍	réng	如何	rúhé	散布	sànbù
裙	qún	人间	rénjiān	仍旧	réngjiù	如今	rújīn	散步	sànbù
群	qún	人均	rénjūn	仍然	réngrán	如释重负		散发	sànfā
群落	qúnluò	人口	rénkǒu	日	rì		rúshìzhòngfù	丧事	sāngshì
群体	qúntǐ	人类	rénlèi	日报	rìbào	如同	rútóng	丧葬	sāngzàng
群众	qúnzhòng	人力	rénlì	日常	rìcháng	如下	rúxià	桑	sāng
		人伦	rénlún	日记	rìjì	儒	rú	嗓	sǎng
R		人们	rénmen	日渐	rìjiàn	儒家	Rújiā	嗓子	sǎngzi
然	rán	人民	rénmín	日期	rìqī	蠕动	rúdòng	丧气	sàngqì
然而	rán'ér	人民币	rénmínbì	日前	rìqián	汝	rǔ	丧失	sàngshī
然后	ránhòu	人群	rénqún	日趋	rìqū	乳	rǔ	搔	sāo
燃	rán	人身	rénshēn	日夜	rìyè	辱	rǔ	骚	sāo
燃料	ránliào	人生	rénshēng	日益	rìyì	入	rù	臊	sāo/sào
燃烧	ránshāo	人士	rénshì	日子	rìzi	入侵	rùqīn	扫	sǎo/sào
冉冉	rǎnrǎn	人事	rénshì	戎装	róngzhuāng	入手	rùshǒu	扫荡	sǎodàng
染	rǎn	人体	réntǐ	茸毛	róngmáo	入学	rùxué	嫂子	sǎozi
染色	rǎnsè	人为	rénwéi	荣	róng	褥子	rùzi	扫	sǎo/sào
染色体	rǎnsètǐ	人物	rénwù	荣誉	róngyù	软	ruǎn	扫帚	sàozhou
嚷	rāng/rǎng	人心	rénxīn	绒	róng	蕊	ruǐ	色	sè/shǎi
瓤	ráng	人性	rénxìng	容	róng	锐	ruì	色彩	sècǎi
让	ràng	人影儿(人影)		容量	róngliàng	瑞	ruì	涩	sè
饶	ráo		rényǐngr(rényǐng)	容纳	róngnà	闰	rùn	瑟	sè
扰	rǎo	人员	rényuán	容器	róngqì	润	rùn	森林	sēnlín
扰动	rǎodòng	人造	rénzào	容易	róng•yì	若	ruò	森严	sēnyán
扰乱	rǎoluàn	壬	rén	溶	róng	若干	ruògān	僧	sēng
绕	rào	仁	rén	溶剂	róngjì	若是	ruòshì	僧侣	sēnglǚ
惹	rě	任	Rén/rèn	溶解	róngjiě	弱	ruò	杀	shā
热	rè	忍	rěn	溶液	róngyè	弱点	ruòdiǎn	杀害	shāhài
热爱	rè'ài	忍耐	rěnnài	榕	róng			杉	shā/shān
热忱	rèchén	忍受	rěnshòu	熔	róng	**S**		沙	shā
热带	rèdài	刃	rèn	熔点	róngdiǎn	撒	sā/sǎ	沙发	shāfā
热量	rèliàng	认	rèn	融	róng	洒	sǎ	沙漠	shāmò
热烈	rèliè	认定	rèndìng	融合	rónghé	腮	sāi	沙丘	shāqiū
热闹	rènao	认识	rènshi	冗长	rǒngcháng	塞	sāi/sài/sè	沙滩	shātān
热能	rènéng	认识论	rènshílùn	柔	róu	赛	sài	纱	shā
热情	rèqíng	认为	rènwéi	柔和	róuhé	三	sān	砂	shā
热心	rèxīn	认真	rènzhēn	柔软	róuruǎn	三角	sānjiǎo	煞	shā/shà
人	rén	任	Rén/rèn	揉	róu	三角形	sānjiǎoxíng	鲨鱼	shāyú
人才	réncái	任何	rènhé	蹂躏	róulìn	叁	sān	啥	shá
人格	réngé	任命	rènmìng	肉	ròu	伞	sǎn	傻	shǎ
人工	réngōng	任务	rèn•wù	肉体	ròutǐ	散	sǎn/sàn	霎时	shàshí
人际	rénjì	任意	rènyì	如	rú	散射	sǎnshè	筛	shāi
人迹	rénjì	韧	rèn	如此	rúcǐ	散文	sǎnwén	晒	shài
人家	rénjiā	扔	rēng	如果	rúguǒ	散	sǎn/sàn	山	shān

山地	shāndì	上层	shàngcéng	设	shè	深入	shēnrù	生物	shēngwù
山峰	shānfēng	上帝	Shàngdì	设备	shèbèi	深夜	shēnyè	生涯	shēngyá
山谷	shāngǔ	上级	shàngjí	设法	shèfǎ	深远	shēnyuǎn	生意	shēngyì
山林	shānlín	上课	shàngkè	设计	shèjì	什	shén/shí	生意	shēngyi
山路	shānlù	上空	shàngkōng	设立	shèlì	什么	shénme	生育	shēngyù
山脉	shānmài	上来	shàng•lái	设施	shèshī	神	shén	生长	shēngzhǎng
山区	shānqū	上面	shàng•miàn	设想	shèxiǎng	神话	shénhuà	生殖	shēngzhí
山水	shānshuǐ	上去	shàng•qù	设置	shèzhì	神经	shénjīng	声	shēng
山头	shāntóu	上山	shàngshān	社	shè	神秘	shénmì	声调	shēngdiào
删除	shānchú	上升	shàngshēng	社会	shèhuì	神奇	shénqí	声明	shēngmíng
衫	shān	上市	shàngshì	社会学	shèhuìxué	神气	shén•qì	声响	shēngxiǎng
珊瑚	shānhú	上述	shàngshù	拾	shè/shí	神情	shénqíng	声音	shēngyīn
扇	shān/shàn	上诉	shàngsù	射	shè	神色	shénsè	牲畜	shēngchù
煽动	shāndòng	上午	shàngwǔ	射击	shèjī	神圣	shénshèng	牲口	shēngkou
闪	shǎn	上下	shàngxià	射线	shèxiàn	神态	shéntài	笙	shēng
闪电	shǎndiàn	上学	shàngxué	涉	shè	神学	shénxué	绳	shéng
闪光	shǎnguāng	上衣	shàngyī	涉及	shèjí	沈	Shěn	绳子	shéngzi
闪烁	shǎnshuò	上游	shàngyóu	敝	shè	审	shěn	省	shěng/xǐng
陕	Shǎn	上涨	shàngzhǎng	摄	shè	审查	shěnchá	圣	shèng
善	shàn	尚	shàng	摄影	shèyǐng	审美	shěnměi	圣诞节	Shèngdàn Jié
善良	shànliáng	捎	shāo/shào	谁	shéi/shuí	审判	shěnpàn	圣经	Shèngjīng
善于	shànyú	烧	shāo	申	shēn	婶	shěn	胜	shèng
擅长	shàncháng	梢	shāo	申请	shēnqǐng	肾	shèn	胜利	shènglì
擅自	shànzì	稍	shāo/shào	伸	shēn	甚	shèn	盛	chéng/shèng
赡养	shànyǎng	稍稍	shāoshāo	伸手	shēnshǒu	甚至	shènzhì	盛行	shèngxíng
伤	shāng	稍微	shāowēi	身	shēn	渗	shèn	剩	shèng
伤害	shānghài	勺	sháo	身边	shēnbiān	渗透	shèntòu	剩余	shèngyú
伤口	shāngkǒu	少	shǎo/shào	身材	shēncái	慎	shèn	尸	shī
伤心	shāngxīn	少量	shǎoliàng	身份	shēn•fèn	慎重	shènzhòng	尸体	shītǐ
伤员	shāngyuán	少数	shǎoshù	身后	shēnhòu	升	shēng	失	shī
汤	shāng/tāng	少	shào/shào	身躯	shēnqū	升腾	shēngténg	失败	shībài
商	shāng	少年	shàonián	身体	shēntǐ	生	shēng	失掉	shīdiào
商标	shāngbiāo	少女	shàonǚ	身心	shēnxīn	生产	shēngchǎn	失去	shīqù
商店	shāngdiàn	少爷	shàoye	身影	shēnyǐng	生产力	shēngchǎnlì	失调	shītiáo
商量	shāngliang	召	Shào/zhào	身子	shēnzi	生成	shēngchéng	失望	shīwàng
商品	shāngpǐn	哨	shào	呻吟	shēnyín	生存	shēngcún	失误	shīwù
商人	shāngrén	奢侈	shēchǐ	绅士	shēnshì	生动	shēngdòng	失业	shīyè
商业	shāngyè	舌	shé	深	shēn	生活	shēnghuó	师	shī
上	shǎng/shàng	舌苔	shétāi	深沉	shēnchén	生理	shēnglǐ	师范	shīfàn
晌	shǎng	舌头	shétou	深度	shēndù	生命	shēngmìng	师父	shīfu
赏	shǎng	折	shé/zhē/zhé	深厚	shēnhòu	生命力	shēngmìnglì	师傅	shīfu
上	shǎng/shàng	蛇	shé	深化	shēnhuà	生气	shēngqì	师长	shīzhǎng
上班	shàngbān	舍	shě	深刻	shēnkè	生前	shēngqián	诗	shī
上边	shàng•biān	舍不得	shěbude	深情	shēnqíng	生态	shēngtài	诗歌	shīgē

诗人	shīrén	实在	shízai	事	shì	收回	shōuhuí	书	shū
诗意	shīyì	实质	shízhì	事变	shìbiàn	收获	shōuhuò	书包	shūbāo
狮子	shīzi	食	shí/sì	事故	shìgù	收集	shōují	书本	shūběn
施	shī	食品	shípǐn	事后	shìhòu	收入	shōurù	书籍	shūjí
施肥	shīféi	食堂	shítáng	事迹	shìjì	收拾	shōushi	书记	shū•jì
施工	shīgōng	食物	shíwù	事件	shìjiàn	收缩	shōusuō	书面	shūmiàn
施行	shīxíng	食盐	shíyán	事例	shìlì	收益	shōuyì	书写	shūxiě
湿	shī	食用	shíyòng	事情	shìqing	收音机	shōuyīnjī	抒发	shūfā
湿度	shīdù	蚀	shí	事实	shìshí	熟	shóu/shú	抒情	shūqíng
湿润	shīrùn	史	shǐ	事务	shìwù	手	shǒu	枢	shū
十	shí	史籍	shǐjí	事物	shìwù	手臂	shǒubì	枢纽	shūniǔ
石	dàn/shí	史学	shǐxué	事先	shìxiān	手表	shǒubiǎo	叔叔	shūshu
石灰	shíhuī	矢	shǐ	事业	shìyè	手段	shǒuduàn	梳	shū
石榴	shíliu	使	shǐ	侍	shì	手法	shǒufǎ	淑女	shūnǚ
石头	shítou	使得	shǐ•dé	饰	shì	手工	shǒugōng	舒	shū
石油	shíyóu	使劲	shǐjìn	试	shì	手工业	shǒugōngyè	舒服	shūfu
时	shí	使命	shǐmìng	试管	shìguǎn	手脚	shǒujiǎo	舒适	shūshì
时常	shícháng	使用	shǐyòng	试图	shìtú	手铐	shǒukào	舒坦	shūtan
时代	shídài	始	shǐ	试验	shìyàn	手榴弹	shǒuliúdàn	疏	shū
时而	shí'ér	始终	shǐzhōng	试制	shìzhì	手枪	shǒuqiāng	疏忽	shūhu
时候	shíhou	驶	shǐ	视	shì	手势	shǒushì	输	shū
时机	shíjī	屎	shǐ	视觉	shìjué	手术	shǒushù	输出	shūchū
时间	shíjiān	士	shì	视线	shìxiàn	手续	shǒuxù	输入	shūrù
时节	shíjié	士兵	shìbīng	视野	shìyě	手掌	shǒuzhǎng	输送	shūsòng
时刻	shíkè	氏	shì/zhī	拭	shì	手指	shǒuzhǐ	蔬菜	shūcài
时空	shíkōng	氏族	shìzú	柿子	shìzi	守	shǒu	赎	shú
时髦	shímáo	示	shì	是	shì	守恒	shǒuhéng	熟	shóu/shú
时期	shíqī	示范	shìfàn	是非	shìfēi	首	shǒu	熟练	shúliàn
识	shí/zhì	示威	shìwēi	是否	shìfǒu	首都	shǒudū	熟悉	shú•xī
识别	shíbié	世	shì	适	shì	首领	shǒulǐng	暑	shǔ
识字	shízì	世代	shìdài	适当	shìdàng	首先	shǒuxiān	属	shǔ/zhǔ
实	shí	世纪	shìjì	适合	shìhé	首要	shǒuyào	属性	shǔxìng
实际	shíjì	世界	shìjiè	适宜	shìyí	首长	shǒuzhǎng	属于	shǔyú
实践	shíjiàn	世界观	shìjièguān	适应	shìyìng	寿	shòu	署	shǔ
实力	shílì	市	shì	适用	shìyòng	寿命	shòumìng	蜀	shǔ
实例	shílì	市场	shìchǎng	恃	shì	受	shòu	鼠	shǔ
实施	shíshī	市民	shìmín	室	shì	受贿	shòuhuì	数	
实体	shítǐ	式	shì	逝	shì	受精	shòujīng		shǔ/shù/shuò
实物	shíwù	似	shì/sì	逝世	shìshì	受伤	shòushāng	曙光	shǔguāng
实现	shíxiàn	似的	shìde	释放	shìfàng	狩猎	shòuliè	术	shù/zhú
实行	shíxíng	势	shì	嗜	shì	授	shòu	术语	shùyǔ
实验	shíyàn	势必	shìbì	誓	shì	售	shòu	束	shù
实用	shíyòng	势力	shì•lì	收	shōu	兽	shòu	束缚	shùfù
实在	shízài	势能	shìnéng	收购	shōugòu	瘦	shòu	述	shù

树	shù	水泥	shuǐní	思维	sīwéi	诉讼	sùsòng	唆使	suōshǐ
树干	shùgàn	水平	shuǐpíng	思想	sīxiǎng	肃穆	sùmù	梭	suō
树立	shùlì	水汽	shuǐqì	思想家	sīxiǎngjiā	肃清	sùqīng	缩	sù/suō
树林	shùlín	水手	shuǐshǒu	斯	sī	素	sù	缩短	suōduǎn
树木	shùmù	水位	shuǐwèi	撕	sī	素材	sùcái	缩小	suōxiǎo
树种	shùzhǒng	水文	shuǐwén	嘶哑	sīyǎ	素质	sùzhì	所	suǒ
竖	shù	水银	shuǐyín	死	sǐ	速	sù	所属	suǒshǔ
恕	shù	水源	shuǐyuán	死亡	sǐwáng	速度	sùdù	所谓	suǒwèi
庶民	shùmín	水蒸气	shuǐzhēngqì	死刑	sǐxíng	速率	sùlù	所以	suǒyǐ
数		说	shuì/shuō	巳	sì	宿	sù/xiǔ/xiù	所有	suǒyǒu
shǔ/shù/shuò		税	shuì	四	sì	宿舍	sùshè	所有制	suǒyǒuzhì
数据	shùjù	税收	shuìshōu	四边形	sìbiānxíng	塑	sù	所在	suǒzài
数量	shùliàng	睡	shuì	四处	sìchù	塑料	sùliào	索	suǒ
数目	shùmù	睡觉	shuìjiào	四面	sìmiàn	塑造	sùzào	琐事	suǒshì
数学	shùxué	睡眠	shuìmián	四肢	sìzhī	溯	sù	琐碎	suǒsuì
数值	shùzhí	吮	shǔn	四周	sìzhōu	缩	sù/suō	锁	suǒ
数字	shùzì	顺	shùn	寺	sì	酸	suān		
漱	shù	顺利	shùnlì	寺院	sìyuàn	蒜	suàn	**T**	
刷	shuā	顺手	shùnshǒu	似	shì/sì	算	suàn	他	tā
耍	shuǎ	顺序	shùnxù	似乎	sìhū	虽	suī	他们	tāmen
衰	cuī/shuāi	瞬间	shùnjiān	伺机	sìjī	虽然	suīrán	他人	tārén
衰变	shuāibiàn	说	shuì/shuō	祀	sì	虽说	suīshuō	它	tā
衰老	shuāilǎo	说法	shuō•fǎ	饲	sì	隋	Suí	它们	tāmen
摔	shuāi	说服	shuōfú	饲料	sìliào	随	suí	她	tā
甩	shuǎi	说话	shuōhuà	饲养	sìyǎng	随便	suíbiàn	她们	tāmen
帅	shuài	说明	shuōmíng	肆无忌惮	sìwú-jìdàn	随后	suíhòu	塌	tā
率	lù/shuài	硕大	shuòdà	肆意	sìyì	随即	suíjí	踏	tā/tà
率领	shuàilǐng	硕士	shuòshì	松	sōng	随时	suíshí	塔	tǎ
拴	shuān	司	sī	松弛	sōngchí	随意	suíyì	拓	tà/tuò
栓	shuān	司法	sīfǎ	松懈	sōngxiè	遂	suí/suì	台	Tāi/tái
涮	shuàn	司机	sījī	耸	sǒng	髓	suǐ	胎	tāi
双	shuāng	司令	sīlìng	讼	sòng	岁	suì	胎儿	tāi'ér
双方	shuāngfāng	丝	sī	宋	Sòng	岁月	suìyuè	台	Tāi/tái
霜	shuāng	丝毫	sīháo	送	sòng	碎	suì	台风	táifēng
爽	shuǎng	私	sī	诵	sòng	隧道	suìdào	抬	tái
爽朗	shuǎnglǎng	私人	sīrén	颂	sòng	穗	suì	抬头	táitóu
水	shuǐ	私营	sīyíng	搜	sōu	孙	sūn	太	tài
水稻	shuǐdào	私有	sīyǒu	搜集	sōují	孙子	sūnzi	太空	tàikōng
水分	shuǐfèn	私有制	sīyǒuzhì	艘	sōu	损	sǔn	太平	tàipíng
水果	shuǐguǒ	思	sī	苏	sū	损害	sǔnhài	太太	tàitai
水库	shuǐkù	思潮	sīcháo	酥	sū	损耗	sǔnhào	太阳	tài•yáng
水利	shuǐlì	思考	sīkǎo	俗	sú	损伤	sǔnshāng	太阳能	tàiyángnéng
水流	shuǐliú	思路	sīlù	俗称	súchēng	损失	sǔnshī	太阳系	tàiyángxì
水面	shuǐmiàn	思索	sīsuǒ	诉	sù	笋	sǔn	汰	tài

态	tài	趟	tàng	提供	tígōng	天真	tiānzhēn	庭院	tíngyuàn
态度	tài·dù	涛	tāo	提炼	tíliàn	添	tiān	停	tíng
泰	tài	掏	tāo	提起	tíqǐ	田	tián	停顿	tíngdùn
贪	tān	滔滔	tāotāo	提前	tíqián	田地	tiándì	停留	tíngliú
贪婪	tānlán	逃	táo	提取	tíqǔ	田野	tiányě	停止	tíngzhǐ
贪污	tānwū	逃避	táobì	提醒	tíxǐng	恬静	tiánjìng	挺	tǐng
摊	tān	逃跑	táopǎo	提议	tíyì	甜	tián	艇	tǐng
滩	tān	逃走	táozǒu	啼	tí	填	tián	通	tōng/tòng
瘫痪	tānhuàn	桃	táo	题	tí	舔	tiǎn	通常	tōngcháng
坛	tán	陶	táo	题材	tícái	挑	tiāo/tiǎo	通道	tōngdào
谈	tán	陶冶	táoyě	题目	tímù	挑剔	tiāoti	通电	tōngdiàn
谈话	tánhuà	淘	táo	蹄	tí	挑选	tiāoxuǎn	通过	tōngguò
谈论	tánlùn	淘汰	táotài	体	tī/tǐ	条	tiáo	通红	tōnghóng
谈判	tánpàn	讨	tǎo	体裁	tǐcái	条件	tiáojiàn	通缉	tōngjī
弹	dàn/tán	讨论	tǎolùn	体操	tǐcāo	条款	tiáokuǎn	通宵	tōngxiāo
弹簧	tánhuáng	讨厌	tǎoyàn	体会	tǐhuì	条例	tiáolì	通信	tōngxìn
弹性	tánxìng	套	tào	体积	tǐjī	条约	tiáoyuē	通讯	tōngxùn
痰	tán	特	tè	体力	tǐlì	调	diào/tiáo	通用	tōngyòng
谭	Tán	特别	tèbié	体谅	tǐ·liàng	调和	tiáohé	通知	tōngzhī
潭	tán	特地	tèdì	体温	tǐwēn	调节	tiáojié	同	tóng/tòng
檀香	tánxiāng	特点	tèdiǎn	体系	tǐxì	调解	tiáojiě	同伴	tóngbàn
坦白	tǎnbái	特定	tèdìng	体现	tǐxiàn	调整	tiáozhěng	同胞	tóngbāo
坦克	tǎnkè	特技	tèjì	体验	tǐyàn	挑	tiāo/tiǎo	同等	tóngděng
坦然	tǎnrán	特权	tèquán	体育	tǐyù	挑衅	tiǎoxìn	同行	tóngh'áng
坦率	tǎnshuài	特色	tèsè	体制	tǐzhì	挑战	tiǎozhàn	同化	tónghuà
毯子	tǎnzi	特殊	tèshū	体质	tǐzhì	跳	tiào	同类	tónglèi
叹	tàn	特务	tèwu	体重	tǐzhòng	跳动	tiàodòng	同年	tóngnián
叹息	tànxī	特性	tèxìng	剃	tì	跳舞	tiàowǔ	同期	tóngqī
炭	tàn	特意	tèyì	替	tì	跳跃	tiàoyuè	同情	tóngqíng
探	tàn	特征	tèzhēng	替代	tìdài	跳蚤	tiàozao	同时	tóngshí
探测	tàncè	疼	téng	天	tiān	帖	tiē/tiě/tiè	同事	tóngshì
探索	tànsuǒ	疼痛	téngtòng	天才	tiāncái	贴	tiē	同行	tóngxíng
探讨	tàntǎo	腾飞	téngfēi	天地	tiāndì	铁	tiě	同学	tóngxué
探询	tànxún	腾空	téngkōng	天鹅	tiān'é	铁路	tiělù	同样	tóngyàng
碳	tàn	誊写	téngxiě	天际	tiānjì	厅	tīng	同意	tóngyì
唐	Táng	藤	téng	天空	tiānkōng	听	tīng	同志	tóngzhì
堂	táng	藤萝	téngluó	天气	tiānqì	听话	tīnghuà	彤	tóng
塘	táng	体	tī/tǐ	天然	tiānrán	听见	tīng·jiàn	铜	tóng
糖	táng	剔除	tīchú	天然气	tiānránqì	听觉	tīngjué	童	tóng
倘若	tǎngruò	梯	tī	天生	tiānshēng	听取	tīngqǔ	童话	tónghuà
倘使	tǎngshǐ	踢	tī	天体	tiāntǐ	听众	tīngzhòng	童年	tóngnián
淌	tǎng	提	dī/tí	天文	tiānwén	廷	tíng	瞳孔	tóngkǒng
躺	tǎng	提倡	tíchàng	天下	tiānxià	亭	tíng	统	tǒng
烫	tàng	提高	tígāo	天涯	tiānyá	庭审	tíngshěn	统计	tǒngjì

统一	tǒngyī	涂	tú	脱落	tuōluò	弯曲	wānqū	妄	wàng
统治	tǒngzhì	屠	tú	驼	tuó	湾	wān	忘	wàng
捅	tǒng	屠杀	túshā	鸵鸟	tuóniǎo	蜿蜒	wānyán	忘记	wàngjì
桶	tǒng	土	tǔ	妥	tuǒ	豌豆	wāndòu	旺	wàng
筒	tǒng	土地	tǔdì	妥协	tuǒxié	丸	wán	旺盛	wàngshèng
痛	tòng	土匪	tǔfěi	椭圆	tuǒyuán	完	wán	望	wàng
痛苦	tòngkǔ	土壤	tǔrǎng	唾	tuò	完备	wánbèi	望远镜	
痛快	tòng•kuài	吐	tǔ/tù			完毕	wánbì		wàngyuǎnjìng
偷	tōu	兔子	tùzi	**W**		完成	wánchéng	危	wēi
偷偷	tōutōu	湍流	tuānliú			完美	wánměi	危害	wēihài
头	tóu	团	tuán	挖	wā	完全	wánquán	危机	wēijī
头顶	tóudǐng	团结	tuánjié	挖掘	wājué	完善	wánshàn	危险	wēixiǎn
头发	tóufa	团体	tuántǐ	哇	wā	完整	wánzhěng	威	wēi
头脑	tóunǎo	团员	tuányuán	洼	wā	玩	wán	威力	wēilì
投	tóu	推	tuī	蛙	wā	玩具	wánjù	威胁	wēixié
投产	tóuchǎn	推测	tuīcè	娃娃	wáwa	玩笑	wánxiào	威信	wēixìn
投机	tóujī	推崇	tuīchóng	瓦	wǎ/wà	顽固	wángù	微	wēi
投入	tóurù	推动	tuīdòng	瓦砾	wǎlì	顽皮	wánpí	微观	wēiguān
投降	tóuxiáng	推翻	tuīfān	袜	wà	顽强	wánqiáng	微粒	wēilì
投资	tóuzī	推广	tuīguǎng	歪	wāi	宛如	wǎnrú	微弱	wēiruò
透	tòu	推荐	tuījiàn	歪曲	wāiqū	挽	wǎn	微生物	wēishēngwù
透镜	tòujìng	推进	tuījìn	外	wài	晚	wǎn	微微	wēiwēi
透露	tòulù	推理	tuīlǐ	外边	wài•biān	晚饭	wǎnfàn	微小	wēixiǎo
透明	tòumíng	推论	tuīlùn	外表	wàibiǎo	晚期	wǎnqī	微笑	wēixiào
凸	tū	推销	tuīxiāo	外部	wàibù	晚上	wǎnshang	巍峨	wēi'é
秃顶	tūdǐng	推行	tuīxíng	外地	wàidì	惋惜	wǎnxī	为	wéi/wèi
突	tū	颓废	tuífèi	外国	wàiguó	婉转	wǎnzhuǎn	为难	wéinán
突变	tūbiàn	颓然	tuírán	外汇	wàihuì	皖	Wǎn	为人	wèirén
突出	tūchū	颓丧	tuísàng	外籍	wàijí	碗	wǎn	为首	wéishǒu
突击	tūjī	腿	tuǐ	外交	wàijiāo	万	wàn	为止	wéizhǐ
突破	tūpò	退	tuì	外界	wàijiè	万物	wànwù	违	wéi
突然	tūrán	退出	tuìchū	外科	wàikē	万一	wànyī	违背	wéibèi
图	tú	退化	tuìhuà	外来	wàilái	腕	wàn	违法	wéifǎ
图案	tú'àn	退休	tuìxiū	外力	wàilì	汪	wāng	违反	wéifǎn
图画	túhuà	蜕	tuì	外贸	wàimào	亡	wáng	围	wéi
图书	túshū	褪	tuì/tùn	外面	wài•miàn	王	wáng	围剿	wéijiǎo
图书馆	túshūguǎn	吞	tūn	外婆	wàipó	王朝	wángcháo	围绕	wéirào
图腾	túténg	屯	tún	外商	wàishāng	王国	wángguó	唯	wéi
图形	túxíng	臀	tún	外甥	wàisheng	网	wǎng	帷幕	wéimù
图纸	túzhǐ	托	tuō	外形	wàixíng	网络	wǎngluò	惟	wéi
徒	tú	拖	tuō	外语	wàiyǔ	枉	wǎng	维	wéi
徒弟	tú•dì	拖拉机	tuōlājī	外在	wàizài	往	wǎng	维持	wéichí
途	tú	脱	tuō	外资	wàizī	往来	wǎnglái	维护	wéihù
途径	tújìng	脱离	tuōlí	外祖父	wàizǔfù	往往	wǎngwǎng	维生素	wéishēngsù
				弯	wān				

维新	wéixīn	温度	wēndù	乌龟	wūguī	午	wǔ	吸附	xīfù
维修	wéixiū	温度计	wēndùjì	乌鸦	wūyā	伍	wǔ	吸取	xīqǔ
伟	wěi	温和	wēnhé	污秽	wūhuì	武	wǔ	吸收	xīshōu
伟大	wěidà	温暖	wēnnuǎn	污蔑	wūmiè	武力	wǔlì	吸引	xīyǐn
伪	wěi	温柔	wēnróu	污染	wūrǎn	武器	wǔqì	希冀	xījì
苇	wěi	温馨	wēnxīn	污辱	wūrǔ	武侠	wǔxiá	希望	xīwàng
尾	wěi/yǐ	瘟	wēn	污浊	wūzhuó	武装	wǔzhuāng	昔	xī
尾巴	wěiba	文	wén	巫	wū	侮辱	wǔrǔ	析出	xīchū
纬	wěi	文化	wénhuà	呜咽	wūyè	捂	wǔ	牺牲	xīshēng
纬度	wěidù	文件	wénjiàn	诬告	wūgào	舞	wǔ	息	xī
委	wěi	文明	wénmíng	诬蔑	wūmiè	舞蹈	wǔdǎo	悉	xī
委屈	wěiqu	文人	wénrén	诬陷	wūxiàn	舞剧	wǔjù	惜	xī
委托	wěituō	文物	wénwù	屋	wū	舞台	wǔtái	稀	xī
委婉	wěiwǎn	文献	wénxiàn	屋子	wūzi	勿	wù	稀少	xīshǎo
委员	wěiyuán	文学	wénxué	无	wú	戊	wù	稀释	xīshì
委员会	wěiyuánhuì	文艺	wényì	无比	wúbǐ	务	wù	犀利	xīlì
萎	wěi	文章	wénzhāng	无耻	wúchǐ	物	wù	锡	xī
卫	wèi	文质彬彬		无从	wúcóng	物化	wùhuà	溪	xī
卫生	wèishēng		wénzhì-bīnbīn	无法	wúfǎ	物价	wùjià	熙熙攘攘 xīxī-rǎngrǎng
卫星	wèixīng	文字	wénzì	无非	wúfēi	物理	wùlǐ	熄	xī
为	wéi/wèi	纹	wén	无辜	wúgū	物力	wùlì	熄灭	xīmiè
为何	wèihé	闻	wén	无关	wúguān	物品	wùpǐn	嘻嘻哈哈 xīxī-hāhā
为了	wèile	蚊虫	wénchóng	无机	wújī	物体	wùtǐ	膝	xī
未	wèi	蚊帐	wénzhàng	无可奈何 wúkěnàihé		物质	wùzhì	蟋蟀	xīshuài
未必	wèibì	蚊子	wénzi	无力	wúlì	物种	wùzhǒng	习	xí
未曾	wèicéng	吻	wěn	无论	wúlùn	物资	wùzī	习惯	xíguàn
未来	wèilái	紊乱	wěnluàn	无奈	wúnài	误	wù	习俗	xísú
位	wèi	稳	wěn	无情	wúqíng	误差	wùchā	习性	xíxìng
位移	wèiyí	稳定	wěndìng	无穷	wúqióng	误会	wùhuì	席	xí
位置	wèizhi	稳健	wěnjiàn	无声	wúshēng	误解	wùjiě	袭	xí
味	wèi	问	wèn	无数	wúshù	悟	wù	袭击	xíjī
味道	wèi•dào	问世	wènshì	无暇	wúxiá	雾	wù	媳妇	xífu
畏	wèi	问题	wèntí	无限	wúxiàn			洗	xǐ/Xiǎn
胃	wèi	翁	wēng	无线电	wúxiàndiàn	**X**		洗涤	xǐdí
谓	wèi	嗡	wēng	无效	wúxiào	夕	xī	洗澡	xǐzǎo
尉	wèi/yù	窝	wō	无形	wúxíng	西	xī	喜	xǐ
喂	wèi	蜗牛	wōniú	无疑	wúyí	西北	xīběi	喜爱	xǐ'ài
蔚蓝	wèilán	我	wǒ	无意	wúyì	西方	xīfāng	喜欢	xǐhuan
慰藉	wèijiè	我们	wǒmen	无知	wúzhī	西风	xīfēng	喜剧	xǐjù
慰劳	wèiláo	卧	wò	吾	wú	西瓜	xī•guā	喜鹊	xǐ•què
慰问	wèiwèn	卧室	wòshì	吴	Wú	西红柿	xīhóngshì	喜悦	xǐyuè
魏	Wèi	握	wò	梧桐	wútóng	西南	xīnán	戏	xì
温	wēn	握手	wòshǒu	蜈蚣	wúgōng	西欧	Xī Ōu	戏剧	xìjù
温带	wēndài	乌	wū/wù	五	wǔ	吸	xī	戏曲	xìqǔ

系	jì/xì	先后	xiānhòu	现状	xiànzhuàng	香	xiāng	消耗	xiāohào
系列	xìliè	先进	xiānjìn	限	xiàn	香椿	xiāngchūn	消化	xiāohuà
系数	xìshù	先前	xiānqián	限度	xiàndù	香蕉	xiāngjiāo	消极	xiāojí
系统	xìtǒng	先生	xiānsheng	限于	xiànyú	香烟	xiāngyān	消灭	xiāomiè
细	xì	先天	xiāntiān	限制	xiànzhì	厢	xiāng	消失	xiāoshī
细胞	xìbāo	纤	qiàn/xiān	线	xiàn	湘	xiāng	消亡	xiāowáng
细节	xìjié	纤维	xiānwéi	线段	xiànduàn	箱	xiāng	消息	xiāoxi
细菌	xìjūn	掀	xiān	线路	xiànlù	箱子	xiāngzi	萧	xiāo
细小	xìxiǎo	掀起	xiānqǐ	线圈	xiànquān	镶	xiāng	硝	xiāo
细心	xìxīn	鲜	xiān/xiǎn	线索	xiànsuǒ	详	xiáng	硝酸	xiāosuān
细致	xìzhì	鲜花	xiānhuā	线条	xiàntiáo	详细	xiángxì	销	xiāo
虾	xiā	鲜明	xiānmíng	宪兵	xiànbīng	祥	xiáng	销售	xiāoshòu
瞎	xiā	鲜血	xiānxuè	宪法	xiànfǎ	翔	xiáng	箫	xiāo
匣	xiá	鲜艳	xiānyàn	宪章	xiànzhāng	享	xiǎng	潇	xiāo
峡	xiá	闲	xián	宪政	xiànzhèng	享受	xiǎngshòu	嚣张	xiāozhāng
狭	xiá	闲暇	xiánxiá	陷	xiàn	享有	xiǎngyǒu	小	xiǎo
狭隘	xiá'ài	贤	xián	陷入	xiànrù	响	xiǎng	小儿	xiǎo'ér
狭义	xiáyì	弦	xián	陷于	xiànyú	响声	xiǎngshēng	小褂儿	xiǎoguàr
狭窄	xiázhǎi	咸	xián	馅儿饼	xiànrbǐng	响应	xiǎngyìng	小伙子	xiǎohuǒzi
辖	xiá	衔	xián	羡慕	xiànmù	想	xiǎng	小姐	xiǎo·jiě
霞	xiá	嫌	xián	献	xiàn	想法	xiǎng·fǎ	小麦	xiǎomài
下	xià	显	xiǎn	献身	xiànshēn	想象	xiǎngxiàng	小朋友	xiǎopéngyou
下班	xiàbān	显得	xiǎn·dé	腺	xiàn	想象力	xiǎngxiànglì	小时	xiǎoshí
下边	xià·biān	显露	xiǎnlù	乡	xiāng	向	xiàng	小说儿（小说）	
下层	xiàcéng	显然	xiǎnrán	乡村	xiāngcūn	向来	xiànglái	xiǎoshuōr（xiǎoshuō）	
下达	xiàdá	显示	xiǎnshì	乡下	xiāngxia	向日葵	xiàngrìkuí	小心	xiǎo·xīn
下颌	xiàhé	显微镜	xiǎnwēijìng	相	xiāng/xiàng	向上	xiàngshàng	小型	xiǎoxíng
下级	xiàjí	显现	xiǎnxiàn	相当	xiāngdāng	向往	xiàngwǎng	小学	xiǎoxué
下降	xiàjiàng	显著	xiǎnzhù	相得益彰		项	xiàng	小学生	xiǎoxuéshēng
下来	xià·lái	险	xiǎn	xiāngdé-yìzhāng		项目	xiàngmù	小子	xiǎozi
下列	xiàliè	鲜	xiān/xiǎn	相等	xiāngděng	相	xiāng/xiàng	小组	xiǎozǔ
下令	xiàlìng	县	xiàn	相对	xiāngduì	象	xiàng	晓	xiǎo
下落	xiàluò	县城	xiànchéng	相反	xiāngfǎn	象征	xiàngzhēng	晓得	xiǎo·dé
下面	xià·miàn	现	xiàn	相关	xiāngguān	像	xiàng	孝	xiào
下去	xià·qù	现场	xiànchǎng	相互	xiānghù	橡胶	xiàngjiāo	校	jiào/xiào
下属	xiàshǔ	现存	xiàncún	相继	xiāngjì	橡皮	xiàngpí	校长	xiàozhǎng
下午	xiàwǔ	现代	xiàndài	相交	xiāngjiāo	肖	Xiāo/xiào	哮喘	xiàochuǎn
下旬	xiàxún	现代化	xiàndàihuà	相近	xiāngjìn	削	xiāo/xuē	笑	xiào
下游	xiàyóu	现今	xiànjīn	相连	xiānglián	逍遥	xiāoyáo	笑话	xiàohua
夏	xià	现金	xiànjīn	相似	xiāngsì	消	xiāo	笑话儿	xiàohuar
夏季	xiàjì	现实	xiànshí	相通	xiāngtōng	消除	xiāochú	笑容	xiàoróng
夏天	xiàtiān	现象	xiànxiàng	相同	xiāngtóng	消毒	xiāodú	效	xiào
仙	xiān	现行	xiànxíng	相信	xiāngxìn	消费	xiāofèi	效果	xiàoguǒ
先	xiān	现在	xiànzài	相应	xiāngyìng	消费品	xiāofèipǐn	效力	xiàolì

效率	xiàolǜ	心事	xīnshì	星球	xīngqiú	性质	xìngzhì	许	xǔ
效益	xiàoyì	心思	xīnsi	星系	xīngxì	性状	xìngzhuàng	许多	xǔduō
效应	xiàoyìng	心头	xīntóu	星星	xīngxing	姓	xìng	许可	xǔkě
啸	xiào	心血	xīnxuè	星云	xīngyún	姓名	xìngmíng	许诺	xǔnuò
些	xiē	心脏	xīnzàng	猩猩	xīngxing	凶	xiōng	旭日	xùrì
歇	xiē	芯	xīn/xìn	腥	xīng	兄	xiōng	序	xù
蝎子	xiēzi	辛	xīn	刑	xíng	兄弟	xiōngdì	叙	xù
叶	xié/yè	辛苦	xīnkǔ	刑罚	xíngfá	兄弟	xiōngdi	叙述	xùshù
协	xié	辛勤	xīnqín	刑法	xíngfǎ	匈奴	xiōngnú	酗酒	xùjiǔ
协定	xiédìng	欣然	xīnrán	刑事	xíngshì	汹涌	xiōngyǒng	绪	xù
协会	xiéhuì	欣赏	xīnshǎng	刑侦	xíngzhēn	胸	xiōng	续	xù
协商	xiéshāng	欣慰	xīnwèi	行		胸脯	xiōngpú	絮	xù
协调	xiétiáo	欣喜	xīnxǐ	háng/hàng/héng/xíng		胸膛	xiōngtáng	蓄	xù
协同	xiétóng	锌	xīn	行动	xíngdòng	雄	xióng	轩然大波	
协议	xiéyì	新	xīn	行军	xíngjūn	雄伟	xióngwěi	xuānrán-dàbō	
协助	xiézhù	新陈代谢		行李	xíngli	熊	xióng	宣	xuān
协作	xiézuò	xīnchén-dàixiè		行人	xíngrén	休	xiū	宣布	xuānbù
邪	xié/yé	新娘	xīnniáng	行使	xíngshǐ	休眠	xiūmián	宣传	xuānchuán
胁	xié	新奇	xīnqí	行驶	xíngshǐ	休息	xiūxi	宣告	xuāngào
挟	xié	新人	xīnrén	行为	xíngwéi	修	xiū	宣言	xuānyán
斜	xié	新式	xīnshì	行星	xíngxīng	修辞	xiūcí	宣扬	xuānyáng
谐调	xiétiáo	新闻	xīnwén	行政	xíngzhèng	修复	xiūfù	喧哗	xuānhuá
携	xié	新鲜	xīn·xiān	行走	xíngzǒu	修改	xiūgǎi	喧闹	xuānnào
携带	xiédài	新兴	xīnxīng	形	xíng	修建	xiūjiàn	喧嚷	xuānrǎng
鞋	xié	新型	xīnxíng	形成	xíngchéng	修理	xiūlǐ	喧嚣	xuānxiāo
写	xiě	新颖	xīnyǐng	形容	xíngróng	修养	xiūyǎng	玄	xuán
写作	xiězuò	薪	xīn	形式	xíngshì	修正	xiūzhèng	悬	xuán
血	xiě/xuè	信	xìn	形势	xíngshì	羞	xiū	悬挂	xuánguà
泄	xiè	信贷	xìndài	形态	xíngtài	羞耻	xiūchǐ	悬殊	xuánshū
泻	xiè	信号	xìnhào	形体	xíngtǐ	朽	xiǔ	旋	xuán
卸	xiè	信念	xìnniàn	形象	xíngxiàng	秀	xiù	旋律	xuánlǜ
屑	xiè	信任	xìnrèn	形状	xíngzhuàng	秀丽	xiùlì	旋转	xuánzhuǎn
械	xiè	信徒	xìntú	型	xíng	袖	xiù	选	xuǎn
谢	xiè	信息	xìnxī	醒	xǐng	绣	xiù	选拔	xuǎnbá
谢谢	xièxie	信心	xìnxīn	兴	xīng/xìng	宿	sù/xiǔ/xiù	选举	xuǎnjǔ
蟹	xiè	信仰	xìnyǎng	兴趣	xìngqù	锈	xiù	选手	xuǎnshǒu
心	xīn	信用	xìnyòng	杏仁	xìngrén	嗅	xiù	选用	xuǎnyòng
心底	xīndǐ	兴	xīng/xìng	幸	xìng	戌	xū	选择	xuǎnzé
心旷神怡		兴奋	xīngfèn	幸福	xìngfú	须	xū	癣	xuǎn
xīnkuàng-shényí		兴建	xīngjiàn	性	xìng	虚	xū	炫耀	xuànyào
心里	xīn·lǐ	兴起	xīngqǐ	性别	xìngbié	需	xū	绚丽	xuànlì
心理	xīnlǐ	星	xīng	性格	xìnggé	需求	xūqiú	渲染	xuànrǎn
心灵	xīnlíng	星际	xīngjì	性能	xìngnéng	需要	xūyào	削	xiāo/xuē
心情	xīnqíng	星期	xīngqī	性情	xìngqíng	徐	xú	削弱	xuēruò

靴	xuē	逊	xùn	言	yán	厌	yàn	要求	yāoqiú
薛	Xuē	殉难	xùnnàn	言论	yánlùn	厌恶	yànwù	腰	yāo
穴	xué			言语	yányǔ	咽	yān/yàn/yè	邀	yāo
学	xué	**Y**		岩	yán	砚	yàn	邀请	yāoqǐng
学会	xuéhuì	丫头	yātou	岩石	yánshí	艳	yàn	尧	Yáo
学科	xuékē	压	yā/yà	炎	yán	艳丽	yànlì	姚	Yáo
学派	xuépài	压力	yālì	沿	yán	宴	yàn	窑	yáo
学生	xuésheng	压迫	yāpò	沿岸	yán'àn	宴会	yànhuì	谣言	yáoyán
学术	xuéshù	压强	yāqiáng	沿海	yánhǎi	验	yàn	摇	yáo
学说	xuéshuō	压缩	yāsuō	研读	yándú	验证	yànzhèng	摇晃	yáo•huàng
学堂	xuétáng	压抑	yāyì	研究	yánjiū	谚语	yànyǔ	摇头	yáotóu
学徒	xuétú	压制	yāzhì	研究生	yánjiūshēng	堰	yàn	遥感	yáogǎn
学问	xuéwen	呀	yā	研究员	yánjiūyuán	雁	yàn	遥控	yáokòng
学习	xuéxí	押	yā	研讨	yántǎo	焰	yàn	遥望	yáowàng
学校	xuéxiào	鸦片	yāpiàn	研制	yánzhì	央求	yāngqiú	遥远	yáoyuǎn
学员	xuéyuán	鸭	yā	盐	yán	秧	yāng	咬	yǎo
学院	xuéyuàn	牙	yá	盐酸	yánsuān	扬	yáng	舀	yǎo
学者	xuézhě	牙齿	yáchǐ	阎	Yán	羊	yáng	药	yào
雪	xuě	芽	yá	颜	yán	羊毛	yángmáo	药品	yàopǐn
雪白	xuěbái	崖	yá	颜色	yánsè	阳	yáng	药物	yàowù
雪花	xuěhuā	衙门	yámen	檐	yán	阳光	yángguāng	要	yāo/yào
雪茄	xuějiā	哑	yǎ	衍	yǎn	杨	yáng	要紧	yàojǐn
血	xiě/xuè	雅	yǎ	掩	yǎn	洋	yáng	要素	yàosù
血管	xuèguǎn	轧	yà/zhá	掩盖	yǎngài	仰	yǎng	钥匙	yàoshi
血迹	xuèjì	亚	yà	掩护	yǎnhù	仰慕	yǎngmù	耀	yào
血液	xuèyè	咽	yān/yàn/yè	眼	yǎn	养	yǎng	耶稣	Yēsū
勋章	xūnzhāng	殷	yān/yīn	眼光	yǎnguāng	养分	yǎngfèn	椰子	yēzi
熏	xūn	烟	yān	眼睛	yǎnjing	养料	yǎngliào	爷爷	yéye
旬	xún	烟囱	yān•cōng	眼镜	yǎnjìng	养殖	yǎngzhí	也	yě
寻	xún	焉	yān	眼看	yǎnkàn	氧	yǎng	也许	yěxǔ
寻求	xúnqiú	淹	yān	眼泪	yǎnlèi	氧化	yǎnghuà	冶	yě
寻找	xúnzhǎo	燕	Yān/yàn	眼前	yǎnqián	氧气	yǎngqì	冶金	yějīn
巡	xún	延	yán	眼神	yǎnshén	痒	yǎng	冶炼	yěliàn
巡逻	xúnluó	延长	yáncháng	演	yǎn	样	yàng	野	yě
询问	xúnwèn	延伸	yánshēn	演变	yǎnbiàn	样本	yàngběn	野蛮	yěmán
循	xún	延续	yánxù	演唱	yǎnchàng	样品	yàngpǐn	野生	yěshēng
循环	xúnhuán	严	yán	演出	yǎnchū	样式	yàngshì	野兽	yěshòu
训	xùn	严格	yángé	演化	yǎnhuà	样子	yàngzi	野外	yěwài
训练	xùnliàn	严寒	yánhán	演技	yǎnjì	漾	yàng	业	yè
讯	xùn	严峻	yánjùn	演讲	yǎnjiǎng	夭折	yāozhé	业绩	yèjì
汛	xùn	严厉	yánlì	演说	yǎnshuō	吆喝	yāohe	业务	yèwù
迅	xùn	严密	yánmì	演绎	yǎnyì	约	yāo/yuē	业余	yèyú
迅速	xùnsù	严肃	yánsù	演员	yǎnyuán	妖	yāo	叶	xié/yè
驯	xùn	严重	yánzhòng	演奏	yǎnzòu	要	yāo/yào	叶片	yèpiàn

叶子	yèzi	伊	yī	遗嘱	yízhǔ	役	yì	姻缘	yīnyuán
页	yè	衣	yī	疑	yí	译	yì	吟	yín
夜	yè	衣服	yīfu	疑惑	yíhuò	易	yì	银	yín
夜间	yèjiān	衣裳	yīshang	疑问	yíwèn	易于	yìyú	银行	yínháng
夜里	yè·lǐ	医	yī	乙	yǐ	疫	yì	银杏	yínxìng
夜晚	yèwǎn	医疗	yīliáo	已	yǐ	益	yì	淫	yín
液	yè	医生	yīshēng	已经	yǐ·jīng	逸	yì	淫秽	yínhuì
液态	yètài	医学	yīxué	以	yǐ	意	yì	寅	yín
液体	yètǐ	医药	yīyào	以便	yǐbiàn	意见	yì·jiàn	引	yǐn
腋	yè	医院	yīyuàn	以后	yǐhòu	意境	yìjìng	引导	yǐndǎo
一	yī	依	yī	以及	yǐjí	意识	yì·shí	引进	yǐnjìn
一般	yìbān	依次	yīcì	以来	yǐlái	意思	yìsi	引力	yǐnlì
一半	yíbàn	依法	yīfǎ	以免	yǐmiǎn	意图	yìtú	引起	yǐnqǐ
一辈子	yíbèizi	依附	yīfù	以内	yǐnèi	意外	yìwài	引用	yǐnyòng
一边	yìbiān	依旧	yījiù	以前	yǐqián	意味	yìwèi	饮	yǐn
一带	yídài	依据	yījù	以外	yǐwài	意象	yìxiàng	饮食	yǐnshí
一旦	yídàn	依靠	yīkào	以往	yǐwǎng	意义	yìyì	隐	yǐn
一定	yídìng	依赖	yīlài	以为	yǐwéi	意志	yìzhì	隐蔽	yǐnbì
一度	yídù	依然	yīrán	以下	yǐxià	溢	yì	隐藏	yǐncáng
一端	yìduān	依偎	yīwēi	以至	yǐzhì	毅力	yìlì	瘾	yǐn
一共	yígòng	依照	yīzhào	以致	yǐzhì	毅然	yìrán	印	yìn
一贯	yíguàn	壹	yī	矣	yǐ	翼	yì	印刷	yìnshuā
一会儿	yíhuìr	仪	yí	蚁	yǐ	因	yīn	印象	yìnxiàng
一块儿	yíkuàir	仪器	yíqì	倚	yǐ	因此	yīncǐ	荫	yīn/yìn
一连	yìlián	仪式	yíshì	椅子	yǐzi	因地制宜	yīndì-zhìyí	荫庇	yīnbì
一律	yílǜ	夷	yí	亿	yì	因而	yīn'ér	应	yīng/yìng
一面	yímiàn	宜	yí	义	yì	因果	yīnguǒ	应当	yīngdāng
一旁	yìpáng	贻误	yíwù	义务	yìwù	因素	yīnsù	应该	yīnggāi
一齐	yìqí	姨	yí	艺	yì	因为	yīn·wèi	英	yīng
一起	yìqǐ	姨妈	yímā	艺术	yìshù	因子	yīnzǐ	英镑	yīngbàng
一切	yíqiè	胰岛素	yídǎosù	艺术家	yìshùjiā	阴	yīn	英雄	yīngxióng
一时	yìshí	胰腺	yíxiàn	忆	yì	阴谋	yīnmóu	英勇	yīngyǒng
一瞬	yíshùn	移	yí	议	yì	阴森	yīnsēn	婴	yīng
一丝不苟	yìsī-bùgǒu	移动	yídòng	议会	yìhuì	阴阳	yīnyáng	婴儿	yīng'ér
一体	yìtǐ	移民	yímín	议论	yìlùn	阴影	yīnyǐng	樱花	yīnghuā
一同	yìtóng	移植	yízhí	议员	yìyuán	茵	yīn	樱桃	yīng·táo
一线	yíxiàn	遗	yí	屹立	yìlì	荫	yīn/yìn	鹦鹉	yīngwǔ
一向	yíxiàng	遗产	yíchǎn	亦	yì	音	yīn	鹰	yīng
一心	yìxīn	遗传	yíchuán	异	yì	音调	yīndiào	迎	yíng
一再	yízài	遗憾	yíhàn	异常	yìcháng	音阶	yīnjiē	迎接	yíngjiē
一早	yìzǎo	遗迹	yíjì	抑	yì	音节	yīnjié	荧光	yíngguāng
一直	yìzhí	遗留	yíliú	抑制	yìzhì	音响	yīnxiǎng	荧光屏	
一致	yízhì	遗址	yízhǐ	邑	yì	音乐	yīnyuè		yíngguāngpíng

荧屏	yíngpíng	用品	yòngpǐn	游击队	yóujīduì	娱乐	yúlè	预计	yùjì
盈	yíng	用途	yòngtú	游戏	yóuxì	渔	yú	预见	yùjiàn
盈利	yínglì	佣金	yòngjīn	游行	yóuxíng	渔业	yúyè	预料	yùliào
萤	yíng	优	yōu	游泳	yóuyǒng	隅	yú	预期	yùqī
营	yíng	优点	yōudiǎn	友	yǒu	逾	yú	预示	yùshì
营养	yíngyǎng	优惠	yōuhuì	友好	yǒuhǎo	渝	yú	预算	yùsuàn
营业	yíngyè	优良	yōuliáng	友人	yǒurén	愉快	yúkuài	预先	yùxiān
蝇	yíng	优美	yōuměi	友谊	yǒuyì	愉悦	yúyuè	预想	yùxiǎng
赢	yíng	优势	yōushì	有	yǒu	榆	yú	预言	yùyán
赢得	yíngdé	优先	yōuxiān	有的放矢	yǒudì-fàngshǐ	愚	yú	预约	yùyuē
影	yǐng	优秀	yōuxiù	有关	yǒuguān	舆论	yúlùn	预兆	yùzhào
影片	yǐngpiàn	优越	yōuyuè	有机	yǒujī	与	yǔ/yù	预知	yùzhī
影响	yǐngxiǎng	优质	yōuzhì	有力	yǒulì	与其	yǔqí	域	yù
影子	yǐngzi	忧	yōu	有利	yǒulì	予	yú/yǔ	欲	yù
应	yīng/yìng	忧郁	yōuyù	有名	yǒumíng	予以	yǔyǐ	欲望	yùwàng
应酬	yìngchou	幽暗	yōu'àn	有趣	yǒuqù	宇航	yǔháng	遇	yù
应付	yìng•fù	幽静	yōujìng	有如	yǒurú	宇宙	yǔzhòu	遇见	yù•jiàn
应用	yìngyòng	幽灵	yōulíng	有时	yǒushí	羽	yǔ	喻	yù
映	yìng	幽默	yōumò	有限	yǒuxiàn	羽毛	yǔmáo	御	yù
硬	yìng	幽深	yōushēn	有效	yǒuxiào	雨	yǔ	寓	yù
哟	yō	幽雅	yōuyǎ	有益	yǒuyì	雨水	yǔshuǐ	愈	yù
拥	yōng	悠长	yōucháng	有意	yǒuyì	禹	Yǔ	誉	yù
拥护	yōnghù	悠久	yōujiǔ	酉	yǒu	语	yǔ	豫	yù
拥挤	yōngjǐ	悠然	yōurán	又	yòu	语法	yǔfǎ	鸳鸯	yuān•yāng
拥有	yōngyǒu	悠闲	yōuxián	右	yòu	语句	yǔjù	冤	yuān
庸俗	yōngsú	悠扬	yōuyáng	右边	yòu•biān	语气	yǔqì	渊	yuān
永	yǒng	尤	yóu	右手	yòushǒu	语文	yǔwén	元	yuán
永恒	yǒnghéng	尤其	yóuqí	幼	yòu	语言	yǔyán	元素	yuánsù
永久	yǒngjiǔ	尤为	yóuwéi	幼虫	yòuchóng	语音	yǔyīn	元宵	yuánxiāo
永远	yǒngyuǎn	由	yóu	幼儿	yòu'ér	玉	yù	园	yuán
咏	yǒng	由于	yóuyú	幼苗	yòumiáo	玉米	yùmǐ	员	yuán/Yùn
泳	yǒng	由衷	yóuzhōng	幼年	yòunián	芋头	yùtou	袁	Yuán
勇	yǒng	邮	yóu	佑	yòu	郁	yù	原	yuán
勇敢	yǒnggǎn	邮票	yóupiào	诱	yòu	育	yù	原材料	yuáncáiliào
勇气	yǒngqì	犹	yóu	诱导	yòudǎo	育种	yùzhǒng	原籍	yuánjí
勇于	yǒngyú	犹如	yóurú	迂	yū	狱	yù	原来	yuánlái
涌	yǒng	犹豫	yóuyù	淤	yū	浴	yù	原理	yuánlǐ
涌现	yǒngxiàn	油	yóu	于	yú	预报	yùbào	原谅	yuánliàng
踊跃	yǒngyuè	油画	yóuhuà	于是	yúshì	预备	yùbèi	原料	yuánliào
用	yòng	油田	yóutián	予	yú/yǔ	预测	yùcè	原始	yuánshǐ
用处	yòng•chù	油污	yóuwū	余	yú	预定	yùdìng	原先	yuánxiān
用户	yònghù	游	yóu	余地	yúdì	预防	yùfáng	原因	yuányīn
用力	yònglì	游击	yóujī	鱼	yú	预感	yùgǎn	原则	yuánzé

原子	yuánzǐ	粤	Yuè	在场	zàichǎng	责任	zérèn	瞻	zhān
原子核	yuánzǐhé	晕	yūn/yùn	在家	zàijiā	责任感	zérèngǎn	斩	zhǎn
圆	yuán	云	yún	在于	zàiyú	择	zé/zhái	盏	zhǎn
圆心	yuánxīn	云霄	yúnxiāo	载	zǎi/zài	泽	zé	展	zhǎn
援	yuán	匀	yún	咱	zán	贼	zéi	展开	zhǎnkāi
援助	yuánzhù	允	yǔn	咱们	zánmen	怎	zěn	展览	zhǎnlǎn
缘	yuán	允许	yǔnxǔ	暂	zàn	怎么	zěnme	展示	zhǎnshì
缘故	yuángù	陨石	yǔnshí	暂时	zànshí	怎么样	zěnmeyàng	展现	zhǎnxiàn
猿	yuán	孕	yùn	赞	zàn	怎样	zěnyàng	崭新	zhǎnxīn
猿猴	yuánhóu	运	yùn	赞成	zànchéng	曾	céng/zēng	辗转	zhǎnzhuǎn
源	yuán	运动	yùndòng	赞美	zànměi	增	zēng	占	zhān/zhàn
源泉	yuánquán	运动员	yùndòngyuán	赞叹	zàntàn	增产	zēngchǎn	占据	zhànjù
远	yuǎn	运输	yùnshū	赞扬	zànyáng	增多	zēngduō	占领	zhànlǐng
远方	yuǎnfāng	运算	yùnsuàn	赃	zāng/zàng	增高	zēnggāo	占用	zhànyòng
苑	yuàn	运行	yùnxíng	赃物	zāngwù	增加	zēngjiā	占有	zhànyǒu
怨	yuàn	运用	yùnyòng	葬	zàng	增进	zēngjìn	栈道	zhàndào
院	yuàn	运转	yùnzhuǎn	藏	cáng/zàng	增强	zēngqiáng	战	zhàn
院子	yuànzi	酝酿	yùnniàng	遭	zāo	增添	zēngtiān	战场	zhànchǎng
愿	yuàn	韵	yùn	遭受	zāoshòu	增长	zēngzhǎng	战斗	zhàndòu
愿望	yuànwàng	蕴	yùn	遭殃	zāoyāng	增殖	zēngzhí	战国	zhànguó
愿意	yuàn•yì	蕴藏	yùncáng	遭遇	zāoyù	憎	zēng	战绩	zhànjì
曰	yuē	蕴涵	yùnhán	糟	zāo	赠	zèng	战栗	zhànlì
约	yāo/yuē			糟蹋	zāo•tà	渣滓	zhā•zǐ	战略	zhànlüè
约束	yuēshù	**Z**		凿	záo	扎	zā/zhā/zhá	战胜	zhànshèng
月	yuè	扎	zā/zhā/zhá	早	zǎo	闸	zhá	战士	zhànshì
月初	yuèchū	杂	zá	早晨	zǎo•chén	炸	zhá/zhà	战术	zhànshù
月份	yuèfèn	杂技	zájì	早期	zǎoqī	眨	zhǎ	战线	zhànxiàn
月光	yuèguāng	杂交	zájiāo	早日	zǎorì	乍	zhà	战役	zhànyì
月亮	yuèliang	杂志	zázhì	早上	zǎoshang	诈	zhà	战友	zhànyǒu
月球	yuèqiú	杂质	zázhì	早已	zǎoyǐ	栅栏	zhàlan	战争	zhànzhēng
乐	lè/yuè	砸	zá	枣	zǎo	炸	zhá/zhà	站	zhàn
乐队	yuèduì	咋	zá/zé	澡	zǎo	炸弹	zhàdàn	张	zhāng
乐器	yuèqì	灾	zāi	藻	zǎo	榨	zhà	章	zhāng
乐曲	yuèqǔ	灾难	zāinàn	灶	zào	斋	zhāi	章程	zhāngchéng
岳	yuè	哉	zāi	造	zào	摘	zhāi	樟脑	zhāngnǎo
岳父	yuèfù	栽	zāi	造就	zàojiù	宅	zhái	长	cháng/zhǎng
阅	yuè	栽培	zāipéi	造型	zàoxíng	窄	zhǎi	长官	zhǎngguān
阅读	yuèdú	载	zǎi/zài	造谣	zàoyáo	债	zhài	涨	zhǎng/zhàng
悦	yuè	宰	zǎi	噪	zào	债务	zhàiwù	掌	zhǎng
跃	yuè	再	zài	燥	zào	寨	zhài	掌握	zhǎngwò
越	yuè	再见	zàijiàn	躁	zào	占	zhān/zhàn	丈	zhàng
越冬	yuèdōng	再现	zàixiàn	则	zé	沾	zhān	丈夫	zhàngfu
越过	yuèguò	在	zài	责	zé	毡	zhān	仗	zhàng

杖	zhàng	辙	zhé	震动	zhèndòng	正在	zhèngzài	脂肪	zhīfáng
帐	zhàng	者	zhě	震撼	zhènhàn	证	zhèng	蜘蛛	zhīzhū
帐篷	zhàngpeng	这	zhè	震惊	zhènjīng	证据	zhèngjù	执	zhí
账	zhàng	这个	zhège	镇	zhèn	证明	zhèngmíng	执行	zhíxíng
胀	zhàng	这里	zhè•lǐ	镇压	zhènyā	证实	zhèngshí	直	zhí
涨	zhǎng/zhàng	这么	zhème	正	zhēng/zhèng	证书	zhèngshū	直观	zhíguān
障	zhàng	这儿	zhèr	争	zhēng	郑	Zhèng	直角	zhíjiǎo
障碍	zhàng'ài	这些	zhèxiē	争夺	zhēngduó	政	zhèng	直接	zhíjiē
招	zhāo	这样	zhèyàng	争论	zhēnglùn	政策	zhèngcè	直径	zhíjìng
招待	zhāodài	浙	Zhè	争取	zhēngqǔ	政党	zhèngdǎng	直觉	zhíjué
招呼	zhāohu	蔗	zhè	征	zhēng	政府	zhèngfǔ	直立	zhílì
招生	zhāoshēng	贞	zhēn	征服	zhēngfú	政权	zhèngquán	直辖市	zhíxiáshì
昭	zhāo	针	zhēn	征求	zhēngqiú	政委	zhèngwěi	直线	zhíxiàn
着		针对	zhēnduì	征收	zhēngshōu	政治	zhèngzhì	直至	zhízhì
	zhāo/zháo/zhe/zhuó	针灸	zhēnjiǔ	征询	zhēngxún	挣	zhēng/zhèng	侄	zhí
着急	zháojí	侦查	zhēnchá	怔	zhēng	症	zhēng/zhèng	值	zhí
爪	zhǎo/zhuǎ	侦察	zhēnchá	挣	zhēng/zhèng	症状	zhèngzhuàng	值班	zhíbān
找	zhǎo	侦破	zhēnpò	狰狞	zhēngníng	之	zhī	值得	zhí•dé
沼气	zhǎoqì	侦探	zhēntàn	症	zhēng/zhèng	之后	zhīhòu	职	zhí
沼泽	zhǎozé	珍	zhēn	睁	zhēng	之前	zhīqián	职工	zhígōng
召集	zhàojí	珍贵	zhēnguì	蒸	zhēng	支	zhī	职能	zhínéng
召开	zhàokāi	珍珠	zhēnzhū	蒸发	zhēngfā	支部	zhībù	职权	zhíquán
兆	zhào	真	zhēn	蒸馏	zhēngliú	支撑	zhīchēng	职务	zhíwù
赵	Zhào	真诚	zhēnchéng	蒸馏水	zhēngliúshuǐ	支持	zhīchí	职业	zhíyè
照	zhào	真迹	zhēnjì	蒸气	zhēngqì	支出	zhīchū	职员	zhíyuán
照顾	zhào•gù	真空	zhēnkōng	蒸腾	zhēngténg	支队	zhīduì	职责	zhízé
照例	zhàolì	真理	zhēnlǐ	拯救	zhěngjiù	支付	zhīfù	植	zhí
照明	zhàomíng	真实	zhēnshí	整	zhěng	支配	zhīpèi	植物	zhíwù
照片	zhàopiàn	真正	zhēnzhèng	整顿	zhěngdùn	支援	zhīyuán	植株	zhízhū
照射	zhàoshè	真挚	zhēnzhì	整个	zhěnggè	只	zhī/zhǐ	殖	zhí
照相	zhàoxiàng	斟	zhēn	整理	zhěnglǐ	汁	zhī	殖民	zhímín
照相机	zhàoxiàngjī	诊	zhěn	整齐	zhěngqí	芝麻	zhīma	殖民地	zhímíndì
照样	zhàoyàng	诊断	zhěnduàn	整体	zhěngtǐ	吱	zhī/zī	止	zhǐ
照耀	zhàoyào	枕	zhěn	正	zhēng/zhèng	枝	zhī	只	zhī/zhǐ
罩	zhào	枕头	zhěntou	正常	zhèngcháng	枝条	zhītiáo	只得	zhǐdé
肇事	zhàoshì	阵	zhèn	正当	zhèngdāng	枝叶	zhīyè	只顾	zhǐgù
折腾	zhēteng	阵地	zhèndì	正当	zhèngdàng	知	zhī	只好	zhǐhǎo
遮	zhē	振	zhèn	正规	zhèngguī	知道	zhī•dào	只是	zhǐshì
折	shé/zhē/zhé	振荡	zhèndàng	正好	zhènghǎo	知觉	zhījué	只要	zhǐyào
折磨	zhé•mó	振动	zhèndòng	正面	zhèngmiàn	知识	zhīshi	只有	zhǐyǒu
折射	zhéshè	振奋	zhènfèn	正确	zhèngquè	肢	zhī	旨	zhǐ
哲	zhé	振兴	zhènxīng	正式	zhèngshì	织	zhī	址	zhǐ
哲学	zhéxué	震	zhèn	正义	zhèngyì	脂	zhī	纸	zhǐ

指	zhǐ	智力	zhìlì	种类	zhǒnglèi	蛛网	zhūwǎng	注释	zhùshì
指标	zhǐbiāo	智能	zhìnéng	种群	zhǒngqún	竹	zhú	注意	zhùyì
指导	zhǐdǎo	滞	zhì	种子	zhǒngzi	逐	zhú	注重	zhùzhòng
指定	zhǐdìng	置	zhì	种族	zhǒngzú	逐步	zhúbù	驻	zhù
指挥	zhǐhuī	稚	zhì	中	zhōng/zhòng	逐渐	zhújiàn	柱	zhù
指令	zhǐlìng	中	zhōng/zhòng	中毒	zhòngdú	逐年	zhúnián	祝	zhù
指明	zhǐmíng	中等	zhōngděng	仲	zhòng	烛	zhú	祝贺	zhùhè
指示	zhǐshì	中断	zhōngduàn	众	zhòng	主	zhǔ	著	zhù
指数	zhǐshù	中华	Zhōnghuá	众多	zhòngduō	主编	zhǔbiān	著名	zhùmíng
指责	zhǐzé	中间	zhōngjiān	众人	zhòngrén	主持	zhǔchí	著作	zhùzuò
趾	zhǐ	中年	zhōngnián	种		主导	zhǔdǎo	蛀	zhù
至	zhì	中期	zhōngqī		Chóng/zhǒng/zhòng	主动	zhǔdòng	铸	zhù
至此	zhìcǐ	中世纪	zhōngshìjì	种植	zhòngzhí	主观	zhǔguān	筑	zhù
至今	zhìjīn	中枢	zhōngshū	重	chóng/zhòng	主管	zhǔguǎn	抓	zhuā
至少	zhìshǎo	中外	zhōngwài	重大	zhòngdà	主力	zhǔlì	抓紧	zhuājǐn
至于	zhìyú	中午	zhōngwǔ	重点	zhòngdiǎn	主权	zhǔquán	转	
志	zhì	中心	zhōngxīn	重工业	zhònggōngyè	主人	zhǔ•rén		zhuǎi/zhuǎn/zhuàn
帜	zhì	中性	zhōngxìng	重力	zhònglì	主人公	zhǔréngōng	拽	zhuài
制	zhì	中学	zhōngxué	重量	zhòngliàng	主任	zhǔrèn	专	zhuān
制订	zhìdìng	中学生		重视	zhòngshì	主题	zhǔtí	专家	zhuānjiā
制定	zhìdìng		zhōngxuéshēng	重要	zhòngyào	主体	zhǔtǐ	专利	zhuānlì
制度	zhìdù	中旬	zhōngxún	舟	zhōu	主席	zhǔxí	专门	zhuānmén
制品	zhìpǐn	中央	zhōngyāng	州	zhōu	主要	zhǔyào	专题	zhuāntí
制约	zhìyuē	中叶	zhōngyè	周	zhōu	主义	zhǔyì	专业	zhuānyè
制造	zhìzào	中医	zhōngyī	周年	zhōunián	主意	zhǔyi(zhúyi)	专用	zhuānyòng
制止	zhìzhǐ	中庸	zhōngyōng	周期	zhōuqī	主语	zhǔyǔ	专政	zhuānzhèng
制作	zhìzuò	中原	zhōngyuán	周围	zhōuwéi	主张	zhǔzhāng	专制	zhuānzhì
质	zhì	中子	zhōngzǐ	周转	zhōuzhuǎn	拄	zhǔ	砖	zhuān
质变	zhìbiàn	忠	zhōng	洲	zhōu	煮	zhǔ	转	
质量	zhìliàng	忠诚	zhōngchéng	粥	zhōu	嘱	zhǔ		zhuǎi/zhuǎn/zhuàn
质子	zhìzǐ	忠实	zhōngshí	轴	zhóu/zhòu	嘱咐	zhǔ•fù	转变	zhuǎnbiàn
治	zhì	终	zhōng	肘	zhǒu	嘱目	zhǔmù	转动	zhuǎndòng
治安	zhì'ān	终究	zhōngjiū	咒	zhòu	助	zhù	转化	zhuǎnhuà
治理	zhìlǐ	终年	zhōngnián	昼	zhòu	助手	zhùshǒu	转换	zhuǎnhuàn
治疗	zhìliáo	终身	zhōngshēn	昼夜	zhòuyè	住	zhù	转身	zhuǎnshēn
致	zhì	终于	zhōngyú	皱	zhòu	住房	zhùfáng	转瞬	zhuǎnshùn
致富	zhìfù	钟	zhōng	骤	zhòu	住宅	zhùzhái	转向	zhuǎnxiàng
致使	zhìshǐ	钟头	zhōngtóu	朱	zhū	贮	zhù	转移	zhuǎnyí
秩序	zhìxù	衷心	zhōngxīn	珠	zhū	贮藏	zhùcáng	转	
掷	zhì	肿	zhǒng	株	zhū	贮存	zhùcún		zhuǎi/zhuǎn/zhuàn
窒息	zhìxī	肿瘤	zhǒngliú	诸	zhū	注	zhù	转动	zhuàndòng
智	zhì	种		诸如	zhūrú	注射	zhùshè	转向	zhuànxiàng
智慧	zhìhuì		Chóng/zhǒng/zhòng	猪	zhū	注视	zhùshì	转悠	zhuànyou

赚	zhuàn	卓越	zhuóyuè	自豪	zìháo	纵	zòng	罪恶	zuì'è
撰	zhuàn	浊	zhuó	自己	zìjǐ	纵队	zòngduì	罪犯	zuìfàn
妆	zhuāng	酌	zhuó	自觉	zìjué	走	zǒu	罪行	zuìxíng
庄	zhuāng	啄	zhuó	自力更生		走廊	zǒuláng	醉	zuì
庄稼	zhuāngjia	啄木鸟	zhuómùniǎo	zìlì-gēngshēng		走向	zǒuxiàng	尊	zūn
庄严	zhuāngyán	着		自然	zìrán	奏	zòu	尊敬	zūnjìng
桩	zhuāng	zhāo/zháo/zhe/zhuó		自然界	zìránjiè	揍	zòu	尊严	zūnyán
装	zhuāng	着手	zhuóshǒu	自杀	zìshā	租	zū	尊重	zūnzhòng
装备	zhuāngbèi	着重	zhuózhòng	自身	zìshēn	租界	zūjiè	遵	zūn
装饰	zhuāngshì	琢磨	zhuómó	自卫	zìwèi	租赁	zūlìn	遵守	zūnshǒu
装置	zhuāngzhì	咨询	zīxún	自我	zìwǒ	足	zú	遵循	zūnxún
壮	zhuàng	姿	zī	自信	zìxìn	足够	zúgòu	作	zuō/zuò
壮大	zhuàngdà	姿势	zīshì	自行	zìxíng	足迹	zújì	作坊	zuōfang
壮丽	zhuànglì	姿态	zītài	自行车	zìxíngchē	足球	zúqiú	昨天	zuótiān
状	zhuàng	兹	zī	自由	zìyóu	足以	zúyǐ	琢磨	zuómo
状况	zhuàngkuàng	资	zī	自愿	zìyuàn	族	zú	左	zuǒ
状态	zhuàngtài	资本	zīběn	自在	zìzài	阻	zǔ	左边	zuǒ•biān
撞	zhuàng	资产	zīchǎn	自在	zìzai	阻碍	zǔ'ài	左手	zuǒshǒu
追	zhuī	资格	zīgé	自治	zìzhì	阻力	zǔlì	左右	zuǒyòu
追悼	zhuīdào	资金	zījīn	自治区	zìzhìqū	阻止	zǔzhǐ	佐	zuǒ
追究	zhuījiū	资料	zīliào	自主	zìzhǔ	组	zǔ	作	zuō/zuò
追求	zhuīqiú	资源	zīyuán	自转	zìzhuàn	组合	zǔhé	作法	zuòfǎ
追逐	zhuīzhú	滋	zī	字	zì	组织	zǔzhī	作风	zuòfēng
椎	zhuī	滋味	zīwèi	字迹	zìjì	祖	zǔ	作家	zuòjiā
锥	zhuī	子	zǐ	字母	zìmǔ	祖父	zǔfù	作品	zuòpǐn
坠	zhuì	子弹	zǐdàn	宗	zōng	祖国	zǔguó	作祟	zuòsuì
缀	zhuì	子弟	zǐdì	宗教	zōngjiào	祖母	zǔmǔ	作为	zuòwéi
赘	zhuì	子宫	zǐgōng	宗旨	zōngzhǐ	祖先	zǔxiān	作物	zuòwù
谆谆教导		子女	zǐnǚ	综合	zōnghé	祖宗	zǔzong	作业	zuòyè
zhūnzhūn-jiàodǎo		子孙	zǐsūn	棕	zōng	钻	zuān/zuàn	作用	zuòyòng
准	zhǔn	仔细	zǐxì	踪	zōng	钻研	zuānyán	作战	zuòzhàn
准备	zhǔnbèi	姊妹	zǐmèi	踪迹	zōngjì	嘴	zuǐ	作者	zuòzhě
准确	zhǔnquè	籽	zǐ	总	zǒng	嘴巴	zuǐba	坐	zuò
准则	zhǔnzé	紫	zǐ	总额	zǒng'é	嘴唇	zuǐchún	坐标	zuòbiāo
拙	zhuō	自	zì	总和	zǒnghé	最	zuì	座	zuò
捉	zhuō	自称	zìchēng	总结	zǒngjié	最初	zuìchū	座位	zuò•wèi
桌	zhuō	自从	zìcóng	总理	zǒnglǐ	最后	zuìhòu	做	zuò
桌子	zhuōzi	自动	zìdòng	总数	zǒngshù	最近	zuìjìn	做法	zuòfǎ
灼	zhuó	自动化	zìdònghuà	总算	zǒngsuàn	最为	zuìwéi	做梦	zuòmèng
茁壮	zhuózhuàng	自发	zìfā	总体	zǒngtǐ	最终	zuìzhōng		
卓	zhuó			总统	zǒngtǒng	罪	zuì		
				总之	zǒngzhī				

表 二

A

哀愁	āichóu
哀求	āiqiú
哀伤	āishāng
哀怨	āiyuàn
哀乐	āiyuè
皑皑	ái'ái
癌症	áizhèng
矮小	ǎixiǎo
爱戴	àidài
爱抚	àifǔ
爱惜	àixī
爱心	àixīn
碍事	àishì
安插	ānchā
安顿	āndùn
安放	ānfàng
安分	ānfèn
安抚	ānfǔ
安家	ānjiā
安居	ānjū
安居乐业	ānjū-lèyè
安康	ānkāng
安乐	ānlè
安理会	Ānlǐhuì
安宁	ānníng
安然	ānrán
安生	ān•shēng
安危	ānwēi
安稳	ānwěn
安息	ānxī
安闲	ānxián
安详	ānxiáng
安逸	ānyì
安葬	ānzàng
按摩	ànmó
按捺	ànnà
按期	ànqī
按时	ànshí
按说	ànshuō
案例	ànlì
案情	ànqíng
案头	àntóu
案子	ànzi
暗藏	àncáng
暗淡	àndàn
暗地	àndì
暗访	ànfǎng
暗号	ànhào
暗杀	ànshā
暗自	ànzì
黯然	ànrán
昂贵	ángguì
昂然	ángrán
昂首	ángshǒu
昂扬	ángyáng
盎然	àngrán
凹陷	āoxiàn
遨游	áoyóu
鳌	áo
翱翔	áoxiáng
傲慢	àomàn
傲然	àorán
奥妙	àomiào

B

八股	bāgǔ
八卦	bāguà
八仙桌	bāxiānzhuō
八字	bāzì
巴结	bājie
巴掌	bāzhang
疤痕	bāhén
拔除	báchú
拔地而起	bádì'érqǐ
拔节	bájié
拔腿	bátuǐ
把柄	bǎbǐng
把持	bǎchí
把关	bǎguān
把门儿(把门)	bǎménr(bǎmén)
把手	bǎ•shǒu
把守	bǎshǒu
把戏	bǎxì
把子	bǎzi
靶场	bǎchǎng
把子	bàzi
罢官	bàguān
罢课	bàkè
罢免	bàmiǎn
罢休	bàxiū
霸权	bàquán
霸王	bàwáng
霸占	bàzhàn
白菜	báicài
白费	báifèi
白骨	báigǔ
白果	báiguǒ
白话	báihuà
白话文	báihuàwén
白桦	báihuà
白净	báijing
白酒	báijiǔ
白领	báilǐng
白人	Báirén
白日	báirì
白糖	báitáng
白皙	báixī
白眼	báiyǎn
白衣天使	báiyī tiānshǐ
白蚁	báiyǐ
白银	báiyín
白昼	báizhòu
百般	bǎibān
百分比	bǎifēnbǐ
百合	bǎihé
百花齐放	bǎihuā-qífàng
百货	bǎihuò
百家争鸣	bǎijiā-zhēngmíng
百科全书	bǎikē quánshū
百灵	bǎilíng
百折不挠	bǎizhé-bùnáo
柏油	bǎiyóu
摆布	bǎi•bù
摆弄	bǎi•nòng
摆设	bǎishè
摆设	bǎi•shè
败坏	bàihuài
败诉	bàisù
败仗	bàizhàng
拜访	bàifǎng
拜会	bàihuì
拜年	bàinián
拜托	bàituō
班车	bānchē
班级	bānjí
班主任	bānzhǔrèn
班子	bānzi
班组	bānzǔ
颁奖	bānjiǎng
斑白	bānbái
斑驳	bānbó
斑点	bāndiǎn
斑斓	bānlán
斑纹	bānwén
搬迁	bānqiān
搬用	bānyòng
板子	bǎnzi
版本	bǎnběn
版画	bǎnhuà
版面	bǎnmiàn
版权	bǎnquán
版图	bǎntú
办案	bàn'àn
办公	bàngōng
办学	bànxué
半边	bànbiān
半成品	bànchéngpǐn
半点儿	bàndiǎnr
半截儿	bànjiér
半空	bànkōng
半路	bànlù
半生	bànshēng
半数	bànshù
半途	bàntú
半圆	bànyuán
邦交	bāngjiāo
帮办	bāngbàn
帮扶	bāngfú
帮工	bānggōng
帮手	bāngshou
帮凶	bāngxiōng
梆子	bāngzi
绑架	bǎngjià
榜单	bǎngdān
榜首	bǎngshǒu
膀子	bǎngzi
棒槌	bàngchui
棒球	bàngqiú
棒子	bàngzi
包办	bāobàn
包工	bāogōng
包裹	bāoguǒ
包揽	bāolǎn
包罗万象	bāoluó-wànxiàng
包容	bāoróng
包厢	bāoxiāng
包销	bāoxiāo
包扎	bāozā
包子	bāozi

饱含	bǎohán	报喜	bàoxǐ	北极	běijí	本源	běnyuán	陛下	bìxià
饱满	bǎomǎn	报销	bàoxiāo	北极星	běijíxīng	本职	běnzhí	敝	bì
宝剑	bǎojiàn	报效	bàoxiào	北上	běishàng	本子	běnzi	婢女	bìnǚ
宝库	bǎokù	报信	bàoxìn	贝壳	bèiké	苯	běn	碧波	bìbō
宝塔	bǎotǎ	报应	bào·yìng	备案	bèi'àn	笨重	bènzhòng	碧绿	bìlù
宝物	bǎowù	刨子	bàozi	备课	bèikè	笨拙	bènzhuō	弊病	bìbìng
宝藏	bǎozàng	抱不平	bàobùpíng	备忘录	bèiwànglù	绷带	bēngdài	弊端	bìduān
宝座	bǎozuò	抱负	bàofù	备用	bèiyòng	迸	bèng	壁垒	bìlěi
保安	bǎo'ān	抱歉	bàoqiàn	备战	bèizhàn	迸发	bèngfā	避风	bìfēng
保护色	bǎohùsè	抱怨	bào·yuàn	背风	bèifēng	逼供	bīgòng	避雷针	bìléizhēn
保洁	bǎojié	豹子	bàozi	背脊	bèijǐ	逼近	bījìn	避难	bìnàn
保龄球	bǎolíngqiú	暴发	bàofā	背离	bèilí	逼迫	bīpò	避暑	bìshǔ
保密	bǎomì	暴风雪	bàofēngxuě	背面	bèimiàn	逼真	bīzhēn	臂膀	bìbǎng
保暖	bǎonuǎn	暴风雨	bàofēngyǔ	背叛	bèipàn	鼻尖	bíjiān	边陲	biānchuí
保全	bǎoquán	暴君	bàojūn	背诵	bèisòng	鼻梁	bíliáng	边防	biānfáng
保湿	bǎoshī	暴利	bàolì	背心	bèixīn	鼻腔	bíqiāng	边关	biānguān
保温	bǎowēn	暴乱	bàoluàn	背影	bèiyǐng	鼻音	bíyīn	边沿	biānyán
保鲜	bǎoxiān	暴徒	bàotú	钡	bèi	比方	bǐfang	边远	biānyuǎn
保险丝	bǎoxiǎnsī	暴行	bàoxíng	倍加	bèijiā	比分	bǐfēn	编导	biāndǎo
保养	bǎoyǎng	暴躁	bàozào	倍数	bèishù	比例尺	bǐlìchǐ	编队	biānduì
保佑	bǎoyòu	暴涨	bàozhǎng	倍增	bèizēng	比率	bǐlù	编号	biānhào
保证金		爆裂	bàoliè	被单	bèidān	比拟	bǐnǐ	编剧	biānjù
bǎozhèngjīn		爆满	bàomǎn	被迫	bèipò	比热	bǐrè	编码	biānmǎ
保证人		爆破	bàopò	被窝儿	bèiwōr	比武	bǐwǔ	编排	biānpái
bǎozhèngrén		爆竹	bàozhú	奔波	bēnbō	比值	bǐzhí	编造	biānzào
保值	bǎozhí	杯子	bēizi	奔放	bēnfàng	彼岸	bǐ'àn	编者	biānzhě
保重	bǎozhòng	卑鄙	bēibǐ	奔赴	bēnfù	笔触	bǐchù	编织	biānzhī
堡垒	bǎolěi	卑劣	bēiliè	奔流	bēnliú	笔法	bǐfǎ	编撰	biānzhuàn
报案	bào'àn	卑微	bēiwēi	奔涌	bēnyǒng	笔画	bǐhuà	编纂	biānzuǎn
报表	bàobiǎo	卑下	bēixià	奔走	bēnzǒu	笔尖	bǐjiān	鞭策	biāncè
报仇	bàochóu	背包	bēibāo	本部	běnbù	笔名	bǐmíng	鞭打	biāndǎ
报答	bàodá	背负	bēifù	本分	běnfèn	笔墨	bǐmò	鞭炮	biānpào
报导	bàodǎo	悲愤	bēifèn	本行	běnháng	笔试	bǐshì	贬低	biǎndī
报到	bàodào	悲观	bēiguān	本家	běnjiā	笔直	bǐzhí	贬义	biǎnyì
报废	bàofèi	悲苦	bēikǔ	本金	běnjīn	鄙视	bǐshì	贬值	biǎnzhí
报馆	bàoguǎn	悲凉	bēiliáng	本科	běnkē	鄙夷	bǐyí	扁担	biǎndan
报国	bàoguó	悲伤	bēishāng	本钱	běn·qián	币制	bìzhì	变故	biàngù
报价	bàojià	悲痛	bēitòng	本色	běnsè	必备	bìbèi	变幻	biànhuàn
报警	bàojǐng	悲壮	bēizhuàng	本土	běntǔ	必将	bìjiāng	变卖	biànmài
报考	bàokǎo	碑文	bēiwén	本位	běnwèi	必需品	bìxūpǐn	变色	biànsè
报请	bàoqǐng	北半球	běibànqiú	本义	běnyì	毕生	bìshēng	变数	biànshù
报社	bàoshè	北边	běi·biān	本意	běnyì	闭幕	bìmù	变通	biàntōng
报送	bàosòng	北国	běiguó	本原	běnyuán	闭塞	bìsè	变相	biànxiàng

变性	biànxìng	别名	biémíng	并联	bìnglián	剥蚀	bōshí	不甘	bùgān
变压器	biànyāqì	别有用心		并列	bìngliè	播放	bōfàng	不敢当	bùgǎndāng
变样	biànyàng	biéyǒu-yòngxīn		并排	bìngpái	播送	bōsòng	不计其数	bùjì-qíshù
变质	biànzhì	别致	bié·zhì	并行	bìngxíng	伯乐	Bólè	不见得	bùjiàn•dé
变种	biànzhǒng	别扭	bièniu	并重	bìngzhòng	伯母	bómǔ	不胫而走	bùjìng'érzǒu
便道	biàndào	宾馆	bīnguǎn	病程	bìngchéng	驳斥	bóchì	不可思议	bùkě-sīyì
便捷	biànjié	宾客	bīnkè	病床	bìngchuáng	驳回	bóhuí	不拘一格	bùjū-yīgé
便秘	biànmì	宾语	bīnyǔ	病房	bìngfáng	帛	bó	不可一世	bùkě-yīshì
便民	biànmín	宾主	bīnzhǔ	病根	bìnggēn	铂	bó	不力	bùlì
便衣	biànyī	濒危	bīnwēi	病故	bìnggù	脖颈儿	bógěngr	不妙	bùmiào
遍布	biànbù	摈弃	bìnqì	病害	bìnghài	博爱	bó'ài	不配	bùpèi
遍地	biàndì	冰雹	bīngbáo	病号	bìnghào	博大	bódà	不屈	bùqū
遍及	biànjí	冰点	bīngdiǎn	病菌	bìngjūn	博大精深		不忍	bùrěn
辨证	biànzhèng	冰冻	bīngdòng	病历	bìnglì	bódà-jīngshēn		不善	bùshàn
辨驳	biànbó	冰窖	bīngjiào	病例	bìnglì	博得	bódé	不适	bùshì
辨护人	biànhùrén	冰晶	bīngjīng	病魔	bìngmó	博客	bókè	不速之客	bùsùzhīkè
辨解	biànjiě	冰冷	bīnglěng	病史	bìngshǐ	博览	bólǎn	不祥	bùxiáng
辨论	biànlùn	冰凉	bīngliáng	病逝	bìngshì	博览会	bólǎnhuì	不像话	bùxiànghuà
辫子	biànzi	冰球	bīngqiú	病榻	bìngtà	博物馆	bówùguǎn	不孝	bùxiào
标榜	biāobǎng	冰山	bīngshān	病态	bìngtài	搏击	bójī	不屑	bùxiè
标本兼治		冰天雪地		病痛	bìngtòng	箔	bó	不休	bùxiū
biāoběn-jiānzhì		bīngtiān-xuědì		病危	bìngwēi	薄荷	bòhe	不朽	bùxiǔ
标兵	biāobīng	冰箱	bīngxiāng	病因	bìngyīn	补丁	bǔding	不锈钢	bùxiùgāng
标尺	biāochǐ	兵法	bīngfǎ	病员	bìngyuán	补给	bǔjǐ	不言而喻	bùyán'éryù
标记	biāojì	兵家	bīngjiā	病原体	bìngyuántǐ	补救	bǔjiù	不一	bùyī
标价	biāojià	兵器	bīngqì	病灶	bìngzào	补课	bǔkè	不依	bùyī
标明	biāomíng	兵团	bīngtuán	病症	bìngzhèng	补习	bǔxí	不遗余力	bùyí-yúlì
标牌	biāopái	兵役	bīngyì	摒弃	bìngqì	补助	bǔzhù	不以为然	bùyǐwéirán
标签	biāoqiān	兵营	bīngyíng	拨打	bōdǎ	补足	bǔzú	不由得	bùyóude
标新立异		兵站	bīngzhàn	拨付	bōfù	捕获	bǔhuò	不约而同	
biāoxīn-lìyì		兵种	bīngzhǒng	拨款	bōkuǎn	捕杀	bǔshā	bùyuē'értóng	
膘	biāo	饼干	bǐnggān	拨弄	bō•nòng	不测	bùcè	不折不扣	bùzhé-bùkòu
表白	biǎobái	饼子	bǐngzi	波段	bōduàn	不啻	bùchì	不知所措	bùzhī-suǒcuò
表格	biǎogé	屏息	bǐngxī	波峰	bōfēng	不得了	bùdéliǎo	不只	bùzhǐ
表决	biǎojué	禀报	bǐngbào	波谷	bōgǔ	不得已	bùdéyǐ	不至于	bùzhìyú
表露	biǎolù	并存	bìngcún	波及	bōjí	不敌	bùdí	不治	bùzhì
表率	biǎoshuài	并发	bìngfā	波澜壮阔		不动产	bùdòngchǎn	布告	bùgào
表态	biǎotài	并发症	bìngfāzhèng	bōlán-zhuàngkuò		不动声色		布景	bùjǐng
别出心裁		并非	bìngfēi	波涛	bōtāo	bùdòng-shēngsè		布匹	bùpǐ
biéchū-xīncái		并购	bìnggòu	波纹	bōwén	不乏	bùfá	布衣	bùyī
别具一格	biéjù-yīgé	并肩	bìngjiān	波折	bōzhé	不法	bùfǎ	步兵	bùbīng
别开生面		并进	bìngjìn	钵	bō	不凡	bùfán	步履	bùlǚ
biékāi-shēngmiàn		并举	bìngjǔ	剥离	bōlí	不符	bùfú	步枪	bùqiāng

步入	bùrù	采油	cǎiyóu	蚕丝	cánsī	测评	cèpíng	诧异	chàyì
步行	bùxíng	采摘	cǎizhāi	惨案	cǎn'àn	测试	cèshì	拆除	chāichú
部件	bùjiàn	彩电	cǎidiàn	惨白	cǎnbái	测算	cèsuàn	拆分	chāifēn
部属	bùshǔ	彩虹	cǎihóng	惨败	cǎnbài	策动	cèdòng	拆毁	chāihuǐ
部委	bùwěi	彩绘	cǎihuì	惨剧	cǎnjù	策划	cèhuà	拆迁	chāiqiān
部下	bùxià	彩礼	cǎilǐ	惨死	cǎnsǐ	层出不穷		拆卸	chāixiè
部族	bùzú	彩票	cǎipiào	惨痛	cǎntòng		céngchū-bùqióng	差使	chāishǐ
		彩旗	cǎiqí	惨重	cǎnzhòng	层面	céngmiàn	差事	chāishi
C		彩塑	cǎisù	仓促	cāngcù	叉腰	chāyāo	柴火	cháihuo
		彩陶	cǎitáo	仓皇	cānghuáng	杈	chā/chà	柴油	cháiyóu
擦拭	cāshì	菜场	càichǎng	苍翠	cāngcuì	差错	chācuò	掺杂	chānzá
猜测	cāicè	菜单	càidān	苍老	cānglǎo	差额	chā'é	搀扶	chānfú
猜想	cāixiǎng	菜刀	càidāo	苍凉	cāngliáng	插队	chāduì	禅宗	chánzōng
猜疑	cāiyí	菜园	càiyuán	苍穹	cāngqióng	插话	chāhuà	缠绵	chánmián
才干	cáigàn	参拜	cānbài	苍天	cāngtiān	插曲	chāqǔ	缠绕	chánrào
才华	cáihuá	参见	cānjiàn	沧海	cānghǎi	插入	chārù	蝉联	chánlián
才智	cáizhì	参军	cānjūn	藏身	cángshēn	插手	chāshǒu	潺潺	chánchán
才子	cáizǐ	参看	cānkàn	藏书	cángshū	插图	chātú	蟾蜍	chánchú
财经	cáijīng	参赛	cānsài	操办	cāobàn	插秧	chāyāng	产妇	chǎnfù
财会	cáikuài	参天	cāntiān	操场	cāochǎng	插嘴	chāzuǐ	产能	chǎnnéng
财权	cáiquán	参选	cānxuǎn	操持	cāochí	茶点	chádiǎn	产权	chǎnquán
财神	cáishén	参议院	cānyìyuàn	操劳	cāoláo	茶花	cháhuā	产销	chǎnxiāo
财税	cáishuì	参阅	cānyuè	操练	cāoliàn	茶几	chájī	铲除	chǎnchú
财团	cáituán	参展	cānzhǎn	操守	cāoshǒu	茶具	chájù	忏悔	chànhuǐ
财物	cáiwù	参战	cānzhàn	操心	cāoxīn	茶楼	chálóu	颤动	chàndòng
财源	cáiyuán	参政	cānzhèng	嘈杂	cáozá	茶水	cháshuǐ	长臂猿	chángbìyuán
财主	cáizhu	餐馆	cānguǎn	草本	cǎoběn	茶园	cháyuán	长波	chángbō
裁定	cáidìng	餐具	cānjù	草场	cǎochǎng	茶座	cházuò	长笛	chángdí
裁缝	cáifeng	餐厅	cāntīng	草丛	cǎocóng	查办	chábàn	长方形	
裁减	cáijiǎn	餐饮	cānyǐn	草帽	cǎomào	查处	cháchǔ		chángfāngxíng
裁剪	cáijiǎn	餐桌	cānzhuō	草莓	cǎoméi	查对	cháduì	长工	chánggōng
裁决	cáijué	残暴	cánbào	草拟	cǎonǐ	查封	cháfēng	长颈鹿	chángjǐnglù
裁军	cáijūn	残存	cáncún	草皮	cǎopí	查获	cháhuò	长空	chángkōng
裁判	cáipàn	残废	cánfèi	草坪	cǎopíng	查禁	chájìn	长年	chángnián
裁员	cáiyuán	残害	cánhài	草率	cǎoshuài	查看	chákàn	长袍	chángpáo
采编	cǎibiān	残疾	cán•jí	草图	cǎotú	查问	cháwèn	长跑	chángpǎo
采伐	cǎifá	残留	cánliú	草屋	cǎowū	查验	cháyàn	长篇	chángpiān
采风	cǎifēng	残破	cánpò	草鞋	cǎoxié	查阅	cháyuè	长衫	chángshān
采掘	cǎijué	残缺	cánquē	草药	cǎoyào	查找	cházhǎo	长寿	chángshòu
采矿	cǎikuàng	残忍	cánrěn	侧耳	cè'ěr	查证	cházhèng	长叹	chángtàn
采纳	cǎinà	残杀	cánshā	侧身	cèshēn	察觉	chájué	长途	chángtú
采暖	cǎinuǎn	蚕豆	cándòu	测绘	cèhuì	察看	chákàn	长线	chángxiàn
采写	cǎixiě	蚕食	cánshí	测控	cèkòng	刹那	chànà	长夜	chángyè
采样	cǎiyàng								

长于	chángyú	超产	chāochǎn	撤退	chètuì	成品	chéngpǐn	澄清	chéngqīng
长治久安		超常	chāocháng	撤职	chèzhí	成亲	chéngqīn	吃不消	chī•bùxiāo
chángzhì-jiǔ'ān		超导体	chāodǎotǐ	抻	chēn	成全	chéngquán	吃紧	chījǐn
长足	chángzú	超级	chāojí	尘土	chéntǔ	成群	chéngqún	吃苦	chīkǔ
肠胃	chángwèi	超期	chāoqī	沉寂	chénjì	成书	chéngshū	吃亏	chīkuī
肠子	chángzi	超前	chāoqián	沉降	chénjiàng	成套	chéngtào	吃水	chīshuǐ
尝新	chángxīn	超群	chāoqún	沉浸	chénjìn	成天	chéngtiān	吃香	chīxiāng
常人	chángrén	超然	chāorán	沉静	chénjìng	成行	chéngxíng	嗤	chī
常任	chángrèn	超人	chāorén	沉闷	chénmèn	成形	chéngxíng	痴呆	chīdāi
常设	chángshè	超声波	chāoshēngbō	沉没	chénmò	成型	chéngxíng	痴迷	chīmí
常态	chángtài	超市	chāoshì	沉睡	chénshuì	成因	chéngyīn	池子	chízi
常委	chángwěi	超脱	chāotuō	沉痛	chéntòng	丞	chéng	迟到	chídào
常温	chángwēn	超载	chāozài	沉稳	chénwěn	丞相	chéngxiàng	迟钝	chídùn
常务	chángwù	巢穴	cháoxué	沉吟	chényín	诚然	chéngrán	迟缓	chíhuǎn
常住	chángzhù	朝拜	cháobài	沉郁	chényù	诚心	chéngxīn	迟疑	chíyí
偿付	chángfù	朝代	cháodài	沉醉	chénzuì	诚信	chéngxìn	迟早	chízǎo
偿还	chánghuán	朝向	cháoxiàng	陈腐	chénfǔ	诚意	chéngyì	持平	chípíng
厂家	chǎngjiā	朝阳	cháoyáng	陈规	chénguī	承办	chéngbàn	持有	chíyǒu
厂矿	chǎngkuàng	朝野	cháoyě	陈列	chénliè	承继	chéngjì	持之以恒	chízhīyǐhéng
厂商	chǎngshāng	朝政	cháozhèng	陈设	chénshè	承建	chéngjiàn	持重	chízhòng
厂子	chǎngzi	潮水	cháoshuǐ	晨光	chénguāng	承接	chéngjiē	尺寸	chǐ•cùn
场次	chǎngcì	潮头	cháotóu	晨曦	chénxī	承揽	chénglǎn	尺子	chǐzi
场馆	chǎngguǎn	潮汐	cháoxī	衬衫	chènshān	承诺	chéngnuò	齿轮	chǐlún
场景	chǎngjǐng	吵架	chǎojià	衬托	chèntuō	承袭	chéngxí	齿龈	chǐyín
场子	chǎngzi	吵闹	chǎonào	衬衣	chènyī	承载	chéngzài	斥责	chìzé
敞开	chǎngkāi	吵嘴	chǎozuǐ	称职	chènzhí	城堡	chéngbǎo	赤诚	chìchéng
怅惘	chàngwǎng	炒作	chǎozuò	趁机	chènjī	城池	chéngchí	赤脚	chìjiǎo
畅快	chàngkuài	车床	chēchuáng	趁势	chènshì	城郊	chéngjiāo	赤裸	chìluǒ
畅所欲言		车队	chēduì	趁早	chènzǎo	城楼	chénglóu	赤手空拳	
chàngsuǒyùyán		车夫	chēfū	称霸	chēngbà	城墙	chéngqiáng	chìshǒu-kōngquán	
畅谈	chàngtán	车祸	chēhuò	称道	chēngdào	城区	chéngqū	赤字	chìzì
畅通	chàngtōng	车流	chēliú	称颂	chēngsòng	乘法	chéngfǎ	炽烈	chìliè
畅销	chàngxiāo	车轮	chēlún	称谓	chēngwèi	乘方	chéngfāng	炽热	chìrè
倡导	chàngdǎo	车门	chēmén	撑腰	chēngyāo	乘积	chéngjī	冲刺	chōngcì
倡议	chàngyì	车身	chēshēn	成败	chéngbài	乘凉	chéngliáng	冲淡	chōngdàn
唱词	chàngcí	车水马龙		成才	chéngcái	乘势	chéngshì	冲锋	chōngfēng
唱片	chàngpiàn	chēshuǐ-mǎlóng		成材	chéngcái	乘务员		冲积	chōngjī
唱腔	chàngqiāng	车头	chētóu	成风	chéngfēng	chéngwùyuán		冲刷	chōngshuā
唱戏	chàngxì	扯皮	chěpí	成活	chénghuó	乘坐	chéngzuò	冲天	chōngtiān
抄袭	chāoxí	彻夜	chèyè	成家	chéngjiā	惩办	chéngbàn	冲洗	chōngxǐ
抄写	chāoxiě	撤换	chèhuàn	成见	chéngjiàn	惩处	chéngchǔ	冲撞	chōngzhuàng
钞票	chāopiào	撤回	chèhuí	成交	chéngjiāo	惩戒	chéngjiè	充斥	chōngchì
超标	chāobiāo	撤离	chèlí	成名	chéngmíng	惩治	chéngzhì	充电	chōngdiàn

充饥	chōngjī	筹集	chóují	出师	chūshī	处女	chǔnǚ	传染	chuánrǎn
充塞	chōngsè	筹建	chóujiàn	出使	chūshǐ	处世	chǔshì	传人	chuánrén
充血	chōngxuè	踌躇	chóuchú	出示	chūshì	处事	chǔshì	传神	chuánshén
充溢	chōngyì	丑恶	chǒu'è	出世	chūshì	处死	chǔsǐ	传世	chuánshì
充值	chōngzhí	丑陋	chǒulòu	出事	chūshì	处置	chǔzhì	传输	chuánshū
舂	chōng	丑闻	chǒuwén	出手	chūshǒu	储藏	chǔcáng	传送	chuánsòng
憧憬	chōngjǐng	臭氧	chòuyǎng	出台	chūtái	处所	chùsuǒ	传诵	chuánsòng
虫害	chónghài	出兵	chūbīng	出庭	chūtíng	畜力	chùlì	传闻	chuánwén
虫子	chóngzi	出差	chūchāi	出头	chūtóu	畜生	chùsheng	传销	chuánxiāo
重叠	chóngdié	出厂	chūchǎng	出外	chūwài	触电	chùdiàn	传言	chuányán
重返	chóngfǎn	出场	chūchǎng	出息	chūxi	触动	chùdòng	传真	chuánzhēn
重逢	chóngféng	出动	chūdòng	出行	chūxíng	触发	chùfā	船舱	chuáncāng
重申	chóngshēn	出访	chūfǎng	出游	chūyóu	触犯	chùfàn	船夫	chuánfū
重围	chóngwéi	出工	chūgōng	出于	chūyú	触及	chùjí	船家	chuánjiā
重温	chóngwēn	出海	chūhǎi	出院	chūyuàn	触角	chùjiǎo	船台	chuántái
重现	chóngxiàn	出活儿	chūhuór	出战	chūzhàn	触觉	chùjué	船舷	chuánxián
重修	chóngxiū	出击	chūjī	出征	chūzhēng	触摸	chùmō	船员	chuányuán
重演	chóngyǎn	出家	chūjiā	出众	chūzhòng	触目惊心		船闸	chuánzhá
重组	chóngzǔ	出嫁	chūjià	出资	chūzī	chùmù-jīngxīn		喘气	chuǎnqì
宠爱	chǒng'ài	出境	chūjìng	出自	chūzì	触手	chùshǒu	喘息	chuǎnxī
宠儿	chǒng'ér	出局	chūjú	出走	chūzǒu	触须	chùxū	创口	chuāngkǒu
宠物	chǒngwù	出类拔萃	chūlèi-bácuì	出租	chūzū	揣测	chuǎicè	疮疤	chuāngbā
抽查	chōuchá	出力	chūlì	出租车	chūzūchē	揣摩	chuǎimó	窗帘	chuānglián
抽搐	chōuchù	出马	chūmǎ	初春	chūchūn	踹	chuài	窗台	chuāngtái
抽打	chōudǎ	出面	chūmiàn	初等	chūděng	川剧	chuānjù	床单	chuángdān
抽调	chōudiào	出苗	chūmiáo	初冬	chūdōng	川流不息		床铺	chuángpù
抽空	chōukòng	出名	chūmíng	初恋	chūliàn	chuānliú-bùxī		床位	chuángwèi
抽泣	chōuqì	出没	chūmò	初年	chūnián	穿插	chuānchā	创汇	chuànghuì
抽签	chōuqiān	出谋划策		初秋	chūqiū	穿刺	chuāncì	创见	chuàngjiàn
抽取	chōuqǔ	chūmóu-huàcè		初始	chūshǐ	穿戴	chuāndài	创建	chuàngjiàn
抽穗	chōusuì	出品	chūpǐn	初夏	chūxià	穿孔	chuānkǒng	创举	chuàngjǔ
抽样	chōuyàng	出其不意	chūqíbùyì	初学	chūxué	穿山甲	chuānshānjiǎ	创刊	chuàngkān
仇敌	chóudí	出奇	chūqí	初衷	chūzhōng	穿梭	chuānsuō	创设	chuàngshè
仇人	chóurén	出气	chūqì	除尘	chúchén	穿行	chuānxíng	创始	chuàngshǐ
仇视	chóushì	出勤	chūqín	除法	chúfǎ	穿越	chuānyuè	创收	chuàngshōu
惆怅	chóuchàng	出让	chūràng	除外	chúwài	传布	chuánbù	创业	chuàngyè
绸缎	chóuduàn	出人意料	chūrényìliào	除夕	chúxī	传承	chuánchéng	创意	chuàngyì
绸子	chóuzi	出任	chūrèn	厨师	chúshī	传单	chuándān	创制	chuàngzhì
稠密	chóumì	出入	chūrù	锄头	chútou	传道	chuándào	吹拂	chuīfú
愁苦	chóukǔ	出山	chūshān	雏形	chúxíng	传教	chuánjiào	吹牛	chuīniú
筹办	chóubàn	出神	chūshén	橱窗	chúchuāng	传令	chuánlìng	吹捧	chuīpěng
筹备	chóubèi	出生率	chūshēnglǜ	处方	chǔfāng	传媒	chuánméi	吹嘘	chuīxū
筹划	chóuhuà	出声	chūshēng	处决	chǔjué	传奇	chuánqí	吹奏	chuīzòu

垂钓	chuídiào	雌雄	cíxióng	粗野	cūyě	搭建	dājiàn	大抵	dàdǐ
垂柳	chuíliǔ	此间	cǐjiān	粗壮	cūzhuàng	搭救	dājiù	大典	dàdiǎn
垂死	chuísǐ	此起彼伏	cǐqǐ-bǐfú	促销	cùxiāo	搭配	dāpèi	大殿	dàdiàn
垂头丧气		此前	cǐqián	簇拥	cùyōng	搭讪	dā·shàn	大度	dàdù
chuítóu-sàngqì		此时	cǐshí	蹿	cuān	达标	dábiāo	大法	dàfǎ
垂危	chuíwēi	次第	cìdì	攒	cuán/zǎn	达成	dáchéng	大凡	dàfán
锤炼	chuíliàn	次品	cìpǐn	催促	cuīcù	答辩	dábiàn	大方	dàfāng
锤子	chuízi	次日	cìrì	催化	cuīhuà	答话	dáhuà	大方	dàfang
春分	chūnfēn	伺候	cìhou	催化剂	cuīhuàjì	答卷	dájuàn	大幅	dàfú
春风	chūnfēng	刺刀	cìdāo	催眠	cuīmián	打岔	dǎchà	大副	dàfù
春耕	chūngēng	刺耳	cì'ěr	催生	cuīshēng	打的	dǎdī	大公无私	dàgōng-wúsī
春光	chūnguāng	刺骨	cìgǔ	璀璨	cuǐcàn	打点	dǎdian	大鼓	dàgǔ
春雷	chūnléi	刺客	cìkè	脆弱	cuìruò	打动	dǎdòng	大汉	dàhàn
春联	chūnlián	刺杀	cìshā	萃取	cuìqǔ	打赌	dǎdǔ	大号	dàhào
春色	chūnsè	刺绣	cìxiù	啐	cuì	打发	dǎfa	大户	dàhù
春运	chūnyùn	刺眼	cìyǎn	淬火	cuìhuǒ	打工	dǎgōng	大计	dàjì
纯度	chúndù	赐予	cìyǔ	翠绿	cuìlǜ	打火机	dǎhuǒjī	大将	dàjiàng
纯净	chúnjìng	匆匆	cōngcōng	村落	cūnluò	打交道	dǎjiāo·dào	大惊小怪	
纯朴	chúnpǔ	从军	cóngjūn	村民	cūnmín	打搅	dǎjiǎo	dàjīng-xiǎoguài	
纯真	chúnzhēn	从容	cóngróng	村寨	cūnzhài	打垮	dǎkuǎ	大局	dàjú
纯正	chúnzhèng	从容不迫		村镇	cūnzhèn	打捞	dǎlāo	大举	dàjǔ
蠢事	chǔnshì	cóngróng-bùpò		皴	cūn	打猎	dǎliè	大理石	dàlǐshí
戳穿	chuōchuān	从属	cóngshǔ	存储	cúnchǔ	打趣	dǎqù	大力	dàlì
啜泣	chuòqì	从头	cóngtóu	存放	cúnfàng	打扰	dǎrǎo	大陆架	dàlùjià
词句	cíjù	从业	cóngyè	存活	cúnhuó	打扫	dǎsǎo	大路	dàlù
祠堂	cítáng	从众	cóngzhòng	存货	cúnhuò	打铁	dǎtiě	大略	dàlüè
瓷器	cíqì	丛林	cónglín	存量	cúnliàng	打通	dǎtōng	大麻	dàmá
瓷砖	cízhuān	丛生	cóngshēng	存留	cúnliú	打消	dǎxiāo	大麦	dàmài
辞典	cídiǎn	丛书	cóngshū	存亡	cúnwáng	打印	dǎyìn	大米	dàmǐ
辞书	císhū	凑合	còuhé	存心	cúnxīn	打造	dǎzào	大名	dàmíng
辞退	cítuì	凑近	còujìn	存折	cúnzhé	打招呼	dǎzhāohu	大漠	dàmò
慈爱	cí'ài	凑巧	còuqiǎo	磋商	cuōshāng	打折	dǎzhé	大气层	dàqìcéng
慈悲	cíbēi	粗暴	cūbào	挫败	cuòbài	打字	dǎzì	大气压	dàqìyā
慈善	císhàn	粗笨	cūbèn	挫伤	cuòshāng	大白	dàbái	大权	dàquán
慈祥	cíxiáng	粗布	cūbù	锉	cuò	大半	dàbàn	大人物	dàrénwù
磁带	cídài	粗大	cūdà	错过	cuòguò	大本营	dàběnyíng	大赛	dàsài
磁化	cíhuà	粗放	cūfàng	错觉	cuòjué	大便	dàbiàn	大赦	dàshè
磁极	cíjí	粗犷	cūguǎng	错位	cuòwèi	大不了	dà·bùliǎo	大使	dàshǐ
磁体	cítǐ	粗鲁	cūlǔ			大肠	dàcháng	大势	dàshì
磁头	cítóu	粗略	cūlüè	**D**		大潮	dàcháo	大堂	dàtáng
磁性	cíxìng	粗俗	cūsú			大车	dàchē	大同小异	
雌蕊	círuǐ	粗细	cūxì	奓拉	dāla	大刀阔斧	dàdāo-kuòfǔ	dàtóng-xiǎoyì	
雌性	cíxìng	粗心	cūxīn	搭车	dāchē	大道	dàdào	大腿	dàtuǐ
				搭档	dādàng				

大喜	dàxǐ	单干	dāngàn	裆	dāng	到头	dàotóu	登场	dēngchǎng
大显身手		单个儿	dāngèr	党费	dǎngfèi	到位	dàowèi	登顶	dēngdǐng
dàxiǎn-shēnshǒu		单价	dānjià	党风	dǎngfēng	倒逼	dàobī	登高	dēnggāo
大修	dàxiū	单据	dānjù	党纪	dǎngjì	倒挂	dàoguà	登陆	dēnglù
大选	dàxuǎn	单身	dānshēn	党建	dǎngjiàn	倒立	dàolì	登录	dēnglù
大雪	dàxuě	单向	dānxiàng	党派	dǎngpài	倒数	dàoshǔ	登门	dēngmén
大雁	dàyàn	单项	dānxiàng	党旗	dǎngqí	倒数	dàoshù	登山	dēngshān
大业	dàyè	单衣	dānyī	党团	dǎngtuán	倒退	dàotuì	登台	dēngtái
大义	dàyì	单元	dānyuán	党务	dǎngwù	倒影	dàoyǐng	登载	dēngzǎi
大意	dàyì	单子	dānzi	党校	dǎngxiào	倒置	dàozhì	等号	děnghào
大意	dàyi	胆固醇	dǎngùchún	党章	dǎngzhāng	倒转	dàozhuǎn	等价	děngjià
大有可为	dàyǒu-kěwéi	胆量	dǎnliàng	当铺	dàng•pù	倒转	dàozhuàn	等式	děngshì
大张旗鼓		胆略	dǎnlüè	当日	dàngrì	盗版	dàobǎn	等同	děngtóng
dàzhāng-qígǔ		胆囊	dǎnnáng	当晚	dàngwǎn	盗贼	dàozéi	凳子	dèngzi
大专	dàzhuān	胆怯	dǎnqiè	当夜	dàngyè	道家	Dàojiā	瞪眼	dèngyǎn
大宗	dàzōng	胆识	dǎnshí	当真	dàngzhēn	道具	dàojù	低矮	dī'ǎi
大作	dàzuò	胆小鬼	dǎnxiǎoguǐ	当作	dàngzuò	道歉	dàoqiàn	低层	dīcéng
呆板	dāibǎn	胆汁	dǎnzhī	荡漾	dàngyàng	道士	dàoshi	低潮	dīcháo
呆滞	dāizhì	胆子	dǎnzi	档次	dàngcì	道喜	dàoxǐ	低沉	dīchén
代办	dàibàn	掸	dǎn/Shàn	档期	dàngqī	道谢	dàoxiè	低估	dīgū
代表作	dàibiǎozuò	旦角儿	dànjuér	刀枪	dāoqiāng	道义	dàoyì	低谷	dīgǔ
代词	dàicí	淡薄	dànbó	刀子	dāozi	稻草	dàocǎo	低价	dījià
代号	dàihào	淡定	dàndìng	导电	dǎodiàn	稻子	dàozi	低空	dīkōng
代码	dàimǎ	淡化	dànhuà	导读	dǎodú	得逞	déchěng	低廉	dīlián
代数	dàishù	淡然	dànrán	导航	dǎoháng	得当	dédàng	低劣	dīliè
玳瑁	dàimào	弹片	dànpiàn	导热	dǎorè	得分	défēn	低落	dīluò
带电	dàidiàn	弹头	dàntóu	导师	dǎoshī	得救	déjiù	低迷	dīmí
带劲	dàijìn	弹丸之地	dànwánzhīdì	导向	dǎoxiàng	得力	délì	低能	dīnéng
带路	dàilù	弹药	dànyào	导游	dǎoyóu	得失	déshī	低碳	dītàn
带子	dàizi	蛋糕	dàngāo	导语	dǎoyǔ	得手	déshǒu	低洼	dīwā
待命	dàimìng	氮肥	dànféi	捣鬼	dǎoguǐ	得体	détǐ	低微	dīwēi
待业	dàiyè	氮气	dànqì	捣毁	dǎohuǐ	得天独厚	détiāndúhòu	低压	dīyā
袋子	dàizi	当差	dāngchāi	捣乱	dǎoluàn	得心应手		堤坝	dībà
丹顶鹤	dāndǐnghè	当归	dāngguī	倒闭	dǎobì	déxīnyìngshǒu		堤防	dīfang
担保	dānbǎo	当家	dāngjiā	倒伏	dǎofú	得益	déyì	提防	dīfang
担当	dāndāng	当量	dāngliàng	倒卖	dǎomài	得知	dézhī	滴灌	dīguàn
担架	dānjià	当面	dāngmiàn	倒塌	dǎotā	得主	dézhǔ	滴水	dīshuǐ
担忧	dānyōu	当权	dāngquán	到场	dàochǎng	得罪	dé•zuì	敌国	díguó
单边	dānbiān	当日	dāngrì	到访	dàofǎng	德才兼备	décái-jiānbèi	敌后	díhòu
单薄	dānbó	当务之急	dāngwùzhījí	到家	dàojiā	灯火	dēnghuǒ	敌寇	díkòu
单产	dānchǎn	当下	dāngxià	到期	dàoqī	灯笼	dēnglong	敌情	díqíng
单词	dāncí	当心	dāngxīn	到任	dàorèn	灯塔	dēngtǎ	敌视	díshì
单方	dānfāng	当众	dāngzhòng	到手	dàoshǒu	登场	dēngcháng	敌意	díyì

笛子	dízi	缔结	dìjié	电文	diànwén	顶替	dǐngtì	动感	dònggǎn
嫡	dí	缔约	dìyuē	电信	diànxìn	鼎盛	dǐngshèng	动工	dònggōng
诋毁	dǐhuǐ	缔造	dìzào	电讯	diànxùn	订单	dìngdān	动画	dònghuà
抵偿	dǐcháng	颠倒	diāndǎo	电影院		订购	dìnggòu	动画片	dònghuàpiàn
抵触	dǐchù	颠覆	diānfù	diànyǐngyuàn		订婚	dìnghūn	动乱	dòngluàn
抵达	dǐdá	典范	diǎnfàn	电站	diànzhàn	订立	dìnglì	动情	dòngqíng
抵挡	dǐdǎng	典故	diǎngù	店铺	diànpù	订阅	dìngyuè	动容	dòngróng
抵消	dǐxiāo	典礼	diǎnlǐ	店堂	diàntáng	订正	dìngzhèng	动身	dòngshēn
抵押	dǐyā	典雅	diǎnyǎ	店员	diànyuán	定点	dìngdiǎn	动弹	dòngtan
抵御	dǐyù	点滴	diǎndī	垫圈	diànquān	定都	dìngdū	动听	dòngtīng
底片	dǐpiàn	点火	diǎnhuǒ	奠基	diànjī	定格	dìnggé	动武	dòngwǔ
底气	dǐqì	点击	diǎnjī	殿堂	diàntáng	定购	dìnggòu	动物园	dòngwùyuán
底细	dǐ·xì	点名	diǎnmíng	殿下	diànxià	定价	dìngjià	动向	dòngxiàng
底线	dǐxiàn	点评	diǎnpíng	习难	diāonàn	定居	dìngjū	动心	dòngxīn
底蕴	dǐyùn	点心	diǎnxin	貂	diāo	定论	dìnglùn	动用	dòngyòng
底子	dǐzi	点赞	diǎnzàn	碉堡	diāobǎo	定名	dìngmíng	动辄	dòngzhé
地产	dìchǎn	点缀	diǎn·zhuì	雕像	diāoxiàng	定神	dìngshén	冻疮	dòngchuāng
地磁	dìcí	点子	diǎnzi	吊环	diàohuán	定时	dìngshí	冻结	dòngjié
地道	dìdào	电表	diànbiǎo	吊销	diàoxiāo	定位	dìngwèi	洞察	dòngchá
地道	dìdao	电冰箱		钓竿	diàogān	定性	dìngxìng	洞房	dòngfáng
地段	dìduàn	diànbīngxiāng		钓鱼	diàoyú	定语	dìngyǔ	洞穴	dòngxué
地核	dìhé	电波	diànbō	调度	diàodù	定员	dìngyuán	兜售	dōushòu
地基	dìjī	电车	diànchē	调换	diàohuàn	定罪	dìngzuì	斗笠	dǒulì
地窖	dìjiào	电磁场	diàncíchǎng	调集	diàojí	锭	dìng	抖动	dǒudòng
地雷	dìléi	电镀	diàndù	调离	diàolí	丢掉	diūdiào	抖擞	dǒusǒu
地力	dìlì	电工	diàngōng	调配	diàopèi	丢脸	diūliǎn	陡坡	dǒupō
地慢	dìmàn	电光	diànguāng	调遣	diàoqiǎn	丢弃	diūqì	陡然	dǒurán
地盘	dìpán	电焊	diànhàn	调任	diàorèn	丢人	diūrén	斗志	dòuzhì
地皮	dìpí	电机	diànjī	调研	diàoyán	丢失	diūshī	豆浆	dòujiāng
地平线	dìpíngxiàn	电极	diànjí	调运	diàoyùn	东边	dōng·biān	豆芽儿	dòuyár
地热	dìrè	电解	diànjiě	调子	diàozi	东道主	dōngdàozhǔ	豆子	dòuzi
地铁	dìtiě	电解质	diànjiězhì	掉队	diàoduì	东风	dōngfēng	逗乐儿	dòulèr
地下室	dìxiàshì	电缆	diànlǎn	掉头	diàotóu	东家	dōngjia	逗留	dòuliú
地衣	dìyī	电铃	diànlíng	掉以轻心		东经	dōngjīng	窦	dòu
地狱	dìyù	电炉	diànlú	diàoyǐqīngxīn		冬眠	dōngmián	都城	dūchéng
地缘	dìyuán	电气	diànqì	跌落	diēluò	冬至	dōngzhì	督办	dūbàn
地址	dìzhǐ	电气化	diànqìhuà	碟子	diézi	董事	dǒngshì	督察	dūchá
帝王	dìwáng	电扇	diànshàn	叮咛	dīngníng	董事会	dǒngshìhuì	督促	dūcù
帝制	dìzhì	电商	diànshāng	叮嘱	dīngzhǔ	懂事	dǒngshì	督导	dūdǎo
递减	dìjiǎn	电视机	diànshìjī	钉子	dīngzi	动笔	dòngbǐ	督军	dūjūn
递交	dìjiāo	电梯	diàntī	顶峰	dǐngfēng	动产	dòngchǎn	嘟囔	dūnang
递增	dìzēng	电筒	diàntǒng	顶级	dǐngjí	动车	dòngchē	毒打	dúdǎ
谛听	dìtīng	电网	diànwǎng	顶尖	dǐngjiān	动荡	dòngdàng	毒害	dúhài

毒剂	dújì	短工	duǎngōng	对峙	duìzhì	恶人	èrén	发霉	fāméi
毒瘤	dúliú	短路	duǎnlù	对子	duìzi	恶习	èxí	发难	fānàn
毒品	dúpǐn	短跑	duǎnpǎo	兑付	duìfù	恶性	èxìng	发怒	fānù
毒气	dúqì	短篇	duǎnpiān	兑换	duìhuàn	恶意	èyì	发配	fāpèi
毒蛇	dúshé	短缺	duǎnquē	兑现	duìxiàn	恶作剧	èzuòjù	发票	fāpiào
毒药	dúyào	短线	duǎnxiàn	炖	dùn	萼片	èpiàn	发情	fāqíng
独霸	dúbà	短小	duǎnxiǎo	顿悟	dùnwù	腭	è	发球	fāqiú
独白	dúbái	短语	duǎnyǔ	多边	duōbiān	恩赐	ēncì	发散	fāsàn
独裁	dúcái	段落	duànluò	多方	duōfāng	恩情	ēnqíng	发烧	fāshāo
独唱	dúchàng	断层	duàncéng	多寡	duōguǎ	恩人	ēnrén	发誓	fāshì
独创	dúchuàng	断绝	duànjué	多亏	duōkuī	恩怨	ēnyuàn	发售	fāshòu
独到	dúdào	断裂	duànliè	多情	duōqíng	儿科	érkē	发送	fāsòng
独断	dúduàn	断流	duànliú	多事	duōshì	儿时	érshí	发文	fāwén
独家	dújiā	断面	duànmiàn	多谢	duōxiè	儿孙	érsūn	发问	fāwèn
独身	dúshēn	断然	duànrán	多样	duōyàng	儿戏	érxì	发笑	fāxiào
独舞	dúwǔ	断送	duànsòng	多元	duōyuán	而今	érjīn	发泄	fāxiè
独一无二	dúyī-wú'èr	断言	duànyán	多嘴	duōzuǐ	尔后	ěrhòu	发言人	fāyánrén
独资	dúzī	缎子	duànzi	夺冠	duóguàn	耳光	ěrguāng	发源	fāyuán
独奏	dúzòu	煅	duàn	夺目	duómù	耳环	ěrhuán	乏力	fálì
读数	dúshù	锻造	duànzào	躲避	duǒbì	耳机	ěrjī	乏善可陈	
读物	dúwù	堆放	duīfàng	躲藏	duǒcáng	耳鸣	ěrmíng	fáshàn-kěchén	
读音	dúyīn	堆砌	duīqì	躲闪	duǒshǎn	耳目	ěrmù	乏味	fáwèi
犊	dú	队列	duìliè	剁	duò	耳目一新	ěrmù-yīxīn	伐木	fámù
笃信	dúxìn	队友	duìyǒu	堕落	duòluò	耳闻目睹	ěrwén-mùdǔ	罚单	fádān
堵截	dǔjié	队员	duìyuán	跺脚	duòjiǎo	耳语	ěryǔ	罚金	fájīn
堵塞	dǔsè	对岸	duì'àn			二胡	èrhú	罚没	fámò
赌博	dǔbó	对不住	duì•bùzhù	**E**		二维码	èrwéimǎ	法案	fǎ'àn
赌场	dǔchǎng	对策	duìcè					法宝	fǎbǎo
赌气	dǔqì	对答	duìdá	鹅卵石	éluǎnshí	**F**		法典	fǎdiǎn
杜绝	dùjué	对等	duìděng	额定	édìng			法纪	fǎjì
度假	dùjià	对接	duìjiē	额度	édù	发报	fābào	法理	fǎlǐ
度量	dùliàng	对口	duìkǒu	额角	éjiǎo	发兵	fābīng	法权	fǎquán
度日	dùrì	对联	duìlián	额头	étóu	发财	fācái	法师	fǎshī
渡船	dùchuán	对路	duìlù	额外	éwài	发愁	fāchóu	法术	fǎshù
渡口	dùkǒu	对门	duìmén	厄运	èyùn	发呆	fādāi	法网	fǎwǎng
端午	Duānwǔ	对偶	duì'ǒu	扼杀	èshā	发放	fāfàng	法医	fǎyī
端详	duānxiáng	对数	duìshù	扼要	èyào	发疯	fāfēng	法治	fǎzhì
端详	duānxiang	对头	duìtou	恶霸	èbà	发光	fāguāng	发型	fàxíng
端庄	duānzhuāng	对虾	duìxiā	恶臭	èchòu	发还	fāhuán	帆布	fānbù
短板	duǎnbǎn	对阵	duìzhèn	恶毒	èdú	发火	fāhuǒ	帆船	fānchuán
短波	duǎnbō	对症	duìzhèng	恶棍	ègùn	发狂	fākuáng	藩镇	fānzhèn
短处	duǎn•chù	对症下药		恶果	èguǒ	发愣	fālèng	翻案	fān'àn
短促	duǎncù	duìzhèng-xiàyào		恶狠狠	èhěnhěn	发亮	fāliàng	翻动	fāndòng
				恶魔	èmó	发毛	fāmáo		

翻滚	fāngǔn	犯规	fànguī	防疫	fángyì	非得	fēiděi	分管	fēnguǎn
翻盘	fānpán	犯人	fànrén	房产	fángchǎn	非凡	fēifán	分红	fēnhóng
翻腾	fānténg	饭菜	fàncài	房东	fángdōng	非难	fēinàn	分家	fēnjiā
翻天覆地	fāntiān-fùdì	饭馆儿(饭馆)	fànguǎnr(fànguǎn)	房租	fángzū	非同小可	fēitóng-xiǎokě	分居	fēnjū
凡人	fánrén	饭盒	fànhé	仿效	fǎngxiào	非议	fēiyì	分流	fēnliú
凡事	fánshì	饭厅	fàntīng	仿照	fǎngzhào	绯红	fēihóng	分娩	fēnmiǎn
烦闷	fánmèn	饭碗	fànwǎn	仿真	fǎngzhēn	肥大	féidà	分蘖	fēnniè
烦躁	fánzào	饭桌	fànzhuō	仿制	fǎngzhì	肥厚	féihòu	分派	fēnpài
繁复	fánfù	泛滥	fànlàn	访客	fǎngkè	肥力	féilì	分期	fēnqī
繁华	fánhuá	范例	fànlì	访谈	fǎngtán	肥胖	féipàng	分清	fēnqīng
繁忙	fánmáng	贩毒	fàndú	纺织品	fǎngzhīpǐn	肥水	féishuǐ	分手	fēnshǒu
繁盛	fánshèng	贩卖	fànmài	放大镜	fàngdàjìng	肥效	féixiào	分数	fēnshù
繁星	fánxīng	贩运	fànyùn	放电	fàngdiàn	匪帮	fěibāng	分水岭	fēnshuǐlǐng
繁衍	fányǎn	贩子	fànzi	放飞	fàngfēi	匪徒	fěitú	分摊	fēntān
繁育	fányù	梵文	fànwén	放火	fànghuǒ	翡翠	fěicuì	分头	fēntóu
繁杂	fánzá	方剂	fāngjì	放假	fàngjià	肺病	fèibìng	分享	fēnxiǎng
反比	fǎnbǐ	方略	fānglüè	放宽	fàngkuān	肺活量	fèihuóliàng	分忧	fēnyōu
反驳	fǎnbó	方位	fāngwèi	放牧	fàngmù	肺结核	fèijiéhé	酚	fēn
反差	fǎnchā	方向盘		放炮	fàngpào	肺炎	fèiyán	坟地	féndì
反常	fǎncháng		fāngxiàngpán	放任	fàngrèn	废话	fèihuà	坟墓	fénmù
反刍	fǎnchú	方兴未艾		放哨	fàngshào	废旧	fèijiù	坟头	féntóu
反倒	fǎndào		fāngxīng-wèi'ài	放声	fàngshēng	废料	fèiliào	焚毁	fénhuǐ
反腐	fǎnfǔ	方圆	fāngyuán	放手	fàngshǒu	废品	fèipǐn	焚烧	fénshāo
反感	fǎngǎn	方阵	fāngzhèn	放行	fàngxíng	废气	fèiqì	粉笔	fěnbǐ
反攻	fǎngōng	方正	fāngzhèng	放学	fàngxué	废弃	fèiqì	粉尘	fěnchén
反顾	fǎngù	方桌	fāngzhuō	放眼	fàngyǎn	废水	fèishuǐ	粉刺	fěncì
反光	fǎnguāng	防暴	fángbào	放养	fàngyǎng	废物	fèiwù	粉红	fěnhóng
反击	fǎnjī	防备	fángbèi	放映	fàngyìng	废物	fèiwu	粉剂	fěnjì
反恐	fǎnkǒng	防盗	fángdào	放置	fàngzhì	废止	fèizhǐ	粉饰	fěnshì
反叛	fǎnpàn	防毒	fángdú	放纵	fàngzòng	沸点	fèidiǎn	分外	fènwài
反扑	fǎnpū	防范	fángfàn	飞奔	fēibēn	沸水	fèishuǐ	份额	fèn'é
反思	fǎnsī	防寒	fánghán	飞碟	fēidié	费解	fèijiě	份儿	fènr
反弹	fǎntán	防洪	fánghóng	飞溅	fēijiàn	费劲	fèijìn	份子	fènzi
反问	fǎnwèn	防护	fánghù	飞禽	fēiqín	费力	fèilì	奋发图强	
反响	fǎnxiǎng	防护林	fánghùlín	飞速	fēisù	费心	fèixīn		fènfā-túqiáng
反省	fǎnxǐng	防空	fángkōng	飞天	fēitiān	分辨	fēnbiàn	奋进	fènjìn
反义词	fǎnyìcí	防守	fángshǒu	飞艇	fēitǐng	分兵	fēnbīng	粪便	fènbiàn
反证	fǎnzhèng	防伪	fángwěi	飞舞	fēiwǔ	分寸	fēn·cùn	愤恨	fènhèn
返航	fǎnháng	防卫	fángwèi	飞行器	fēixíngqì	分担	fēndān	愤然	fènrán
返还	fǎnhuán	防务	fángwù	飞行员	fēixíngyuán	分队	fēnduì	丰碑	fēngbēi
返青	fǎnqīng	防线	fángxiàn	飞扬	fēiyáng	分发	fēnfā	丰产	fēngchǎn
犯法	fànfǎ	防汛	fángxùn	飞涨	fēizhǎng	分隔	fēngé	丰功伟绩	fēnggōng-wěijì

丰功伟业		烽火	fēnghuǒ	浮躁	fúzào	复习	fùxí	概述	gàishù
fēnggōng-wěiyè		锋利	fēnglì	浮肿	fúzhǒng	复兴	fùxīng	干杯	gānbēi
丰厚	fēnghòu	蜂巢	fēngcháo	福气	fúqi	复眼	fùyǎn	干瘪	gānbiě
丰满	fēngmǎn	蜂房	fēngfáng	福音	fúyīn	复议	fùyì	干冰	gānbīng
丰年	fēngnián	蜂蜜	fēngmì	抚摩	fǔmó	复印	fùyìn	干草	gāncǎo
丰盛	fēngshèng	蜂王	fēngwáng	抚养	fǔyǎng	复员	fùyuán	干涸	gānhé
丰腴	fēngyú	蜂窝	fēngwō	抚育	fǔyù	复原	fùyuán	干枯	gānkū
风波	fēngbō	缝合	fénghé	俯冲	fǔchōng	副本	fùběn	干粮	gān·liáng
风采	fēngcǎi	缝纫机	féngrènjī	俯瞰	fǔkàn	副词	fùcí	甘草	gāncǎo
风潮	fēngcháo	奉命	fèngmìng	俯视	fǔshì	副官	fùguān	甘露	gānlù
风车	fēngchē	奉行	fèngxíng	俯首	fǔshǒu	副刊	fùkān	甘愿	gānyuàn
风度	fēngdù	佛典	fódiǎn	辅导	fǔdǎo	副食	fùshí	甘蔗	gānzhe
风帆	fēngfān	佛法	fófǎ	腐化	fǔhuà	副作用	fùzuòyòng	杆子	gānzi
风范	fēngfàn	佛经	fójīng	腐烂	fǔlàn	赋税	fùshuì	坩埚	gānguō
风寒	fēnghán	佛寺	fósì	父子	fùzǐ	富贵	fùguì	杆菌	gǎnjūn
风化	fēnghuà	佛像	fóxiàng	负电	fùdiàn	富强	fùqiáng	杆子	gǎnzi
风浪	fēnglàng	佛学	fóxué	负荷	fùhè	富饶	fùráo	赶场	gǎnchǎng
风流	fēngliú	否决	fǒujué	负极	fùjí	富翁	fùwēng	赶超	gǎnchāo
风貌	fēngmào	夫子	fūzǐ	负离子	fùlízǐ	富余	fùyu	赶车	gǎnchē
风起云涌		敷衍	fūyǎn	负面	fùmiàn	富足	fùzú	赶赴	gǎnfù
fēngqǐ-yúnyǒng		伏击	fújī	负伤	fùshāng	腹地	fùdì	赶集	gǎnjí
风情	fēngqíng	伏帖	fútiē	负载	fùzài	腹膜	fùmó	赶路	gǎnlù
风趣	fēngqù	扶持	fúchí	负债	fùzhài	腹腔	fùqiāng	感触	gǎnchù
风沙	fēngshā	扶贫	fúpín	负重	fùzhòng	腹泻	fùxiè	感光	gǎnguāng
风尚	fēngshàng	扶桑	fúsāng	妇科	fùkē	覆灭	fùmiè	感化	gǎnhuà
风生水起		扶手	fú·shǒu	附带	fùdài			感冒	gǎnmào
fēngshēng-shuǐqǐ		扶养	fúyǎng	附和	fùhè	**G**		感人	gǎnrén
风声	fēngshēng	扶植	fúzhí	附件	fùjiàn	改道	gǎidào	感伤	gǎnshāng
风水	fēng·shuǐ	扶助	fúzhù	附录	fùlù	改动	gǎidòng	感叹	gǎntàn
风味	fēngwèi	拂晓	fúxiǎo	附设	fùshè	改观	gǎiguān	感悟	gǎnwù
风箱	fēngxiāng	服侍	fú·shì	附属	fùshǔ	改行	gǎiháng	感想	gǎnxiǎng
风向	fēngxiàng	服饰	fúshì	附则	fùzé	改换	gǎihuàn	感召	gǎnzhào
风行	fēngxíng	服刑	fúxíng	复查	fùchá	改悔	gǎihuǐ	擀	gǎn
风雅	fēngyǎ	服药	fúyào	复仇	fùchóu	改嫁	gǎijià	干劲	gànjìn
风云	fēngyún	服役	fúyì	复出	fùchū	改建	gǎijiàn	干流	gànliú
风韵	fēngyùn	服用	fúyòng	复发	fùfā	改口	gǎikǒu	干事	gànshi
风姿	fēngzī	氟	fú	复古	fùgǔ	改写	gǎixiě	干线	gànxiàn
封存	fēngcún	俘获	fúhuò	复核	fùhé	改选	gǎixuǎn	刚好	gānghǎo
封堵	fēngdǔ	浮雕	fúdiāo	复活	fùhuó	改制	gǎizhì	刚劲	gāngjìng
封面	fēngmiàn	浮夸	fúkuā	复命	fùmìng	改装	gǎizhuāng	刚强	gāngqiáng
疯子	fēngzi	浮力	fúlì	复审	fùshěn	盖子	gàizi	刚毅	gāngyì
峰会	fēnghuì	浮现	fúxiàn	复述	fùshù	概况	gàikuàng	纲要	gāngyào
峰峦	fēngluán	浮云	fúyún	复苏	fùsū	概论	gàilùn	钢板	gāngbǎn

钢笔	gāngbǐ		gāozhān-yuǎnzhǔ	颌	Gé/hé	工作日	gōngzuòrì	公子	gōngzǐ
钢材	gāngcái	羔皮	gāopí	隔断	géduàn	弓子	gōngzi	功臣	gōngchén
钢筋	gāngjīn	羔羊	gāoyáng	隔阂	géhé	公案	gōng'àn	功德	gōngdé
钢盔	gāngkuī	膏药	gāoyao	隔绝	géjué	公报	gōngbào	功底	gōngdǐ
港币	gǎngbì	篙	gāo	隔膜	gémó	公差	gōngchā	功劳	gōng•láo
港湾	gǎngwān	糕点	gāodiǎn	膈	gé	公差	gōngchāi	功力	gōnglì
杠杆	gànggǎn	稿费	gǎofèi	个案	gè'àn	公道	gōng•dào	功利	gōnglì
杠子	gàngzi	稿件	gǎojiàn	个例	gèlì	公德	gōngdé	功名	gōngmíng
高昂	gāo'áng	稿纸	gǎozhǐ	个头儿	gètóur	公法	gōngfǎ	功效	gōngxiào
高傲	gāo'ào	稿子	gǎozi	个子	gèzi	公费	gōngfèi	功用	gōngyòng
高倍	gāobèi	告辞	gàocí	各别	gèbié	公告	gōnggào	攻打	gōngdǎ
高层	gāocéng	告发	gàofā	给力	gěilì	公关	gōngguān	攻读	gōngdú
高超	gāochāo	告急	gàojí	根除	gēnchú	公馆	gōngguǎn	攻关	gōngguān
高档	gāodàng	告捷	gàojié	根基	gēnjī	公海	gōnghǎi	攻坚	gōngjiān
高额	gāo'é	告诫	gàojiè	根深蒂固		公害	gōnghài	攻克	gōngkè
高峰	gāofēng	告示	gào•shì	gēnshēn-dìgù		公函	gōnghán	攻破	gōngpò
高高在上		告知	gàozhī	根治	gēnzhì	公会	gōnghuì	攻势	gōngshì
gāogāo-zàishàng		告终	gàozhōng	根子	gēnzi	公积金	gōngjījīn	攻陷	gōngxiàn
高歌	gāogē	告状	gàozhuàng	跟进	gēnjìn	公家	gōng•jiā	攻占	gōngzhàn
高贵	gāoguì	咯	gē/kǎ/luò	跟头	gēntou	公决	gōngjué	供不应求	
高寒	gāohán	搁浅	gēqiǎn	跟踪	gēnzōng	公款	gōngkuǎn	gōngbùyìngqiú	
高价	gāojià	搁置	gēzhì	更迭	gēngdié	公立	gōnglì	供销	gōngxiāo
高举	gāojǔ	割断	gēduàn	更改	gēnggǎi	公墓	gōngmù	供需	gōngxū
高考	gāokǎo	割据	gējù	更换	gēnghuàn	公仆	gōngpú	供养	gōngyǎng
高科技	gāokējì	割裂	gēliè	更替	gēngtì	公然	gōngrán	宫殿	gōngdiàn
高龄	gāolíng	割让	gēràng	更正	gēngzhèng	公使	gōngshǐ	宫女	gōngnǚ
高明	gāomíng	歌词	gēcí	耕种	gēngzhòng	公示	gōngshì	龚	Gōng
高能	gāonéng	歌喉	gēhóu	哽咽	gěngyè	公事	gōngshì	拱桥	gǒngqiáo
高强	gāoqiáng	歌手	gēshǒu	工段	gōngduàn	公私	gōngsī	拱手	gǒngshǒu
高热	gāorè	歌星	gēxīng	工分	gōngfēn	公诉	gōngsù	共存	gòngcún
高烧	gāoshāo	歌谣	gēyáo	工匠	gōngjiàng	公文	gōngwén	共和	gònghé
高深	gāoshēn	歌咏	gēyǒng	工矿	gōngkuàng	公务	gōngwù	共计	gòngjì
高手	gāoshǒu	革除	géchú	工龄	gōnglíng	公务员	gōngwùyuán	共生	gòngshēng
高耸	gāosǒng	革命家	gémìngjiā	工期	gōngqī	公演	gōngyǎn	共识	gòngshí
高铁	gāotiě	阁楼	gélóu	工钱	gōng•qián	公益	gōngyì	共事	gòngshì
高危	gāowēi	阁下	géxià	工时	gōngshí	公用	gōngyòng	共通	gòngtōng
高下	gāoxià	格调	gédiào	工事	gōngshì	公寓	gōngyù	共同体	gòngtóngtǐ
高效	gāoxiào	格格不入	gégé-bùrù	工头	gōngtóu	公约	gōngyuē	共享	gòngxiǎng
高薪	gāoxīn	格局	géjú	工效	gōngxiào	公债	gōngzhài	共性	gòngxìng
高血压	gāoxuèyā	格律	gélǜ	工序	gōngxù	公证	gōngzhèng	共振	gòngzhèn
高雅	gāoyǎ	格式	gé•shì	工艺品	gōngyìpǐn	公职	gōngzhí	供奉	gòngfèng
高远	gāoyuǎn	格言	géyán	工友	gōngyǒu	公众	gōngzhòng	供养	gòngyǎng
高瞻远瞩		格子	gézi	工种	gōngzhǒng	公转	gōngzhuàn	勾画	gōuhuà

勾勒	gōulè	骨折	gǔzhé	关切	guānqiè	光能	guāngnéng	棍子	gùnzi
勾引	gōuyǐn	鼓动	gǔdòng	关税	guānshuì	光年	guāngnián	锅炉	guōlú
沟渠	gōuqú	鼓膜	gǔmó	关头	guāntóu	光盘	guāngpán	锅台	guōtái
钩子	gōuzi	鼓噪	gǔzào	关押	guānyā	光束	guāngshù	国宝	guóbǎo
篝火	gōuhuǒ	鼓掌	gǔzhǎng	关照	guānzhào	光速	guāngsù	国策	guócè
狗熊	gǒuxióng	固守	gùshǒu	观光	guānguāng	光头	guāngtóu	国产	guóchǎn
勾当	gòu•dàng	固态	gùtài	观摩	guānmó	光纤	guāngxiān	国粹	guócuì
构件	gòujiàn	故此	gùcǐ	观赏	guānshǎng	光阴	guāngyīn	国度	guódù
构建	gòujiàn	故而	gù'ér	观望	guānwàng	广博	guǎngbó	国法	guófǎ
构图	gòutú	故宫	gùgōng	官办	guānbàn	广度	guǎngdù	国歌	guógē
构想	gòuxiǎng	故国	gùguó	官场	guānchǎng	广袤	guǎngmào	国画	guóhuà
构筑	gòuzhù	故居	gùjū	官方	guānfāng	归队	guīduì	国徽	guóhuī
购置	gòuzhì	故里	gùlǐ	官府	guānfǔ	归附	guīfù	国货	guóhuò
估价	gūjià	故土	gùtǔ	官司	guānsi	归根结底	guīgēn-jiédǐ	国计民生	
估量	gū•liáng	故障	gùzhàng	官职	guānzhí	归还	guīhuán	guójì-mínshēng	
估算	gūsuàn	顾及	gùjí	棺木	guānmù	归属	guīshǔ	国界	guójiè
孤单	gūdān	顾忌	gùjì	管家	guǎnjiā	归宿	guīsù	国境	guójìng
孤岛	gūdǎo	顾名思义	gùmíng-sīyì	管教	guǎnjiào	归途	guītú	国君	guójūn
孤儿	gū'ér	顾盼	gùpàn	管控	guǎnkòng	归于	guīyú	国库	guókù
孤寂	gūjì	雇工	gùgōng	管事	guǎnshì	规避	guībì	国力	guólì
孤军	gūjūn	雇用	gùyòng	管弦乐	guǎnxiányuè	规程	guīchéng	国立	guólì
古董	gǔdǒng	雇员	gùyuán	管线	guǎnxiàn	规范化	guīfànhuà	国门	guómén
古怪	gǔguài	雇主	gùzhǔ	管用	guǎnyòng	规劝	guīquàn	国难	guónàn
古朴	gǔpǔ	瓜分	guāfēn	管制	guǎnzhì	规章	guīzhāng	国旗	guóqí
古诗	gǔshī	瓜子	guāzǐ	冠名	guànmíng	皈依	guīyī	国庆	guóqìng
古书	gǔshū	刮目相看		惯例	guànlì	瑰宝	guībǎo	国人	guórén
古玩	gǔwán	guāmù-xiāngkàn		惯用	guànyòng	鬼魂	guǐhún	国势	guóshì
古文	gǔwén	挂钩	guàgōu	灌木	guànmù	鬼脸	guǐliǎn	国事	guóshì
古音	gǔyīn	挂号	guàhào	灌区	guànqū	鬼神	guǐshén	国体	guótǐ
谷地	gǔdì	挂念	guàniàn	灌输	guànshū	柜台	guìtái	国务	guówù
谷物	gǔwù	挂牌	guàpái	灌注	guànzhù	柜子	guìzi	国语	guóyǔ
谷子	gǔzi	挂帅	guàshuài	罐头	guàntou	贵宾	guìbīn	果木	guǒmù
股东	gǔdōng	拐棍	guǎigùn	罐子	guànzi	贵妃	guìfēi	果皮	guǒpí
股份	gǔfèn	拐弯	guǎiwān	光波	guāngbō	贵贱	guìjiàn	果品	guǒpǐn
股金	gǔjīn	拐杖	guǎizhàng	光度	guāngdù	贵人	guìrén	果肉	guǒròu
股市	gǔshì	怪不得	guàibude	光复	guāngfù	贵姓	guìxìng	果园	guǒyuán
股息	gǔxī	怪圈	guàiquān	光顾	guānggù	贵重	guìzhòng	果真	guǒzhēn
骨灰	gǔhuī	怪事	guàishì	光棍儿	guānggùnr	桂冠	guìguān	果子	guǒzi
骨架	gǔjià	怪异	guàiyì	光华	guānghuá	桂花	guìhuā	过场	guòchǎng
骨盆	gǔpén	关爱	guān'ài	光环	guānghuán	桂圆	guìyuán	过错	guòcuò
骨气	gǔqì	关口	guānkǒu	光洁	guāngjié	滚动	gǔndòng	过道	guòdào
骨肉	gǔròu	关门	guānmén	光缆	guānglǎn	滚烫	gǔntàng	过冬	guòdōng
骨髓	gǔsuǐ	关卡	guānqiǎ	光临	guānglín	棍棒	gùnbàng	过关	guòguān

过火	guòhuǒ	海事	hǎishì	行当	hángdang	合伙	héhuǒ	贺卡	hèkǎ
过激	guòjī	海滩	hǎitān	行会	hánghuì	合击	héjī	贺喜	hèxǐ
过节	guòjié	海峡	hǎixiá	行家	háng•jiā	合计	héjì	喝彩	hècǎi
过境	guòjìng	海鲜	hǎixiān	行情	hángqíng	合流	héliú	赫然	hèrán
过量	guòliàng	海啸	hǎixiào	航班	hángbān	合算	hésuàn	壑	hè
过路	guòlù	海员	hǎiyuán	航程	hángchéng	合体	hétǐ	黑白	hēibái
过滤	guòlǜ	海运	hǎiyùn	航船	hángchuán	合营	héyíng	黑板	hēibǎn
过门	guòmén	海蜇	hǎizhé	航道	hángdào	合影	héyǐng	黑洞	hēidòng
过期	guòqī	氦	hài	航路	hánglù	合用	héyòng	黑客	hēikè
过热	guòrè	害处	hài•chù	航天	hángtiān	合资	hézī	黑色	hēisè
过人	guòrén	害羞	hàixiū	航线	hángxiàn	合奏	hézòu	黑体	hēitǐ
过剩	guòshèng	钳	hān	航运	hángyùn	何尝	hécháng	狠心	hěnxīn
过失	guòshī	憨厚	hānhòu	巷道	hàngdào	何妨	héfáng	恨不得	hènbude
过时	guòshí	鼾声	hānshēng	号啕	háotáo	何苦	hékǔ	恒定	héngdìng
过头	guòtóu	含糊	hánhu	豪放	háofàng	何止	hézhǐ	恒温	héngwēn
过往	guòwǎng	含混	hánhùn	豪华	háohuá	和缓	héhuǎn	恒心	héngxīn
过问	guòwèn	含笑	hánxiào	豪杰	háojié	和解	héjiě	横渡	héngdù
过夜	guòyè	含蓄	hánxù	豪迈	háomài	和气	hé•qì	横幅	héngfú
过瘾	guòyǐn	含意	hányì	豪情	háoqíng	和善	héshàn	横亘	hénggèn
过硬	guòyìng	函授	hánshòu	豪爽	háoshuǎng	和声	héshēng	横扫	héngsǎo
		涵盖	hángài	壕	háo	和谈	hétán	横行	héngxíng
H		涵养	hányǎng	壕沟	háogōu	和约	héyuē	轰动	hōngdòng
哈密瓜	hāmìguā	寒潮	háncháo	好感	hǎogǎn	河床	héchuáng	轰击	hōngjī
哈欠	hāqian	寒带	hándài	好汉	hǎohàn	河道	hédào	轰鸣	hōngmíng
海岸线	hǎi'ànxiàn	寒冬	hándōng	好评	hǎopíng	河段	héduàn	轰然	hōngrán
海报	hǎibào	寒假	hánjià	好受	hǎoshòu	河谷	hégǔ	轰响	hōngxiǎng
海滨	hǎibīn	寒噤	hánjìn	好说	hǎoshuō	河口	hékǒu	轰炸	hōngzhà
海潮	hǎicháo	寒流	hánliú	好似	hǎosì	河山	héshān	烘托	hōngtuō
海岛	hǎidǎo	寒气	hánqì	好玩儿	hǎowánr	河滩	hétān	红包	hóngbāo
海盗	hǎidào	寒热	hánrè	好笑	hǎoxiào	荷包	hé•bāo	红火	hónghuo
海防	hǎifáng	寒暑	hánshǔ	好心	hǎoxīn	荷尔蒙	hé'ěrméng	红利	hónglì
海风	hǎifēng	寒暄	hánxuān	好意	hǎoyì	荷花	héhuā	红领巾	hónglǐngjīn
海港	hǎigǎng	寒意	hányì	郝	Hǎo	核查	héchá	红木	hóngmù
海口	hǎikǒu	寒颤	hánzhàn	号称	hàochēng	核电	hédiàn	红娘	hóngniáng
海里	hǎilǐ	喊叫	hǎnjiào	号角	hàojiǎo	核定	hédìng	红润	hóngrùn
海流	hǎiliú	汉化	hànhuà	号令	hàolìng	核对	héduì	红烧	hóngshāo
海轮	hǎilún	汗流浃背	hànliú-jiābèi	号码	hàomǎ	核发	héfā	红薯	hóngshǔ
海绵	hǎimián	汗毛	hànmáo	好客	hàokè	核能	hénéng	红外线	hóngwàixiàn
海纳百川		汗衫	hànshān	好恶	hàowù	核实	héshí	红星	hóngxīng
hǎinàbǎichuān		旱地	hàndì	耗资	hàozī	核桃	hétao	红叶	hóngyè
海参	hǎishēn	旱烟	hànyān	呵斥	hēchì	核准	hézhǔn	红晕	hóngyùn
海市蜃楼		旱灾	hànzāi	呵护	hēhù	核子	hézǐ	宏图	hóngtú
hǎishì-shènlóu		焊接	hànjiē	合唱	héchàng	盒子	hézi	洪涝	hónglào

洪亮	hóngliàng	胡同儿(胡同)		华诞	huádàn	欢庆	huānqìng	皇家	huángjiā
洪流	hóngliú	hútòngr(hútòng)		华贵	huáguì	欢声笑语		皇权	huángquán
喉舌	hóushé	胡须	húxū	华美	huáměi	huānshēng-xiàoyǔ		皇上	huángshang
吼叫	hǒujiào	胡子	húzi	华人	huárén	欢送	huānsòng	皇室	huángshì
吼声	hǒushēng	糊口	húkǒu	华夏	huáxià	欢笑	huānxiào	黄疸	huángdǎn
后备	hòubèi	互动	hùdòng	滑冰	huábīng	欢心	huānxīn	黄澄澄	
后盾	hòudùn	互换	hùhuàn	滑轮	huálún	欢欣鼓舞		huángdēngdēng	
后顾之忧	hòugùzhīyōu	互惠	hùhuì	滑落	huáluò	huānxīn-gǔwǔ		黄帝	huángdì
后患	hòuhuàn	互利	hùlì	滑坡	huápō	还击	huánjī	黄豆	huángdòu
后记	hòujì	互联网	hùliánwǎng	滑行	huáxíng	还债	huánzhài	黄瓜	huáng•guā
后继	hòujì	户籍	hùjí	滑雪	huáxuě	环保	huánbǎo	黄花	huánghuā
后劲	hòujìn	户主	hùzhǔ	化解	huàjiě	环抱	huánbào	黄连	huánglián
后来居上		护工	hùgōng	化脓	huànóng	环顾	huángù	黄鼠狼	
hòulái-jūshàng		护栏	hùlán	化身	huàshēn	环球	huánqiú	huángshǔláng	
后门	hòumén	护理	hùlǐ	化纤	huàxiān	环绕	huánrào	谎话	huǎnghuà
后勤	hòuqín	护送	hùsòng	化验	huàyàn	环视	huánshì	谎言	huǎngyán
后事	hòushì	护卫	hùwèi	化妆	huàzhuāng	环形	huánxíng	晃动	huàngdòng
后台	hòutái	护照	hùzhào	化妆品		缓冲	huǎnchōng	灰暗	huī'àn
后头	hòutou	花白	huābái	huàzhuāngpǐn		缓解	huǎnjiě	灰白	huībái
后退	hòutuì	花瓣	huābàn	化装	huàzhuāng	缓刑	huǎnxíng	灰烬	huījìn
后卫	hòuwèi	花边	huābiān	划拨	huàbō	幻灯	huàndēng	灰心	huīxīn
后续	hòuxù	花草	huācǎo	画报	huàbào	幻象	huànxiàng	挥动	huīdòng
后遗症	hòuyízhèng	花丛	huācóng	画笔	huàbǐ	幻影	huànyǐng	挥发	huīfā
后裔	hòuyì	花旦	huādàn	画册	huàcè	换取	huànqǔ	挥霍	huīhuò
后院	hòuyuàn	花萼	huā'è	画卷	huàjuàn	换算	huànsuàn	挥手	huīshǒu
厚薄	hòubó	花岗岩	huāgāngyán	画廊	huàláng	唤醒	huànxǐng	挥舞	huīwǔ
厚道	hòudao	花冠	huāguān	画片	huàpiàn	患难	huànnàn	辉映	huīyìng
厚积薄发	hòujī-bófā	花椒	huājiāo	画师	huàshī	豢养	huànyǎng	回报	huíbào
厚望	hòuwàng	花轿	huājiào	画室	huàshì	荒草	huāngcǎo	回荡	huídàng
厚重	hòuzhòng	花篮	huālán	画坛	huàtán	荒地	huāngdì	回复	huífù
候补	hòubǔ	花脸	huāliǎn	画图	huàtú	荒废	huāngfèi	回归线	huíguīxiàn
候鸟	hòuniǎo	花蜜	huāmì	画外音	huàwàiyīn	荒凉	huāngliáng	回合	huíhé
候审	hòushěn	花木	huāmù	画像	huàxiàng	荒谬	huāngmiù	回话	huíhuà
呼号	hūhào	花鸟	huāniǎo	画院	huàyuàn	荒山	huāngshān	回环	huíhuán
弧光	húguāng	花瓶	huāpíng	画展	huàzhǎn	荒唐	huāng•táng	回击	huíjī
胡乱	húluàn	花圃	huāpǔ	话音	huàyīn	荒野	huāngyě	回敬	huíjìng
胡闹	húnào	花期	huāqī	怀旧	huáijiù	荒原	huāngyuán	回扣	huíkòu
胡琴	húqin	花圈	huāquān	怀孕	huáiyùn	慌乱	huāngluàn	回馈	huíkuì
胡说	húshuō	花蕊	huāruǐ	坏蛋	huàidàn	慌忙	huāngmáng	回流	huíliú
胡说八道		花坛	huātán	坏事	huàishì	慌张	huāngzhāng	回路	huílù
húshuō-bādào		花厅	huātīng	坏死	huàisǐ	皇宫	huánggōng	回落	huíluò
胡思乱想		花样	huāyàng	欢聚	huānjù	皇冠	huángguān	回身	huíshēn
húsī-luànxiǎng		划算	huásuàn	欢快	huānkuài	皇后	huánghòu	回升	huíshēng

回声	huíshēng	昏黄	hūnhuáng	伙房	huǒfáng	积聚	jījù	急促	jícù
回师	huíshī	昏迷	hūnmí	伙计	huǒji	积蓄	jīxù	急功近利	jígōng-jìnlì
回收	huíshōu	昏睡	hūnshuì	伙食	huǒ•shí	姬	jī	急救	jíjiù
回首	huíshǒu	婚配	hūnpèi	货场	huòchǎng	基本功	jīběngōng	急遽	jíjù
回味	huíwèi	婚事	hūnshì	货车	huòchē	基点	jīdiǎn	急流	jíliú
回响	huíxiǎng	浑厚	húnhòu	货款	huòkuǎn	基调	jīdiào	急迫	jípò
回想	huíxiǎng	浑浊	húnzhuó	货轮	huòlún	基石	jīshí	急切	jíqiè
回信	huíxìn	魂魄	húnpò	货色	huòsè	基数	jīshù	急事	jíshì
回旋	huíxuán	混沌	hùndùn	货源	huòyuán	基准	jīzhǔn	急速	jísù
回忆录	huíyìlù	混合物	hùnhéwù	货运	huòyùn	缉私	jīsī	急躁	jízào
回音	huíyīn	混凝土	hùnníngtǔ	获释	huòshì	稽查	jīchá	急诊	jízhěn
回应	huíyìng	混同	hùntóng	获悉	huòxī	激昂	jī'áng	急中生智	
回转	huízhuǎn	混杂	hùnzá	获准	huòzhǔn	激荡	jīdàng	急中生智	jízhōng-shēngzhì
洄游	huíyóu	混战	hùnzhàn	祸害	huò•hài	激愤	jīfèn	疾患	jíhuàn
蛔虫	huíchóng	混浊	hùnzhuó	霍乱	huòluàn	激化	jīhuà	疾苦	jíkǔ
悔改	huǐgǎi	豁口	huōkǒu	豁达	huòdá	激活	jīhuó	集成	jíchéng
悔恨	huǐhèn	活命	huómìng	豁免	huòmiǎn	激进	jījìn	集结	jíjié
毁坏	huǐhuài	活期	huóqī			激流	jīliú	集聚	jíjù
汇编	huìbiān	活塞	huósāi	**J**		激怒	jīnù	集权	jíquán
汇合	huìhé	活体	huótǐ			激越	jīyuè	集市	jíshì
汇集	huìjí	活捉	huózhuō	几率	jīlù	激增	jīzēng	集思广益	jísī-guǎngyì
汇聚	huìjù	火把	huǒbǎ	击败	jībài	激战	jīzhàn	集训	jíxùn
汇款	huìkuǎn	火爆	huǒbào	击毙	jībì	羁绊	jībàn	集邮	jíyóu
汇率	huìlù	火锅	huǒguō	击毁	jīhuǐ	及格	jígé	集约	jíyuē
汇总	huìzǒng	火海	huǒhǎi	击落	jīluò	及早	jízǎo	集镇	jízhèn
会合	huìhé	火红	huǒhóng	机舱	jīcāng	吉利	jílì	集装箱	
会话	huìhuà	火候	huǒhou	机床	jīchuáng	吉普车	jípǔchē	集装箱	jízhuāngxiāng
会聚	huìjù	火花	huǒhuā	机电	jīdiàn	吉他	jítā	瘠	jí
会面	huìmiàn	火化	huǒhuà	机动	jīdòng	吉祥	jíxiáng	几经	jǐjīng
会师	huìshī	火坑	huǒkēng	机井	jījǐng	汲取	jíqǔ	几时	jǐshí
会谈	huìtán	火力	huǒlì	机警	jījǐng	级别	jíbié	挤压	jǐyā
会堂	huìtáng	火炉	huǒlú	机理	jīlǐ	级差	jíchā	挤占	jǐzhàn
会晤	huìwù	火苗	huǒmiáo	机灵	jīling	极地	jídì	给养	jǐyǎng
会心	huìxīn	火炮	huǒpào	机密	jīmì	极点	jídiǎn	脊背	jǐbèi
会意	huìyì	火气	huǒ•qì	机枪	jīqiāng	极度	jídù	脊梁	jǐliang
会展	huìzhǎn	火器	huǒqì	机遇	jīyù	极限	jíxiàn	脊髓	jǐsuǐ
会战	huìzhàn	火热	huǒrè	机缘	jīyuán	极致	jízhì	脊柱	jǐzhù
会诊	huìzhěn	火速	huǒsù	机智	jīzhì	即便	jíbiàn	脊椎	jǐzhuī
荟萃	huìcuì	火线	huǒxiàn	机组	jīzǔ	即刻	jíkè	戟	jǐ
绘制	huìzhì	火药	huǒyào	肌腱	jījiàn	即日	jírì	麂	jǐ
彗星	huìxīng	火灾	huǒzāi	肌体	jītǐ	即时	jíshí	计策	jìcè
喙	huì	火葬	huǒzàng	积存	jīcún	即位	jíwèi	计价	jìjià
昏暗	hūn'àn	火种	huǒzhǒng	积淀	jīdiàn	即兴	jíxìng	计较	jìjiào

计量	jìliàng	家底	jiādǐ	坚韧不拔	jiānrèn-bùbá	减速	jiǎnsù	毽子	jiànzi
计数	jìshǔ	家访	jiāfǎng	坚守	jiānshǒu	减退	jiǎntuì	腱	jiàn
计数	jìshù	家教	jiājiào	坚信	jiānxìn	剪裁	jiǎncái	键盘	jiànpán
记号	jìhao	家境	jiājìng	坚贞	jiānzhēn	剪彩	jiǎncǎi	箭头	jiàntóu
记事	jìshì	家居	jiājū	间距	jiānjù	剪刀	jiǎndāo	江湖	jiānghú
记述	jìshù	家禽	jiāqín	肩负	jiānfù	剪影	jiǎnyǐng	江山	jiāngshān
记性	jìxing	家业	jiāyè	肩胛	jiānjiǎ	剪纸	jiǎnzhǐ	将功赎罪	
记忆力	jìyìlì	家用	jiāyòng	肩头	jiāntóu	剪子	jiǎnzi	jiānggōng-shúzuì	
伎俩	jìliǎng	家喻户晓	jiāyù-hùxiǎo	艰苦卓绝		简报	jiǎnbào	将就	jiāngjiu
纪年	jìnián	家园	jiāyuán	jiānkǔ-zhuójué		简便	jiǎnbiàn	僵持	jiāngchí
纪实	jìshí	家政	jiāzhèng	监测	jiāncè	简短	jiǎnduǎn	僵化	jiānghuà
纪要	jìyào	嘉宾	jiābīn	监察	jiānchá	简洁	jiǎnjié	僵局	jiāngjú
季度	jìdù	荚	jiá	监工	jiāngōng	简介	jiǎnjiè	僵死	jiāngsǐ
剂量	jìliàng	甲虫	jiǎchóng	监管	jiānguǎn	简历	jiǎnlì	僵硬	jiāngyìng
既定	jìdìng	甲骨文	jiǎgǔwén	监护	jiānhù	简练	jiǎnliàn	缰绳	jiāng·shéng
既而	jì'ér	甲壳	jiǎqiào	监禁	jiānjìn	简陋	jiǎnlòu	疆域	jiāngyù
继承权	jìchéngquán	甲鱼	jiǎyú	监控	jiānkòng	简略	jiǎnlüè	讲解	jiǎngjiě
继而	jì'ér	甲状腺		监牢	jiānláo	简明	jiǎnmíng	讲理	jiǎnglǐ
继母	jìmǔ	jiǎzhuàngxiàn		监理	jiānlǐ	简朴	jiǎnpǔ	讲求	jiǎngqiú
继任	jìrèn	钾肥	jiǎféi	兼备	jiānbèi	简要	jiǎnyào	讲师	jiǎngshī
继往开来	jìwǎng-kāilái	假借	jiǎjiè	兼并	jiānbìng	简易	jiǎnyì	讲授	jiǎngshòu
祭奠	jìdiàn	假冒	jiǎmào	兼顾	jiāngù	见长	jiàncháng	讲台	jiǎngtái
祭礼	jìlǐ	假若	jiǎruò	兼任	jiānrèn	见地	jiàndì	讲坛	jiǎngtán
祭坛	jìtán	假山	jiǎshān	兼容	jiānróng	见识	jiànshi	讲学	jiǎngxué
寄居	jìjū	假想	jiǎxiǎng	兼职	jiānzhí	见闻	jiànwén	讲演	jiǎngyǎn
寄宿	jìsù	假象	jiǎxiàng	缄默	jiānmò	见效	jiànxiào	讲义	jiǎngyì
寄予	jìyǔ	假意	jiǎyì	煎熬	jiān'áo	见义勇为		讲座	jiǎngzuò
绩效	jìxiào	假装	jiǎzhuāng	茧子	jiǎnzi	jiànyì-yǒngwéi		奖杯	jiǎngbēi
暨	jì	价值观	jiàzhíguān	检测	jiǎncè	见于	jiànyú	奖惩	jiǎngchéng
髻	jì	驾驭	jiàyù	检察	jiǎnchá	见长	jiànzhǎng	奖牌	jiǎngpái
加班	jiābān	架构	jiàgòu	检点	jiǎndiǎn	见证	jiànzhèng	奖品	jiǎngpǐn
加倍	jiābèi	架空	jiàkōng	检举	jiǎnjǔ	间断	jiànduàn	奖券	jiǎngquàn
加法	jiāfǎ	架设	jiàshè	检索	jiǎnsuǒ	间或	jiànhuò	奖赏	jiǎngshǎng
加固	jiāgù	架势	jiàshi	检讨	jiǎntǎo	间歇	jiànxiē	奖项	jiǎngxiàng
加盟	jiāméng	假期	jiàqī	检修	jiǎnxiū	间作	jiànzuò	奖章	jiǎngzhāng
加油	jiāyóu	假日	jiàrì	检疫	jiǎnyì	建材	jiàncái	奖状	jiǎngzhuàng
夹攻	jiāgōng	嫁妆	jiàzhuang	检阅	jiǎnyuè	建构	jiàngòu	降级	jiàngjí
夹击	jiājī	尖刀	jiāndāo	减产	jiǎnchǎn	建交	jiànjiāo	降价	jiàngjià
夹杂	jiāzá	尖端	jiānduān	减低	jiǎndī	建树	jiànshù	降临	jiànglín
夹子	jiāzi	尖利	jiānlì	减肥	jiǎnféi	建制	jiànzhì	降生	jiàngshēng
枷锁	jiāsuǒ	尖子	jiānzi	减负	jiǎnfù	舰队	jiànduì	降温	jiàngwēn
家产	jiāchǎn	奸商	jiānshāng	减缓	jiǎnhuǎn	舰艇	jiàntǐng	将领	jiànglǐng
家常	jiācháng	坚韧	jiānrèn	减免	jiǎnmiǎn	谏	jiàn	将士	jiàngshì

绛	jiàng		jiǎoróu-zàozuò	接口	jiēkǒu	截断	jiéduàn	筋骨	jīngǔ
酱油	jiàngyóu	矫正	jiǎozhèng	接力	jiēlì	截留	jiéliú	禁不住	jīn·bùzhù
犟	jiàng	矫治	jiǎozhì	接纳	jiēnà	截面	jiémiàn	尽早	jǐnzǎo
交待	jiāodài	皎洁	jiǎojié	接洽	jiēqià	截取	jiéqǔ	紧凑	jǐncòu
交道	jiāodào	脚背	jiǎobèi	接生	jiēshēng	截然	jiérán	紧锣密鼓	jǐnluó-mìgǔ
交点	jiāodiǎn	脚跟	jiǎogēn	接手	jiēshǒu	截止	jiézhǐ	紧迫	jǐnpò
交锋	jiāofēng	脚尖	jiǎojiān	接替	jiētì	截至	jiézhì	紧俏	jǐnqiào
交付	jiāofù	脚手架	jiǎoshǒujià	接头	jiētóu	解冻	jiědòng	紧缺	jǐnquē
交互	jiāohù	脚掌	jiǎozhǎng	接吻	jiēwěn	解毒	jiědú	紧缩	jǐnsuō
交还	jiāohuán	脚趾	jiǎozhǐ	接线	jiēxiàn	解读	jiědú	紧要	jǐnyào
交汇	jiāohuì	搅拌	jiǎobàn	接续	jiēxù	解雇	jiěgù	锦旗	jǐnqí
交火	jiāohuǒ	搅动	jiǎodòng	接应	jiēyìng	解救	jiějiù	锦绣	jǐnxiù
交加	jiāojiā	缴获	jiǎohuò	接种	jiēzhòng	解渴	jiěkě	尽情	jìnqíng
交接	jiāojiē	缴纳	jiǎonà	秸秆	jiēgǎn	解说	jiěshuō	尽头	jìntóu
交界	jiāojiè	叫喊	jiàohǎn	揭穿	jiēchuān	解体	jiětǐ	尽心	jìnxīn
交纳	jiāonà	叫好	jiàohǎo	揭发	jiēfā	解围	jiěwéi	进逼	jìnbī
交配	jiāopèi	叫唤	jiàohuan	揭幕	jiēmù	解析	jiěxī	进餐	jìncān
交情	jiāoqíng	叫卖	jiàomài	揭牌	jiēpái	介入	jièrù	进出	jìnchū
交融	jiāoróng	叫嚷	jiàorǎng	揭晓	jiēxiǎo	介意	jièyì	进度	jìndù
交涉	jiāoshè	校对	jiàoduì	街区	jiēqū	戒备	jièbèi	进发	jìnfā
交手	jiāoshǒu	校正	jiàozhèng	街市	jiēshì	戒律	jièlǜ	进犯	jìnfàn
交尾	jiāowěi	轿车	jiàochē	街巷	jiēxiàng	戒严	jièyán	进贡	jìngòng
交响乐	jiāoxiǎngyuè	轿子	jiàozi	节律	jiélǜ	戒指	jièzhi	进货	jìnhuò
交易所	jiāoyìsuǒ	较量	jiàoliàng	节能	jiénéng	届时	jièshí	进食	jìnshí
交战	jiāozhàn	教案	jiào'àn	节拍	jiépāi	界定	jièdìng	进退	jìntuì
郊外	jiāowài	教程	jiàochéng	节余	jiéyú	界面	jièmiàn	进位	jìnwèi
郊野	jiāoyě	教官	jiàoguān	节制	jiézhì	界线	jièxiàn	进行曲	jìnxíngqǔ
浇灌	jiāoguàn	教规	jiàoguī	劫持	jiéchí	借贷	jièdài	进修	jìnxiū
娇嫩	jiāonèn	教化	jiàohuà	劫难	jiénàn	借以	jièyǐ	进言	jìnyán
娇艳	jiāoyàn	教皇	jiàohuáng	洁净	jiéjìng	借重	jièzhòng	进驻	jìnzhù
胶布	jiāobù	教科书	jiàokēshū	结伴	jiébàn	金刚	Jīngāng	近海	jìnhǎi
胶囊	jiāonáng	教士	jiàoshì	结核	jiéhé	金龟子	jīnguīzǐ	近郊	jìnjiāo
胶片	jiāopiàn	教条	jiàotiáo	结集	jiéjí	金黄	jīnhuáng	近邻	jìnlín
教书	jiāoshū	教徒	jiàotú	结交	jiéjiāo	金库	jīnkù	近旁	jìnpáng
焦距	jiāojù	教务	jiàowù	结膜	jiémó	金石	jīnshí	近期	jìnqī
焦虑	jiāolù	教益	jiàoyì	结社	jiéshè	金文	jīnwén	近亲	jìnqīn
焦炭	jiāotàn	阶梯	jiētī	结石	jiéshí	金星	jīnxīng	近视	jìn·shì
焦躁	jiāozào	接二连三	jiēèr-liánsān	结识	jiéshí	金鱼	jīnyú	劲头	jìntóu
焦灼	jiāozhuó	接管	jiēguǎn	结尾	jiéwěi	金子	jīnzi	晋级	jìnjí
礁石	jiāoshí	接轨	jiēguǐ	结业	jiéyè	金字塔	jīnzìtǎ	晋升	jìnshēng
角膜	jiǎomó	接合	jiēhé	结余	jiéyú	津贴	jīntiē	浸泡	jìnpào
角质	jiǎozhì	接济	jiējì	捷报	jiébào	津液	jīnyè	浸润	jìnrùn
矫揉造作		接见	jiējiàn	捷径	jiéjìng	矜持	jīnchí	浸透	jìntòu

靳	Jìn	精明	jīngmíng	敬畏	jìngwèi	就近	jiùjìn	惧怕	jùpà
禁毒	jìndú	精辟	jīngpì	敬仰	jìngyǎng	就任	jiùrèn	锯齿	jùchǐ
禁锢	jìngù	精品	jīngpǐn	敬业	jìngyè	就绪	jiùxù	聚变	jùbiàn
禁忌	jìnjì	精巧	jīngqiǎo	敬意	jìngyì	就学	jiùxué	聚餐	jùcān
禁令	jìnlìng	精锐	jīngruì	敬重	jìngzhòng	就医	jiùyī	聚合	jùhé
禁区	jìnqū	精深	jīngshēn	静电	jìngdiàn	就诊	jiùzhěn	聚会	jùhuì
京城	jīngchéng	精髓	jīngsuǐ	静谧	jìngmì	就职	jiùzhí	聚积	jùjī
京师	jīngshī	精通	jīngtōng	静默	jìngmò	就座	jiùzuò	聚焦	jùjiāo
京戏	jīngxì	精微	jīngwēi	静穆	jìngmù	拘谨	jūjǐn	聚精会神	
经度	jīngdù	精选	jīngxuǎn	静态	jìngtài	拘禁	jūjìn	jùjīng-huìshén	
经纪人	jīngjìrén	精益求精	jīngyìqiújīng	静坐	jìngzuò	拘留	jūliú	聚居	jùjū
经久	jīngjiǔ	精英	jīngyīng	境况	jìngkuàng	拘泥	jūnì	踞	jù
经络	jīngluò	精湛	jīngzhàn	境遇	jìngyù	拘束	jūshù	捐款	juānkuǎn
经脉	jīngmài	精制	jīngzhì	镜框	jìngkuàng	居安思危	jū'ān-sīwēi	捐税	juānshuì
经商	jīngshāng	精致	jīngzhì	镜片	jìngpiàn	居高临下	jūgāo-línxià	捐献	juānxiàn
经书	jīngshū	精准	jīngzhǔn	炯炯	jiǒngjiǒng	居留	jūliú	捐赠	juānzèng
经线	jīngxiàn	颈椎	jǐngzhuī	窘迫	jiǒngpò	居室	jūshì	捐助	juānzhù
经销	jīngxiāo	景点	jǐngdiǎn	纠缠	jiūchán	局促	júcù	卷尺	juǎnchǐ
经由	jīngyóu	景观	jǐngguān	纠葛	jiūgé	矩形	jǔxíng	卷子	juànzi
惊诧	jīngchà	景况	jǐngkuàng	纠集	jiūjí	举报	jǔbào	眷属	juànshǔ
惊动	jīngdòng	景气	jǐngqì	久违	jiǔwéi	举措	jǔcuò	撅	juē
惊骇	jīnghài	景区	jǐngqū	久远	jiǔyuǎn	举例	jǔlì	决断	juéduàn
惊慌	jīnghuāng	景致	jǐngzhì	酒店	jiǔdiàn	举目	jǔmù	决口	juékǒu
惊恐	jīngkǒng	警报	jǐngbào	酒会	jiǔhuì	举世	jǔshì	决裂	juéliè
惊扰	jīngrǎo	警备	jǐngbèi	酒家	jiǔjiā	举证	jǔzhèng	决赛	juésài
惊叹	jīngtàn	警车	jǐngchē	酒席	jiǔxí	举止	jǔzhǐ	决胜	juéshèng
惊天动地		警官	jǐngguān	旧历	jiùlì	举重	jǔzhòng	决死	juésǐ
jīngtiān-dòngdì		警戒	jǐngjiè	旧式	jiùshì	举足轻重		决算	juésuàn
惊吓	jīngxià	警觉	jǐngjué	旧址	jiùzhǐ	jǔzú-qīngzhòng		决意	juéyì
惊险	jīngxiǎn	警犬	jǐngquǎn	救护	jiùhù	巨额	jù'é	决战	juézhàn
惊心动魄		警示	jǐngshì	救火	jiùhuǒ	巨人	jùrén	诀别	juébié
jīngxīn-dòngpò		警卫	jǐngwèi	救命	jiùmìng	巨头	jùtóu	诀窍	juéqiào
惊疑	jīngyí	警醒	jǐngxǐng	救死扶伤	jiùsǐ-fúshāng	巨星	jùxīng	抉择	juézé
精彩	jīngcǎi	警钟	jǐngzhōng	救亡	jiùwáng	巨著	jùzhù	角逐	juézhú
精度	jīngdù	劲旅	jìnglǚ	救援	jiùyuán	巨资	jùzī	觉醒	juéxǐng
精干	jīnggàn	径直	jìngzhí	救灾	jiùzāi	句法	jùfǎ	绝活儿	juéhuór
精光	jīngguāng	净土	jìngtǔ	救治	jiùzhì	俱乐部	jùlèbù	绝境	juéjìng
精华	jīnghuá	竞标	jìngbiāo	救助	jiùzhù	剧变	jùbiàn	绝妙	juémiào
精简	jīngjiǎn	竞相	jìngxiāng	厩	jiù	剧毒	jùdú	绝食	juéshí
精炼	jīngliàn	竞选	jìngxuǎn	就餐	jiùcān	剧目	jùmù	绝缘	juéyuán
精良	jīngliáng	敬爱	jìng'ài	就此	jiùcǐ	剧情	jùqíng	倔强	juéjiàng
精灵	jīnglíng	敬礼	jìnglǐ	就地	jiùdì	剧院	jùyuàn	厥	jué
精美	jīngměi	敬佩	jìngpèi	就读	jiùdú	据悉	jùxī	蕨	jué

爵士	juéshì	开荒	kāihuāng	抗击	kàngjī	渴求	kěqiú	控告	kònggào
爵士乐	juéshìyuè	开火	kāihuǒ	抗拒	kàngjù	克己	kèjǐ	控诉	kòngsù
撅	jué	开机	kāijī	抗生素	kàngshēngsù	克扣	kèkòu	口岸	kǒu'àn
撅取	juéqǔ	开局	kāijú	抗体	kàngtǐ	克隆	kèlóng	口碑	kǒubēi
军备	jūnbèi	开掘	kāijué	抗原	kàngyuán	克制	kèzhì	口服	kǒufú
军费	jūnfèi	开门见山		抗灾	kàngzāi	刻板	kèbǎn	口红	kǒuhóng
军服	jūnfú		kāimén-jiànshān	抗争	kàngzhēng	刻薄	kèbó	口角	kǒujiǎo
军工	jūngōng	开明	kāimíng	考查	kǎochá	刻不容缓		口径	kǒujìng
军火	jūnhuǒ	开炮	kāipào	考场	kǎochǎng		kèbùrónghuǎn	口诀	kǒujué
军机	jūnjī	开启	kāiqǐ	考究	kǎo•jiū	刻骨铭心		口粮	kǒuliáng
军礼	jūnlǐ	开窍	kāiqiào	考据	kǎojù		kègǔ-míngxīn	口令	kǒulìng
军粮	jūnliáng	开山	kāishān	考评	kǎopíng	刻意	kèyì	口琴	kǒuqín
军旅	jūnlǚ	开通	kāitōng	考取	kǎoqǔ	恪守	kèshǒu	口哨儿	kǒushàor
军师	jūnshī	开通	kāitong	考生	kǎoshēng	客车	kèchē	口述	kǒushù
军属	jūnshǔ	开脱	kāituō	考问	kǎowèn	客房	kèfáng	口水	kǒushuǐ
军务	jūnwù	开外	kāiwài	考证	kǎozhèng	客户	kèhù	口味	kǒuwèi
军校	jūnxiào	开销	kāixiāo	烤火	kǎohuǒ	客机	kèjī	口吻	kǒuwěn
军需	jūnxū	开心	kāixīn	靠不住	kào•bùzhù	客流	kèliú	口音	kǒuyīn
军训	jūnxùn	开学	kāixué	靠得住	kàodezhù	客轮	kèlún	口罩	kǒuzhào
军医	jūnyī	开眼	kāiyǎn	靠拢	kàolǒng	客商	kèshāng	口子	kǒuzi
军营	jūnyíng	开业	kāiyè	靠山	kàoshān	客运	kèyùn	叩头	kòutóu
军用	jūnyòng	开凿	kāizáo	柯	kē	课外	kèwài	扣除	kòuchú
军装	jūnzhuāng	开战	kāizhàn	科班	kēbān	课文	kèwén	扣留	kòuliú
均等	jūnděng	开张	kāizhāng	科幻	kēhuàn	课余	kèyú	扣押	kòuyā
君权	jūnquán	刊发	kānfā	科教	kējiào	垦荒	kěnhuāng	扣子	kòuzi
君子	jūnzǐ	刊载	kānzǎi	科举	kējǔ	坑道	kēngdào	枯黄	kūhuáng
俊美	jùnměi	看管	kānguǎn	科目	kēmù	铿锵	kēngqiāng	枯竭	kūjié
俊俏	jùnqiào	看护	kānhù	科普	kēpǔ	空洞	kōngdòng	枯萎	kūwěi
郡	jùn	看守	kānshǒu	科室	kēshì	空话	kōnghuà	枯燥	kūzào
		勘查	kānchá	磕头	kētóu	空旷	kōngkuàng	哭泣	kūqì
K		砍伐	kǎnfá	瞌睡	kēshuì	空谈	kōngtán	哭诉	kūsù
		看病	kànbìng	可悲	kěbēi	空调	kōngtiáo	哭笑不得	kūxiào-bùdé
卡车	kǎchē	看不起	kàn•bùqǐ	可乘之机	kěchéngzhījī	空投	kōngtóu	苦果	kǔguǒ
卡片	kǎpiàn	看穿	kànchuān	可观	kěguān	空袭	kōngxí	苦力	kǔlì
开场	kāichǎng	看好	kànhǎo	可贵	kěguì	空想	kōngxiǎng	苦闷	kǔmèn
开车	kāichē	看台	kàntái	可恨	kěhèn	空心	kōngxīn	苦涩	kǔsè
开春	kāichūn	看透	kàntòu	可口	kěkǒu	孔洞	kǒngdòng	苦痛	kǔtòng
开刀	kāidāo	看中	kànzhòng	可怕	kěpà	恐吓	kǒnghè	苦头	kǔ•tóu
开导	kāidǎo	看重	kànzhòng	可取	kěqǔ	恐龙	kǒnglóng	苦笑	kǔxiào
开动	kāidòng	看作	kànzuò	可恶	kěwù	空地	kòngdì	苦心	kǔxīn
开端	kāiduān	康复	kāngfù	可喜	kěxǐ	空缺	kòngquē	苦于	kǔyú
开饭	kāifàn	抗旱	kànghàn	可行	kěxíng	空闲	kòngxián	苦战	kǔzhàn
开赴	kāifù	抗衡	kànghéng	可疑	kěyí	空子	kòngzi	库房	kùfáng
开工	kāigōng							裤脚	kùjiǎo

裤腿	kùtuǐ	矿区	kuàngqū	来世	láishì	老龄	lǎolíng	冷汗	lěnghàn
酷爱	kù'ài	矿山	kuàngshān	来势	láishì	老牌	lǎopái	冷峻	lěngjùn
酷热	kùrè	矿石	kuàngshí	来意	láiyì	老少	lǎoshào	冷酷	lěngkù
酷暑	kùshǔ	矿业	kuàngyè	来者	láizhě	老生	lǎoshēng	冷落	lěngluò
酷似	kùsì	框架	kuàngjià	来自	láizì	老式	lǎoshì	冷门	lěngmén
夸大	kuādà	框子	kuàngzi	兰花	lánhuā	老头儿	lǎotóur	冷凝	lěngníng
夸奖	kuājiǎng	亏本	kuīběn	拦截	lánjié	老爷子	lǎoyézi	冷暖	lěngnuǎn
夸耀	kuāyào	窥见	kuījiàn	拦腰	lányāo	老鹰	lǎoyīng	冷气	lěngqì
垮台	kuǎtái	窥探	kuītàn	拦阻	lánzǔ	老者	lǎozhě	冷清	lěng•qīng
挎包	kuàbāo	奎	kuí	栏杆	lángān	老总	lǎozǒng	冷眼	lěngyǎn
跨度	kuàdù	傀儡	kuǐlěi	栏目	lánmù	烙印	làoyìn	冷饮	lěngyǐn
跨越	kuàyuè	匮乏	kuìfá	蓝图	lántú	乐趣	lèqù	冷遇	lěngyù
快餐	kuàicān	馈赠	kuìzèng	篮球	lánqiú	乐意	lèyì	离别	líbié
快递	kuàidì	溃烂	kuìlàn	篮子	lánzi	乐于	lèyú	离奇	líqí
快感	kuàigǎn	溃疡	kuìyáng	懒得	lǎnde	乐园	lèyuán	离散	lísàn
快捷	kuàijié	愧疚	kuìjiù	懒汉	lǎnhàn	勒令	lèlìng	离心	líxīn
快慢	kuàimàn	捆绑	kǔnbǎng	懒散	lǎnsǎn	勒索	lèsuǒ	离心力	líxīnlì
快艇	kuàitǐng	困惑	kùnhuò	烂泥	lànní	累赘	léizhui	离休	líxiū
快意	kuàiyì	困苦	kùnkǔ	滥用	lànyòng	雷暴	léibào	离异	líyì
脍炙人口		困扰	kùnrǎo	浪潮	làngcháo	雷电	léidiàn	离职	lízhí
kuàizhì-rénkǒu		扩充	kuòchōng	浪漫	làngmàn	雷鸣	léimíng	梨园	líyuán
宽敞	kuān•chǎng	扩建	kuòjiàn	浪涛	làngtāo	雷同	léitóng	礼拜	lǐbài
宽度	kuāndù	括号	kuòhào	浪头	làngtou	雷雨	léiyǔ	礼法	lǐfǎ
宽广	kuānguǎng	阔气	kuòqi	劳工	láogōng	镭	léi	礼教	lǐjiào
宽厚	kuānhòu			劳驾	láojià	累积	lěijī	礼节	lǐjié
宽容	kuānróng	**L**		劳苦	láokǔ	累及	lěijí	礼金	lǐjīn
宽恕	kuānshù	拉扯	lāche	劳累	láolèi	累计	lěijì	礼品	lǐpǐn
款待	kuǎndài	拉力	lālì	劳民伤财		肋骨	lèigǔ	礼让	lǐràng
款式	kuǎnshì	拉力赛	lālìsài	láomín-shāngcái		泪痕	lèihén	礼堂	lǐtáng
款项	kuǎnxiàng	拉拢	lā•lǒng	劳模	láomó	泪花	lèihuā	礼仪	lǐyí
狂奔	kuángbēn	腊梅	làméi	劳务	láowù	泪眼	lèiyǎn	里程	lǐchéng
狂风	kuángfēng	腊月	làyuè	劳役	láoyì	泪珠	lèizhū	里程碑	lǐchéngbēi
狂欢	kuánghuān	癞	là/lài	劳资	láozī	类比	lèibǐ	理财	lǐcái
狂热	kuángrè	来宾	láibīn	劳作	láozuò	类别	lèibié	理睬	lǐcǎi
狂妄	kuángwàng	来得及	láidejí	牢房	láofáng	类群	lèiqún	理发	lǐfà
狂喜	kuángxǐ	来电	láidiàn	牢记	láojì	类推	lèituī	理会	lǐhuì
狂笑	kuángxiào	来访	láifǎng	牢笼	láolóng	棱角	léngjiǎo	理科	lǐkē
旷工	kuànggōng	来客	láikè	牢骚	láo•sāo	棱镜	léngjìng	理念	lǐniàn
旷野	kuàngyě	来历	láilì	牢狱	láoyù	冷不防	lěng•bùfáng	理赔	lǐpéi
矿藏	kuàngcáng	来龙去脉		老伯	lǎobó	冷藏	lěngcáng	理事	lǐ•shì
矿床	kuàngchuáng	láilóng-qùmài		老化	lǎohuà	冷淡	lěngdàn	理所当然	lǐsuǒdāngrán
矿工	kuànggōng	来年	láinián	老家	lǎojiā	冷冻	lěngdòng	理应	lǐyīng
矿井	kuàngjǐng	来去	láiqù	老练	lǎoliàn	冷风	lěngfēng	理直气壮	

lǐzhí-qìzhuàng		连夜	liányè	两样	liǎngyàng	猎取	lièqǔ	零碎	língsuì
锂	lǐ	连衣裙	liányīqún	两翼	liǎngyì	猎犬	lièquǎn	零星	língxīng
力不从心	lìbùcóngxīn	连载	liánzǎi	亮点	liàngdiǎn	猎人	lièrén	领带	lǐngdài
力度	lìdù	怜惜	liánxī	亮度	liàngdù	猎手	lièshǒu	领地	lǐngdì
力所能及	lìsuǒnéngjí	帘子	liánzi	亮光	liàngguāng	猎物	lièwù	领队	lǐngduì
力争	lìzhēng	莲花	liánhuā	亮丽	liànglì	裂变	lièbiàn	领海	lǐnghǎi
力作	lìzuò	涟漪	liányī	亮相	liàngxiàng	裂缝	lièfèng	领教	lǐngjiào
历程	lìchéng	联欢	liánhuān	量变	liàngbiàn	裂痕	lièhén	领空	lǐngkōng
历次	lìcì	联名	liánmíng	量词	liàngcí	裂纹	lièwén	领口	lǐngkǒu
历法	lìfǎ	联赛	liánsài	量化	liànghuà	邻里	línlǐ	领略	lǐnglüè
历届	lìjiè	联手	liánshǒu	量刑	liàngxíng	邻舍	línshè	领取	lǐngqǔ
历尽	lìjìn	联网	liánwǎng	踉跄	liàngqiàng	林带	líndài	领事馆	lǐngshìguǎn
历经	lìjīng	联谊	liányì	疗程	liáochéng	林地	líndì	领受	lǐngshòu
历年	lìnián	廉洁	liánjié	疗效	liáoxiào	林立	línlì	领头	lǐngtóu
历书	lìshū	廉政	liánzhèng	疗养	liáoyǎng	林阴道	línyīndào	领悟	lǐngwù
立案	lì'àn	镰刀	liándāo	疗养院		林子	línzi	领先	lǐngxiān
立方	lìfāng	脸蛋儿	liǎndànr	liáoyǎngyuàn		临别	línbié	领衔	lǐngxián
立功	lìgōng	脸红	liǎnhóng	聊天儿	liáotiānr	临到	líndào	领主	lǐngzhǔ
立国	lìguó	脸颊	liǎnjiá	潦倒	liáodǎo	临界	línjiè	领子	lǐngzi
立交桥	lìjiāoqiáo	脸面	liǎnmiàn	燎	liáo/liǎo	临近	línjìn	另行	lìngxíng
立论	lìlùn	脸庞	liǎnpáng	了不得	liǎo•bù•dé	临摹	línmó	溜达	liūda
立意	lìyì	脸皮	liǎnpí	了结	liǎojié	临终	línzhōng	留成	liúchéng
立正	lìzhèng	脸谱	liǎnpǔ	了然	liǎorán	淋巴结	línbājié	留存	liúcún
立志	lìzhì	练兵	liànbīng	了如指掌		鳞峋	línxún	留恋	liúliàn
立足	lìzú	练功	liàngōng	liǎorúzhǐzhǎng		霖	lín	留念	liúniàn
利弊	lìbì	练武	liànwǔ	了事	liǎoshì	磷肥	línféi	留神	liúshén
利落	lìluo	恋人	liànrén	料理	liàolǐ	磷脂	línzhī	留声机	liúshēngjī
利尿	lìniào	链接	liànjiē	料想	liàoxiǎng	鳞片	línpiàn	留守	liúshǒu
利索	lìsuo	链条	liàntiáo	料子	liàozi	灵气	língqì	留心	liúxīn
例行	lìxíng	良策	liángcè	撂	liào	灵巧	língqiǎo	留学生	liúxuéshēng
例证	lìzhèng	良机	liángjī	廖	Liào	灵堂	língtáng	留言	liúyán
隶属	lìshǔ	良久	liángjiǔ	列队	lièduì	灵通	língtōng	留意	liúyì
连带	liándài	良田	liángtián	列强	lièqiáng	灵性	língxìng	流产	liúchǎn
连环	liánhuán	良性	liángxìng	列席	lièxí	凌晨	língchén	流畅	liúchàng
连环画	liánhuánhuà	良知	liángzhī	劣等	lièděng	凌空	língkōng	流程	liúchéng
连累	liánlei	凉快	liángkuai	劣势	lièshì	凌乱	língluàn	流毒	liúdú
连绵	liánmián	凉爽	liángshuǎng	劣质	lièzhì	陵墓	língmù	流放	liúfàng
连年	liánnián	凉水	liángshuǐ	烈火	lièhuǒ	陵园	língyuán	流浪	liúlàng
连任	liánrèn	凉鞋	liángxié	烈日	lièrì	翎子	língzi	流利	liúlì
连日	liánrì	粮仓	liángcāng	烈性	lièxìng	绫	líng	流量	liúliàng
连声	liánshēng	两口子	liǎngkǒuzi	烈焰	lièyàn	零点	língdiǎn	流落	liúluò
连锁	liánsuǒ	两难	liǎngnán	猎狗	liègǒu	零乱	língluàn	流失	liúshī
连通	liántōng	两性	liǎngxìng	猎枪	lièqiāng	零散	língsǎn	流逝	liúshì

流水线	liúshuǐxiàn	路灯	lùdēng	论战	lùnzhàn	马桶	mǎtǒng	慢条斯理	màntiáo-sīlǐ
流速	liúsù	路段	lùduàn	论著	lùnzhù	马戏	mǎxì	忙活	mánghuo
流淌	liútǎng	路费	lùfèi	捋	luō/lǚ	埋藏	máicáng	忙乱	mángluàn
流亡	liúwáng	路径	lùjìng	罗汉	luóhàn	埋伏	mái•fú	盲肠	mángcháng
流星	liúxīng	路口	lùkǒu	罗列	luóliè	埋没	máimò	盲从	mángcóng
流言	liúyán	路面	lùmiàn	罗盘	luópán	埋头	máitóu	盲流	mángliú
流转	liúzhuǎn	路人	lùrén	锣鼓	luógǔ	埋葬	máizàng	盲人	mángrén
硫黄	liúhuáng	路途	lùtú	箩筐	luókuāng	买主	mǎizhǔ	蟒	mǎng
绺	liǔ	麓	lù	螺丝	luósī	迈步	màibù	猫头鹰	māotóuyīng
龙船	lóngchuán	露骨	lùgǔ	螺旋桨	luóxuánjiǎng	迈进	màijìn	毛笔	máobǐ
龙灯	lóngdēng	露水	lù•shuǐ	裸露	luǒlù	麦收	màishōu	毛虫	máochóng
龙骨	lónggǔ	露天	lùtiān	裸体	luǒtǐ	麦子	màizi	毛发	máofà
龙卷风	lóngjuǎnfēng	露珠	lùzhū	落差	luòchā	卖国	màiguó	毛骨悚然	
龙头	lóngtóu	旅伴	lǚbàn	落成	luòchéng	卖力	màilì		máogǔ-sǒngrán
龙王	Lóngwáng	旅程	lǚchéng	落户	luòhù	卖命	màimìng	毛料	máoliào
龙眼	lóngyǎn	旅店	lǚdiàn	落脚	luòjiǎo	卖弄	mài•nòng	毛驴	máolǘ
龙舟	lóngzhōu	旅居	lǚjū	落空	luòkōng	卖主	màizhǔ	毛囊	máonáng
聋子	lóngzi	旅途	lǚtú	落幕	luòmù	脉搏	màibó	毛皮	máopí
笼子	lóngzi	屡次	lǚcì	落日	luòrì	脉冲	màichōng	毛线	máoxiàn
陇	Lǒng	屡见不鲜	lǚjiàn-bùxiān	落水	luòshuǐ	脉络	màiluò	毛衣	máoyī
笼络	lǒngluò	履约	lǚyuē	落网	luòwǎng	埋怨	mányuàn	矛头	máotóu
笼统	lǒngtǒng	绿灯	lùdēng	落伍	luòwǔ	蛮干	mángàn	铆	mǎo
楼道	lóudào	绿地	lùdì	落选	luòxuǎn	蛮横	mánhèng	冒充	màochōng
楼阁	lóugé	绿豆	lùdòu	落座	luòzuò	鳗	mán	冒火	màohuǒ
楼台	lóutái	绿肥	lùféi	摞	luò	满不在乎	mǎnbùzàihu	冒昧	màomèi
楼梯	lóutī	绿洲	lùzhōu			满腹	mǎnfù	冒失	màoshi
陋习	lòuxí	孪生	luánshēng	**M**		满怀	mǎnhuái	貌似	màosì
漏洞	lòudòng	卵石	luǎnshí			满口	mǎnkǒu	没法儿	méifǎr
漏斗	lòudǒu	卵子	luǎnzǐ	抹布	mābù	满面	mǎnmiàn	没劲	méijìn
炉灶	lúzào	乱七八糟	luànqībāzāo	麻痹	mábì	满目	mǎnmù	没命	méimìng
卤水	lǔshuǐ	略微	lüèwēi	麻袋	mádài	满腔	mǎnqiāng	没趣	méiqù
卤素	lǔsù	轮班	lúnbān	麻将	májiàng	满心	mǎnxīn	没准儿	méizhǔnr
掳	lǔ	轮番	lúnfān	麻利	málì	满月	mǎnyuè	眉飞色舞	méifēi-sèwǔ
陆路	lùlù	轮换	lúnhuàn	麻木	mámù	满载	mǎnzài	眉开眼笑	
录取	lùqǔ	轮回	lúnhuí	麻雀	máquè	满嘴	mǎnzuǐ		méikāi-yǎnxiào
录像	lùxiàng	轮胎	lúntāi	麻子	mázi	螨	mǎn	眉目	méi•mù
录像机	lùxiàngjī	轮子	lúnzi	马不停蹄	mǎbùtíngtí	谩骂	mànmà	眉眼	méiyǎn
录音	lùyīn	论调	lùndiào	马达	mǎdá	蔓延	mànyán	梅花	méihuā
录音机	lùyīnjī	论断	lùnduàn	马灯	mǎdēng	漫不经心	mànbùjīngxīn	梅雨	méiyǔ
录用	lùyòng	论据	lùnjù	马虎	mǎhu	漫步	mànbù	媒人	méiren
录制	lùzhì	论理	lùnlǐ	马拉松	mǎlāsōng	漫画	mànhuà	媒体	méitǐ
绿林	lùlín	论说	lùnshuō	马力	mǎlì	漫天	màntiān	煤气	méiqì
路标	lùbiāo	论坛	lùntán	马匹	mǎpǐ	漫游	mànyóu	煤油	méiyóu
				马蹄	mǎtí				

酶	méi	猛兽	měngshòu	面粉	miànfěn	民乐	mínyuè	铭文	míngwén
霉菌	méijūn	蒙古包	měnggǔbāo	面颊	miànjiá	民政	mínzhèng	命脉	mìngmài
霉烂	méilàn	梦幻	mènghuàn	面具	miànjù	抿	mǐn	命中	mìngzhòng
美德	měidé	梦境	mèngjìng	面料	miànliào	泯灭	mǐnmiè	谬论	miùlùn
美观	měiguān	梦寐以求		面庞	miànpáng	名次	míngcì	谬误	miùwù
美景	měijǐng		mèngmèiyǐqiú	面人儿	miànrénr	名单	míngdān	摸底	mōdǐ
美酒	měijiǔ	梦乡	mèngxiāng	面容	miànróng	名额	míng'é	模块	mókuài
美满	měimǎn	梦想	mèngxiǎng	面色	miànsè	名副其实	míngfùqíshí	模特儿	mótèr
美貌	měimào	梦呓	mèngyì	面纱	miànshā	名贵	míngguì	摩登	módēng
美女	měinǚ	眯缝	mīfeng	面世	miànshì	名家	míngjiā	摩托	mótuō
美人	měirén	弥散	mísàn	面试	miànshì	名利	mínglì	磨炼	móliàn
美容	měiróng	迷宫	mígōng	面谈	miàntán	名流	míngliú	磨难	mónàn
美食	měishí	迷糊	míhu	面条儿	miàntiáor	名录	mínglù	磨损	mósǔn
美谈	měitán	迷惑	míhuò	面值	miànzhí	名目	míngmù	魔法	mófǎ
美味	měiwèi	迷离	mílí	面子	miànzi	名牌	míngpái	魔鬼	móguǐ
美育	měiyù	迷恋	míliàn	苗木	miáomù	名片	míngpiàn	魔力	mólì
镁	měi	迷路	mílù	苗圃	miáopǔ	名气	míngqì	魔术	móshù
闷热	mēnrè	迷蒙	míméng	苗条	miáotiao	名人	míngrén	魔王	mówáng
门板	ménbǎn	迷失	míshī	苗头	miáotou	名山	míngshān	魔爪	mózhǎo
门道	méndao	迷惘	míwǎng	苗子	miáozi	名胜	míngshèng	抹杀	mǒshā
门第	méndì	迷雾	míwù	描画	miáohuà	名师	míngshī	末端	mòduān
门洞儿	méndòngr	糜烂	mílàn	描摹	miáomó	名士	míngshì	末日	mòrì
门房	ménfáng	米饭	mǐfàn	瞄准	miáozhǔn	名堂	míngtang	末梢	mòshāo
门户	ménhù	秘诀	mìjué	渺小	miǎoxiǎo	名望	míngwàng	末尾	mòwěi
门将	ménjiàng	密闭	mìbì	庙会	miàohuì	名下	míngxià	莫大	mòdà
门框	ménkuàng	密布	mìbù	灭火	mièhuǒ	名言	míngyán	莫非	mòfēi
门类	ménlèi	密封	mìfēng	灭绝	mièjué	名誉	míngyù	蓦然	mòrán
门帘	ménlián	密码	mìmǎ	篾	miè	名正言顺		墨水	mòshuǐ
门铃	ménlíng	幂	mì	民办	mínbàn	míngzhèng-yánshùn		默默无闻	
门面	mén·miàn	蜜月	mìyuè	民法	mínfǎ			mòmò-wúwén	
门票	ménpiào	绵延	miányán	民房	mínfáng	名著	míngzhù	默念	mòniàn
门生	ménshēng	绵羊	miányáng	民风	mínfēng	明净	míngjìng	默契	mòqì
门徒	méntú	棉布	miánbù	民工	míngōng	明镜	míngjìng	默然	mòrán
门牙	ményá	棉纱	miánshā	民航	mínháng	明快	míngkuài	眸	móu
门诊	ménzhěn	棉絮	miánxù	民警	mínjǐng	明了	míngliǎo	谋害	móuhài
萌动	méngdòng	免除	miǎnchú	民居	mínjū	明媚	míngmèi	谋划	móuhuà
萌生	méngshēng	免得	miǎn·dé	民情	mínqíng	明日	míngrì	谋略	móulüè
蒙蔽	méngbì	免费	miǎnfèi	民权	mínquán	明信片	míngxìnpiàn	谋求	móuqiú
蒙昧	méngmèi	免税	miǎnshuì	民生	mínshēng	明星	míngxīng	谋取	móuqǔ
蒙受	méngshòu	免职	miǎnzhí	民心	mínxīn	明智	míngzhì	谋杀	móushā
盟国	méngguó	面包	miànbāo	民意	mínyì	明珠	míngzhū	谋生	móushēng
盟友	méngyǒu	面对	miànduì	民营	mínyíng	鸣叫	míngjiào	模板	múbǎn
猛然	měngrán	面额	miàn'é	民用	mínyòng	铭记	míngjì	模具	mújù

母爱	mǔ'ài	奶粉	nǎifěn	内阁	nèigé	拈	niān	农家	nóngjiā
母本	mǔběn	奶牛	nǎiniú	内功	nèigōng	蔫	niān	农垦	nóngkěn
母系	mǔxì	奶油	nǎiyóu	内海	nèihǎi	年份	niánfèn	农历	nónglì
母校	mǔxiào	氖	nǎi	内行	nèiháng	年关	niánguān	农忙	nóngmáng
母语	mǔyǔ	耐力	nàilì	内科	nèikē	年华	niánhuá	农事	nóngshì
木本	mùběn	耐人寻味	nàirénxúnwèi	内力	nèilì	年画	niánhuà	农闲	nóngxián
木柴	mùchái	耐用	nàiyòng	内陆	nèilù	年会	niánhuì	浓淡	nóngdàn
木耳	mù'ěr	男儿	nán'ér	内乱	nèiluàn	年货	niánhuò	浓烈	nóngliè
木工	mùgōng	男方	nánfāng	内幕	nèimù	年景	niánjǐng	浓眉	nóngméi
木匠	mùjiang	男生	nánshēng	内情	nèiqíng	年轮	niánlún	浓密	nóngmì
木刻	mùkè	南半球	nánbànqiú	内燃机	nèiránjī	年迈	niánmài	浓缩	nóngsuō
木料	mùliào	南边	nán·biān	内伤	nèishāng	年岁	niánsuì	浓郁	nóngyù
木偶	mù'ǒu	南瓜	nán·guā	内务	nèiwù	年限	niánxiàn	浓重	nóngzhòng
木炭	mùtàn	南面	nán·miàn	内线	nèixiàn	年终	niánzhōng	弄虚作假	
木星	mùxīng	南下	nánxià	内向	nèixiàng	黏	nián	nòngxū-zuòjiǎ	
目不转睛		南洋	Nányáng	内销	nèixiāo	廿	niàn	奴才	núcai
mùbùzhuǎnjīng		难保	nánbǎo	内省	nèixǐng	念白	niànbái	奴仆	núpú
目瞪口呆		难产	nánchǎn	内衣	nèiyī	念念不忘		怒放	nùfàng
mùdèng-kǒudāi		难处	nán·chù	内因	nèiyīn	niànniàn-bùwàng		怒吼	nùhǒu
目睹	mùdǔ	难点	nándiǎn	内政	nèizhèng	娘家	niángjia	怒火	nùhuǒ
目录	mùlù	难度	nándù	嫩绿	nènlǜ	酿造	niàngzào	怒气	nùqì
目送	mùsòng	难关	nánguān	能干	nénggàn	鸟瞰	niǎokàn	女方	nǚfāng
牧草	mùcǎo	难堪	nánkān	能耐	néngnai	袅袅	niǎoniǎo	女皇	nǚhuáng
牧场	mùchǎng	难看	nánkàn	能人	néngrén	尿布	niàobù	女郎	nǚláng
牧民	mùmín	难能可贵		能手	néngshǒu	尿素	niàosù	女神	nǚshén
牧区	mùqū	nánnéng-kěguì		尼龙	nílóng	捏造	niēzào	女生	nǚshēng
募集	mùjí	难说	nánshuō	泥浆	níjiāng	啮	niè	女王	nǚwáng
募捐	mùjuān	难听	nántīng	泥坑	níkēng	镊子	nièzi	暖和	nuǎnhuo
墓碑	mùbēi	难为	nánwei	泥鳅	ní·qiū	镍	niè	暖流	nuǎnliú
墓地	mùdì	难为情	nánwéiqíng	泥塑	nísù	凝神	níngshén	暖瓶	nuǎnpíng
墓室	mùshì	难民	nànmín	泥潭	nítán	凝望	níngwàng	暖气	nuǎnqì
墓葬	mùzàng	难友	nànyǒu	泥炭	nítàn	凝重	níngzhòng	挪动	nuó·dòng
幕后	mùhòu	囊括	nángkuò	倪	ní	宁可	nìngkě	挪用	nuóyòng
幕僚	mùliáo	恼火	nǎohuǒ	霓虹灯	níhóngdēng	宁肯	nìngkěn		
睦邻	mùlín	恼怒	nǎonù	拟订	nǐdìng	宁愿	nìngyuàn		
慕名	mùmíng	脑海	nǎohǎi	拟定	nǐdìng	牛犊	niúdú	**O**	
暮色	mùsè	脑筋	nǎojīn	拟人	nǐrén	牛皮	niúpí	讴歌	ōugē
穆斯林	mùsīlín	脑力	nǎolì	逆差	nìchā	扭曲	niǔqǔ	呕吐	ǒutù
		脑髓	nǎosuǐ	逆境	nìjìng	扭头	niǔtóu	呕心沥血	ǒuxīn-lìxuè
N		闹剧	nàojù	逆流	nìliú	农夫	nóngfū	偶像	ǒuxiàng
拿手	náshǒu	闹市	nàoshì	逆向	nìxiàng	农妇	nóngfù	**P**	
哪怕	nǎpà	闹事	nàoshì	逆转	nìzhuǎn	农耕	nónggēng	爬行	páxíng
纳闷儿	nàmènr	闹钟	nàozhōng	溺爱	nì'ài	农机	nóngjī	拍板	pāibǎn

拍卖	pāimài	判明	pànmíng	配制	pèizhì	偏爱	piān'ài	贫乏	pínfá
拍手	pāishǒu	判刑	pànxíng	配种	pèizhǒng	偏差	piānchā	贫寒	pínhán
拍照	pāizhào	叛变	pànbiàn	喷发	pēnfā	偏激	piānjī	贫瘠	pínjí
拍子	pāizi	叛乱	pànluàn	喷泉	pēnquán	偏离	piānlí	贫苦	pínkǔ
排查	páichá	叛逆	pànnì	喷洒	pēnsǎ	偏旁	piānpáng	贫民	pínmín
排场	pái·chǎng	叛徒	pàntú	喷射	pēnshè	偏颇	piānpō	贫血	pínxuè
排队	páiduì	旁白	pángbái	喷嚏	pēn·tì	偏心	piānxīn	频道	píndào
排挤	páijǐ	旁人	pángrén	喷涂	pēntú	偏远	piānyuǎn	品尝	pǐncháng
排练	páiliàn	旁听	pángtīng	盆景	pénjǐng	偏重	piānzhòng	品格	pǐngé
排卵	páiluǎn	膀胱	pángguāng	盆栽	pénzāi	篇幅	piān·fú	品牌	pǐnpái
排名	páimíng	磅礴	pángbó	盆子	pénzi	篇章	piānzhāng	品评	pǐnpíng
排球	páiqiú	胖子	pàngzi	抨击	pēngjī	片段	piànduàn	品位	pǐnwèi
排污	páiwū	刨子	páozi	棚子	péngzi	片断	piànduàn	品味	pǐnwèi
排戏	páixì	炮制	páozhì	蓬乱	péngluàn	骗局	piànjú	品行	pǐnxíng
排泄	páixiè	袍子	páozi	蓬松	péngsōng	骗取	piànqǔ	聘请	pìnqǐng
排演	páiyǎn	跑步	pǎobù	硼	péng	骗子	piànzi	聘任	pìnrèn
排忧解难		跑道	pǎodào	碰见	pèng·jiàn	漂泊	piāobó	聘用	pìnyòng
páiyōu-jiěnàn		泡菜	pàocài	碰巧	pèngqiǎo	漂浮	piāofú	平安	píng'ān
牌匾	páibiǎn	泡沫	pàomò	碰头	pèngtóu	漂流	piāoliú	平板	píngbǎn
牌价	páijià	炮兵	pàobīng	碰撞	pèngzhuàng	漂移	piāoyí	平淡	píngdàn
牌楼	páilou	炮火	pàohuǒ	批驳	pībó	飘带	piāodài	平地	píngdì
牌照	páizhào	炮击	pàojī	批量	pīliàng	飘荡	piāodàng	平定	píngdìng
派别	pàibié	炮楼	pàolóu	批示	pīshì	飘动	piāodòng	平反	píngfǎn
派生	pàishēng	炮台	pàotái	披露	pīlù	飘浮	piāofú	平方	píngfāng
派头	pàitóu	胚芽	pēiyá	皮包	píbāo	飘零	piāolíng	平房	píngfáng
派系	pàixì	陪伴	péibàn	皮层	pícéng	飘落	piāoluò	平和	pínghé
派性	pàixìng	陪衬	péichèn	皮带	pídài	飘然	piāorán	平衡木	pínghéngmù
派驻	pàizhù	陪同	péitóng	皮革	pígé	飘散	piāosàn	平滑	pínghuá
攀比	pānbǐ	培植	péizhí	皮毛	pímáo	飘扬	piāoyáng	平缓	pínghuǎn
攀登	pāndēng	赔付	péifù	皮球	píqiú	飘逸	piāoyì	平价	píngjià
攀爬	pānpá	赔款	péikuǎn	皮肉	píròu	漂白粉	piǎobáifěn	平米	píngmǐ
攀升	pānshēng	赔钱	péiqián	皮子	pízi	瞟	piǎo	平生	píngshēng
攀谈	pāntán	裴	Péi	毗邻	pílín	票房	piàofáng	平素	píngsù
攀岩	pānyán	佩戴	pèidài	疲乏	pífá	票据	piàojù	平台	píngtái
攀援	pānyuán	配备	pèibèi	疲软	píruǎn	票子	piàozi	平添	píngtiān
盘剥	pánbō	配对	pèiduì	琵琶	pí·pá	撇开	piē·kāi	平稳	píngwěn
盘踞	pánjù	配额	pèi'é	脾胃	píwèi	瞥	piē	平息	píngxī
盘算	pánsuan	配方	pèifāng	脾脏	pízàng	瞥见	piējiàn	平移	píngyí
盘问	pánwèn	配件	pèijiàn	匹配	pǐpèi	拼搏	pīnbó	平整	píngzhěng
盘旋	pánxuán	配角	pèijué	痞子	pǐzi	拼凑	pīncòu	评比	píngbǐ
盘子	pánzi	配偶	pèi'ǒu	癖	pǐ	拼死	pīnsǐ	评点	píngdiǎn
判别	pànbié	配送	pèisòng	媲美	pìměi	拼音	pīnyīn	评定	píngdìng
判决书	pànjuéshū	配伍	pèiwǔ	片子	piānzi	拼装	pīnzhuāng	评分	píngfēn

评估	pínggū	铺路	pūlù	启蒙	qǐméng	气态	qìtài	签字	qiānzì
评奖	píngjiǎng	铺设	pūshè	启事	qǐshì	气虚	qìxū	前辈	qiánbèi
评介	píngjiè	铺天盖地	pūtiān-gàidì	启用	qǐyòng	气旋	qìxuán	前臂	qiánbì
评剧	píngjù	仆人	púrén	起兵	qǐbīng	气焰	qìyàn	前程	qiánchéng
评判	píngpàn	仆役	púyì	起步	qǐbù	迄今	qìjīn	前额	qián'é
评审	píngshěn	葡匐	púfú	起草	qǐcǎo	弃权	qìquán	前锋	qiánfēng
评述	píngshù	朴实	pǔshí	起床	qǐchuáng	汽笛	qìdí	前列	qiánliè
评说	píngshuō	普查	pǔchá	起飞	qǐfēi	汽缸	qìgāng	前年	qiánnián
评弹	píngtán	普法	pǔfǎ	起哄	qǐhòng	汽化	qìhuà	前仆后继	qiánpū-hòujì
评委	píngwěi	普选	pǔxuǎn	起火	qǐhuǒ	汽水	qìshuǐ	前哨	qiánshào
评议	píngyì	谱写	pǔxiě	起家	qǐjiā	汽艇	qìtǐng	前身	qiánshēn
评语	píngyǔ	瀑布	pùbù	起见	qǐjiàn	契机	qìjī	前世	qiánshì
凭吊	píngdiào			起劲	qǐjìn	器件	qìjiàn	前所未有	
凭空	píngkōng	**Q**		起居	qǐjū	器具	qìjù	qiánsuǒwèiyǒu	
凭证	píngzhèng	沏	qī	起立	qǐlì	器皿	qìmǐn	前天	qiántiān
屏风	píngfēng	期刊	qīkān	起落	qǐluò	器物	qìwù	前卫	qiánwèi
屏障	píngzhàng	期末	qīmò	起始	qǐshǐ	器械	qìxiè	前沿	qiányán
瓶颈	píngjǐng	期盼	qīpàn	起事	qǐshì	器乐	qìyuè	前夜	qiányè
瓶子	píngzi	欺负	qīfu	起诉	qǐsù	器重	qìzhòng	前肢	qiánzhī
坡地	pōdì	欺凌	qīlíng	起头	qǐtóu	洽谈	qiàtán	前奏	qiánzòu
坡度	pōdù	欺压	qīyā	起先	qǐxiān	恰巧	qiàqiǎo	虔诚	qiánchéng
泼辣	pō•là	欺诈	qīzhà	起因	qǐyīn	恰如	qiàrú	钱包	qiánbāo
迫不及待	pòbùjídài	漆黑	qīhēi	气场	qìchǎng	恰似	qiàsì	钱币	qiánbì
迫于	pòyú	漆器	qīqì	气喘	qìchuǎn	千古	qiāngǔ	钱财	qiáncái
迫在眉睫	pòzàiméijié	齐备	qíbèi	气垫	qìdiàn	千金	qiānjīn	乾坤	qiánkūn
破案	pò'àn	齐名	qímíng	气定神闲		千钧一发	qiānjūn-yīfà	潜藏	qiáncáng
破除	pòchú	齐全	qíquán	qìdìng-shénxián		千瓦	qiānwǎ	潜伏	qiánfú
破格	pògé	齐心协力	qíxīn-xiélì	气度	qìdù	扦	qiān	潜能	qiánnéng
破获	pòhuò	齐整	qízhěng	气概	qìgài	迁就	qiānjiù	潜入	qiánrù
破解	pòjiě	奇观	qíguān	气功	qìgōng	迁居	qiānjū	潜水	qiánshuǐ
破旧	pòjiù	奇妙	qímiào	气管	qìguǎn	牵扯	qiānchě	潜艇	qiántǐng
破烂	pòlàn	奇闻	qíwén	气急	qìjí	牵动	qiāndòng	潜心	qiánxīn
破例	pòlì	祈求	qíqiú	气节	qìjié	牵挂	qiānguà	潜移默化	
破灭	pòmiè	畦	qí	气孔	qìkǒng	牵连	qiānlián	qiányí-mòhuà	
破碎	pòsuì	骑兵	qíbīng	气力	qìlì	牵涉	qiānshè	浅薄	qiǎnbó
破损	pòsǔn	棋盘	qípán	气囊	qìnáng	牵头	qiāntóu	浅海	qiǎnhǎi
破译	pòyì	棋子	qízǐ	气恼	qìnǎo	牵引	qiānyǐn	浅滩	qiǎntān
魄力	pò•lì	旗号	qíhào	气派	qìpài	牵制	qiānzhì	浅显	qiǎnxiǎn
扑鼻	pūbí	旗袍	qípáo	气泡	qìpào	签发	qiānfā	遣送	qiǎnsòng
扑克	pūkè	旗子	qízi	气魄	qìpò	签名	qiānmíng	欠缺	qiànquē
扑灭	pūmiè	企盼	qǐpàn	气球	qìqiú	签署	qiānshǔ	歉收	qiànshōu
铺盖	pūgài	启程	qǐchéng	气色	qìsè	签约	qiānyuē	歉意	qiànyì
铺盖	pūgai	启动	qǐdòng	气势	qìshì	签证	qiānzhèng	枪毙	qiāngbì

枪弹	qiāngdàn	切口	qiēkǒu	青天	qīngtiān	清贫	qīngpín	邱	Qiū
枪杀	qiāngshā	切面	qiēmiàn	青铜	qīngtóng	清扫	qīngsǎo	秋风	qiūfēng
枪支	qiāngzhī	切片	qiēpiàn	青衣	qīngyī	清瘦	qīngshòu	秋收	qiūshōu
腔调	qiāngdiào	切入	qiērù	轻便	qīngbiàn	清爽	qīngshuǎng	囚犯	qiúfàn
强敌	qiángdí	切线	qiēxiàn	轻而易举	qīng'éryìjǔ	清算	qīngsuàn	囚禁	qiújìn
强渡	qiángdù	切合	qiēhé	轻浮	qīngfú	清退	qīngtuì	囚徒	qiútú
强攻	qiánggōng	切忌	qièjì	轻快	qīngkuài	清洗	qīngxǐ	求爱	qiú'ài
强国	qiángguó	切身	qièshēn	轻描淡写	qīngmiáo-dànxiě	清闲	qīngxián	求婚	qiúhūn
强加	qiángjiā	妾	qiè	清香	qīngxiāng	求教	qiújiào
强劲	qiángjìng	窃取	qièqǔ	轻骑	qīngqí	清新	qīngxīn	求解	qiújiě
强力	qiánglì	惬意	qièyì	轻巧	qīng·qiǎo	清秀	qīngxiù	求救	qiújiù
强盛	qiángshèng	侵害	qīnhài	轻柔	qīngróu	清一色	qīngyīsè	求情	qiúqíng
强势	qiángshì	侵吞	qīntūn	轻率	qīngshuài	清早	qīngzǎo	求人	qiúrén
强手	qiángshǒu	侵袭	qīnxí	轻信	qīngxìn	清真寺	qīngzhēnsì	求生	qiúshēng
强行	qiángxíng	亲爱	qīn'ài	轻音乐	qīngyīnyuè	情不自禁	qíngbùzìjīn	求实	qiúshí
强硬	qiángyìng	亲笔	qīnbǐ	轻盈	qīngyíng	情调	qíngdiào	求同存异	
强占	qiángzhàn	亲和力	qīnhélì	氢弹	qīngdàn	情怀	qínghuái	qiútóng-cúnyì	
强壮	qiángzhuàng	亲近	qīnjìn	倾倒	qīngdǎo	清结	qíngjié	求学	qiúxué
墙根	qiánggēn	亲口	qīnkǒu	倾倒	qīngdào	情理	qínglǐ	求医	qiúyī
墙角	qiángjiǎo	亲历	qīnlì	倾角	qīngjiǎo	情人	qíngrén	求援	qiúyuán
墙头	qiángtóu	亲临	qīnlín	倾诉	qīngsù	情势	qíngshì	求知	qiúzhī
抢夺	qiǎngduó	亲昵	qīnnì	倾吐	qīngtǔ	情书	qíngshū	求职	qiúzhí
抢购	qiǎnggòu	亲情	qīnqíng	倾销	qīngxiāo	情思	qíngsī	求助	qiúzhù
抢劫	qiǎngjié	亲身	qīnshēn	倾泻	qīngxiè	情态	qíngtài	球场	qiúchǎng
抢先	qiǎngxiān	亲生	qīnshēng	倾心	qīngxīn	情意	qíngyì	球迷	qiúmí
抢险	qiǎngxiǎn	亲事	qīn·shì	倾注	qīngzhù	情有独钟		球面	qiúmiàn
抢修	qiǎngxiū	亲手	qīnshǒu	清白	qīngbái	qíngyǒudúzhōng		球赛	qiúsài
抢占	qiǎngzhàn	亲王	qīnwáng	清查	qīngchá	情欲	qíngyù	球体	qiútǐ
强求	qiǎngqiú	亲吻	qīnwěn	清偿	qīngcháng	情愿	qíngyuàn	裘	qiú
敲打	qiāo·dǎ	亲信	qīnxìn	清澈	qīngchè	晴空	qíngkōng	裘皮	qiúpí
乔木	qiáomù	亲缘	qīnyuán	清脆	qīngcuì	顷刻	qǐngkè	区划	qūhuà
桥头	qiáotóu	亲子	qīnzǐ	清单	qīngdān	请假	qǐngjià	区间	qūjiān
瞧不起	qiáo·bùqǐ	禽兽	qínshòu	清淡	qīngdàn	请教	qǐngjiào	曲解	qūjiě
瞧见	qiáo·jiàn	勤快	qínkuai	清点	qīngdiǎn	请客	qǐngkè	曲面	qūmiàn
巧合	qiǎohé	勤务	qínwù	清风	qīngfēng	请愿	qǐngyuàn	驱车	qūchē
巧克力	qiǎokèlì	勤政	qínzhèng	清高	qīnggāo	庆典	qìngdiǎn	驱除	qūchú
俏皮	qiào·pí	噙	qín	清官	qīngguān	庆贺	qìnghè	驱动	qūdòng
窍门	qiàomén	寝室	qǐnshì	清净	qīngjìng	庆幸	qìngxìng	驱赶	qūgǎn
鞘	qiào/shāo	青菜	qīngcài	清静	qīngjìng	亲家	qìngjia	驱散	qūsàn
切除	qiēchú	青草	qīngcǎo	清冷	qīnglěng	磬	qìng	驱使	qūshǐ
切磋	qiēcuō	青翠	qīngcuì	清廉	qīnglián	穷尽	qióngjìn	屈从	qūcóng
切点	qiēdiǎn	青稞	qīngkē	清凉	qīngliáng	穷苦	qióngkǔ	屈辱	qūrǔ
切割	qiēgē	青霉素	qīngméisù	清明	qīngmíng	穷困	qióngkùn	祛	qū

蛆	qū	全盘	quánpán	热诚	rèchéng	人质	rénzhì	容许	róngxǔ
躯干	qūgàn	全权	quánquán	热点	rèdiǎn	人中	rénzhōng	容颜	róngyán
躯壳	qūqiào	全文	quánwén	热度	rèdù	人种	rénzhǒng	溶洞	róngdòng
躯体	qūtǐ	全线	quánxiàn	热火朝天		仁慈	réncí	溶化	rónghuà
曲调	qǔdiào	全心全意		rèhuǒ-cháotiān		仁义	rényì	溶血	róngxuè
曲目	qǔmù	quánxīn-quányì		热浪	rèlàng	忍痛	rěntòng	熔化	rónghuà
曲牌	qǔpái	全员	quán	热泪	rèlèi	忍无可忍	rěnwúkěrěn	融化	rónghuà
曲艺	qǔyì	泉水	quánshuǐ	热力	rèlì	忍心	rěnxīn	融洽	róngqià
曲子	qǔzi	泉源	quányuán	热恋	rèliàn	认错	rèncuò	融资	róngzī
取材	qǔcái	拳击	quánjī	热流	rèliú	认购	rèngòu	柔道	róudào
取长补短		蜷	quán	热门	rèmén	认可	rènkě	柔美	róuměi
qǔcháng-bǔduǎn		蜷缩	quánsuō	热气	rèqì	认同	rèntóng	柔情	róuqíng
取缔	qǔdì	犬齿	quǎnchǐ	热切	rèqiè	认证	rènzhèng	柔弱	róuruò
取而代之	qǔ'érdàizhī	劝导	quàndǎo	热身	rèshēn	认知	rènzhī	柔顺	róushùn
取经	qǔjīng	劝告	quàngào	热土	rètǔ	认罪	rènzuì	肉食	ròushí
取乐	qǔlè	劝解	quànjiě	热望	rèwàng	任教	rènjiào	肉眼	ròuyǎn
取暖	qǔnuǎn	劝说	quànshuō	热线	rèxiàn	任免	rènmiǎn	肉质	ròuzhì
取舍	qǔshě	劝阻	quànzǔ	热血	rèxuè	任凭	rènpíng	如期	rúqī
取胜	qǔshèng	缺德	quēdé	热源	rèyuán	任期	rènqī	如若	rúruò
取向	qǔxiàng	缺憾	quēhàn	热衷	rèzhōng	任性	rènxìng	如实	rúshí
取笑	qǔxiào	缺口	quēkǒu	人称	rénchēng	任用	rènyòng	如一	rúyī
取样	qǔyàng	缺失	quēshī	人次	réncì	任职	rènzhí	如意	rúyì
取悦	qǔyuè	缺损	quēsǔn	人道	réndào	任重道远		如愿	rúyuàn
取证	qǔzhèng	缺席	quēxí	人丁	réndīng	rènzhòng-dàoyuǎn		儒学	rúxué
去处	qù·chù	阙	quē/què	人和	rénhé	韧带	rèndài	乳白	rǔbái
去路	qùlù	确信	quèxìn	人流	rénliú	韧性	rènxìng	乳房	rǔfáng
去向	qùxiàng	确凿	quèzáo	人马	rénmǎ	妊娠	rènshēn	乳牛	rǔniú
圈套	quāntào	确诊	quèzhěn	人脉	rénmài	日程	rìchéng	乳汁	rǔzhī
圈子	quānzi	确证	quèzhèng	人命	rénmìng	日光	rìguāng	辱骂	rǔmà
权贵	quánguì	裙子	qúnzi	人品	rénpǐn	日后	rìhòu	入场	rùchǎng
权衡	quánhéng	群岛	qúndǎo	人气	rénqì	日见	rìjiàn	入场券	rùchǎngquàn
权势	quánshì	群居	qúnjū	人情	rénqíng	日历	rìlì	入股	rùgǔ
权限	quánxiàn			人权	rénquán	日食	rìshí	入境	rùjìng
权责	quánzé	**R**		人参	rénshēn	日新月异	rìxīn-yuèyì	入口	rùkǒu
权重	quánzhòng	燃放	ránfàng	人声	rénshēng	日用	rìyòng	入门	rùmén
全程	quánchéng	燃眉之急	ránméizhījí	人世	rénshì	荣获	rónghuò	入迷	rùmí
全额	quán'é	染料	rǎnliào	人手	rénshǒu	荣幸	róngxìng	入睡	rùshuì
全集	quánjí	让步	ràngbù	人头	réntóu	荣耀	róngyào	入围	rùwéi
全景	quánjǐng	让利	rànglì	人文	rénwén	绒毛	róngmáo	入伍	rùwǔ
全力	quánlì	让位	ràngwèi	人像	rénxiàng	绒线	róngxiàn	入选	rùxuǎn
全力以赴	quánlìyǐfù	饶恕	ráoshù	人行道	rénxíngdào	容积	róngjī	入夜	rùyè
全貌	quánmào	绕道	ràodào	人选	rénxuǎn	容貌	róngmào	入住	rùzhù
全能	quánnéng	热潮	rècháo	人烟	rényān	容忍	róngrěn	入座	rùzuò

软骨	ruǎngǔ	扫除	sǎochú	山门	shānmén	晌午	shǎngwu	上肢	shàngzhī
软化	ruǎnhuà	扫地	sǎodì	山坡	shānpō	赏赐	shǎngcì	上座	shàngzuò
软件	ruǎnjiàn	扫盲	sǎománg	山系	shānxì	赏识	shǎngshí	尚且	shàngqiě
软禁	ruǎnjìn	扫描	sǎomiáo	山崖	shānyá	赏心悦目		烧杯	shāobēi
软弱	ruǎnruò	扫射	sǎoshè	山羊	shānyáng	shǎngxīn-yuèmù		烧饼	shāobing
锐角	ruìjiǎo	扫视	sǎoshì	山腰	shānyāo	上报	shàngbào	烧毁	shāohuǐ
锐利	ruìlì	扫兴	sǎoxìng	山野	shānyě	上臂	shàngbì	烧火	shāohuǒ
锐气	ruìqì	色调	sèdiào	山岳	shānyuè	上策	shàngcè	烧酒	shāojiǔ
锐意	ruìyì	色光	sèguāng	山楂	shānzhā	上场	shàngchǎng	烧瓶	shāopíng
润滑	rùnhuá	色盲	sèmáng	山寨	shānzhài	上传	shàngchuán	烧伤	shāoshāng
若无其事	ruòwúqíshì	色情	sèqíng	扇动	shāndòng	上当	shàngdàng	烧香	shāoxiāng
弱化	ruòhuà	色素	sèsù	闪现	shǎnxiàn	上等	shàngděng	勺子	sháozi
弱势	ruòshì	色泽	sèzé	闪耀	shǎnyào	上吊	shàngdiào	少见	shǎojiàn
弱小	ruòxiǎo	僧尼	sēngní	扇贝	shànbèi	上访	shàngfǎng	少儿	shào'ér
		杀菌	shājūn	扇子	shànzi	上风	shàngfēng	少妇	shàofù
S		杀戮	shālù	善待	shàndài	上浮	shàngfú	少将	shàojiàng
		杀伤	shāshāng	善后	shànhòu	上岗	shànggǎng	哨兵	shàobīng
仨	sā	杉木	shāmù	善意	shànyì	上工	shànggōng	哨所	shàosuǒ
撒谎	sāhuǎng	沙尘	shāchén	善战	shànzhàn	上古	shànggǔ	哨子	shàozi
撒娇	sājiāo	沙土	shātǔ	膳	shàn	上好	shànghǎo	奢望	shēwàng
撒手	sāshǒu	沙哑	shāyǎ	膳食	shànshí	上将	shàngjiàng	舍得	shěde
洒脱	sǎ•tuō	沙子	shāzi	伤疤	shāngbā	上交	shàngjiāo	舍弃	shěqì
卅	sà	纱布	shābù	伤残	shāngcán	上缴	shàngjiǎo	舍身	shěshēn
塞子	sāizi	纱锭	shādìng	伤感	shānggǎn	上进	shàngjìn	设定	shèdìng
鳃	sāi	刹车	shāchē	伤寒	shānghán	上流	shàngliú	设防	shèfáng
赛场	sàichǎng	傻瓜	shǎguā	伤痕	shānghén	上路	shànglù	社交	shèjiāo
赛程	sàichéng	傻子	shǎzi	伤势	shāngshì	上马	shàngmǎ	社论	shèlùn
赛跑	sàipǎo	筛查	shāichá	伤痛	shāngtòng	上门	shàngmén	社区	shèqū
赛事	sàishì	筛选	shāixuǎn	伤亡	shāngwáng	上品	shàngpǐn	社团	shètuán
三角洲	sānjiǎozhōu	山坳	shān'ào	商场	shāngchǎng	上任	shàngrèn	射程	shèchéng
三轮车	sānlúnchē	山茶	shānchá	商船	shāngchuán	上身	shàngshēn	射箭	shèjiàn
散漫	sǎnmàn	山川	shānchuān	商定	shāngdìng	上书	shàngshū	射门	shèmén
散场	sànchǎng	山村	shāncūn	商贩	shāngfàn	上司	shàngsi	射手	shèshǒu
散会	sànhuì	山歌	shāngē	商贾	shānggǔ	上台	shàngtái	涉外	shèwài
散伙	sànhuǒ	山沟	shāngōu	商会	shānghuì	上天	shàngtiān	涉足	shèzú
散落	sànluò	山河	shānhé	商家	shāngjiā	上头	shàngtóu	赦免	shèmiǎn
散失	sànshī	山洪	shānhóng	商检	shāngjiǎn	上头	shàngtou	摄取	shèqǔ
嗓门儿	sǎngménr	山涧	shānjiàn	商贸	shāngmào	上网	shàngwǎng	摄食	shèshí
嗓音	sǎngyīn	山脚	shānjiǎo	商榷	shāngquè	上限	shàngxiàn	摄氏度	shèshìdù
丧生	sàngshēng	山梁	shānliáng	商谈	shāngtán	上行	shàngxíng	摄像机	shèxiàngjī
骚动	sāodòng	山岭	shānlǐng	商讨	shāngtǎo	上旬	shàngxún	摄制	shèzhì
骚乱	sāoluàn	山麓	shānlù	商务	shāngwù	上演	shàngyǎn	麝	shè
骚扰	sāorǎo	山峦	shānluán	商议	shāngyì	上阵	shàngzhèn	申办	shēnbàn
缫	sāo								

申报	shēnbào	神仙	shén·xiān	生性	shēngxìng	盛情	shèngqíng	施放	shīfàng
申明	shēnmíng	神像	shénxiàng	生硬	shēngyìng	盛世	shèngshì	施加	shījiā
申诉	shēnsù	神韵	shényùn	生字	shēngzì	盛事	shèngshì	施舍	shīshě
伸缩	shēnsuō	神志	shénzhì	声波	shēngbō	盛夏	shèngxià	施展	shīzhǎn
伸展	shēnzhǎn	神州	shénzhōu	声部	shēngbù	盛装	shèngzhuāng	施政	shīzhèng
伸张	shēnzhāng	审定	shěndìng	声称	shēngchēng	尸骨	shīgǔ	湿地	shīdì
身长	shēncháng	审核	shěnhé	声带	shēngdài	尸首	shī·shǒu	湿热	shīrè
身段	shēnduàn	审计	shěnjì	声浪	shēnglàng	失常	shīcháng	嘘	shī/xū
身份证		审理	shěnlǐ	声名	shēngmíng	失传	shīchuán	十足	shízú
shēnfènzhèng		审批	shěnpī	声势	shēngshì	失地	shīdì	石板	shíbǎn
身高	shēngāo	审慎	shěnshèn	声速	shēngsù	失衡	shīhéng	石雕	shídiāo
身价	shēnjià	审时度势		声讨	shēngtǎo	失火	shīhuǒ	石膏	shígāo
身世	shēnshì	shěnshí-duóshì		声望	shēngwàng	失控	shīkòng	石匠	shíjiang
身手	shēnshǒu	审视	shěnshì	声息	shēngxī	失礼	shīlǐ	石刻	shíkè
身体力行	shēntǐ-lìxíng	审问	shěnwèn	声学	shēngxué	失利	shīlì	石窟	shíkū
砷	shēn	审讯	shěnxùn	声言	shēngyán	失恋	shīliàn	石料	shíliào
深奥	shēn'ào	审议	shěnyì	声誉	shēngyù	失灵	shīlíng	石棉	shímián
深层	shēncéng	婶子	shěnzi	声援	shēngyuán	失落	shīluò	石墨	shímò
深海	shēnhǎi	肾脏	shènzàng	声乐	shēngyuè	失眠	shīmián	石笋	shísǔn
深浅	shēnqiǎn	甚而	shèn'ér	绳索	shéngsuǒ	失明	shīmíng	石英	shíyīng
深切	shēnqiè	渗入	shènrù	省城	shěngchéng	失散	shīsàn	石子儿	shízǐr
深秋	shēnqiū	升华	shēnghuá	省份	shěngfèn	失神	shīshén	时辰	shíchen
深山	shēnshān	升级	shēngjí	省会	shěnghuì	失声	shīshēng	时段	shíduàn
深思	shēnsī	升降	shēngjiàng	省略	shěnglüè	失实	shīshí	时分	shífèn
深邃	shēnsuì	升迁	shēngqiān	省事	shěngshì	失手	shīshǒu	时光	shíguāng
深恶痛绝		升任	shēngrèn	圣地	shèngdì	失守	shīshǒu	时局	shíjú
shēnwù-tòngjué		升学	shēngxué	圣洁	shèngjié	失陷	shīxiàn	时区	shíqū
深信	shēnxìn	升值	shēngzhí	圣母	shèngmǔ	失效	shīxiào	时日	shírì
深意	shēnyì	生病	shēngbìng	圣人	shèngrén	失信	shīxìn	时尚	shíshàng
深渊	shēnyuān	生发	shēngfā	圣贤	shèngxián	失血	shīxuè	时势	shíshì
深造	shēnzào	生根	shēnggēn	圣旨	shèngzhǐ	失意	shīyì	时事	shíshì
深重	shēnzhòng	生机	shēngjī	胜地	shèngdì	失真	shīzhēn	时务	shíwù
神采	shéncǎi	生计	shēngjì	胜负	shèngfù	失职	shīzhí	时限	shíxiàn
神化	shénhuà	生灵	shēnglíng	胜任	shèngrèn	失重	shīzhòng	时效	shíxiào
神经病	shénjīngbìng	生路	shēnglù	胜诉	shèngsù	失踪	shīzōng	时兴	shíxīng
神经质	shénjīngzhì	生怕	shēngpà	胜仗	shèngzhàng	失足	shīzú	时针	shízhēn
神龛	shénkān	生平	shēngpíng	盛产	shèngchǎn	师母	shīmǔ	时政	shízhèng
神灵	shénlíng	生日	shēng·rì	盛大	shèngdà	师资	shīzī	时钟	shízhōng
神明	shénmíng	生疏	shēngshū	盛会	shènghuì	诗词	shīcí	时装	shízhuāng
神速	shénsù	生死	shēngsǐ	盛开	shèngkāi	诗集	shījí	识破	shípò
神通	shéntōng	生息	shēngxī	盛况	shèngkuàng	诗句	shījù	实测	shícè
神童	shéntóng	生肖	shēngxiào	盛名	shèngmíng	诗篇	shīpiān	实地	shídì
神往	shénwǎng	生效	shēngxiào	盛怒	shèngnù	虱子	shīzi	实干	shígàn

实话	shíhuà	世故	shìgù	视点	shìdiǎn	shǒujuànr(shǒujuàn)	受热	shòurè
实惠	shíhuì	世故	shìgu	视而不见	shì'érbùjiàn	手忙脚乱	受训	shòuxùn
实况	shíkuàng	世家	shìjiā	视角	shìjiǎo	shǒumáng-jiǎoluàn	受益	shòuyì
实情	shíqíng	世间	shìjiān	视力	shìlì	手帕	shǒupà	受灾	shòuzāi
实权	shíquán	世面	shìmiàn	视频	shìpín	手软	shǒuruǎn	受制	shòuzhì
实事	shíshì	世人	shìrén	视图	shìtú	手套	shǒutào	受阻	shòuzǔ
实事求是	shíshì-qiúshì	世事	shìshì	视网膜	shìwǎngmó	手腕	shǒuwàn	受罪	shòuzuì
实数	shíshù	世俗	shìsú	适度	shìdù	手下	shǒuxià	授粉	shòufěn
实习	shíxí	世袭	shìxí	适量	shìliàng	手心	shǒuxīn	授课	shòukè
实效	shíxiào	仕	shì	适时	shìshí	手艺	shǒuyì	授权	shòuquán
实心	shíxīn	市价	shìjià	适中	shìzhōng	手杖	shǒuzhàng	授予	shòuyǔ
实业	shíyè	市郊	shìjiāo	舐	shì	手足	shǒuzú	兽医	shòuyī
实战	shízhàn	市面	shìmiàn	嗜好	shìhào	守备	shǒubèi	瘦弱	shòuruò
实证	shízhèng	市容	shìróng	誓言	shìyán	守法	shǒufǎ	瘦小	shòuxiǎo
拾掇	shíduo	市镇	shìzhèn	噬	shì	守候	shǒuhòu	瘦削	shòuxuē
食材	shícái	市政	shìzhèng	螫	shì	守护	shǒuhù	书报	shūbào
食道	shídào	式样	shìyàng	收藏	shōucáng	守旧	shǒujiù	书法	shūfǎ
食管	shíguǎn	势头	shì·tóu	收场	shōuchǎng	守卫	shǒuwèi	书房	shūfáng
食粮	shíliáng	势在必行	shìzàibìxíng	收成	shōucheng	守信	shǒuxìn	书画	shūhuà
食谱	shípǔ	事半功倍		收发	shōufā	守则	shǒuzé	书架	shūjià
食物链	shíwùliàn	shìbàn-gōngbèi	收复	shōufù	首创	shǒuchuàng	书局	shūjú
食性	shíxìng	事端	shìduān	收割	shōugē	首府	shǒufǔ	书卷	shūjuàn
食欲	shíyù	事理	shìlǐ	收工	shōugōng	首届	shǒujiè	书刊	shūkān
食指	shízhǐ	事态	shìtài	收官	shōuguān	首脑	shǒunǎo	书目	shūmù
史册	shǐcè	事项	shìxiàng	收缴	shōujiǎo	首饰	shǒushi	书生	shūshēng
史料	shǐliào	事宜	shìyí	收据	shōujù	首尾	shǒuwěi	书信	shūxìn
史前	shǐqián	侍从	shìcóng	收看	shōukàn	首席	shǒuxí	书院	shūyuàn
史诗	shǐshī	侍奉	shìfèng	收敛	shōuliǎn	首相	shǒuxiàng	书斋	shūzhāi
史实	shǐshí	侍候	shìhòu	收留	shōuliú	首选	shǒuxuǎn	书桌	shūzhuō
史书	shǐshū	侍卫	shìwèi	收录	shōulù	受挫	shòucuò	殊荣	shūróng
史无前例	shǐwúqiánlì	试点	shìdiǎn	收买	shōumǎi	受害	shòuhài	倏然	shūrán
使馆	shǐguǎn	试剂	shìjì	收取	shōuqǔ	受奖	shòujiǎng	梳理	shūlǐ
使唤	shǐhuan	试卷	shìjuàn	收容	shōuróng	受戒	shòujiè	梳头	shūtóu
使节	shǐjié	试看	shìkàn	收听	shōutīng	受惊	shòujīng	梳子	shūzi
使者	shǐzhě	试探	shìtàn	收效	shōuxiào	受苦	shòukǔ	舒畅	shūchàng
始料不及	shǐliàobùjí	试探	shìtan	收养	shōuyǎng	受累	shòulěi	舒心	shūxīn
始祖	shǐzǔ	试题	shìtí	收支	shōuzhī	受累	shòulèi	舒展	shūzhǎn
士气	shìqì	试问	shìwèn	手背	shǒubèi	受理	shòulǐ	舒张	shūzhāng
士族	shìzú	试想	shìxiǎng	手册	shǒucè	受命	shòumìng	疏导	shūdǎo
示弱	shìruò	试行	shìxíng	手稿	shǒugǎo	受难	shòunàn	疏散	shūsàn
示意	shìyì	试用	shìyòng	手机	shǒujī	受骗	shòupiàn	疏松	shūsōng
示众	shìzhòng	试纸	shìzhǐ	手巾	shǒu·jīn	受聘	shòupìn	疏通	shūtōng
世道	shìdào	视察	shìchá	手绢儿(手绢)		受气	shòuqì	疏远	shūyuǎn

孰	shú	水泵	shuǐbèng	税利	shuìlì	思辨	sībiàn	诵读	sòngdú
赎罪	shúzuì	水兵	shuǐbīng	税率	shuìlǜ	思忖	sīcǔn	颂扬	sòngyáng
熟人	shúrén	水波	shuǐbō	税务	shuìwù	思量	sīliang	搜捕	sōubǔ
熟睡	shúshuì	水草	shuǐcǎo	睡梦	shuìmèng	思虑	sīlǜ	搜查	sōuchá
熟知	shúzhī	水产	shuǐchǎn	睡衣	shuìyī	思念	sīniàn	搜刮	sōuguā
暑假	shǔjià	水车	shuǐchē	睡意	shuìyì	思绪	sīxù	搜罗	sōuluó
属实	shǔshí	水电	shuǐdiàn	顺便	shùnbiàn	斯文	sīwén	搜索	sōusuǒ
署名	shǔmíng	水花	shuǐhuā	顺畅	shùnchàng	厮杀	sīshā	搜寻	sōuxún
鼠标	shǔbiāo	水火	shuǐhuǒ	顺从	shùncóng	撕毁	sīhuǐ	苏醒	sūxǐng
束手无策		水晶	shuǐjīng	顺风	shùnfēng	死板	sǐbǎn	俗话	súhuà
shùshǒu-wúcè		水井	shuǐjǐng	顺口	shùnkǒu	死灰复燃	sǐhuī-fùrán	俗名	súmíng
述评	shùpíng	水力	shuǐlì	顺口溜	shùnkǒuliū	死活	sǐhuó	俗气	súqi
述说	shùshuō	水龙头	shuǐlóngtóu	顺理成章		死寂	sǐjì	俗人	súrén
述职	shùzhí	水陆	shuǐlù	shùnlǐ-chéngzhāng		死角	sǐjiǎo	俗语	súyǔ
树丛	shùcóng	水路	shuǐlù	顺势	shùnshì	死伤	sǐshāng	诉苦	sùkǔ
树冠	shùguān	水落石出		顺心	shùnxīn	死神	sǐshén	诉求	sùqiú
树苗	shùmiáo	shuǐluò-shíchū		顺眼	shùnyǎn	死守	sǐshǒu	诉说	sùshuō
树脂	shùzhī	水鸟	shuǐniǎo	顺应	shùnyìng	四海	sìhǎi	诉诸	sùzhū
竖立	shùlì	水牛	shuǐniú	舜	Shùn	四合院	sìhéyuàn	素来	sùlái
俞	shù/yú	水情	shuǐqíng	说不定	shuō·bùdìng	四季	sìjì	素描	sùmiáo
数额	shù'é	水渠	shuǐqú	说唱	shuōchàng	四面八方		素养	sùyǎng
数据库	shùjùkù	水势	shuǐshì	说穿	shuōchuān	sìmiàn-bāfāng		速成	sùchéng
数码	shùmǎ	水塔	shuǐtǎ	说谎	shuōhuǎng	四散	sìsàn	速递	sùdì
数字化	shùzìhuà	水獭	shuǐtǎ	说教	shuōjiào	四时	sìshí	速写	sùxiě
刷卡	shuākǎ	水土	shuǐtǔ	说理	shuōlǐ	四外	sìwài	宿营	sùyíng
刷新	shuāxīn	水系	shuǐxì	说情	shuōqíng	四围	sìwéi	塑像	sùxiàng
衰败	shuāibài	水仙	shuǐxiān	说笑	shuōxiào	寺庙	sìmiào	酸楚	suānchǔ
衰减	shuāijiǎn	水乡	shuǐxiāng	硕果	shuòguǒ	似是而非	sìshì'érfēi	酸痛	suāntòng
衰竭	shuāijié	水箱	shuǐxiāng	司空见惯		俟	sì	酸雨	suānyǔ
衰落	shuāiluò	水泄不通		sīkōng-jiànguàn		肆虐	sìnüè	酸枣	suānzǎo
衰弱	shuāiruò	shuǐxièbùtōng		丝绸	sīchóu	嗣	sì	算计	suànji
衰退	shuāituì	水星	shuǐxīng	丝绒	sīróng	松动	sōngdòng	算命	suànmìng
衰亡	shuāiwáng	水性	shuǐxìng	丝线	sīxiàn	松软	sōngruǎn	算盘	suàn·pán
摔跤	shuāijiāo	水域	shuǐyù	私产	sīchǎn	松散	sōngsǎn	算术	suànshù
率先	shuàixiān	水运	shuǐyùn	私法	sīfǎ	松手	sōngshǒu	算数	suànshù
双边	shuāngbiān	水灾	shuǐzāi	私立	sīlì	松鼠	sōngshǔ	算账	suànzhàng
双重	shuāngchóng	水闸	shuǐzhá	私利	sīlì	怂恿	sǒngyǒng	绥	suí
双亲	shuāngqīn	水质	shuǐzhì	私事	sīshì	耸立	sǒnglì	随笔	suíbǐ
双向	shuāngxiàng	水肿	shuǐzhǒng	私塾	sīshú	送别	sòngbié	随处	suíchù
双语	shuāngyǔ	水珠	shuǐzhū	私下	sīxià	送礼	sònglǐ	随从	suícóng
霜冻	shuāngdòng	水准	shuǐzhǔn	私心	sīxīn	送气	sòngqì	随感	suígǎn
霜期	shuāngqī	税额	shuì'é	私语	sīyǔ	送行	sòngxíng	随机	suíjī
爽快	shuǎngkuai	税法	shuìfǎ	私自	sīzì	送葬	sòngzàng	随军	suíjūn

随口	suíkǒu	贪图	tāntú	逃生	táoshēng	提成	tíchéng	天赋	tiānfù
随身	suíshēn	摊贩	tānfàn	逃脱	táotuō	提纯	tíchún	天国	tiānguó
随手	suíshǒu	摊派	tānpài	逃亡	táowáng	提纲	tígāng	天花	tiānhuā
随同	suítóng	摊子	tānzi	逃学	táoxué	提货	tíhuò	天花板	tiānhuābǎn
随心	suíxīn	滩涂	tāntú	桃李	táolǐ	提及	tíjí	天经地义	tiānjīng-dìyì
随心所欲	suíxīnsuǒyù	坛子	tánzi	桃子	táozi	提交	tíjiāo	天井	tiānjǐng
岁数	suìshu	谈天	tántiān	陶瓷	táocí	提留	tíliú	天理	tiānlǐ
孙女	sūn•nǚ	谈吐	tántǔ	陶器	táoqì	提名	tímíng	天亮	tiānliàng
损坏	sǔnhuài	谈心	tánxīn	陶醉	táozuì	提琴	tíqín	天明	tiānmíng
损毁	sǔnhuǐ	弹劾	tánhé	淘气	táoqì	提请	tíqǐng	天命	tiānmìng
蓑衣	suōyī	弹力	tánlì	讨伐	tǎofá	提升	tíshēng	天幕	tiānmù
缩减	suōjiǎn	弹跳	tántiào	讨饭	tǎofàn	提示	tíshì	天平	tiānpíng
缩影	suōyǐng	坦诚	tǎnchéng	讨好	tǎohǎo	提问	tíwèn	天桥	tiānqiáo
索赔	suǒpéi	坦荡	tǎndàng	讨价还价	tǎojià-huánjià	提携	tíxié	天人合一	tiānrén-héyī
索取	suǒqǔ	叹气	tànqì			提心吊胆	tíxīn-diàodǎn	天色	tiānsè
索性	suǒxìng	探访	tànfǎng	套话	tàohuà	提要	tíyào	天时	tiānshí
索要	suǒyào	探究	tànjiū	套路	tàolù	提早	tízǎo	天使	tiānshǐ
锁定	suǒdìng	探亲	tànqīn	套现	tàoxiàn	啼哭	tíkū	天书	tiānshū
锁链	suǒliàn	探求	tànqiú	套用	tàoyòng	啼笑皆非	tíxiào-jiēfēi	天堂	tiāntáng
		探视	tànshì	特产	tèchǎn	题词	tící	天外	tiānwài
		探听	tàntīng	特长	tècháng	蹄子	tízi	天王	tiānwáng
T		探头	tàntóu	特级	tèjí	体察	tǐchá	天线	tiānxiàn
他乡	tāxiāng	探望	tànwàng	特例	tèlì	体罚	tǐfá	天象	tiānxiàng
塌方	tāfāng	探问	tànwèn	特派	tèpài	体格	tǐgé	天性	tiānxìng
塌陷	tāxiàn	探险	tànxiǎn	特区	tèqū	体检	tǐjiǎn	天意	tiānyì
踏实	tāshi	探寻	tànxún	特赦	tèshè	体面	tǐ•miàn	天灾	tiānzāi
榻	tà			特写	tèxiě	体能	tǐnéng	天职	tiānzhí
踏步	tàbù	堂而皇之	táng'érhuángzhī	特许	tèxǔ	体魄	tǐpò	天资	tiānzī
胎盘	tāipán	堂皇	tánghuáng	特异	tèyì	体态	tǐtài	天子	tiānzǐ
胎生	tāishēng	堂屋	tángwū	特约	tèyuē	体贴	tǐtiē	添加	tiānjiā
台词	táicí	搪瓷	tángcí	特制	tèzhì	体味	tǐwèi	添置	tiānzhì
台灯	táidēng	搪塞	tángsè	特质	tèzhì	体形	tǐxíng	田赋	tiánfù
台阶	táijiē	糖果	tángguǒ	特种	tèzhǒng	体型	tǐxíng	田埂	tiángěng
台子	táizi	糖尿病	tángniàobìng	疼爱	téng'ài	体液	tǐyè	田亩	tiánmǔ
抬升	táishēng	螳螂	tángláng	滕	Téng	体育场	tǐyùchǎng	田鼠	tiánshǔ
太后	tàihòu	烫伤	tàngshāng	梯度	tīdù	体育馆	tǐyùguǎn	田园	tiányuán
太极	tàijí	绦虫	tāochóng	梯队	tīduì	体征	tǐzhēng	甜菜	tiáncài
太极拳	tàijíquán	逃兵	táobīng	梯田	tītián	剃头	tìtóu	甜美	tiánměi
太监	tài•jiàn	逃窜	táocuàn	梯形	tīxíng	替补	tìbǔ	甜蜜	tiánmì
太子	tàizǐ	逃荒	táohuāng	梯子	tīzi	替换	tì•huàn	甜头	tiántou
态势	tàishì	逃离	táolí	提案	tí'àn	天边	tiānbiān	填补	tiánbǔ
钛	tài	逃命	táomìng	提拔	tí•bá	天窗	tiānchuāng	填充	tiánchōng
泰山	tàishān	逃难	táonàn	提包	tíbāo	天敌	tiāndí	填空	tiánkòng
坍塌	tāntā								

填塞	tiánsè	听证	tīngzhèng	同伙	tónghuǒ	头颅	tóulú	徒工	túgōng
填写	tiánxiě	亭子	tíngzi	同居	tóngjū	头目	tóumù	徒然	túrán
挑子	tiāozi	停办	tíngbàn	同龄	tónglíng	头疼	tóuténg	徒手	túshǒu
条理	tiáolǐ	停泊	tíngbó	同盟	tóngméng	头痛	tóutòng	徒刑	túxíng
条文	tiáowén	停车	tíngchē	同名	tóngmíng	头衔	tóuxián	涂料	túliào
条子	tiáozi	停放	tíngfàng	同位素	tóngwèisù	头像	tóuxiàng	涂抹	túmǒ
调剂	tiáojì	停工	tínggōng	同乡	tóngxiāng	头绪	tóuxù	屠刀	túdāo
调价	tiáojià	停火	tínghuǒ	同心	tóngxīn	头子	tóuzi	屠宰	túzǎi
调控	tiáokòng	停刊	tíngkān	同性	tóngxìng	投案	tóu'àn	土产	tǔchǎn
调配	tiáopèi	停靠	tíngkào	同姓	tóngxìng	投保	tóubǎo	土豆	tǔdòu
调皮	tiáopí	停息	tíngxī	佟	Tóng	投奔	tóubèn	土坯	tǔpī
调试	tiáoshì	停歇	tíngxiē	铜板	tóngbǎn	投标	tóubiāo	土星	tǔxīng
调停	tiáotíng	停业	tíngyè	铜钱	tóngqián	投递	tóudì	土语	tǔyǔ
调制	tiáozhì	停战	tíngzhàn	铜臭	tóngxiù	投放	tóufàng	土质	tǔzhì
挑拨	tiǎobō	停滞	tíngzhì	童工	tónggōng	投稿	tóugǎo	土著	tǔzhù
眺望	tiàowàng	挺拔	tǐngbá	童心	tóngxīn	投考	tóukǎo	吐露	tǔlù
跳板	tiàobǎn	挺进	tǐngjìn	童谣	tóngyáo	投靠	tóukào	吐血	tùxiě
跳高	tiàogāo	挺立	tǐnglì	童子	tóngzǐ	投票	tóupiào	湍急	tuānjí
跳水	tiàoshuǐ	挺身	tǐngshēn	统称	tǒngchēng	投射	tóushè	团队	tuánduì
贴近	tiējìn	通报	tōngbào	统筹	tǒngchóu	投身	tóushēn	团伙	tuánhuǒ
贴切	tiēqiè	通畅	tōngchàng	统购	tǒnggòu	投诉	tóusù	团聚	tuánjù
贴身	tiēshēn	通车	tōngchē	统领	tǒnglǐng	投影	tóuyǐng	团圆	tuányuán
贴心	tiēxīn	通称	tōngchēng	统帅	tǒngshuài	投掷	tóuzhì	推陈出新	
铁道	tiědào	通达	tōngdá	统率	tǒngshuài	透彻	tòuchè	tuīchén-chūxīn	
铁轨	tiěguǐ	通风	tōngfēng	统辖	tǒngxiá	透亮	tòu·liàng	推迟	tuīchí
铁匠	tiějiang	通告	tōnggào	统一体	tǒngyìtǐ	透气	tòuqì	推辞	tuīcí
铁锹	tiěqiāo	通航	tōngháng	统制	tǒngzhì	透视	tòushì	推导	tuīdǎo
铁青	tiěqīng	通话	tōnghuà	痛斥	tòngchì	透支	tòuzhī	推倒	tuīdǎo
铁人	tiěrén	通婚	tōnghūn	痛楚	tòngchǔ	凸显	tūxiǎn	推定	tuīdìng
铁丝	tiěsī	通货	tōnghuò	痛恨	tònghèn	突发	tūfā	推断	tuīduàn
铁索	tiěsuǒ	通令	tōnglìng	痛觉	tòngjué	突飞猛进	tūfēi-měngjìn	推介	tuījiè
铁蹄	tiětí	通路	tōnglù	痛哭	tòngkū	突起	tūqǐ	推举	tuījǔ
铁锨	tiěxiān	通气	tōngqì	痛心	tòngxīn	突如其来	tūrú-qílái	推力	tuīlì
厅堂	tīngtáng	通融	tōng·róng	偷渡	tōudù	突围	tūwéi	推敲	tuīqiāo
听从	tīngcóng	通商	tōngshāng	偷窥	tōukuī	突袭	tūxí	推算	tuīsuàn
听候	tīnghòu	通俗	tōngsú	偷懒	tōulǎn	图表	túbiǎo	推想	tuīxiǎng
听讲	tīngjiǎng	通晓	tōngxiǎo	偷窃	tōuqiè	图解	tújiě	推卸	tuīxiè
听课	tīngkè	通行	tōngxíng	偷袭	tōuxí	图景	tújǐng	推选	tuīxuǎn
听力	tīnglì	通则	tōngzé	头等	tóuděng	图谋	túmóu	推演	tuīyǎn
听任	tīngrèn	同班	tóngbān	头骨	tóugǔ	图片	túpiàn	推移	tuīyí
听说	tīngshuō	同辈	tóngbèi	头号	tóuhào	图像	túxiàng	腿脚	tuǐjiǎo
听筒	tīngtǒng	同步	tóngbù	头巾	tóujīn	图样	túyàng	退步	tuìbù
听信	tīngxìn	同感	tónggǎn	头盔	tóukuī	徒步	túbù	退还	tuìhuán

退回	tuìhuí	妥善	tuǒshàn	外族	wàizú	王子	wángzǐ	微细	wēixì
退路	tuìlù	拓展	tuòzhǎn	外祖母	wàizǔmǔ	网点	wǎngdiǎn	微型	wēixíng
退却	tuìquè	唾沫	tuòmo	弯路	wānlù	网购	wǎnggòu	韦	wéi
退让	tuìràng	唾液	tuòyè	剜	wān	网罗	wǎngluó	为害	wéihài
退守	tuìshǒu			完工	wángōng	网民	wǎngmín	违犯	wéifàn
退缩	tuìsuō		**W**	完好	wánhǎo	网球	wǎngqiú	违规	wéiguī
退位	tuìwèi	挖苦	wāku	完结	wánjié	网页	wǎngyè	违禁	wéijìn
退伍	tuìwǔ	挖潜	wāqián	完满	wánmǎn	网友	wǎngyǒu	违抗	wéikàng
退学	tuìxué	洼地	wādì	玩弄	wánnòng	网站	wǎngzhàn	违心	wéixīn
退役	tuìyì	瓦解	wǎjiě	玩赏	wánshǎng	网址	wǎngzhǐ	违约	wéiyuē
蜕变	tuìbiàn	瓦斯	wǎsī	玩耍	wánshuǎ	往常	wǎngcháng	违章	wéizhāng
蜕化	tuìhuà	袜子	wàzi	玩味	wánwèi	往返	wǎngfǎn	围攻	wéigōng
蜕皮	tuìpí	外币	wàibì	玩物	wánwù	往复	wǎngfù	围观	wéiguān
吞并	tūnbìng	外宾	wàibīn	玩意儿	wányìr	往年	wǎngnián	围巾	wéijīn
吞没	tūnmò	外出	wàichū	顽症	wánzhèng	往日	wǎngrì	围困	wéikùn
吞食	tūnshí	外感	wàigǎn	挽回	wǎnhuí	往事	wǎngshì	围棋	wéiqí
吞噬	tūnshì	外公	wàigōng	挽救	wǎnjiù	往昔	wǎngxī	围墙	wéiqiáng
吞吐	tūntǔ	外观	wàiguān	挽留	wǎnliú	妄图	wàngtú	围裙	wéi·qún
吞咽	tūnyàn	外海	wàihǎi	晚报	wǎnbào	妄想	wàngxiǎng	桅杆	wéigān
囤积	túnjī	外行	wàiháng	晚辈	wǎnbèi	忘恩负义	wàng'ēn-fùyì	唯独	wéidú
托管	tuōguǎn	外号	wàihào	晚餐	wǎncān	忘怀	wànghuái	唯恐	wéikǒng
托盘	tuōpán	外加	wàijiā	晚会	wǎnhuì	忘情	wàngqíng	唯美	wéiměi
拖车	tuōchē	外流	wàiliú	晚婚	wǎnhūn	忘却	wàngquè	唯一	wéiyī
拖累	tuōlěi	外露	wàilù	晚年	wǎnnián	忘我	wàngwǒ	惟妙惟肖	wéimiào-wéixiào
拖欠	tuōqiàn	外貌	wàimào	晚霞	wǎnxiá	旺季	wàngjì	维权	wéiquán
拖鞋	tuōxié	外人	wàirén	晚宴	wǎnyàn	危及	wēijí	维系	wéixì
拖延	tuōyán	外柔内刚		万恶	wàn'è	危急	wēijí	伟人	wěirén
脱节	tuōjié		wàiróu-nèigāng	万国	wànguó	危难	wēinàn	伪善	wěishàn
脱口	tuōkǒu	外伤	wàishāng	万能	wànnéng	危亡	wēiwáng	伪造	wěizào
脱口而出	tuōkǒu'érchū	外省	wàishěng	万岁	wànsuì	危重	wēizhòng	伪装	wěizhuāng
脱困	tuōkùn	外事	wàishì	万众一心		威风	wēifēng	尾气	wěiqì
脱身	tuōshēn	外套	wàitào		wànzhòng-yīxīn	威吓	wēihè	尾声	wěishēng
脱水	tuōshuǐ	外头	wàitou	万紫千红		威望	wēiwàng	尾随	wěisuí
脱胎	tuōtāi	外围	wàiwéi		wànzǐ-qiānhóng	威武	wēiwǔ	纬线	wěixiàn
脱胎换骨		外文	wàiwén	汪洋	wāngyáng	威严	wēiyán	委派	wěipài
tuōtāi-huàngǔ		外线	wàixiàn	亡灵	wánglíng	微波	wēibō	委任	wěirèn
脱险	tuōxiǎn	外销	wàixiāo	王府	wángfǔ	微博	wēibó	萎缩	wěisuō
脱销	tuōxiāo	外延	wàiyán	王宫	wánggōng	微薄	wēibó	卫兵	wèibīng
脱颖而出		外衣	wàiyī	王冠	wángguān	微不足道	wēibùzúdào	卫队	wèiduì
tuōyǐng'érchū		外因	wàiyīn	王后	wánghòu	微风	wēifēng	卫士	wèishì
陀螺	tuóluó	外援	wàiyuán	王牌	wángpái	微机	wēijī	未尝	wèicháng
驼背	tuóbèi	外债	wàizhài	王室	wángshì	微妙	wēimiào	未免	wèimiǎn
妥当	tuǒdang	外长	wàizhǎng	王位	wángwèi				

未遂	wèisuì	纹饰	wénshì	无视	wúshì	舞动	wǔdòng	稀饭	xīfàn
位于	wèiyú	闻名	wénmíng	无私	wúsī	舞会	wǔhuì	稀罕	xīhan
位子	wèizi	吻合	wěnhé	无损	wúsǔn	舞女	wǔnǚ	稀奇	xīqí
味觉	wèijué	稳步	wěnbù	无所适从		舞曲	wǔqǔ	稀缺	xīquē
畏惧	wèijù	稳产	wěnchǎn		wúsuǒshìcóng	舞厅	wǔtīng	稀疏	xīshū
畏缩	wèisuō	稳当	wěndang	无所谓	wúsuǒwèi	舞姿	wǔzī	稀有	xīyǒu
胃口	wèikǒu	稳固	wěngù	无望	wúwàng	务必	wùbì	溪流	xīliú
胃液	wèiyè	稳妥	wěntuǒ	无为	wúwéi	务工	wùgōng	蜥蜴	xīyì
谓语	wèiyǔ	稳重	wěnzhòng	无畏	wúwèi	务农	wùnóng	熄灯	xīdēng
喂养	wèiyǎng	问答	wèndá	无谓	wúwèi	务实	wùshí	膝盖	xīgài
蔚然成风		问号	wènhào	无误	wúwù	物产	wùchǎn	嬉戏	xīxì
wèirán-chéngfēng		问候	wènhòu	无线	wúxiàn	物件	wùjiàn	习气	xíqì
温饱	wēnbǎo	问卷	wènjuàn	无心	wúxīn	物流	wùliú	习题	xítí
温差	wēnchā	瓮	wèng	无须	wúxū	物色	wùsè	习以为常	xíyǐwéicháng
温存	wēncún	涡流	wōliú	无需	wúxū	物是人非	wùshì-rénfēi	习作	xízuò
温和	wēnhuo	窝囊	wōnang	无益	wúyì	物象	wùxiàng	席卷	xíjuǎn
温情	wēnqíng	窝头	wōtóu	无垠	wúyín	物业	wùyè	席位	xíwèi
温泉	wēnquán	沃土	wòtǔ	无缘	wúyuán	误导	wùdǎo	席子	xízi
温室	wēnshì	卧床	wòchuáng	毋	wú	误区	wùqū	洗礼	xǐlǐ
温顺	wēnshùn	乌黑	wūhēi	五彩	wǔcǎi	悟性	wùxìng	洗刷	xǐshuā
瘟疫	wēnyì	乌云	wūyún	五谷	wǔgǔ	晤	wù	洗衣机	xǐyījī
文本	wénběn	乌贼	wūzéi	五官	wǔguān	雾气	wùqì	铣	xǐ/xiǎn
文笔	wénbǐ	巫师	wūshī	五花八门				喜出望外	
文法	wénfǎ	屋脊	wūjǐ	wǔhuā-bāmén		**X**		xǐchūwàngwài	
文风	wénfēng	屋檐	wūyán	五味杂陈		夕阳	xīyáng	喜好	xǐhào
文稿	wéngǎo	无边	wúbiān	wǔwèi-záchén		兮	xī	喜庆	xǐqìng
文官	wénguān	无常	wúcháng	五行	wǔxíng	西服	xīfú	喜人	xǐrén
文集	wénjí	无偿	wúcháng	五颜六色	wǔyán-liùsè	西天	xītiān	喜事	xǐshì
文教	wénjiào	无动于衷		五脏	wǔzàng	西医	xīyī	喜闻乐见	xǐwén-lèjiàn
文静	wénjìng	wúdòngyúzhōng		午餐	wǔcān	西域	xīyù	喜讯	xǐxùn
文具	wénjù	无端	wúduān	午饭	wǔfàn	西装	xīzhuāng	戏弄	xìnòng
文科	wénkē	无故	wúgù	午睡	wǔshuì	吸毒	xīdú	戏台	xìtái
文盲	wénmáng	无计可施	wújì-kěshī	午夜	wǔyè	吸纳	xīnà	戏谑	xìxuè
文凭	wénpíng	无济于事	wújìyúshì	武打	wǔdǎ	吸盘	xīpán	戏院	xìyuàn
文史	wénshǐ	无尽	wújìn	武断	wǔduàn	吸食	xīshí	细胞核	xìbāohé
文书	wénshū	无可奉告	wúkěfènggào	武功	wǔgōng	吸吮	xīshǔn	细化	xìhuà
文坛	wéntán	无可厚非	wúkěhòufēi	武生	wǔshēng	昔日	xīrì	细密	xìmì
文体	wéntǐ	无赖	wúlài	武士	wǔshì	唏嘘	xīxū	细腻	xìnì
文武	wénwǔ	无理	wúlǐ	武术	wǔshù	息息相关		细弱	xìruò
文选	wénxuǎn	无量	wúliàng	武艺	wǔyì	xīxī-xiāngguān		细碎	xìsuì
文雅	wényǎ	无聊	wúliáo	舞弊	wǔbì	奚落	xīluò	细微	xìwēi
文言	wényán	无名	wúmíng	舞步	wǔbù	悉心	xīxīn	细则	xìzé
纹理	wénlǐ	无能	wúnéng	舞场	wǔchǎng	稀薄	xībó	瞎子	xiāzi

匣子	xiázi	先知	xiānzhī	陷落	xiànluò	响动	xiǎngdòng	小贩	xiǎofàn
峡谷	xiágǔ	纤毛	xiānmáo	献礼	xiànlǐ	响亮	xiǎngliàng	小鬼	xiǎoguǐ
狭长	xiácháng	纤细	xiānxì	霰	xiàn	饷	xiǎng	小孩儿	xiǎoháir
狭小	xiáxiǎo	鲜红	xiānhóng	乡间	xiāngjiān	想必	xiǎngbì	小节	xiǎojié
遐想	xiáxiǎng	鲜活	xiānhuó	乡里	xiānglǐ	想方设法		小结	xiǎojié
辖区	xiáqū	鲜美	xiānměi	乡亲	xiāngqīn	xiǎngfāng-shèfǎ		小看	xiǎokàn
霞光	xiáguāng	鲜嫩	xiānnèn	乡土	xiāngtǔ	想见	xiǎngjiàn	小米	xiǎomǐ
下巴	xiàba	闲话	xiánhuà	乡音	xiāngyīn	想来	xiǎnglái	小脑	xiǎonǎo
下笔	xiàbǐ	闲聊	xiánliáo	乡镇	xiāngzhèn	想念	xiǎngniàn	小品	xiǎopǐn
下等	xiàděng	闲人	xiánrén	相称	xiāngchèn	向导	xiàngdǎo	小气	xiǎoqi
下跌	xiàdiē	闲散	xiánsǎn	相持	xiāngchí	向阳	xiàngyáng	小巧	xiǎoqiǎo
下放	xiàfàng	闲谈	xiántán	相处	xiāngchǔ	项链	xiàngliàn	小区	xiǎoqū
下海	xiàhǎi	闲置	xiánzhì	相传	xiāngchuán	相机	xiàngjī	小人	xiǎorén
下滑	xiàhuá	咸菜	xiáncài	相仿	xiāngfǎng	相貌	xiàngmào	小生	xiǎoshēng
下课	xiàkè	涎	xián	相逢	xiāngféng	相片	xiàngpiàn	小数	xiǎoshù
下流	xiàliú	娴熟	xiánshú	相符	xiāngfú	相声	xiàngsheng	小偷儿	xiǎotōur
下马	xiàmǎ	衔接	xiánjiē	相辅相成		象棋	xiàngqí	小腿	xiǎotuǐ
下手	xiàshǒu	舷窗	xiánchuāng	xiāngfǔ-xiāngchéng		象形	xiàngxíng	小心翼翼	xiǎoxīn-yìyì
下台	xiàtái	嫌弃	xiánqì	相干	xiānggān	象牙	xiàngyá	小雪	xiǎoxuě
下文	xiàwén	嫌疑	xiányí	相隔	xiānggé	像样	xiàngyàng	小夜曲	xiǎoyèqǔ
下乡	xiàxiāng	显而易见	xiǎn'éryìjiàn	相间	xiāngjiàn	消沉	xiāochén	孝敬	xiàojìng
下行	xiàxíng	显赫	xiǎnhè	相距	xiāngjù	消防	xiāofáng	孝顺	xiàoshùn
下野	xiàyě	显明	xiǎnmíng	相容	xiāngróng	消磨	xiāomó	孝子	xiàozǐ
下载	xiàzài	显眼	xiǎnyǎn	相识	xiāngshí	消遣	xiāoqiǎn	肖像	xiàoxiàng
下肢	xiàzhī	险恶	xiǎn'è	相思	xiāngsī	消融	xiāoróng	校风	xiàofēng
吓唬	xiàhu	险峻	xiǎnjùn	相提并论		消散	xiāosàn	校舍	xiàoshè
吓人	xiàrén	险情	xiǎnqíng	xiāngtí-bìnglùn		消逝	xiāoshì	校园	xiàoyuán
夏令	xiàlìng	险要	xiǎnyào	相宜	xiāngyí	消瘦	xiāoshòu	笑脸	xiàoliǎn
仙鹤	xiānhè	鲜为人知		相约	xiāngyuē	消退	xiāotuì	笑容可掬	
仙境	xiānjìng	xiǎnwéirénzhī		香火	xiānghuǒ	消长	xiāozhǎng	xiàoróng-kějū	
仙女	xiānnǚ	现成	xiànchéng	香料	xiāngliào	萧条	xiāotiáo	笑语	xiàoyǔ
仙人	xiānrén	现货	xiànhuò	香炉	xiānglú	硝烟	xiāoyān	效法	xiàofǎ
先辈	xiānbèi	现款	xiànkuǎn	香水	xiāngshuǐ	销毁	xiāohuǐ	效仿	xiàofǎng
先导	xiāndǎo	现任	xiànrèn	香甜	xiāngtián	销量	xiāoliàng	效劳	xiàoláo
先发制人	xiānfā-zhìrén	现身说法		厢房	xiāngfáng	销路	xiāolù	效能	xiàonéng
先锋	xiānfēng	xiànshēn-shuōfǎ		镶嵌	xiāngqiàn	潇洒	xiāosǎ	效验	xiàoyàn
先河	xiānhé	现役	xiànyì	详尽	xiángjìn	小便	xiǎobiàn	效用	xiàoyòng
先例	xiānlì	限定	xiàndìng	详情	xiángqíng	小菜	xiǎocài	效忠	xiàozhōng
先烈	xiānliè	限额	xiàn'é	祥和	xiánghé	小肠	xiǎocháng	些许	xiēxǔ
先期	xiānqī	限量	xiànliàng	翔实	xiángshí	小车	xiǎochē	楔	xiē
先驱	xiānqū	限期	xiànqī	享福	xiǎngfú	小吃	xiǎochī	歇脚	xiējiǎo
先人	xiānrén	陷害	xiànhài	享乐	xiǎnglè	小丑	xiǎochǒu	歇息	xiēxi
先行	xiānxíng	陷阱	xiànjǐng	享用	xiǎngyòng	小调	xiǎodiào	协和	xiéhé

协力	xiélì	心结	xīnjié	新书	xīnshū	行贿	xínghuì	胸襟	xiōngjīn
协约	xiéyuē	心境	xīnjìng	新星	xīnxīng	行将	xíngjiāng	胸口	xiōngkǒu
协奏曲	xiézòuqǔ	心坎	xīnkǎn	新秀	xīnxiù	行进	xíngjìn	胸腔	xiōngqiāng
邪恶	xié'è	心口	xīnkǒu	新学	xīnxué	行径	xíngjìng	胸有成竹	
邪路	xiélù	心力	xīnlì	新意	xīnyì	行礼	xínglǐ	xiōngyǒuchéngzhú	
邪气	xiéqì	心律	xīnlǜ	新月	xīnyuè	行事	xíngshì	雄辩	xióngbiàn
胁迫	xiépò	心率	xīnlǜ	薪酬	xīnchóu	行头	xíngtou	雄风	xióngfēng
偕	xié	心满意足	xīnmǎn-yìzú	薪金	xīnjīn	行文	xíngwén	雄厚	xiónghòu
斜面	xiémiàn	心平气和	xīnpíng-qìhé	薪水	xīn·shuǐ	行销	xíngxiāo	雄浑	xiónghún
斜坡	xiépō	心切	xīnqiè	信步	xìnbù	行凶	xíngxiōng	雄蕊	xióngruǐ
携手	xiéshǒu	心神	xīnshén	信风	xìnfēng	行医	xíngyī	雄心	xióngxīn
鞋子	xiézi	心声	xīnshēng	信封	xìnfēng	行装	xíngzhuāng	雄性	xióngxìng
写法	xiěfǎ	心室	xīnshì	信奉	xìnfèng	行踪	xíngzōng	雄壮	xióngzhuàng
写生	xiěshēng	心酸	xīnsuān	信服	xìnfú	形容词	xíngróngcí	雄姿	xióngzī
写实	xiěshí	心态	xīntài	信函	xìnhán	型号	xínghào	熊猫	xióngmāo
写意	xiěyì	心疼	xīnténg	信件	xìnjiàn	醒目	xǐngmù	休假	xiūjià
写照	xiězhào	心田	xīntián	信赖	xìnlài	醒悟	xǐngwù	休闲	xiūxián
写字台	xiězìtái	心跳	xīntiào	信使	xìnshǐ	兴高采烈		休想	xiūxiǎng
泄漏	xièlòu	心弦	xīnxián	信守	xìnshǒu	xìnggāo-cǎiliè		休养	xiūyǎng
泄露	xièlòu	心胸	xīnxiōng	信条	xìntiáo	兴致	xìngzhì	休整	xiūzhěng
泄气	xièqì	心虚	xīnxū	信托	xìntuō	幸存	xìngcún	休止	xiūzhǐ
械斗	xièdòu	心绪	xīnxù	信箱	xìnxiāng	幸而	xìng'ér	修补	xiūbǔ
亵渎	xièdú	心眼儿	xīnyǎnr	信用卡	xìnyòngkǎ	幸好	xìnghǎo	修长	xiūcháng
谢绝	xièjué	心意	xīnyì	信誉	xìnyù	幸亏	xìngkuī	修订	xiūdìng
谢罪	xièzuì	心愿	xīnyuàn	信纸	xìnzhǐ	幸免	xìngmiǎn	修好	xiūhǎo
懈怠	xièdài	心照不宣		兴办	xīngbàn	幸运	xìngyùn	修剪	xiūjiǎn
心爱	xīn'ài	xīnzhào-bùxuān		兴隆	xīnglóng	幸灾乐祸	xìngzāi-lèhuò	修炼	xiūliàn
心病	xīnbìng	芯片	xīnpiàn	兴盛	xīngshèng	性爱	xìng'ài	修配	xiūpèi
心不在焉	xīnbùzàiyān	辛辣	xīnlà	兴衰	xīngshuāi	性病	xìngbìng	修缮	xiūshàn
心肠	xīncháng	辛劳	xīnláo	兴亡	xīngwáng	性感	xìnggǎn	修饰	xiūshì
心得	xīndé	辛酸	xīnsuān	兴旺	xīngwàng	性急	xìngjí	修行	xiū·xíng
心地	xīndì	欣欣向荣		兴修	xīngxiū	性命	xìngmìng	修整	xiūzhěng
心动	xīndòng	xīnxīn-xiàngróng		星辰	xīngchén	性子	xìngzi	修筑	xiūzhù
心烦	xīnfán	新潮	xīncháo	星光	xīngguāng	姓氏	xìngshì	羞愧	xiūkuì
心房	xīnfáng	新房	xīnfáng	星空	xīngkōng	凶残	xiōngcán	羞怯	xiūqiè
心腹	xīnfù	新婚	xīnhūn	星体	xīngtǐ	凶恶	xiōng'è	羞辱	xiūrǔ
心甘情愿		新近	xīnjìn	星座	xīngzuò	凶犯	xiōngfàn	羞涩	xiūsè
xīngān-qíngyuàn		新居	xīnjū	刑场	xíngchǎng	凶狠	xiōnghěn	秀才	xiùcai
心肝	xīngān	新郎	xīnláng	刑期	xíngqī	凶猛	xiōngměng	秀美	xiùměi
心慌	xīnhuāng	新年	xīnnián	邢	Xíng	凶手	xiōngshǒu	秀气	xiùqi
心急	xīnjí	新生	xīnshēng	行车	xíngchē	兄长	xiōngzhǎng	袖口	xiùkǒu
心计	xīnjì	新生儿	xīnshēng'ér	行程	xíngchéng	胸骨	xiōnggǔ	袖珍	xiùzhēn
心悸	xīnjì	新诗	xīnshī	行船	xíngchuán	胸怀	xiōnghuái	袖子	xiùzi

绣花 xiùhuā	悬赏 xuánshǎng	雪原 xuěyuán	压低 yādī	严谨 yánjǐn
嗅觉 xiùjué	悬崖 xuányá	雪中送炭 xuězhōng-sòngtàn	压榨 yāzhà	严禁 yánjìn
须要 xūyào	旋即 xuánjí	血汗 xuèhàn	压轴 yāzhòu	严酷 yánkù
须臾 xūyú	旋涡 xuánwō	血红 xuèhóng	押金 yājīn	严明 yánmíng
须知 xūzhī	选编 xuǎnbiān	血浆 xuèjiāng	押送 yāsòng	严守 yánshǒu
虚构 xūgòu	选购 xuǎngòu	血泪 xuèlèi	押韵 yāyùn	严正 yánzhèng
虚幻 xūhuàn	选集 xuǎnjí	血脉 xuèmài	鸭子 yāzi	言传 yánchuán
虚假 xūjiǎ	选民 xuǎnmín	血泊 xuèpō	牙膏 yágāo	言辞 yáncí
虚名 xūmíng	选派 xuǎnpài	血气 xuèqì	牙关 yáguān	言谈 yántán
虚拟 xūnǐ	选票 xuǎnpiào	血亲 xuèqīn	牙刷 yáshuā	言行 yánxíng
虚荣 xūróng	选聘 xuǎnpìn	血清 xuèqīng	牙龈 yáyín	岩层 yáncéng
虚弱 xūruò	选取 xuǎnqǔ	血肉 xuèròu	蚜虫 yáchóng	岩洞 yándòng
虚实 xūshí	选送 xuǎnsòng	血色 xuèsè	哑巴 yǎba	岩浆 yánjiāng
虚妄 xūwàng	选题 xuǎntí	血糖 xuètáng	哑剧 yǎjù	炎热 yánrè
虚伪 xūwěi	选种 xuǎnzhǒng	血统 xuètǒng	雅致 yǎzhì	炎症 yánzhèng
虚无 xūwú	眩晕 xuànyùn	血腥 xuèxīng	亚军 yàjūn	沿路 yánlù
虚线 xūxiàn	旋风 xuànfēng	血型 xuèxíng	亚麻 yàmá	沿途 yántú
虚心 xūxīn	削价 xuējià	血压 xuèyā	亚热带 yàrèdài	沿袭 yánxí
许久 xǔjiǔ	削减 xuējiǎn	血缘 xuèyuán	压根儿 yàgēnr	沿线 yánxiàn
许愿 xǔyuàn	靴子 xuēzi	熏陶 xūntáo	咽喉 yānhóu	沿用 yányòng
序号 xùhào	穴位 xuéwèi	薰 xūn	殷红 yānhóng	研发 yánfā
序列 xùliè	学报 xuébào	寻常 xúncháng	胭脂 yānzhi	盐场 yánchǎng
序幕 xùmù	学费 xuéfèi	寻访 xúnfǎng	烟草 yāncǎo	盐分 yánfèn
序曲 xùqǔ	学风 xuéfēng	寻根 xúngēn	烟尘 yānchén	盐田 yántián
序数 xùshù	学府 xuéfǔ	寻觅 xúnmì	烟袋 yāndài	筵席 yánxí
序言 xùyán	学贯中西 xuéguànzhōngxī	巡查 xúnchá	烟斗 yāndǒu	颜料 yánliào
叙事 xùshì	学界 xuéjiè	巡回 xúnhuí	烟花 yānhuā	颜面 yánmiàn
叙说 xùshuō	学历 xuélì	巡警 xúnjǐng	烟灰 yānhuī	俨然 yǎnrán
畜牧 xùmù	学龄 xuélíng	巡礼 xúnlǐ	烟火 yānhuǒ	衍射 yǎnshè
蓄电池 xùdiànchí	学年 xuénián	巡视 xúnshì	烟卷儿 yānjuǎnr	衍生 yǎnshēng
蓄积 xùjī	学期 xuéqī	训斥 xùnchì	烟幕 yānmù	掩蔽 yǎnbì
蓄意 xùyì	学识 xuéshí	训话 xùnhuà	烟筒 yāntong	掩埋 yǎnmái
宣称 xuānchēng	学士 xuéshì	讯号 xùnhào	烟雾 yānwù	掩饰 yǎnshì
宣读 xuāndú	学位 xuéwèi	汛期 xùnqī	烟叶 yānyè	掩映 yǎnyìng
宣讲 xuānjiǎng	学业 xuéyè	迅猛 xùnměng	淹没 yānmò	眼底 yǎndǐ
宣判 xuānpàn	学制 xuézhì	驯服 xùnfú	腌 yān	眼红 yǎnhóng
宣誓 xuānshì	雪亮 xuěliàng	驯化 xùnhuà	湮没 yānmò	眼花 yǎnhuā
宣泄 xuānxiè	雪片 xuěpiàn	驯鹿 xùnlù	延迟 yánchí	眼花缭乱
宣战 xuānzhàn	雪山 xuěshān	驯养 xùnyǎng	延缓 yánhuǎn	yǎnhuā-liáoluàn
玄机 xuánjī	雪上加霜	逊色 xùnsè	延期 yánqī	眼睑 yǎnjiǎn
悬浮 xuánfú	xuěshàng-jiāshuāng	**Y**	延误 yánwù	眼见 yǎnjiàn
悬空 xuánkōng	雪线 xuěxiàn		严惩 yánchéng	眼角 yǎnjiǎo
悬念 xuánniàn		压倒 yādǎo	严冬 yándōng	眼界 yǎnjiè

眼眶	yǎnkuàng	仰望	yǎngwàng	野地	yědì	一如既往 yīrú-jìwǎng		遗忘	yíwàng
眼力	yǎnlì	养病	yǎngbìng	野心	yěxīn	一生	yīshēng	遗物	yíwù
眼帘	yǎnlián	养护	yǎnghù	野性	yěxìng	一视同仁 yīshì-tóngrén		遗像	yíxiàng
眼皮	yǎnpí	养活	yǎnghuo	业界	yèjiè	一望无际 yīwàng-wújì		遗言	yíyán
眼球	yǎnqiú	养老	yǎnglǎo	业已	yèyǐ	一无所有 yīwú-suǒyǒu		疑点	yídiǎn
眼圈	yǎnquān	养生	yǎngshēng	业主	yèzhǔ	一席之地 yīxízhīdì		疑虑	yílǜ
眼色	yǎnsè	养育	yǎngyù	叶柄	yèbǐng	一些	yīxiē	疑难	yínán
眼窝	yǎnwō	样板	yàngbǎn	叶绿素	yèlǜsù	一心一意 yīxīn-yīyì		疑似	yísì
眼下	yǎnxià	妖怪	yāo•guài	叶脉	yèmài	一言九鼎 yīyán-jiǔdǐng		疑团	yítuán
眼珠	yǎnzhū	妖精	yāojing	曳	yè	一样	yīyàng	疑心	yíxīn
演进	yǎnjìn	要挟	yāoxié	夜班	yèbān	一意孤行 yīyì-gūxíng		已然	yǐrán
演练	yǎnliàn	腰带	yāodài	夜空	yèkōng	一针见血		已往	yǐwǎng
演示	yǎnshì	腰身	yāoshēn	夜幕	yèmù	yīzhēn-jiànxiě		以身作则 yǐshēn-zuòzé	
演算	yǎnsuàn	窑洞	yáodòng	夜色	yèsè	一阵	yīzhèn	倚靠	yǐkào
演习	yǎnxí	摇摆	yáobǎi	夜市	yèshì	伊始	yīshǐ	义不容辞 yìbùróngcí	
演戏	yǎnxì	摇动	yáodòng	夜校	yèxiào	衣襟	yījīn	义气	yì•qì
演义	yǎnyì	摇篮	yáolán	夜以继日 yèyǐjìrì		衣料	yīliào	义无反顾 yìwúfǎngù	
厌烦	yànfán	摇曳	yáoyè	液化	yèhuà	衣衫	yīshān	艺人	yìrén
厌倦	yànjuàn	徭役	yáoyì	液晶	yèjīng	衣食	yīshí	议案	yì'àn
厌世	yànshì	瑶	yáo	一本正经		衣物	yīwù	议程	yìchéng
宴请	yànqǐng	咬牙切齿 yǎoyá-qièchǐ		yīběn-zhèngjīng		衣着	yīzhuó	议定	yìdìng
宴席	yànxí	窈窕	yǎotiǎo	一并	yībìng	医护	yīhù	议价	yìjià
验收	yànshōu	药材	yàocái	一成不变		医师	yīshī	议决	yìjué
焰火	yànhuǒ	药店	yàodiàn	yīchéng-bùbiàn		医术	yīshù	议题	yìtí
燕麦	yànmài	药方	yàofāng	一筹莫展		医务	yīwù	异彩	yìcǎi
燕子	yànzi	药剂	yàojì	yīchóu-mòzhǎn		医治	yīzhì	异端	yìduān
秧歌	yāngge	药水	yàoshuǐ	一代	yīdài	依存	yīcún	异国	yìguó
秧苗	yāngmiáo	要道	yàodào	一带一路 yīdài-yīlù		依恋	yīliàn	异化	yìhuà
秧田	yāngtián	要地	yàodì	一道	yīdào	依托	yītuō	异己	yìjǐ
扬弃	yángqì	要点	yàodiǎn	一点儿	yīdiǎnr	依稀	yīxī	异口同声	
扬长避短		要害	yàohài	一帆风顺		依仗	yīzhàng	yìkǒu-tóngshēng	
yángcháng-bìduǎn		要好	yàohǎo	yīfān-fēngshùn		仪表	yíbiǎo	异体	yìtǐ
扬言	yángyán	要件	yàojiàn	一概	yīgài	宜人	yírén	异同	yìtóng
羊羔	yánggāo	要领	yàolǐng	一技之长 yījìzhīcháng		移交	yíjiāo	异物	yìwù
阳历	yánglì	要命	yàomìng	一举	yījǔ	移居	yíjū	异乡	yìxiāng
阳台	yángtái	要人	yàorén	一揽子	yīlǎnzi	移送	yísòng	异性	yìxìng
阳性	yángxìng	要闻	yàowén	一流	yīliú	遗存	yícún	异样	yìyàng
杨柳	yángliǔ	要务	yàowù	一脉相承		遗风	yífēng	异议	yìyì
杨梅	yángméi	要职	yàozhí	一脉相承		遗漏	yílòu	异族	yìzú
佯	yáng	耀眼	yàoyǎn	yīmài-xiāngchéng		遗弃	yíqì	抑或	yìhuò
洋葱	yángcōng	掖	yē/yè	一模一样 yīmú-yīyàng		遗失	yíshī	抑扬顿挫	
洋流	yángliú	噎	yē	一目了然 yīmù-liǎorán		遗书	yíshū	yìyáng-dùncuò	
洋溢	yángyì	野菜	yěcài	一瞥	yīpiē	遗体	yítǐ	抑郁	yìyù
				一气	yīqì				

役使	yìshǐ	音讯	yīnxùn	印证	yìnzhèng	映衬	yìngchèn	忧患	yōuhuàn
译本	yìběn	音译	yīnyì	印制	yìnzhì	映照	yìngzhào	忧虑	yōulǜ
译文	yìwén	音韵	yīnyùn	应届	yīngjiè	硬币	yìngbì	忧伤	yōushāng
驿站	yìzhàn	殷切	yīnqiè	应允	yīngyǔn	硬度	yìngdù	由来	yóulái
疫苗	yìmiáo	殷勤	yīnqín	英才	yīngcái	硬化	yìnghuà	邮电	yóudiàn
疫情	yìqíng	殷实	yīnshí	英俊	yīngjùn	硬件	yìngjiàn	邮寄	yóujì
益虫	yìchóng	吟唱	yínchàng	英烈	yīngliè	硬盘	yìngpán	邮件	yóujiàn
益处	yì•chù	银河	yínhé	英明	yīngmíng	硬性	yìngxìng	邮局	yóujú
翌日	yìrì	银幕	yínmù	英模	yīngmó	拥抱	yōngbào	邮政	yóuzhèng
意会	yìhuì	银屏	yínpíng	英武	yīngwǔ	拥戴	yōngdài	犹疑	yóuyí
意料	yìliào	银元	yínyuán	膺	yīng	拥堵	yōngdǔ	油菜	yóucài
意念	yìniàn	银子	yínzi	迎风	yíngfēng	痈	yōng	油茶	yóuchá
意想	yìxiǎng	尹	yǐn	迎合	yínghé	雍	yōng	油井	yóujǐng
意向	yìxiàng	引爆	yǐnbào	迎面	yíngmiàn	臃肿	yōngzhǒng	油轮	yóulún
意愿	yìyuàn	引渡	yǐndù	迎亲	yíngqīn	永别	yǒngbié	油门	yóumén
意蕴	yìyùn	引发	yǐnfā	迎刃而解	yíngrèn'érjiě	永生	yǒngshēng	油墨	yóumò
意旨	yìzhǐ	引领	yǐnlǐng	迎头	yíngtóu	甬道	yǒngdào	油腻	yóunì
熠熠	yìyì	引路	yǐnlù	迎战	yíngzhàn	咏叹调	yǒngtàndiào	油漆	yóuqī
臆造	yìzào	引擎	yǐnqíng	盈亏	yíngkuī	勇猛	yǒngměng	油条	yóutiáo
因势利导	yīnshì-lìdǎo	引人入胜	yǐnrén-rùshèng	盈余	yíngyú	勇士	yǒngshì	油脂	yóuzhī
因袭	yīnxí			营地	yíngdì	勇往直前		铀	yóu
阴暗	yīn'àn	引申	yǐnshēn	营房	yíngfáng	yǒngwǎng-zhíqián		游荡	yóudàng
阴沉	yīnchén	引水	yǐnshuǐ	营救	yíngjiù	涌动	yǒngdòng	游记	yóujì
阴极	yīnjí	引文	yǐnwén	营垒	yínglěi	蛹	yǒng	游客	yóukè
阴间	yīnjiān	引诱	yǐnyòu	营利	yínglì	用场	yòngchǎng	游览	yóulǎn
阴冷	yīnlěng	引证	yǐnzhèng	营销	yíngxiāo	用法	yòngfǎ	游乐	yóulè
阴历	yīnlì	饮料	yǐnliào	营造	yíngzào	用工	yònggōng	游离	yóulí
阴凉	yīnliáng	隐患	yǐnhuàn	萦绕	yíngrào	用功	yònggōng	游历	yóulì
阴霾	yīnmái	隐居	yǐnjū	赢利	yínglì	用劲	yòngjìn	游牧	yóumù
阴险	yīnxiǎn	隐瞒	yǐnmán	影射	yǐngshè	用具	yòngjù	游人	yóurén
阴性	yīnxìng	隐秘	yǐnmì	影像	yǐngxiàng	用心	yòngxīn	游说	yóushuì
阴雨	yīnyǔ	隐没	yǐnmò	影院	yǐngyuàn	用意	yòngyì	游玩	yóuwán
阴郁	yīnyù	隐匿	yǐnnì	应变	yìngbiàn	优待	yōudài	游艺	yóuyì
阴云	yīnyún	隐士	yǐnshì	应对	yìngduì	优厚	yōuhòu	游子	yóuzǐ
音标	yīnbiāo	隐私	yǐnsī	应急	yìngjí	优化	yōuhuà	友爱	yǒu'ài
音程	yīnchéng	隐性	yǐnxìng	应考	yìngkǎo	优劣	yōuliè	友邦	yǒubāng
音符	yīnfú	隐约	yǐnyuē	应聘	yìngpìn	优生	yōushēng	友情	yǒuqíng
音高	yīngāo	印发	yìnfā	应试	yìngshì	优胜	yōushèng	友善	yǒushàn
音量	yīnliàng	印花	yìnhuā	应邀	yìngyāo	优胜劣汰		有偿	yǒucháng
音律	yīnlǜ	印记	yìnjì	应运而生		yōushèng-liètài		有待	yǒudài
音频	yīnpín	印染	yìnrǎn	yìngyùn'érshēng		优雅	yōuyǎ	有点儿	yǒudiǎnr
音色	yīnsè	印行	yìnxíng	应战	yìngzhàn	优异	yōuyì	有理	yǒulǐ
音像	yīnxiàng	印章	yìnzhāng	应征	yìngzhēng	忧愁	yōuchóu	有目共睹	

有目共睹	yǒumù-gòngdǔ	虞	yú	愈加	yùjiā	圆舞曲	yuánwǔqǔ	阅兵	yuèbīng
有声有色	yǒushēng-yǒusè	愚蠢	yúchǔn	愈益	yùyì	圆周	yuánzhōu	阅历	yuèlì
有识之士	yǒushízhīshì	愚昧	yúmèi	冤案	yuān'àn	圆柱	yuánzhù	悦耳	yuè'ěr
有条不紊	yǒutiáo-bùwěn	愚弄	yúnòng	冤家	yuānjiā	圆锥	yuánzhuī	越发	yuèfā
有心	yǒuxīn	与日俱增	yǔrì-jùzēng	冤枉	yuānwang	圆桌	yuánzhuō	越轨	yuèguǐ
有形	yǒuxíng	宇航员	yǔhángyuán	渊博	yuānbó	援兵	yuánbīng	越野	yuèyě
有幸	yǒuxìng	羽毛球	yǔmáoqiú	渊源	yuānyuán	援建	yuánjiàn	云彩	yúncai
有序	yǒuxù	羽绒	yǔróng	元宝	yuánbǎo	援引	yuányǐn	云层	yúncéng
有余	yǒuyú	雨点儿(雨点)	yǔdiǎnr(yǔdiǎn)	元旦	yuándàn	缘由	yuányóu	云端	yúnduān
有朝一日	yǒuzhāo-yīrì	雨后春笋	yǔhòu-chūnsǔn	元件	yuánjiàn	猿人	yuánrén	云朵	yúnduǒ
黝黑	yǒuhēi	雨季	yǔjì	元老	yuánlǎo	源流	yuánliú	云海	yúnhǎi
右面	yòu·miàn	雨量	yǔliàng	元气	yuánqì	源头	yuántóu	云集	yúnjí
右倾	yòuqīng	雨伞	yǔsǎn	元首	yuánshǒu	源远流长	yuányuǎn-liúcháng	云计算	yúnjìsuàn
右翼	yòuyì	雨衣	yǔyī	元帅	yuánshuài	远程	yuǎnchéng	云雾	yúnwù
幼儿园	yòu'éryuán	语词	yǔcí	元音	yuányīn	远大	yuǎndà	云游	yúnyóu
幼体	yòutǐ	语调	yǔdiào	元月	yuányuè	远古	yuǎngǔ	匀称	yún·chèn
幼小	yòuxiǎo	语汇	yǔhuì	园地	yuándì	远航	yuǎnháng	允诺	yǔnnuò
幼稚	yòuzhì	语境	yǔjìng	园丁	yuándīng	远见	yuǎnjiàn	孕妇	yùnfù
柚子	yòuzi	语录	yǔlù	园林	yuánlín	远近	yuǎnjìn	孕育	yùnyù
诱发	yòufā	语义	yǔyì	园艺	yuányì	远景	yuǎnjǐng	运筹	yùnchóu
诱惑	yòuhuò	语重心长	yǔzhòng-xīncháng	园子	yuánzi	远洋	yuǎnyáng	运动会	yùndònghuì
诱人	yòurén	与会	yùhuì	员工	yuángōng	远征	yuǎnzhēng	运费	yùnfèi
诱因	yòuyīn	郁闷	yùmèn	垣	yuán	怨恨	yuànhèn	运河	yùnhé
釉	yòu	育才	yùcái	原本	yuánběn	怨气	yuànqì	运气	yùnqi
迂回	yūhuí	育苗	yùmiáo	原稿	yuángǎo	怨言	yuànyán	运送	yùnsòng
淤积	yūjī	浴场	yùchǎng	原告	yuángào	院落	yuànluò	运销	yùnxiāo
淤泥	yūní	浴池	yùchí	原价	yuánjià	院士	yuànshì	运载	yùnzài
余额	yú'é	浴室	yùshì	原煤	yuánméi	愿景	yuànjǐng	运作	yùnzuò
余粮	yúliáng	预案	yù'àn	原委	yuánwěi	约定	yuēdìng	韵律	yùnlǜ
余年	yúnián	预订	yùdìng	原文	yuánwén	约法	yuēfǎ	韵味	yùnwèi
余下	yúxià	预告	yùgào	原形	yuánxíng	约会	yuēhuì	蕴含	yùnhán
鱼雷	yúléi	预警	yùjǐng	原型	yuánxíng	月饼	yuèbing		
鱼鳞	yúlín	预赛	yùsài	原样	yuányàng	月季	yuè·jì	**Z**	
鱼苗	yúmiáo	欲念	yùniàn	原野	yuányě	月刊	yuèkān		
渔场	yúchǎng	谕	yù	原意	yuányì	月色	yuèsè	呷	zā
渔船	yúchuán	遇难	yùnàn	原油	yuányóu	月食	yuèshí	杂费	záfèi
渔村	yúcūn	寓所	yùsuǒ	原著	yuánzhù	月夜	yuèyè	杂居	zájū
渔夫	yúfū	寓言	yùyán	原状	yuánzhuàng	乐谱	yuèpǔ	杂剧	zájù
渔民	yúmín	寓意	yùyì	原子弹	yuánzǐdàn	乐师	yuèshī	杂粮	záliáng
渔网	yúwǎng	寓于	yùyú	原作	yuánzuò	乐团	yuètuán	杂乱	záluàn
逾期	yúqī	愈合	yùhé	圆场	yuánchǎng	乐音	yuèyīn	杂事	záshì
逾越	yúyuè			圆满	yuánmǎn	乐章	yuèzhāng	杂文	záwén
				圆圈	yuánquān	岳母	yuèmǔ	杂物	záwù
				圆润	yuánrùn			杂音	záyīn
								灾害	zāihài

灾荒	zāihuāng	糟糕	zāogāo	眨眼	zhǎyǎn	张扬	zhāngyáng	找寻	zhǎoxún
灾祸	zāihuò	糟粕	zāopò	诈骗	zhàpiàn	章法	zhāngfǎ	召唤	zhàohuàn
灾民	zāimín	早春	zǎochūn	炸药	zhàyào	章节	zhāngjié	召回	zhàohuí
灾情	zāiqíng	早稻	zǎodào	蚱蜢	zhàměng	彰显	zhāngxiǎn	召见	zhàojiàn
栽植	zāizhí	早点	zǎodiǎn	榨取	zhàqǔ	长辈	zhǎngbèi	诏	zhào
栽种	zāizhòng	早饭	zǎofàn	摘除	zhāichú	长老	zhǎnglǎo	诏书	zhàoshū
宰割	zǎigē	早婚	zǎohūn	摘要	zhāiyào	长相	zhǎngxiàng	照搬	zhàobān
宰相	zǎixiàng	早年	zǎonián	宅子	zháizi	长者	zhǎngzhě	照办	zhàobàn
崽	zǎi	早熟	zǎoshú	择菜	zháicài	涨潮	zhǎngcháo	照常	zhàocháng
再度	zàidù	早晚	zǎowǎn	债权	zhàiquán	涨价	zhǎngjià	照管	zhàoguǎn
再会	zàihuì	早先	zǎoxiān	债券	zhàiquàn	掌舵	zhǎngduò	照会	zhàohuì
再婚	zàihūn	造成	zàochéng	寨子	zhàizi	掌管	zhǎngguǎn	照旧	zhàojiù
再接再厉	zàijiē-zàilì	造反	zàofǎn	占卜	zhānbǔ	掌柜	zhǎngguì	照看	zhàokàn
再三	zàisān	造福	zàofú	沾染	zhānrǎn	掌权	zhǎngquán	照料	zhàoliào
再生	zàishēng	造价	zàojià	粘连	zhānlián	掌声	zhǎngshēng	照应	zhào•yìng
再造	zàizào	造句	zàojù	瞻仰	zhānyǎng	掌心	zhǎngxīn	遮蔽	zhēbì
在行	zàiháng	造诣	zàoyì	斩钉截铁		丈夫	zhàngfū	遮挡	zhēdǎng
在乎	zàihu	噪声	zàoshēng	zhǎndīng-jiétiě		丈量	zhàngliáng	遮盖	zhēgài
在即	zàijí	噪音	zàoyīn	展翅	zhǎnchì	丈人	zhàngren	遮掩	zhēyǎn
在世	zàishì	责备	zébèi	展出	zhǎnchū	帐子	zhàngzi	折叠	zhédié
在望	zàiwàng	责成	zéchéng	展望	zhǎnwàng	账本	zhàngběn	折光	zhéguāng
在位	zàiwèi	责怪	zéguài	展销	zhǎnxiāo	账房	zhàngfáng	折合	zhéhé
在线	zàixiàn	责令	zélìng	战败	zhànbài	账号	zhànghào	折旧	zhéjiù
在意	zàiyì	责骂	zémà	战备	zhànbèi	账户	zhànghù	折扣	zhékòu
在职	zàizhí	责难	zénàn	战地	zhàndì	账目	zhàngmù	折算	zhésuàn
在座	zàizuò	责问	zéwèn	战犯	zhànfàn	招标	zhāobiāo	折中	zhézhōng
载歌载舞	zàigē-zàiwǔ	责无旁贷	zéwúpángdài	战俘	zhànfú	招工	zhāogōng	哲理	zhélǐ
载体	zàitǐ	择优	zéyōu	战功	zhàngōng	招考	zhāokǎo	哲人	zhérén
载重	zàizhòng	啧啧	zézé	战果	zhànguǒ	招徕	zhāolái	褶	zhě
暂且	zànqiě	仄	zè	战壕	zhànháo	招募	zhāomù	褶皱	zhězhòu
暂停	zàntíng	增补	zēngbǔ	战火	zhànhuǒ	招牌	zhāopai	蔗糖	zhètáng
暂行	zànxíng	增设	zēngshè	战局	zhànjú	招聘	zhāopìn	贞操	zhēncāo
赞不绝口	zànbùjuékǒu	增生	zēngshēng	战乱	zhànluàn	招商	zhāoshāng	针锋相对	
赞歌	zàngē	增收	zēngshōu	战区	zhànqū	招收	zhāoshōu	zhēnfēng-xiāngduì	
赞赏	zànshǎng	增援	zēngyuán	战事	zhànshì	招手	zhāoshǒu	珍爱	zhēn'ài
赞颂	zànsòng	增值	zēngzhí	站岗	zhàngǎng	招致	zhāozhì	珍宝	zhēnbǎo
赞同	zàntóng	憎恨	zēnghèn	站立	zhànlì	昭示	zhāoshì	珍藏	zhēncáng
赞许	zànxǔ	憎恶	zēngwù	站台	zhàntái	朝气	zhāoqì	珍品	zhēnpǐn
赞誉	zànyù	赠送	zèngsòng	绽放	zhànfàng	朝夕	zhāoxī	珍视	zhēnshì
赞助	zànzhù	扎根	zhāgēn	蘸	zhàn	朝霞	zhāoxiá	珍惜	zhēnxī
脏腑	zàngfǔ	扎实	zhāshi	张力	zhānglì	朝阳	zhāoyáng	珍稀	zhēnxī
葬礼	zànglǐ	闸门	zhámén	张罗	zhāngluo	着火	zháohuǒ	珍重	zhēnzhòng
葬身	zàngshēn	铡	zhá	张贴	zhāngtiē	着迷	zháomí	真菌	zhēnjūn
葬送	zàngsòng	眨巴	zhǎba	张望	zhāngwàng	爪牙	zhǎoyá	真皮	zhēnpí

真切	zhēnqiè	征购	zhēnggòu	政法	zhèngfǎ	直肠	zhícháng	至多	zhìduō
真情	zhēnqíng	征集	zhēngjí	政绩	zhèngjì	直达	zhídá	至高无上	
真丝	zhēnsī	征途	zhēngtú	政界	zhèngjiè	直截了当		zhìgāo-wúshàng	
真伪	zhēnwěi	征文	zhēngwén	政局	zhèngjú	zhíjié-liǎodàng		至上	zhìshàng
真相	zhēnxiàng	征用	zhēngyòng	政客	zhèngkè	直面	zhímiàn	志气	zhì·qì
真心	zhēnxīn	征战	zhēngzhàn	政令	zhènglìng	直属	zhíshǔ	志趣	zhìqù
真知	zhēnzhī	征兆	zhēngzhào	政论	zhènglùn	直率	zhíshuài	志士	zhìshì
砧	zhēn	挣扎	zhēngzhá	政事	zhèngshì	直爽	zhíshuǎng	志向	zhìxiàng
斟酌	zhēnzhuó	症结	zhēngjié	政坛	zhèngtán	直言	zhíyán	志愿	zhìyuàn
臻	zhēn	蒸汽	zhēngqì	政体	zhèngtǐ	侄女	zhí·nǚ	志愿军	zhìyuànjūn
诊疗	zhěnliáo	整编	zhěngbiān	政务	zhèngwù	侄子	zhízi	志愿者	zhìyuànzhě
诊所	zhěnsuǒ	整风	zhěngfēng	政要	zhèngyào	值钱	zhíqián	制备	zhìbèi
诊治	zhěnzhì	整改	zhěnggǎi	支点	zhīdiǎn	值勤	zhíqín	制裁	zhìcái
阵容	zhènróng	整合	zhěnghé	支架	zhījià	值日	zhírì	制服	zhìfú
阵势	zhèn·shì	整洁	zhěngjié	支流	zhīliú	值守	zhíshǒu	制衡	zhìhéng
阵亡	zhènwáng	整数	zhěngshù	支票	zhīpiào	职称	zhíchēng	制剂	zhìjì
阵线	zhènxiàn	整形	zhěngxíng	支取	zhīqǔ	职位	zhíwèi	制冷	zhìlěng
阵营	zhènyíng	整修	zhěngxiū	支柱	zhīzhù	植被	zhíbèi	制胜	zhìshèng
振作	zhènzuò	整治	zhěngzhì	只身	zhīshēn	植入	zhírù	制图	zhìtú
朕	zhèn	正版	zhèngbǎn	汁液	zhīyè	止步	zhǐbù	质地	zhìdì
震颤	zhènchàn	正比	zhèngbǐ	知己	zhījǐ	止境	zhǐjìng	质朴	zhìpǔ
震荡	zhèndàng	正比例	zhèngbǐlì	知了	zhīliǎo	只管	zhǐguǎn	质问	zhìwèn
震耳欲聋		正步	zhèngbù	知名	zhīmíng	只消	zhǐxiāo	质询	zhìxún
zhèn'ěr-yùlóng		正道	zhèngdào	知情	zhīqíng	旨意	zhǐyì	质疑	zhìyí
镇定	zhèndìng	正轨	zhèngguǐ	知晓	zhīxiǎo	纸板	zhǐbǎn	炙	zhì
镇静	zhènjìng	正极	zhèngjí	知心	zhīxīn	纸币	zhǐbì	治水	zhìshuǐ
镇守	zhènshǒu	正门	zhèngmén	知性	zhīxìng	纸浆	zhǐjiāng	治学	zhìxué
正月	zhēngyuè	正名	zhèngmíng	知音	zhīyīn	纸烟	zhǐyān	挚爱	zhì'ài
争辩	zhēngbiàn	正派	zhèngpài	知足	zhīzú	纸张	zhǐzhāng	桎梏	zhìgù
争吵	zhēngchǎo	正气	zhèngqì	肢体	zhītǐ	指点	zhǐdiǎn	致敬	zhìjìng
争创	zhēngchuàng	正巧	zhèngqiǎo	织物	zhīwù	指甲	zhǐjia(zhījia)	致力	zhìlì
争斗	zhēngdòu	正色	zhèngsè	脂粉	zhīfěn	指控	zhǐkòng	致密	zhìmì
争端	zhēngduān	正视	zhèngshì	执笔	zhíbǐ	指南	zhǐnán	致命	zhìmìng
争光	zhēngguāng	正统	zhèngtǒng	执法	zhífǎ	指南针	zhǐnánzhēn	致死	zhìsǐ
争鸣	zhēngmíng	正文	zhèngwén	执教	zhíjiào	指派	zhǐpài	致意	zhìyì
争气	zhēngqì	正午	zhèngwǔ	执拗	zhíniù	指使	zhǐshǐ	智商	zhìshāng
争抢	zhēngqiǎng	正直	zhèngzhí	执勤	zhíqín	指头		智育	zhìyù
争先	zhēngxiān	正中	zhèngzhōng	执业	zhíyè	zhǐtou(zhítou)		滞后	zhìhòu
争先恐后		正宗	zhèngzōng	执意	zhíyì	指望	zhǐwàng	滞留	zhìliú
zhēngxiān-kǒnghòu		证件	zhèngjiàn	执照	zhízhào	指纹	zhǐwén	滞销	zhìxiāo
争议	zhēngyì	证券	zhèngquàn	执政	zhízhèng	指向	zhǐxiàng	置换	zhìhuàn
争执	zhēngzhí	证人	zhèng·rén	执着	zhízhuó	指引	zhǐyǐn	置身	zhìshēn
征程	zhēngchéng	郑重	zhèngzhòng	直白	zhíbái	指摘	zhǐzhāi	置疑	zhìyí
征订	zhēngdìng	政变	zhèngbiàn	直播	zhíbō	指针	zhǐzhēn	稚嫩	zhìnèn

稚气	zhìqì	众生	zhòngshēng	诸位	zhūwèi	注目	zhùmù	转机	zhuǎnjī
中层	zhōngcéng	众所周知		竹竿	zhúgān	注射器	zhùshèqì	转嫁	zhuǎnjià
中级	zhōngjí	zhòngsuǒzhōuzhī		竹笋	zhúsǔn	注销	zhùxiāo	转交	zhuǎnjiāo
中坚	zhōngjiān	众志成城		竹子	zhúzi	注音	zhùyīn	转脸	zhuǎnliǎn
中间人	zhōngjiānrén	zhòngzhì-chéngchéng		逐一	zhúyī	驻地	zhùdì	转念	zhuǎnniàn
中介	zhōngjiè	种地	zhòngdì	主办	zhǔbàn	驻防	zhùfáng	转让	zhuǎnràng
中立	zhōnglì	种田	zhòngtián	主次	zhǔcì	驻军	zhùjūn	转手	zhuǎnshǒu
中秋	zhōngqiū	重兵	zhòngbīng	主峰	zhǔfēng	驻守	zhùshǒu	转弯	zhuǎnwān
中途	zhōngtú	重创	zhòngchuāng	主妇	zhǔfù	驻扎	zhùzhā	转型	zhuǎnxíng
中文	zhōngwén	重担	zhòngdàn	主干	zhǔgàn	驻足	zhùzú	转眼	zhuǎnyǎn
中西	zhōngxī	重金	zhòngjīn	主根	zhǔgēn	柱子	zhùzi	转业	zhuǎnyè
中线	zhōngxiàn	重任	zhòngrèn	主攻	zhǔgōng	祝福	zhùfú	转运	zhuǎnyùn
中药	zhōngyào	重伤	zhòngshāng	主顾	zhǔgù	祝愿	zhùyuàn	转战	zhuǎnzhàn
中用	zhōngyòng	重托	zhòngtuō	主机	zhǔjī	著称	zhùchēng	转折	zhuǎnzhé
中游	zhōngyóu	重心	zhòngxīn	主见	zhǔjiàn	著述	zhùshù	传记	zhuànjì
中止	zhōngzhǐ	重型	zhòngxíng	主将	zhǔjiàng	著者	zhùzhě	转速	zhuànsù
中转	zhōngzhuǎn	重音	zhòngyīn	主角	zhǔjué	铸造	zhùzào	转轴	zhuànzhóu
忠告	zhōnggào	重用	zhòngyòng	主考	zhǔkǎo	抓捕	zhuābǔ	撰写	zhuànxiě
忠厚	zhōnghòu	重镇	zhòngzhèn	主流	zhǔliú	抓获	zhuāhuò	篆	zhuàn
忠心	zhōngxīn	周报	zhōubào	主人翁	zhǔrénwēng	爪子	zhuǎzi	篆刻	zhuànkè
忠于	zhōngyú	周边	zhōubiān	主食	zhǔshí	专长	zhuāncháng	庄园	zhuāngyuán
忠贞	zhōngzhēn	周到	zhōu•dào	主事	zhǔshì	专车	zhuānchē	庄重	zhuāngzhòng
终点	zhōngdiǎn	周而复始	zhōu'érfùshǐ	主线	zhǔxiàn	专程	zhuānchéng	庄子	zhuāngzi
终端	zhōngduān	周刊	zhōukān	主演	zhǔyǎn	专断	zhuānduàn	装扮	zhuāngbàn
终归	zhōngguī	周密	zhōumì	主宰	zhǔzǎi	专横	zhuānhèng	装点	zhuāngdiǎn
终极	zhōngjí	周末	zhōumò	主旨	zhǔzhǐ	专辑	zhuānjí	装潢	zhuānghuáng
终结	zhōngjié	周全	zhōuquán	主子	zhǔzi	专科	zhuānkē	装配	zhuāngpèi
终了	zhōngliǎo	周身	zhōushēn	嘱托	zhǔtuō	专款	zhuānkuǎn	装束	zhuāngshù
终日	zhōngrì	周岁	zhōusuì	伫立	zhùlì	专栏	zhuānlán	装卸	zhuāngxiè
终审	zhōngshěn	周旋	zhōuxuán	助教	zhùjiào	专卖	zhuānmài	装修	zhuāngxiū
终生	zhōngshēng	周延	zhōuyán	助理	zhùlǐ	专区	zhuānqū	装运	zhuāngyùn
终止	zhōngzhǐ	周折	zhōuzhé	助威	zhùwēi	专人	zhuānrén	装载	zhuāngzài
盅	zhōng	轴线	zhóuxiàn	助长	zhùzhǎng	专心	zhuānxīn	壮丁	zhuàngdīng
钟爱	zhōng'ài	轴心	zhóuxīn	住处	zhù•chù	专一	zhuānyī	壮观	zhuàngguān
钟表	zhōngbiǎo	咒骂	zhòumà	住户	zhùhù	专员	zhuānyuán	壮举	zhuàngjǔ
钟点	zhōngdiǎn	皱纹	zhòuwén	住家	zhùjiā	专职	zhuānzhí	壮烈	zhuàngliè
钟情	zhōngqíng	骤然	zhòurán	住宿	zhùsù	专注	zhuānzhù	壮美	zhuàngměi
肿胀	zhǒngzhàng	诛	zhū	住所	zhùsuǒ	专著	zhuānzhù	壮年	zhuàngnián
种姓	zhǒngxìng	珠宝	zhūbǎo	住院	zhùyuàn	砖头	zhuāntóu	壮实	zhuàngshi
冢	zhǒng	珠子	zhūzi	住址	zhùzhǐ	转播	zhuǎnbō	壮士	zhuàngshì
中风	zhòngfēng	株连	zhūlián	贮备	zhùbèi	转产	zhuǎnchǎn	壮志	zhuàngzhì
中肯	zhòngkěn	诸多	zhūduō	注册	zhùcè	转达	zhuǎndá	状语	zhuàngyǔ
中意	zhòngyì	诸侯	zhūhóu	注定	zhùdìng	转告	zhuǎngào	状元	zhuàngyuan
仲裁	zhòngcái	诸如此类	zhūrú-cǐlèi	注解	zhùjiě	转轨	zhuǎnguǐ	撞击	zhuàngjī

追捕	zhuībǔ	资深	zīshēn	自私	zìsī	总管	zǒngguǎn	攥	zuàn
追查	zhuīchá	资信	zīxìn	自省	zìxǐng	总归	zǒngguī	嘴角	zuǐjiǎo
追肥	zhuīféi	资讯	zīxùn	自修	zìxiū	总计	zǒngjì	嘴脸	zuǐliǎn
追赶	zhuīgǎn	资质	zīzhì	自学	zìxué	总是	zǒngshì	罪过	zuìguò
追击	zhuījī	资助	zīzhù	自言自语	zìyán-zìyǔ	总务	zǒngwù	罪名	zuìmíng
追加	zhuījiā	滋补	zībǔ	自以为是	zìyǐwéishì	总则	zǒngzé	罪孽	zuìniè
追溯	zhuīsù	滋润	zīrùn	自责	zìzé	纵横	zònghéng	罪人	zuìrén
追随	zhuīsuí	滋生	zīshēng	自制	zìzhì	纵然	zòngrán	罪证	zuìzhèng
追问	zhuīwèn	滋养	zīyǎng	自重	zìzhòng	纵容	zòngróng	罪状	zuìzhuàng
追寻	zhuīxún	滋长	zīzhǎng	自助	zìzhù	纵身	zòngshēn	醉人	zuìrén
追忆	zhuīyì	紫菜	zǐcài	自传	zìzhuàn	纵深	zòngshēn	醉心	zuìxīn
追踪	zhuīzōng	紫外线	zǐwàixiàn	自尊	zìzūn	纵使	zòngshǐ	尊称	zūnchēng
锥子	zhuīzi	自卑	zìbēi	字典	zìdiǎn	纵向	zòngxiàng	尊贵	zūnguì
坠毁	zhuìhuǐ	自大	zìdà	字号	zìhào	粽子	zòngzi	遵从	zūncóng
坠落	zhuìluò	自得	zìdé	字画	zìhuà	走动	zǒudòng	遵照	zūnzhào
赘述	zhuìshù	自得其乐	zìdé-qílè	字句	zìjù	走访	zǒufǎng	左面	zuǒ•miàn
准绳	zhǔnshéng	自费	zìfèi	字体	zìtǐ	走势	zǒushì	左翼	zuǒyì
准时	zhǔnshí	自封	zìfēng	字条	zìtiáo	走私	zǒusī	作案	zuò'àn
准许	zhǔnxǔ	自负	zìfù	字形	zìxíng	走投无路	zǒutóu-wúlù	作弊	zuòbì
捉摸	zhuōmō	自古	zìgǔ	字义	zìyì	奏鸣曲	zòumíngqǔ	作对	zuòduì
捉拿	zhuōná	自给	zìjǐ	字音	zìyīn	奏效	zòuxiào	作恶	zuò'è
桌面	zhuōmiàn	自家	zìjiā	渍	zì	奏章	zòuzhāng	作怪	zuòguài
灼热	zhuórè	自尽	zìjìn	宗法	zōngfǎ	租借	zūjiè	作价	zuòjià
卓有成效		自救	zìjiù	宗派	zōngpài	租金	zūjīn	作客	zuòkè
zhuóyǒu-chéngxiào		自居	zìjū	宗室	zōngshì	租用	zūyòng	作乱	zuòluàn
卓著	zhuózhù	自来水	zìláishuǐ	宗族	zōngzú	足见	zújiàn	作声	zuòshēng
着力	zhuólì	自理	zìlǐ	综述	zōngshù	诅咒	zǔzhòu	作文	zuòwén
着陆	zhuólù	自立	zìlì	棕榈	zōnglǘ	阻挡	zǔdǎng	坐落	zuòluò
着落	zhuóluò	自流	zìliú	棕色	zōngsè	阻隔	zǔgé	坐镇	zuòzhèn
着实	zhuóshí	自律	zìlǜ	踪影	zōngyǐng	阻击	zǔjī	座舱	zuòcāng
着想	zhuóxiǎng	自满	zìmǎn	鬃	zōng	阻拦	zǔlán	座谈	zuòtán
着眼	zhuóyǎn	自强	zìqiáng	总部	zǒngbù	阻挠	zǔnáo	座无虚席	zuòwúxūxí
着眼点	zhuóyǎndiǎn	自强不息	zìqiáng-bùxī	总裁	zǒngcái	阻塞	zǔsè	座椅	zuòyǐ
着意	zhuóyì	自然	zìrán	总称	zǒngchēng	组成	zǔchéng	做工	zuògōng
着装	zhuózhuāng	自然而然	zìrán'érrán	总得	zǒngděi	组建	zǔjiàn	做功	zuògōng
姿色	zīsè	自如	zìrú	总督	zǒngdū	组装	zǔzhuāng	做客	zuòkè
资财	zīcái	自始至终		总队	zǒngduì	祖传	zǔchuán	做人	zuòrén
资方	zīfāng	zìshǐ-zhìzhōng		总而言之		钻探	zuāntàn	做戏	zuòxì
资费	zīfèi	自首	zìshǒu	zǒng'éryánzhī		钻石	zuànshí	做主	zuòzhǔ
资历	zīlì	自述	zìshù	总共	zǒnggòng	钻头	zuàntóu	做作	zuòzuo

附录三

国家法律、法规关于推广普通话和普通话水平测试的规定

国家推广全国通用的普通话。

《中华人民共和国宪法》第十九条

学校及其他教育机构教学，应当推广使用全国通用的普通话和规范字。

《中华人民共和国教育法》第十二条

凡以普通话作为工作用语的岗位，其工作人员应当具备说普通话的能力。

以普通话作为工作语言的播音员、节目主持人和影视话剧演员、教师、国家机关工作人员的普通话水平，应当分别达到国家规定的等级标准，对尚未达到国家规定的普通话等级标准的，分别情况进行培训。

《中华人民共和国国家通用语言文字法》第十九条

（申请认定教师资格者的）普通话水平应当达到国家语言文字工作委员会颁布的《普通话水平测试等级标准》二级乙等以上标准。

少数方言复杂地区的普通话水平应当达到三级甲等以上标准；使用汉语和当地民族语言教学的少数民族自治地区的普通话水平，由省级人民政府教育行政部门规定标准。

《〈教师资格条例〉实施办法》第八条第二款

……严把教师准入关，民族地区少数民族教师资格申请人普通话水平应至少达到三级甲等标准，并逐步达到二级乙等以上标准。

……学校、机关、新闻出版、广播影视、网络信息、公共服务等系统相关从业人员，国家通用语言文字水平应达到国家规定的等级标准。

摘自《国务院办公厅关于全面加强新时代语言文字工作的意见》（国办发〔2020〕30号）

……加大普通话培训测试力度，为毕业生就业从事相关职业达到国家规定的普通话水平提供支持。

……落实国家关于高校教师任职资格的普通话等级要求，鼓励具有副教授以上职称或博士学位的教师参加普通话水平测试并达到二级乙等及以上水平。

摘自教育部、国家语委《关于加强高等学校服务国家通用语言文字高质量推广普及的若干意见》（教语用〔2022〕2号）

教育行政部门公务员和学校管理人员的普通话水平不低于三级甲等,新录用公务员和学校管理人员的普通话水平亦应达到上述标准。

……教师应达到《教师资格条例实施办法》规定的等级标准:各级各类学校和幼儿园以及其他教育机构的教师应不低于二级乙等,其中语文教师和对外汉语教师不低于二级甲等,语音教师不低于一级乙等。

……1954 年 1 月 1 日以后出生的教师和教育行政部门公务员,师范专业和其他与口语表达关系密切的专业的学生,均应参加普通话培训和测试。

……师范专业和其他与口语表达关系密切的专业的学生,普通话达不到合格标准者应缓发毕业证书。

摘自教育部、国家语言文字工作委员会《关于进一步加强学校
普及普通话和用字规范化工作的通知》(教语用〔2000〕1 号)

各地各部门要采取措施,加强对公务员普通话的培训。

……通过培训,原则要求 1954 年 1 月 1 日以后出生的公务员达到三级甲等以上水平;对 1954 年 1 月 1 日以前出生的公务员不作达标的硬性要求,但鼓励努力提高普通话水平。

摘自人事部、教育部、国家语言文字工作委员会《关于开
展国家公务员普通话培训的通知》(人发〔1999〕46 号)

除需要使用方言、少数民族语言和外语的场合外,邮政系统所有员工在工作中均需使用普通话。营业员、投递员、邮储业务员、报刊发行员以及工作在呼叫中心、信息查询等直接面向用户服务的职工,普通话水平不低于国家语言文字工作委员会颁布的《普通话水平测试等级标准》规定的三级甲等;邮运指挥调度人员、检查监督人员也应达到相应水平。

摘自国家邮政局、教育部、国家语言文字工作委员会《关于加强
邮政系统语言文字规范化工作的通知》(国邮联〔2000〕304 号)

铁路系统员工应以普通话为工作语言,除确需使用方言、少数民族语言和外国语言的场合外,铁路系统所有职工在工作中均应使用普通话。直接面向旅客、货主服务的职工的普通话水平一般应不低于国家语言文字工作委员会颁布的《普通话水平测试等级标准》规定的三级甲等;站、车广播员的普通话水平应不低于二级甲等。

摘自铁道部、教育部、国家语言文字工作委员会《关于进一步加强
铁路系统语言文字规范化工作的通知》(铁科教〔2000〕72 号)

国家语委、国家教委、广播电影电视部
《关于开展普通话水平测试工作的决定》

（一九九四年十月三十日）

《中华人民共和国宪法》规定："国家推广全国通用的普通话。"推广普通话是社会主义精神文明建设的重要内容；社会主义市场经济的迅速发展和语言文字信息处理技术的不断革新，使推广普通话的紧迫性日益突出。国务院在批转国家语委关于当前语言文字工作请示的通知（国发〔1992〕63号文件）中强调指出，推广普通话对于改革开放和社会主义现代化建设具有重要意义，必须给予高度重视。为加快普及进程，不断提高全社会普通话水平，国家语言文字工作委员会、国家教育委员会和广播电影电视部决定：

一、普通话是以汉语文授课和各级各类学校的教学语言；是以汉语传送的各级广播电台、电视台的规范语言，是汉语电影、电视剧、话剧必须使用的规范语言；是全国党政机关、团体、企事业单位干部在公务活动中必须使用的工作语言；是不同方言区及国内不同民族之间的通用语言。掌握并使用一定水平的普通话是社会各行各业人员，特别是教师、播音员、节目主持人、演员等专业人员必备的职业素质。因此，有必要在一定范围内对某些岗位的人员进行普通话水平测试，并逐步实行普通话等级证书制度。

二、现阶段的主要测试对象和他们应达到的普通话等级要求是：

中小学教师、师范院校的教师和毕业生应达到二级或一级水平，专门教授普通话语音的教师应达到一级水平。

县级以上（含县级）广播电台和电视台的播音员、节目主持人应达到一级水平（此要求列入广播电影电视部部颁岗位规范，逐步实行持普通话等级合格证书上岗）。

电影、电视剧演员和配音演员，以及相关专业的院校毕业生应达到一级水平。

三、测试对象经测试达到规定的等级要求时，颁发普通话等级证书。对播音员、节目主持人、教师等岗位人员，从1995年起逐步实行持普通话等级证书上岗制度。

四、成立国家普通话水平测试委员会，负责领导全国普通话水平测试工作。委员会由国家语言文字工作委员会、国家教育委员会、广播电影电视部有关负责同志和专家学者若干人组成。委员会下设秘书长一人、副秘书长若干人处理日常工作，办公室设在国家语委普通话培训测试中心。各省、自治区、直辖市也应相应地成立测试委员会和培训测试中心，负责本地区的普通话培训测试工作。

普通话培训测试中心为事业单位，测试工作要合理收费，开展工作初期，应有一定的启动经费，培训和测试工作要逐步做到自收自支。

五、普通话水平测试工作按照《普通话水平测试实施办法（试行）》和《普通话水平测试等级标准（试行）》的规定进行。

六、普通话水平测试是推广普通话工作的重要组成部分，是使推广普通话工作逐步走向科学化、规范化、制度化的重要举措。各省、自治区、直辖市语委、教委、高教、教育厅（局）、广播电视厅（局）要密切配合，互相协作，加强宣传，不断总结经验，切实把这项工作做好。

参考文献

[1]国家语委普通话与文字应用培训测试中心.普通话水平测试实施纲要[M].北京:语文出版社,2022.

[2]中国大百科全书出版社编辑部.中国大百科全书·语言文字卷[M].北京:中国大百科全书出版社,2004.

[3]中国社会科学院语言研究所词典编辑室.现代汉语词典[M].7版.北京:商务印书馆,2016.

[4]中国社会科学院语言研究所.新华字典[M].12版.北京:商务印书馆,2020.

[5]周殿福,吴宗济.普通话发音图谱[M].北京:商务印书馆,1963.

[6]邢捍国.实用普通话水平测试与口才提高[M].3版.广州:暨南大学出版社,2005.

[7]王克瑞,杜丽华.播音员主持人训练手册[M].北京:中国传媒大学出版社,2001.

[8]江苏省语言文字工作委员会办公室.普通话水平测试指定用书[M].北京:商务印书馆,2004.

[9]罗洪.普通话规范发音[M].广州:花城出版社,2008.

[10]张庆庆.普通话水平测试应试指南[M].广州:暨南大学出版社,2010.

[11]吴洁敏.新编普通话教程[M].杭州:浙江大学出版社,2003.

[12]高廉平.普通话测试辅导与训练[M].北京:北京大学出版社,2006.

[13]路英.播音发声与普通话语音[M].长沙:湖南师范大学出版社,2005.

[14]张慧.绕口令[M].北京:中国广播电视出版社,2005.

[15]唐余俊.普通话水平测试(PSC)应试指导[M].广州:暨南大学出版社,2010.

[16]陈超美.普通话口语表达与水平测试[M].北京:清华大学出版社,2011.

[17]李永斌.普通话实用教程[M].北京:北京师范大学出版社,2009.

[18]宋欣桥.普通话水平测试员实用手册[M].3版.北京:商务印书馆,2020.

[19]金晓达,刘广徽.汉语普通话语音图解课本[M].北京:北京语言大学出版社,2011.